中国人民大学学术品牌支持项目

◀ 中国共产党思想史丛书 ▶

中国共产党经济思想史

中国人民大学中共党史党建研究院　组编

杨凤城　主编

闫茂旭　著

中共党史出版社

图书在版编目（CIP）数据

中国共产党经济思想史/闫茂旭著 . -- 北京：中共
党史出版社，2021.6（2023.10 重印）
ISBN 978-7-5098-5594-2

Ⅰ.①中… Ⅱ.①闫… Ⅲ.①中国共产党—经济思想
史—研究 Ⅳ.① F092

中国版本图书馆 CIP 数据核字（2020）第 228162 号

书　　名：中国共产党经济思想史
作　　者：闫茂旭
出版发行：*中共党史出版社*
责任编辑：王鸽子
责任校对：申宁
责任印制：段文超
社　　址：北京市海淀区芙蓉里南街 6 号院 1 号楼　邮编：100080
网　　址：www.dscbs.com
经　　销：新华书店
印　　刷：北京中科印刷有限公司
开　　本：710mm×1000mm　1/16
字　　数：390 千字
印　　张：30.75
版　　次：2021 年 6 月第 1 版
印　　次：2023 年 10 月第 2 次印刷
书　　号：ISBN 978-7-5098-5594-2
定　　价：75.00 元

此书如有印装质量问题，请联系中共党史出版社读者服务部 电话：010-83072535

丛书总序

出版一套中国共产党思想史丛书，是中国人民大学中共党史系的夙愿。这夙愿源于两个方面，一是中国人民大学中共党史学科的传统，一是寻求中共党史研究新的学术增长点。

就前者而言，无论是作为中共党史学科奠基人的何干之教授、胡华教授，还是后继者何沁教授、王顺生教授等，无论是从中共党史系的整体学术上看，还是就教师个体的研究成果与旨趣上看，重理论关照下的历史，重史论结合，都是一大特点。何干之教授的民族资产阶级研究著作，改革开放后党史系集体撰著的中共党史专题系列著作，进入21世纪后党史系组织出版的中共党史研究丛书、执政经验研究丛书等，均体现着这一特色。为什么会形成这一特色和传统？这主要是由中共党史进入高校后的定位和中共党史系的自我定位决定的。中共党史作为专业而不仅是一个研究领域，作为一个学科而不仅是专门史，自始至终承担着党和国家赋予的资政育人的使命，具有很强的政治性要求。20世纪80年代高校政治理论课程之一就是中共党史，后来开设的中国革命史、毛泽东思想概论、中国近现代史纲要等课程，中共党史均构成其主要内容。2010年《中共中央关于加强和改进新形势下党史工作的意见》，明确要求中共党史为"中国近现代史纲要"等课程提供学理支撑。自1956年开始，作为独立建制的学系（1958年由"历史系"改为"中共党史系"），中国人民大学中共党史系便自觉担起高校政治课和为相关政治课提供学理支撑的使命，在这一过程中形成自己的学术和学科特点，那就是在厘清史实和历史过程的基础上，重理论与经验总结，重宏观问题、重要问题，重历史长时段中延续性强且有现实意义的问题。熟谙马克思主义基本理论，深研中国共产党历史，善于打通历史与理论、历史与现实，做有思想意义有理论启发性的研究，可以说一直是中国人民大学中共党史学科的追求，也是其与普通历史学系研究中共党史的不同。

就寻求新的学科增长点而言，主要是出于现实考量和突破研究困境的努力。中共党史研究如果从延安时期算起，已走过半个多世纪，进入改革开放新时期后一度颇为兴盛，因此收获了大量学术成果，其中不乏精品。在一定意义上讲，中国共产党历史上几乎所有重大问题都有了程度不同的研究，甚至有了基本结论。党史研究要有突破，一要提出新问题，二要有新史料。更关键的是，中共党史不管如何定位，毕竟是历史，历史研究首要的是史料尤其是档案资料。现实是，许多重要历史档案并不开放，这样一来，发现新问题或深化已有研究便难上加难。然而，不管困难有多大，学术研究还是要继续，要继续就要寻找和培育新的学术增长点。于是，我们逐步定位于中国共产党思想史研究。相对而言，思想史对于具体史料尤其是档案史料的依赖没有一般历史研究那样强，更重要的是，思想史关注的是历史长时段，挖掘的是历史背后的深层结构，揭示的是历史走到今天所带来的启示。无论是从中共党史系的学术传承而言，还是从现实考量出发，中国共产党思想史均值得我们努力耕耘。

实际上，从 21 世纪之初，我们便有意引导党史专业的教师向思想史研究聚焦。自 2004 年起，中共党史系组织出版的《中国共产党与多党合作制度》《中国共产党与马克思主义中国化》《中国共产党与国家统一》《中国共产党与当代中国文化发展》《中国共产党与当代中国外交》《中国共产党的文化自觉》《中国共产党的知识分子理论与政策》《中国共产党的宗教理论与政策》《中国共产党的政党学说》《人民公社分配制度研究》等著作，以及发表的大量学术论文，均呈现从专题研究入手，重思想沿革，史论结合的研究取向。自2015年起，我们开始酝酿并逐步落实思想史研究的分工、撰写和结集出版，期间得到学校的大力支持，被列入中国人民大学学术品牌项目。丛书原计划就是要在中国共产党成立100周年之际推出，现在说来是如期实现。

在写作过程中，我们深感研究难度之大。撇开各卷框架结构反复讨论、调整不论，就具体撰述而言，也有些颇深的感触。

首先，如何厘定思想史的边界，更具体而言，思想和政策的关系如何处理才科学、可取。思想应是政策和做法背后的理念理论，着重于是什么和为什么的思考，具有持续性强、站位高、宏观而深层的特点，是实践和过程的主观意识支撑。但是，在具体写作中，我们普遍感到符合上述标准的原始文献并不多，大量的是政策性文件，是部署工作，讲怎样做。这也符合中国共产党的性质和地位：党要领导革命建设改革事业，不是一个学术团体，不需要哲思连连，时时想着摘取思想桂冠。实际上，中国共产党的一些思想恰恰是通过政策通过具体实践体现出来的。完全不写方针政策既不可能也未必可取。但是，思想史毕竟不是方针政策史、不是策略史，如何从思想史的高度处理政策材料，如何从实践中透视思想、提炼思想，这就对作者的学养和专业水准提出了考验。我们在这个问题上一再研判，确立的原则是，宁可失于全，不要失于碎；宁可意犹未尽，不可将思想稀释。当然，原则是原则，各卷的落实程度是不可能等一的。

其次，如何站在新时代高度，凝练具有创新性较强的核心命题和问题意识，呈现新的研究趣向和深度。中国共产党思想史研究领域的成果是比较多的，无论经济、政治、文化、社会、国防、外交、党建等，均有大量成果存在，其中不乏通史性著作，尤其是马克思主义中国化理论史研究，成果海量。虽然说思想史和理论史不能等同，思想史的视野更宽、关注的对象更多维、挖掘和分析更深更客观，但是对于中国共产党而言，思想史和理论史是融合在一起的。换言之，中国共产党理论史和思想史研究关注的对象基本上是一致的，只不过研究方法、范式和旨趣有所不同而已。迄今为止，在百年的时间段内，观察和分析中国共产党思想演变的通史类著作尚少见，这就给我们学术创新提供了前所未有的支点。这里所言的创新，主要不是指我们的研究关注的时间段增加了 10 或 20 年，而是指在百年的长时段内，从大历史观出发，对一些问题会有新的看法，或者会发现一些新的有意义的命题，或者校正已有的判断与评价等，这是一个方面。另一个方面，把中国共产党最新的思想成果置于百年的历史时段中观察和分析，更能发现其中的继承性和创新性，看到一些深层次理念、思维方式的延续，看到时代带来的调整和创新程度，从而更深刻地认识其历史意义和现实价值。

中国共产党的思想与理论研究成果，经常为人诟病的是，从领导人讲话到讲话、从文件到文件、从结论到结论的写法，缺乏分析和独到见解，缺乏历史纵深，缺乏宽阔的视野和纵横比较。我们在研究和写作中，力求克服这一痼疾。然而，说起来容易做起来难，如何在准确概括元思想的同时避免引文繁复，如何在厘清思想演进的同时恰到好处——既不琐碎又不过于宽泛地分析思想形成和演变的历史背景、实践制约因素，如何恰如其分地将某一思想放在国际比较中审视，看其渊源、特性，等等，均非轻而易举之事，其中的甘苦，"如鱼饮水，冷暖自知"。至于实际上做到了怎样的地步，暂且不论，聊以自慰的是，我们已经充分意识到并尽最大努力力图解决这一问题。当然，难关不止这些，例如，如何平衡好学术评价和政治要求的关系，也颇费脑筋，由于该问题在党史研究中是一个具有普遍意义的老问题，此处不再赘言。

另外，需要说明的是，本丛书作者不乏青年才俊。"江山代有才人出"是自然规律，但需要有意识培养和提携。在组织研究队伍之际，老中青结合，通过研究带队伍，也是我们的一个重要考量。希望通过此套丛书，引致更多的青年学者加入中国共产党思想史研究队伍中来。今天摆在读者面前的仅是丛书的第一批，我们还会组织出版第二批、第三批乃至更多，因为还有些重要的思想史缺席，更重要的是，还会有新的思想史课题生成。

本套丛书是集体合作的成果。由于每卷作者处理的主题不同，学养和治学风格各异，因而，我们在已定的思想史基本框架和研究规范内，允许且鼓励展示各自的研究特色，文责自负。由于水平所限，不足之处敬待读者批评指正。

杨凤城

2020 年 8 月记于北京西山美墅馆

目录

导　论

"一切历史都是思想史。"本书是对中国共产党经济思想史的类型化梳理和典型化界说。全书考察的并不是中国共产党经济思想的全部，而是沿着中国共产党的历史主线衍生的，在中国共产党领导经济工作、经济建设、经济改革、经济发展的过程中，占据主导地位并造成重要影响且具有连续发展性的思想内容。虽然只是特定维度的述作，本书尝试揭示的仍是贯穿中国共产党经济思想演变历程的逻辑共性或曰内在规律。

中国共产党建党伊始，就把"一切生产工具都归生产劳动者所有"和"消灭阶级，消灭资本家私有制"作为"信条"和"纲领"。在之后的历史进程中，在改变经济关系的同时实现经济发展，几乎是党的思想视域内一条无须证明的公理。中国共产党在改革开放以来的经济思想，与改革之前甚至与革命战争时期的经济思想相比，也并没有如固有印象中那么泾渭分明。如此一来，我们又当如何看待中国共产党的经济思想及其演变逻辑？

这正是本书的思考切入点。本书认为进一步聚焦研究视野之后，可以用一种贯通连续的思路和史论结合的风格来讲述中国共产党经济思想的"历史故事"。相信这个"历史故事"及其所展现的理论命题，将有助于加深我们对党和国家经济理论、经济制度、经济政策、经济工作实践的理解，也将提供一个扩展中共党史学科和经济思想史学科的独特视角。

一、研究意义

从一般意义上说，中国共产党的经济思想史，是指中国共产党在马克思主义经济学原理指导下，在认识和解决中国经济问题的过程中，对于经济运行的一般规律和对于经济发展的目的、任务、方式、路径、内容的观念、思想和认识及其衍生的理论、政策、主张的产生、发展及其相互关系的历史过程。

中国共产党经济思想史研究既是中共党史学的重要组成部分，也是经济思想史学的重要组成部分。对于中共党史学科来说，无论是在理论层面还是在实践层面，经济问题都是中共党史学需要研究的重要问题，尤其是在改革开放新时期以来的党的历史中，经济问题所占的分量更加突出。对于经济问题的研究理应是中共党史学的基本内容之一，而对于中国共产党经济思想史的研究也应当成为中国共产党思想史研究的基本内容之一。对于经济思想史学科来说，作为全球第二大经济体的执政党，其经济思想是什么样的、是怎样发展变化的、是为何如此这样的，是一个值得深入研探的重大学术领域。学界普遍认可的是，没有对中国经济思想史的研究，经济思想史这个学科是不完整的；同样可以这么认定，没有对中国共产党经济思想史的研究，中国经济思想史也是不完整的。对于两个学科的建设性价值，是研究中国共产党经济思想史的学术意义所在。

生产力决定生产关系，经济基础决定上层建筑，这是马克思主义所揭示的人类社会运行的基本规律。如何解放和发展中国的生产力，如何建设和发展中国经济，就成为关系中国共产党执政和当代中国发展方向的至关重要的问题，更成为马克思主义在新的历史背景下的重要理论命题。中国共产党对这一命题的探索，经历了一个曲折的历程，形成了丰富的思想认识。"述往事，思来者。"梳理和分析中国共产党在这方面的思想和认识发展历程，分析和总结探索中的实践经验，对当前深化经济体制改革、发展中国特色社会主义经济，都有着极为重要的思想价值。这是研究中国共产党经济思想史的理论意义所在。

"以史为镜，可以知兴替。"在中国共产党历史上，当党的经济思想符合中国实际、符合经济规律时，社会主义经济建设实践就能取得巨大成就；反之，则会遭受挫折。在中国特色社会主义建设道路上，我们还面临着新的经济问题：什么是中国特色社会主义经济制度，怎样完善社会主义市场经济；什么是共同富裕，怎样处理社会主义经济发展中效率和公平的关系；什么是社会主义经济发展的目的，怎样处理经济发展和民生建设的关系；什么是中国经济发展的动力，怎样处理经济增长和改革的关系；社会主义国家需要什么样的宏观调控，怎样处理社会主义国家的经济结构和国际经济安全问题；等等。这些关系到中国和社会主义成败荣辱的问题，都可以从中国共产党经济思想史中找到借鉴和启示。这是研究中国共产党经济思想史的实践意义所在。

此外，思想史还有其自身的学术特性，思想史研究本身就是对深层次历史的探究。恩格斯指出，"历史从哪里开始，思想进程也应当从哪里开始，而思想进程的进一步发展不过是历史过程在抽象的、理论上前后一贯的形式上的反映；这种反映是经过修正的，然而是按照现实的历史过程本身的规律修正的"。[①] 由此，研究中国共产党经济思想史可以归纳为两个基本的价值：首先，"历史过程"可以让我们理解在中国共产党的领导下，经济是如何运转的；就是说，什么使它保持一致并发挥作用。其次，"思想进程"则可以让我们理解中国共产党为什么要如此运转经济；就是说，"思想进程"帮助我们理解

---

① 《马克思恩格斯选集》第 2 卷，人民出版社 2012 年版，第 14 页。

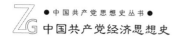

中国共产党选择的经济目标。

显然，这样的研究可以帮助我们加深对当代经济思想的理解，我们对过去的成功、错误、僵局的理解，对回答和解决经济学中仍然未被解决、未被回答的问题，显然都是有帮助的。所以，研究中国共产党经济思想史，可以观察和理解我们的过去，正在变化的思想和问题，以及发展的方向。历史研究的意义，在这里或可得以充分彰显。

二、学术检视

中国共产党经济思想史的研究随着中国经济改革和发展的演进而不断深化拓展。新的思想、新的证据、新的问题和新的价值，都要求重新审视过去的研究成果和主要贡献。从总体上看，中共党史研究中关于经济思想史的研究比之政治思想史等领域的研究要薄弱，而经济思想史研究中对于中国共产党经济思想史的研究，也少于对经济学理论发展史和经济学人思想史的研究。即便如此，关于中国共产党经济思想史的研究近十几年来还是展现出积极的发展态势。一批史料丰富、论述深刻的论著相继推出。这些成果大体可分为三种类型。

一是从中共党史学的角度研究中国共产党经济思想史的专著。代表作有顾龙生主编的"三部曲"：《中国共产党经济思想发展史》《中国共产党经济思想史》《中国共产党经济思想史增订本1921—2011》（分别由山西经济出版社在1996年、1999年、2014年出版）。还有赵凌云主编的《中国共产党经济工作史》（湖北人民出版社2005年版），虽主要是研究中国共产党的经济工作实践，事实上也对经济思想作了某种梳理。这几部著作的共同特点是对历史资料的梳理比较系统、完整，具有开创性、基础性意义。但是学界尚未有能够在研究深度、分析深度上承继或拓展这些著作的成果出现，思想性、学术性、原创性都较为初级的局面没有根本改观。中国共产党经济思想史首先应当满足经济思想史的"专业基质"要求，即对中国共产党在经济方面具有共同专业基质的思想的发生、传承、发展作过程描述和相关关系分析，而不是似是而非或者面面俱到。只有在一个具有专业界定的框架内，一个学科或者一门学问才能在进行资料积累的同时，实现分析技术的积累和学术理论的发展。这显然是深化中国共产党经济思想史研究的主要努力方向。

二是从经济学或经济思想史学的角度研究中国共产党经济思想史的专著。代表作有卫兴华等编著的《中国共产党经济思想史论》（江苏人民出版社 1994 年版）、张雷声等主编的《中国共产党经济思想史》（河南人民出版社 2006 年版）、白永秀等主编的《中国共产党经济思想 90 年》（人民出版社 2011 年版），等等。这些著作都是以经济学尤其是马克思主义政治经济学的基本概念和基本原理，来归类和分析中国共产党的经济思想，虽然在思想深度上有很多贡献，但也有很多"削足适履"之处，对中国共产党经济思想史的学术拓展意义有限。与之形成对应的是经济思想史研究重镇上海财经大学的一批成果。主要有胡寄窗、谈敏主编的《新中国经济思想史纲要 1949—1989》（上海财经大学出版社 1997 年版）及赵晓雷编著的《新中国经济理论史》（上海财经大学出版社 1999 年版）和《中华人民共和国经济思想史纲》（首都经济贸易大学 2009 年版）等。这些成果在经济思想史学科框架内，对中华人民共和国成立以来的经济思想发展历程作了专业技术性很强的研究。虽然其内容事实上偏重于 1949 年以来经济学界的思想和理论的发展变迁，但也有很多内容涉及执政党中国共产党的经济思想。这种基于学界的思想动态探求领导层的思想动态、以"外围"突入"中心"的研究态势，很大程度上体现了开展中国共产党经济思想史研究的难度。

三是研究具体经济领域和具体党史人物思想史的著作。代表作有孙林编著的《新中国农业经济思想史》（上海财经大学出版社 2001

年版）、施兵超编著的《新中国金融思想史》（上海财经大学出版社
2000 年版）、李扣庆等编著的《新中国贸易思想史》（上海财经大学
出版社 1999 年版）等，以及李成瑞主编的《陈云经济思想发展史》
（当代中国出版社 2005 年版）等。这些专著在资料和观点方面均有各
自的独到贡献，有较高的史料价值和参考意义。

此外，还有大量从不同角度开展研究的学术论文。总的来看，
关于中国共产党经济思想史的研究仍然存在巨大的深化空间。事实
上，思想史研究的价值就在于它给我们展示了多种多样的可能性，使
得我们可以了解人们的思想信念和社会实践的历史偶然性。思想史研
究所展示的各种在历史演进中被从中心挤压到边缘甚而隐匿不彰的思
想资源，也可能给我们的思考带来新的可能性。正如原典意义上的
"经济思想史"一样，"中国共产党经济思想史"也是一个分量很重的
学术命题，但对于这一命题的叙述、概括和解读，还相当表层，还非
常缺乏透彻的洞察视角、敏锐的问题意识和深刻的意识症候。这都提
醒我们中国共产党经济思想史的研究还需新的探索。当然，新的探索
不可能一蹴而就，需要学界的共同努力。

三、理论综述

思想史较之别的历史，无疑是相对难写的。因为从材料的角度
进到思想的角度，必须把材料内化，必须抽象出很多具有自身逻辑的
论说。显然，这种书写方式的要求很高。思想史研究的大厦，虽然建
基于史料这样的砖瓦建材，但又有赖于乃至取决于研究者所勾绘的建
筑蓝图。而对于一向讲求严谨的逻辑推理的经济思想史来说，建构蓝
图的重要性又是格外突出的。从这个意义上说，研究经济思想史对于
个性创造力的要求，不亚于其对严谨科学性的要求。当然，这样的研
究理路并不是要排斥历史叙述。历史叙述的方法论地位是无可撼动

的。"历史叙事无分析则空，历史分析无叙事则盲"，"将特定的事件序列依时间顺序纳入一个能为人理解和把握的语言结构，从而赋予其意义"[①]，这本身就是思想史学的理论范式。

依托这样的理论，我们可以说，鲜明的问题意识是所有历史叙事话语赖以形成和展开的基础。在这里，叙事史学与问题史学就有了共通的指向和路径。对于构建叙事性历史话语而言，研究者要解决的主要是个别事件之间所可能具有的在时间顺序和因果关系上的关联；而一旦要对整个历史构图进行把握，要将特定的历史事件与某个更大的整体关联起来而赋予其意义，要体验对于同一历史对象（或者同一些历史事件）所可能具有的不同历史构图之间所可能具有的关系，研究者所面临的，就是更为宏观的、与历史叙事作为一个整体的特性相联系的另外一种性质的问题了。由此，前述的"建构蓝图"，归根结底是试图回答某些问题。虽然我们不能因此断定"没有问题，就没有史学"，但可以明确的是，只有"问题导向"，方能"思想在场"。

接下来的问题便是，对于中国共产党经济思想史而言，其问题导向在哪里？应当说，核心的问题就在于"思想史"这个概念本身上。史华慈在《古代中国的思想世界》一书开篇对思想史的内涵和外延作了如是界定：我之所以使用"思想史"（history of thought）一词，而不是"观念史"（history of ideas）或"知性思想史"（intellectual history），乃是由于"思想"（thought）这个词语的语义边界是不确定的，它可以包含认知、推理、意向性、想象力、情感、惊叹、困惑以及不能够在计算机上轻易编程模拟的意识生活的许多其他方面的内容。此外，它还有其他一些模糊的含义，既可以指思维过程（process of thinking），也可能指诸如观念（ideas）、心态（mentalities）或内在态度（inner attitudes）之类固定化的思想"产品"；这也颇受

[①] 彭刚：《叙事的转向：当代西方史学理论的考察》，北京大学出版社 2017 年版，第 2 页。

人们的欢迎[①]。

这样规定"思想史",实际上就意味着研究者所要讲述的是一部某一独特语言群体的全部"精神状态史"。对于中国共产党经济思想史来说,就是要研究中国共产党这个特定群体对于经济问题的理解和认识史——这个历史是建基于中国共产党的话语体系的,它既不是西方经济学的话语,也不是其他国家共产党人的话语。但同时,与其他思想史研究一样,中国共产党经济思想史研究的灵魂也在于"思想在场":从客体方面看,它研究的是中国共产党的经济思想,是那些带有普遍性、抽象性、全局性、宏观性、结构性、一般性的思想认知,而不是具体的经济工作或实践导向的具体经济政策,不是经验、事实、细节、局部、个别、现象;从主体方面看,它的研究又是观察历史或者是研究历史解释的一个特殊的视角,是按照研究者对这个问题的分梳、考虑,来追求答案和进行说明。这是本书研究的基本方法论。

四、思路概括

本书要探讨的核心问题,就是中国共产党经济思想中的这个起点。它是中国共产党经济思想的"道"与"体"、是党在经济领域所坚持的"主义",当然,也涉及由其衍生出的"法"与"用"、涉及党在经济领域所采用的多种"方法";但后者显然是为了说明前者。换言之,本书的基本思路,就是记述中国共产党在经济领域中对于"主义"与"方法"的把握和处理,以此阐述中国共产党经济思想的起点和基本特质。"主义"与"方法"扮演了如是考察的基本概念。由此我们将看到,中国共产党在经济思想上处在"主义"与"方法"构成

---

① [美]本杰明·史华慈:《古代中国的思想世界》,程钢译,江苏人民出版社2008年版,第1页。

的象限中，并在其间发生"钟摆效应"。这个包含了理解的框架、解释的结构、观察的角度和价值的标准的起点和基本特质，始终是中国共产党人在经济领域的知识与思想依据。有了这个依据，知识与思想就建立在一个相对稳定的平台上，就有了一个完整的、可以互相诠释的网络。在这个思想网络中，没有"意料之外"的突然变化，没有"出乎意外"的惊人断裂。无论是1949年建立新中国，还是1978年开启改革开放，它们的转折意义在思想史上得以再度审视。在这个框架所支持的知识或阐释系统内，现实与历史可以实现耦合。

　　基于此，本书将秉持"论从史出"的研究方法和"史论结合"的叙述方法，按照历史发展阶段，以四编十二章的内容，努力展现中国共产党的经济思想"何以何能"的历史过程，展现"思想的历史"与"历史的思想"之间的张力。总体构思如胡乔木在谈编写《中国共产党的七十年》时所言，一本书应该是一篇长的论文，等于一个党史的演说家在演说。本书所呈现的就是这样一篇"长论文"和"演讲稿"：不追求全景式的描绘和理论、政策的铺陈、梳理，而是侧重于学术命题统领之下的聚点研究，注重文献和史料的考据和分析，注重不同认识的碰撞和交融，在突出历史与现实结合的同时，突出宏大理论命题与具体历史细节的结合，努力提供一条回顾中国共产党经济思想发展历程和经验的"蹊径"。

　　需要特别指出的是，思想史与政策史、工作史具有显著不同的内涵和关注点。因此，本书还将努力把握中国共产党的经济思想与经济政策、经济工作的区别和界限，明确思想史层次上的问题取向，有意识地展现和阐释思想那种"能够改变人的素质，使之得到加强"与"能够以作为全体一部分的有道德的生命来代替我们人人得之于自然界的生理上的独立的生命"[①]的深层次影响，以此求得思想史应有的

---

① ［法］卢梭：《社会契约论》，何兆武译，商务印书馆1980年版，第54页。

学术效果。

不过，研究上的任何创新，都始终不能脱离事实和实践的母体。"理论是灰色的，而生活之树常青。"无论采用哪种研究思路和叙事方式，都无法绝对避免对历史本来面貌的误画。过往历史中所发生的事情里面，能够留存下来痕迹的不过是少数，因而研究者无法纤毫毕现地还原过往的一切。当然，这并不意味着过去是无从真正把握的，毕竟，"无法知晓所有的真理与完全无法知晓真理是两码事"①，我们可以做的，只是在逝去的历史中产生广邃的思考。如果这种思考能够抓住历史发展的要害，就可以说这种思考是实现了其应有价值的，开展这种思考的研究也是收到"回报递增"的。

---

① ［英］G.R.埃尔顿：《历史学的实践》，刘耀辉译，北京大学出版社 2008 年版，第 46 页。

第一编

新民主主义革命时期的中国共产党经济思想

马克思、恩格斯在《共产党宣言》中写道："共产党人可以把自己的理论概括为一句话：消灭私有制。"[1]"无产阶级将利用自己的政治统治，一步一步地夺取资产阶级的全部资本，把一切生产工具集中在国家即组织成为统治阶级的无产阶级手里，并且尽可能快地增加生产力的总量。""要做到这一点，当然首先必须对所有权和资产阶级生产关系实行强制性的干涉，也就是采取这样一些措施，这些措施在经济上似乎是不够充分的和无法持续的，但是在运动进程中它们会越出本身，而且作为变革全部生产方式的手段是必不可少的。"[2] 由此，以马克思主义为指导的中国共产党，自创立时起，就将"变革全部生产方式""铲除资本制度""创造一个新的社会"作为自己在经济领域的革命目标。党的经济思想也在这样的轨道上发生和发展。

中国共产党在运用马克思主义经济学说的过程中，有一个将马克思主义经济学说与革命斗争实际相结合的过程。这注定了中国共产党的经济思想及其致力于实现的经济革命，具有典型的"建构秩序"色彩。随着革命实践的进展，中国共产党对经济秩序的勾勒越来越清晰。

---

[1]《马克思恩格斯选集》第 1 卷，人民出版社 2012 年版，第 414 页。
[2]《马克思恩格斯选集》第 1 卷，第 421 页。

第一章　早期的中国共产党经济思想：
1919.5—1927.7

　　早期的中国共产党经济思想，时间跨度上自中国共产党成立前夕至大革命失败。中国共产党以反帝反封建的马克思主义革命党风貌面世，党的一些先驱者和党的早期纲领中对中国社会经济结构的分析、对中国社会性质的认识等，是党的早期经济思想的主要内容。尽管总体上没有超出马克思主义经典作家的论述范畴，但早期的中国共产党经济思想仍然带有鲜明的中国特色。这种马克思主义经济思想加本土经济思想的结合体，不仅显示了中国共产党经济思想的两支"源流"，而且在很大程度上预示了中国共产党经济思想的发展趋向。

一、"经济"：一个概念的历史

　　任何思想都是在实践的土壤中生长，同时又不得不受既有思想的路径依赖影响。正如恩格斯所言，任何新的经济学说，都"必须首先从已有的思想材料出发，虽然它的根子深深扎在经济的事实中"[①]。中国共产党的经济思想，虽直接脱胎于马克思主义经济学说，但从其诞生时起，就打上了中国传统经济思想的烙印。

　　在汉语中，"经济"作为一个专用词语多次出现。《晋书·殷浩传》载："足下沈识淹长，思综通练，起而明之，足以经济。"这是目

[①]《马克思恩格斯选集》第 3 卷，人民出版社 2012 年版，第 391 页。

前已知的对"经济"一词的最早记载①。此后，典籍文献中多有"经济之略""经济之才""好谈经济""雅负经济"等用法，其内涵不外乎"经邦治国""经世济民""经国济世"等。"经世"，即治理国家；"济民"即救助百姓。与典籍中诸如"食货""货殖""平准""度支""理财"等指向更为具体的语词相比，"经济"一词显得宏大且充满道德关怀含义，是士人"以天下为己任"观念的延伸。《宋史·王安石传》载："朱熹尝论安石，以文章节行高一世，而尤以道德经济为己任。"显然，这与我们当代对"经济"一词的通行理解并不一样。有学者称，如果"用今天的语汇来解释，则更应用'政治'这个词来诠注中国古代'经济'概念"②。虽然以马克思主义观点看，政治是经济的集中表现，但从概念上讲，中国古籍中的"经济"更偏于"政"和"治"。

在西语中，英文的"economy"一词，源于古希腊语。古希腊的奴隶制生产以家庭为单位，因此把组织管理奴隶制经济的相关问题都列入"家政管理"范围，由此产生了最早的一门称为"oikovouia"的学问，即家庭管理学或译经济学。古希腊的这门学问，研究探讨的核心是什么是财富、怎样才能获取财富，以及怎样从这一观念来认识分析经济现象并作出判断。这也是后来英文"economy"的含义。

从词源上看，英文"economy"与中文"经济"在内涵和外延上均大不相同。"economy"意指微观经济主体的活动，以个体本位或家庭本位为视角，关注的是个体或家庭在经济活动中的成本与收益，不具有宏观观察和道德关怀的含义；而"经济"则意指治国、治邦，以国家本位为视角。当然，二者并非毫无关联。古希腊时的经济就有"管理""领导""安排"之义，而且还带有"关怀"的成分，这些都

---

① 叶坦：《"中国经济学"寻根》，《中国社会科学》1998 年第 4 期。
② 方维规：《"经济"译名溯源考——是"政治"还是"经济"》，《中国社会科学》2003 年第 3 期。

体现在古汉语的"经世济民"中。更为重要的是，随着西方社会的发展，"economy"的词义也有了新发展。

文艺复兴和地理大发现之后，欧洲经济社会发展进入快车道，思想界对于经济活动的认识也有了新突破，最典型的是重商主义的出现。这一思想主张国家干预经济生活，以此促进国家财富和国力的增长，以应对激烈的国际竞争。重商主义的兴起，突破了家政经济的原始含义，将经济概念推进到一个"大"而"广"的宏观范畴。为了区别于之前的用法即专指家庭的经济，使经济概念更多地考虑国家的经济治理，即像古汉语的"经济"一样，欧洲思想家在"经济"之前专门加上了"政治"一词，创造了"政治经济学"（Political Economy）这一新概念。

法国重商学派的代表人物蒙克莱田，在1615年出版了名为《献给国王和王太后的政治经济学》的著作，使"政治经济学"一词正式面世。这部与中国《商君书》《富国安民强兵策》等主旨一致的著作，以及由它开启的政治经济学思想取向，使"经济"的含义由西方向东方靠拢。在政治经济学视野内，经济活动不仅包括企业、个人等微观个体的经济行为，还包括不同社会阶层和利益集团之间的利益关系协调，不仅包括生产和流通领域的再生产，还包括国家层面的财富增长和经济发展。正是在这样的视野之下，亚当·斯密写出《国富论》（又名《国民财富的性质和原因的研究》），开创了现代意义上的经济学思想体系。当然，这一体系是政治经济学范畴的。

到了19世纪中期，政治经济学的发展达到一个巅峰，其代表即是马克思主义经济思想的诞生。马克思的第一部经济学代表作《政治经济学批判》于1859年出版，这一书名也是1867年版《资本论》的副标题。

及至19世纪末，在第二次工业革命的带动下，西方经济发展进入到经济制度和机制成熟稳定、经济分工更为精细、技术要求更高的阶段。专注经济关系和经济利益协调以及宏观经济运行的政治经济学，在经济思想界开始遭受冷场。反之，注重经济现象解释论证而轻于国家政策分析的"经济学"逐渐盛行。1879 年，威廉·杰文斯在其著作《政治经济学理论》（*The Theory of Political Economy*）第 2 版序言中，提出应以"经济学"取代"政治经济学"。1890 年，马歇尔出版被誉为经济思想史上划时代意义的《经济学原理》（*Principles of Economics*），从书名上改变了政治经济学称谓。西方思想界对于经济的认识向"economy"的初始概念回归。

西方经济学从盛行政治经济学到去"政治化"的几十年，正是西方经济学传入中国的时间段。西方经济学的这种两重分化，映照在正致力于引入"西学"的中国思想界，无可避免地引发纠结和碰撞。一个突出的表现就是对于"economy"译词的选择上。

中国士人常以治国平天下为己任，"经济之士必先富其国"①，经济思想则以国家经济为本位展开，重点在于赋税、漕盐等宏观经济事务②，而近代国贫民弱之经济态势使学人对宏观经济的关注日增月盛，"言经济学，必当以国民经济为鹄"③。因而，西方经济学进入国内之时，最易引起国人兴趣的就是西方政治经济学关于国家富强的思想。较早走出国门的郭嵩焘，于 1877 年 3 月 29 日向在英国考察"出入经制之宜"的日本户部官井上馨询问研究财政经济当读何书，方知阿达格斯密斯（即亚当·斯密）和长斯觉尔密罗（即约翰·穆勒）二人及其"所言经国事宜"④。其后的 1890 年，马建忠在《富民说》中又进一步提出"治国以富强为本，而求强以致富为先"⑤的思想。

在这种背景下，"富国策"成为清末思想界较为流行的经济学中

---

① 《李觏集》，中华书局 1981 年版，第 133 页。
② 陶一桃：《中国古代经济思想评述》，中国经济出版社 2000 年版，第 301 页。
③ 梁启超：《饮冰室合集》专集第 2 册，中华书局 1986 年版，第 21 页。
④ 郭嵩焘：《伦敦与巴黎日记》，岳麓书社 1984 年版，第 145—146 页。
⑤ 翦伯赞等编：《戊戌变法（一）》，上海人民出版社 1957 年版，第 163 页。

文译名。1876 年，京师同文馆总教习、美国传教士丁韪良所建立的新课程表中便有"富国策"①。英国经济学家福塞特的《政治经济学提要》（*A Manual of Political Economy*）同文馆中译本即以《富国策》为书名，于 1880 年出版。后来经清朝学部审定，译经济学为"富国学"。② 这一译法呈现出与"economy"初始词义截然不同的指向。

同样在 19 世纪后半期，日本思想界在大量译介西方思潮和学术体系的时候，采用了汉语典籍中"经济"一词来翻译英语的"economy"概念，在传播到中国之后逐渐流行起来。③ 至于为何选择"经济"一词，日本经济思想史学家山崎益吉解释道："众所周知，经济就是经世济民、经国安民，是《大学》八条目之治国平天下论。……近代以后，经济的真实意义被遗忘，单纯讲追求财物的合理性而失去了本来面目。"他强调"经世济民"的本义不应丢。④

然而，"经济"一词传入中国伊始，并未为中国思想界所普遍接受。主要原因在于此时正值中国洋务、维新等自强运动蓬勃开展，中国思想界急于寻找"富强救国"的具体途径，诸如实业救国、会计、理财等解决实际问题的手段，因而对于"经济"这一千百年来流传下来的宏大概念不以为然。中国思想界的这一认识恰恰与西方经济学"去政治化"的趋势相耦合，其结果就是国人在翻译西方政治经济学名著的时候，对"economy"概念作了新的阐释。1901 年，严复翻译亚当·斯密的《国富论》，使用了《原富》之名，在"译事例言"即译序中说："计学，西名'叶科诺密'，本希腊语。'叶科'此言'家'，'诺密'为'聂摩'之转，此言治言计则其义始于治家，引

---

① 参见熊月之：《西学东渐与晚清社会》，上海人民出版社 1994 年版，第 305 页。
② 参见方维规：《"经济"译名溯源考——是"政治"还是"经济"》，《中国社会科学》2003 年第 3 期。
③ 关于现代汉语中的"经济"一词源于日本译法，可参见周振鹤：《19、20 世纪之际中日欧语言接触研究——以"历史"、"经济"、"封建"三译语的形成为说》，《逸言殊语》，浙江摄影出版社 1998 年版，第 209—211 页。
④ 叶坦：《"中国经济学"寻根》，《中国社会科学》1998 年第 4 期。

而申之，为凡料量经纪撙节出纳之事；扩而充之，为邦国天下生食为用之经，盖其训之所苞者至众。故日本译之以'经济'，中国译之以'理财'。"他认为，译为"经济既嫌太廓，而理财又为过狭。自我作故，乃以'计学'当之。……故《原富》者，计学之书也"①。在严复看来，以"计学"对应"economy"是最为合适的。

在这样的深层次考虑下，一个译名的选择就不是单纯的词汇翻译这么简单了。这也反映出，在清末的中国，无论是学科语汇创译、知识传播、教育制度抑或学科系谱之建构，无不受制于"寻求富强"的时代主题及由此形成的社会认知。从这个角度看，中国近代经济思想的产生，不仅是"西学东渐"的自然展开，更是社会、时代等因素纵横交贯影响下的产物。

时代变革之下，中国思想界对于经济的认识也发生了重大改变。从19世纪末到20世纪初，中国先后经历了洋务运动、维新变法和新政的失败。辛亥革命终结了帝制，中国经济发展处在了新的政治环境下，对于"经济"的认知开始向日本思想界所翻译的"经济"概念靠拢。1912年10月，孙中山发表《在上海中国社会党的演说》，谈及"经济学"名词时说："经济学，本滥觞于我国。管子者，经济家也，兴盐鱼之利，治齐而致富强，特当时无经济学之名词，且无条理，故未能成为科学。厥后经济之原理，成为有统系之学说，或以富国学名，或以理财学名，皆不足以赅其义，惟经济二字，似稍近之。"②在民国政府取代清政府之际，以孙中山的号召力，他的这一演说对"经济"译名在中国的最终确立，应当是起到了关键作用。

概念是思想的出口。"经济"译名日趋普及之时，正是中国思想界将对于经济的认识界定在"政治经济学"层面之际。从民国初年到五四运动前后，特别是在苏俄革命的刺激下，国家干预经济的思想风

---

① 罗新璋、陈应年编：《翻译论集》，商务印书馆2009年版，第204页。
② 《孙中山全集》第2卷，中华书局1982年版，第510页。

行于中国思想界。[①] 即便坚持自由经济思想的梁启超也承认说，主张自由经济的"放任论"和主张国家干预经济的"干涉论"，"斯二说者，皆持之有故，言之成理，不容以相非。然以今后大势之所趋，则干涉论必占最后之全胜，盖无疑矣"[②]。这就注定近代中国的经济思想是与"economy"的原初含义以及 19 世纪末以来的西方经济学主流思想不一样的，然而却暗合了马克思主义政治经济学的思想意旨。马克思主义对生产力、生产方式、生产关系等不同于此前西方经济思想的概念的关注，与中国近代经济思想的关注点大幅契合了。

思想发展可能有"突变"，却难以"断裂"。政党的经济思想同样不可能完全割裂其所在社会的思想流脉从天而降。在近代实现转型的中国经济思想，无可避免地成为中国共产党经济思想的重要源头。"眼光向上"的观察视角和"经世济民"的思想传统相结合，构成了此后中国共产党经济思想弦歌不绝的精神特质。它不仅有中国古代那种具备更多"政治"意味的、国家本位的关切，而且有对近代西方政治经济学思想中对于"国家财富""国民财富"等国家富强理念的认同。中国共产党的经济思想与国家和民族的命运注定无法断联。而这种联系在马克思主义传入中国的加持之下，更是加入了对诸如什么是财富以及怎样去获取财富等微观层面的思考，开始着眼于如何使经济利益关系发生变更，有了社会改造的意味。

在此基础上诞生的中国共产党的经济思想，不仅赓续中国传统经济思想重"富国"、轻"富家"的价值观念，更是剑指改造中国社会，如王亚南所言，"我们研究政治经济学，是为了要对中国社会经济改造有所贡献"[③]。这就注定了，中国共产党的经济思想不是以"纯

---

① 参见黄岭峻：《中国现代"自由经济"思想钩沉》，《武汉大学学报》（哲学社会科学版）2005 年第 4 期。

② 《梁启超全集》第 3 册，北京出版社 1999 年版，第 1867—1868 页。

③ 王亚南：《中国经济原论》，生活·读书·新知三联书店 2012 年版，第 578 页。

理经济学"的形式，而是以"社会经济学"或"国民经济改造的思想"的形式表现出来的，它一开始就是要变成无产阶级推翻旧秩序、建构新秩序的一种工具和武器。

中国共产党是"共产党"，其经济思想源于马克思主义经济思想；中国共产党又是"中国"的，其经济思想亦源于传统中国特别是近代中国本土的经济思想。这是中国共产党经济思想的两支"源流"，也是其独特的发展起点。

二、"马克思底经济学说"：建党之前的认识

中国共产党的创建，是以"马克思主义在中国迅速而广泛的传播"为思想条件的[①]。由于十月革命的影响，马克思主义思想体系中最为吸引中国那些接触并积极传播马克思主义的先进知识分子的，正是其作为"世界改造原动的学说"[②]这一革命性的理论特征。根据马克思主义唯物史观，经济的运动是社会运动的根本动力，"经济问题的解决，是根本解决"[③]，因此，中国早期马克思主义者所写的研究和宣传马克思主义的论著，都不同程度地论述到马克思主义经济学说。"马克思底经济学说"，是中国共产党经济思想的最初形态。

然而，只是在很短的时间里受到马克思主义关于社会革命理论影响的中国先进知识分子，其头脑当中的经济思想，不可避免地"几乎全是俄国味"[④]。他们不仅完全认同和向往苏俄的社会主义制度，而且完全接受建基于经济成分划分的阶级斗争理论。在十月革命以后，

---

① 参见中共中央党史研究室：《中国共产党历史》第一卷（1921—1949）上册，中共党史出版社 2011 年版，第 49 页。

②《李大钊文集》下，人民出版社 1984 年版，第 46—47 页。

③ 中共中央文献研究室、中央档案馆编：《建党以来重要文献选编（1921—1949）》第 1 册，中央文献出版社 2011 年版，第 436 页。

④《列宁选集》第 4 卷，人民出版社 2012 年版，第 728 页。

特别是随着五四运动的爆发，社会主义思想在中国广泛传播以来，中国思想界已经开始普遍使用"阶级"的概念分析和说明社会经济上乃至政治上不同利益集团之间的区别。尽管按照马克思主义理论，阶级的分野应当是生产力发达或社会化大生产的产物，而中国显然与此不符，中国的先进知识分子却仍有独特的看法，认为"中国的资本家虽然没有欧、美、日本那样发达，但不能说中国产业界没有纯粹资本作用（如地租、房租、债息、股票之类），不能说中国社会经济的组织绝对不是资本制度，不能说中国各都会各商埠没有财产工商阶级，不能说中国那一省那一县没有大地主，不能说中国没有多数无产劳动劳苦不堪的人"①。

　　无论是从马克思主义经典作家的论述看，还是从俄国革命的实践看，阶级划分、阶级斗争都与经济关系密切相关。因此，中国这些早期马克思主义者在宣介马克思主义理论的时候，都是援引马克思主义的经济学说以说明阶级斗争。作为中国早期马克思主义者的代表人物，李大钊在 1919 年 5 月 5 日写就的长文《我的马克思主义观》，提出经济理论是马克思学说的三大组成部分之一："马氏社会主义的理论，可大别为三部：一为关于过去的理论，就是他的历史论，也称社会组织进化论；二为关于现在的理论，就是他的经济论，也称资本主义的经济论；三为关于将来的理论，就是他的政策论，也称社会主义运动论。"他特别指出，"而阶级竞争说恰如一条金线，把三大原理从根本上联络起来"。②

　　既然是"金线"，那就意味着马克思主义关于经济的理论主张都是围绕着阶级斗争来的。因而，在早期的马克思主义者看来，理解马克思主义经济学说，核心就是要理解资产阶级是如何剥削无产阶

---

① 吴晓明编选:《德赛二先生与社会主义——陈独秀文选》，上海远东出版社 1994年版，第 124 页。

②《李大钊文集》下，第 50 页。

级的，也就是阶级剥削的奥秘所在。李大钊认为，"余工余值说"和"资本集中说"是"马氏'经济论'"的两大要点。"余工"即剩余劳动，"余值"即剩余价值，"马氏的'余工余值说'，是从他那'劳动价值论'演出来的"。他进而得出结论："工人所生产的价值，全部移入资本家的手中"，"而以其一小部分用工银的名目还给工人"，"余则尽数归入资本家的手中"。这种被资本家获得的价值，即"余值"，"这生产'余值'的额外时间，于工人本身一文不值的工力，马氏叫作'余工'"，"这是现代资本主义的秘密，这是资本主义下资本家掠夺劳工生产的方式"。①

为了更充分地说明"现代资本主义的秘密"，李大钊对需要数理逻辑的价值理论作了评介。他说："马氏分资本为不变与可变两种"，"惟资本家对于劳工所给的劳银或生活必要品，是可变资本，其余生产工具，都是不变资本"，"不变资本不能产出余值，只能产出他的价值的等值，他的价值，就是生产他的时候所吸入的价值的总额"。②在此基础上，李大钊通过设例分析和公式方程计算，解释了剩余价值与利润的联系与区别、剩余价值转化为平均利润率、价值转化为生产价格等理论。李大钊说，马克思"在他的《经济学批评》里，已经解决过这个问题，而在《资本论》第三卷始完全予以解答。故解释'平均利润率的谜'，在马氏书中是一个最著名的点"③。他特别指出了资本主义混淆利润与剩余价值的错误："资本主义把那仅与可变资本有关系的余值，变成与全资本有关系的利润，把那对于可变资本的比例的余值率，变成对于全资本的比例的利润率。在这种神秘的形态中，把余值用利润的名义尽行掠去的真象，就是如此。"④

①《李大钊文集》下，第73页。
②《李大钊文集》下，第79页。
③《李大钊文集》下，第75页。
④《李大钊文集》下，第74页。

作为中国早期马克思主义者的另一位代表人物，陈独秀赞同李大钊对于马克思主义经济学说的理解和阐释；甚至在对马克思主义经济学说核心要义的认识上，陈独秀更为聚焦。他在 1922 年 7 月发表的《马克思学说》一文中，认为剩余价值学说是马克思经济学说的核心，"马克思底经济学说，和以前个人主义的经济学说不同之特点，是在说明剩余价值之如何成立及实现。二千几百页《资本论》里面反覆说明的，可以说目的就是在说明剩余价值这件事。"①

为了阐明剩余价值学说，陈独秀着重介绍了马克思的劳动价值论，指出马克思认为"一切用劳动力所制造的商品（就是货物）之价值，乃是由制造时所需社会的劳动分量而定"，所谓剩余价值"乃是货物的价值与制造这货物所费的价值（兼生的劳动之价值及死的劳动之价值而言）之差额"；"剩余价值是在生产过程中成立的，不是在流通过程中成立的"，"是指生产过程中劳动者为资本家所做的'剩余劳动'的价值"②。与李大钊运用数理计算和例证方法剖析剩余价值理论不同，陈独秀采用的是推论法。他独树一帜地阐述了剩余价值的实现和分割："剩余价值虽然成立在生产过程中，但是必须到了流通过程中才能够实现"。"这是因为生产者不能将货物直接卖给最后消费者，中间必须经过贩卖者之手，贩卖者须得一定资本及劳力之报酬，于是生产者不得不在价值以下的价格卖出他的货物"。此外，生产者的资本家"若是向他资本家借过资本，便须拿一部分剩余价值付他资本家的利息"；生产者的土地"若是向地主租的，又须拿一部分剩余价值付地租"；"剩余价值大概是如此分配的"，"是在生产过程中成立的，是在流通过程中实现的"③。

揭示阶级剥削的奥秘并不是中国早期马克思主义者的主要目的，

①《陈独秀文章选编》中，生活·读书·新知三联书店 1984 年版，第 189 页。
②《陈独秀文章选编》中，第 190、191 页。
③《陈独秀文章选编》中，第 191—192 页。

他们看重的是通过揭示阶级剥削的奥秘来阐释进行社会改造的必然性和合理性。杨匏安在阐述马克思的"赢余价值"说是他全部学说的基础上，得出资本主义被社会主义取代的历史必然性，并称"此为解决社会经济矛盾之唯一方法，亦即近代社会经济制度必有之结果，是固循社会演进的程序而自然发生者也"①。李大钊的论述更为充分：根据马克思的"资本集中论"，"大规模的产业组织的扩张，就是大规模的无产阶级的制造"，"无产阶级愈增愈多，资本愈集中，资本家的人数愈少"，"资本主义趋于自灭，也是自然之势，也是不可免之数了"，"到了那时，余工余值都随着资本主义自然消灭了"。②陈独秀也对资本主义的弊端、矛盾及其灭亡的必然性作了阐释："资本主义生产制一面固然增加富力，一面却也增加贫乏"③；资本主义的生产方法存在着"资本私有"和"生产过剩"的致命弱点，"在资本制度之下生产品增多，剩余价值也随着增多，此种无限增加的剩余价值复变为资本，不能用为社会公共增加福利，乃为少数的资本家所私有，于是乃由剩余价值造成生产过剩，由生产过剩造成经济恐慌"④。

既然资本主义有如此不可调和的矛盾，那么，社会主义取代资本主义也就成为历史的必然，这是中国早期马克思主义者的一致逻辑。李大钊认为，"现代经济上、社会上发生了种种弊害，都是现在经济组织不良的缘故，经济组织一经改造，一切精神上的现象都跟着改造，于是否认现在的经济组织，而主张根本改造"⑤。他预言："从前的经济学，是以资本为本位，以资本家为本位。以后的经济学，要以

---

① 黄开源编：《五四运动前马克思主义在中国的介绍与传播》，湖南人民出版社1986年版，第363页。
②《李大钊文集》下，第85页。
③《陈独秀文章选编》中，第54页。
④《陈独秀文章选编》中，第89页。
⑤《李大钊文集》下，第48—49页。

劳动为本位，以劳动者为本位了。"①而另一位很有影响的早期马克思主义者李达，更是对社会主义取代资本主义提出一系列具体主张，包括：社会主义将"推翻资本主义，废止财产私有，把一切工厂一切机器一切原料都归劳动者手中管理，由劳动者自由组织联合会，共同制造货物"②；"社会主义的分配制度，以自由平等为根据"，"若果社会的生产力发达到无限制的程度，生产物十分丰富，取之不尽，用之不竭，这'各取所需'的分配原则是很可实行的"③。李达还预言，资本主义社会过渡到社会主义社会，中间必须经过一个过渡阶段，社会主义者"即使革命能够实现，也只是没收那极小数大资本家的资本和大地主的土地，对于小资产阶级的资产，在过渡时期内不特不没收而且许其发展"④。

　　从阶级斗争这一"金线"，到剩余价值这一奥秘，再到社会主义取代资本主义这一必然趋势，无不出自马克思主义在中国翻译后的具体语句中。这显然表明，这一时期马克思主义经济思想在中国还只是停留在介绍层面。也正因为如此，中国共产党在成立伊始，所信奉的经济思想与马克思主义经典作家的论述并无二致。然而，由于马克思主义经典作家论述经济问题特别是《资本论》的很多阐述，用中文表述出来显得佶屈聱牙，对于中国民众来说很难理解，这些学说思想从一开始就有一个如何"中国化"的问题。特别是，早期马克思主义者在宣介马克思主义经济学说之时，就把其作为分析中国社会经济问题的工具，力图在社会经济实践中加以运用。他们提出："须发挥马克思实际活动的精神，把马克思学说当做社会革命的原动力，不要把马克思学说当老先生、大少爷、太太、小姐的消遣品"⑤；"只向知识阶

---

① 《李大钊文集》下，第49页。
② 《李达文集》第1卷，人民出版社1980年版，第41页。
③ 《李达文集》第1卷，第50、51页。
④ 《李达文集》第1卷，第228页。
⑤ 《陈独秀文章选编》中，第177—178页。

级作'学理'的宣传，而不向无产阶级作实际运用，结果只是空谈"，"只立一种最高圆妙的自由分配制度为目的，偏不讲求达到目的之方法，这不是'缘木求鱼'是什么？"①马克思主义"是一个时代的产物"，我们接受某一学者的学说时，"不要忘了他的时代环境和我们的时代环境"；作为一个马克思主义者，应当研究马克思主义理论"怎样应用于中国今日的政治经济情形"②。

正是在这种意识下，早期马克思主义者不仅从理论上大力提倡运用马克思主义学说解决中国实际问题，而且身体力行，投身中国革命实践。当时，北京、上海、济南、武汉、长沙、广州等地的共产主义知识分子，都在刚刚学习、接受马克思主义的时候，就主动深入到工人群众中去，举办工人夜校，创办专供工人阅读的刊物，对工人讲解马克思主义，特别是重点解释马克思主义经济学说关于劳动创造价值、资本家剥削工人剩余价值的原理，启发工人的阶级觉悟。经由十月革命后的苏俄传入中国的马克思主义经济学说，从一开始就趋向"革命化""实践化"。这种发端似乎也预示着，中国共产党的经济思想很难完全停留在"马克思底经济学说"上。随着革命实践的发展，中国共产党的经济思想必然也要发展。

三、"努力研究中国的客观的实际情形"：中央层面的 探索

1921 年 7 月，中国共产党建立。这一"开天辟地的大事变"，不仅使中国革命的面貌焕然一新，而且使"马克思底经济学说"在中国有了用武之地。虽然在建党初期，中国共产党关于中国革命的政策和

---

① 《劳动运动的新生命》，《劳动音》第 1 期，1920 年 11 月。
② 颜鹏飞、刘会闯：《李达与马克思主义经济学中国化》，《武汉大学学报》2014 年第 3 期。

策略基本是由苏俄和共产国际中负责中国事务的外国人来决定的，但这并不意味着中国共产党的经济思想完全停留在一种纯粹俄国式的马克思主义经济学说之上。事实上，还在中国共产党建立之初，一些领导人就已经注意到把马克思主义与中国的实际情况结合起来的必要性。他们明确提出"把社会主义的本身下一番切实的研究工夫"，把马克思主义的理论与"中国底现状连起来研究一下"[①]的任务。为了这种"连起来"，从党的一大至 1927 年 7 月大革命失败，中共中央及其领导者进行了不间断的探索。

中国共产党在宣告成立的第一次全国代表大会上，就鲜明亮出了自己的经济纲领。既然阶级斗争是马克思主义经济学说的"金线"，党的经济纲领必然是以阶级革命为目标："消灭资本家私有制，没收机器、土地、厂房和半成品等生产资料，归社会公有"[②]。要实现这一目标，即要"将生产工具——机器，工厂，原料，土地，交通机关等——收归社会共有，社会共用"；立即"没收民族资产阶级所拥有的一切资本生产资料和生产工具，并把它们转交给组织起来的无产阶级"[③]。

为此，党提出了具体的实施方案：第一步，"铲除现在的资本制度。要铲除资本制度，只有用强力打倒资本家的国家"[④]，"用革命的手段打倒本国外国一切资本阶级，跟着俄国的共产党一同试验新的生产方法"[⑤]；第二步，建立无产阶级专政，由无产阶级掌握政权。"推翻有产阶级的国家之后，一定要建设无产阶级的国家，否则，革命就

---

① 陈独秀、李大钊、瞿秋白主撰：《新青年》，中国书店 2011 年版，第 500 页。
② 中央档案馆编：《中共中央文件选集》第 1 册，中共中央党校出版社 1989 年版，第 3 页。
③ 中国社会科学院现代史研究室、中国革命博物馆党史研究室编：《"一大"前后：中国共产党第一次代表大会前后资料选编（一）》，人民出版社 1980 年版，第 2 页。
④ 《"一大"前后：中国共产党第一次代表大会前后资料选编（一）》，第 2 页。
⑤ 《建党以来重要文献选编（1921—1949）》第 1 册，第 475 页。

不能完成，共产主义就不能实现"①。

中国共产党的这一纲领是开宗明义的，没有任何弯弯绕绕。它确立的社会主义和共产主义的目标，强调阶级斗争、无产阶级专政、消灭私有制，奠定了此后党长期坚守的经济理念；但问题在于，把中国错综复杂的社会矛盾简单地看作无产阶级与资产阶级的矛盾，跟着共产国际一起走的做法，究竟有多少可行性。一大闭幕后一年左右的时间内，党中央领导人在致力于领导发动工人运动的同时，以极大精力用于理论研究和宣传，也是试图解决这一问题。然而，"以俄为师""一切均借俄助"②的思想束缚，不可避免地妨碍中国共产党自主地理解中国问题。虽然一大之后中国短时间内迎来的罢工高潮很快被镇压下去，但党中央也只是在1922年初进一步提出反对做"一定公式的奴隶"，得出"努力研究中国的客观的实际情形，而求得一最合宜的实际的解决中国问题的方案"③的方向性观点。至于方案是何，党在这时并没有取得突破。

当中国共产党还没有根据中国社会发展的实际状况提出切合于中国实际的革命任务之际，列宁领导的共产国际注意到中国等东方国家革命党人的民族民主革命任务，进而促使中国共产党迅速改变所高举的社会革命大旗，转而认识中国社会的基本性质，提出"两步走"的革命方针。

早在中国共产党筹备建立之时，共产国际即于1920年七八月间召开的第二次代表大会上，通过列宁草拟的《民族和殖民地问题提纲初稿》，针对中国问题指出："殖民地革命在最初时期不会是共产主义革命"，"倘若力图用纯粹共产主义的原则来解决土地问题，那会是完

---

① 《"一大"前后：中国共产党第一次代表大会前后资料选编（一）》，第263页。
② 中国革命博物馆、湖南省博物馆编：《新民学会资料》，人民出版社1980年版，第132页。
③ 中共一大会址纪念馆编：《中共一大代表早期文稿选编（1917.11—1923.7）》下，上海人民出版社2011年版，第1137页。

全错误的"①。 1922 年 1 月至 2 月，共产国际在莫斯科召开有中共代表参加的远东各国共产党及民族革命团体第一次代表大会。大会贯彻列宁关于民族和殖民地革命的理论，明确提出中国和远东各被压迫民族当前的革命任务是进行反对帝国主义和封建主义的民主革命而不是直接进行社会主义革命。

中共代表回国传达大会内容后，中共中央主要领导人陈独秀很快接受了大会意见，带领中国共产党在思想认识上实现转变。1922年 6 月，陈独秀写成《对于现在中国政治问题的我见》，具体分析了中国社会的经济、政治状况，指出中国经济的三个部分即"内地乡村的家庭农业""各城市的手工业""沿江沿海近代资本主义式的工商业"，由于"帝国主义的侵略及本国军阀的扰乱"，不但农民破产，手工业被"外国机器制造品所毁灭"，而且新兴的工商业"也不能够发展起来和外资竞争"②。

基于这样的经济分析，7 月召开的中共二大，通过《中国共产党第二次代表大会宣言》，提出：帝国主义列强在自 1840 年至今的 80年时间内，已把中国变成他们共同的殖民地和半殖民地，中国经济已沦为殖民地半殖民地经济："在中国自己领土之内，三分之一的铁路为外国资本家的所有物。其他的铁路也是直接或间接由外国债权人主人管理；外国的商轮是在中国的海口和内河里面自由行驶，邮电是受严密监督；关税也不是自主的，是由外国帝国主义者协定和管理的；这样，不但便利于他们的资本输入和原料的吸收，而且是中国经济生命的神经系已落在帝国主义的巨掌之中了。"因此，中国的一切重要的政治经济，皆为帝国主义列强所操纵，但因中国现在"尚停留在半原始的家庭农业和手工业的经济基础上面，工业资本主义化的时期

---

① 中共二大史料编纂委员会编：《中国共产党第二次全国代表大会》，中共党史出版社 2006 年版，第 128 页。

② 《陈独秀文章选编》中，第 185 页。

还很远"，所以在政治上还处于代表封建生产关系的"军阀官僚的封建制度"所把持。外国资本主义为了自己的发展和利益，扶助代表封建制度的军阀官僚，阻碍中国资本主义的发展，"中国幼稚的资产阶级为要免除经济上的压迫起见，一定要起来与世界资本帝国主义奋斗。"①

根据上述对中国政治经济状况的认识，宣言提出了中国革命分两步走的规划，即最低纲领和最高纲领。党在目前条件下的奋斗目标，也就是党的最低纲领即民主革命纲领："消除内乱，打倒军阀，建设国内和平"；"推翻国际帝国主义的压迫，达到中华民族完全独立"；"统一中国本部（东三省在内）为真正民主共和国"。党的最高纲领是："组织无产阶级，用阶级斗争的手段，建立劳农专政的政治，铲除私有财产制度，渐次达到一个共产主义的社会"②。

从一大到二大的一年间，中国共产党虽然在革命要完成的最终目标上没有变化，但对革命步骤的认识有了重大转变。正是由于中国共产党这样的思想转变，中国革命和工人运动才能够在二大之后取得迅猛发展。然而，二大明确中国共产党作为共产国际的支部存在，而共产国际代表监督和指导的局限，又为中国共产党在经济问题上的摇摆认识，埋下了伏笔。

二大以后，中国共产党根据共产国际的指示，着手展开国共合作，建立各民主阶级的革命统一战线。此时党迫切要解决的一个问题，就是如何认识中国社会经济结构中的资本主义经济成分，如何看待中国资产阶级的经济地位和政治态度。1923年4月，陈独秀发表《资产阶级的革命和革命的资产阶级》一文，将中国资产阶级划分为三个部分：一是革命的资产阶级，"他们因为封建军阀及国际帝国主义妨碍大规模的工商业发展而赞成革命，如中国海外侨商及长江新兴

①《中共中央文件选集》第1册，第102—103、109、112页。
②《中共中央文件选集》第1册，第115页。

的工商业家之一部分"；二是反革命的资产阶级，"他们因为素来是依靠外人的恩惠及利用国家财政机关与军阀官僚势力，造成了畸形的商业资本，专以卖国行为增加他们的货币财富，他们自然而然要依附军阀官僚及帝国主义的列强而反对革命，也可以叫做官僚的资产阶级，如中国新旧交通系之类"；三是非革命的资产阶级，"他们因为所营的工商业规模极小，没有扩大的企图，没有在政治上直接的需要，所以对于民主革命恒取消极的中立态度，这种小工商业家，在小资产阶级的中国社会居最大多数"①。相较于此前的表述，这是中国共产党的一次重大思想转变。

两个月后的中共三大上，共产党员以个人身份加入国民党的决定顺利通过，党开始"以国民革命运动为中心工作，以解除内外压迫"②。1924 年 1 月，在中国共产党的建议和帮助下，孙中山在广州召开了改组后的中国国民党第一次全国代表大会，通过了有共产党人参加起草的、以反帝反封建为主要内容的宣言。这次会议重新解释了三民主义，其中的"民生主义"，在一定程度上反映了中国共产党的经济主张。会议宣言的"国民党之政纲"部分中提出的对外对内政策原则，也部分地表述了中国共产党的经济主张。

国共合作虽然建立起来，但思想上的探索和碰撞并未停止。由于要着重分析中国资本主义经济和资产阶级，无论是陈独秀的文章还是党的三大决议，都存在重"资"轻"无"的倾向。这种情况在国共合作付诸实践之后有了变化。在与国民党的接触中，共产党人很快发现，国民党对大商业资本家举棋不定，其右派在代表着这一阶级的利益。至 1924 年 10 月广州商团事件发生后，党的领导人更是公开认为，"资产阶级不能革命，即革命亦是少数中的极少数，而且革命亦不得贯彻到底"，因为商业资本、银行资本、工业资本都与外国

①《陈独秀文章选编》中，第 257 页。
②《中共中央文件选集》第 1 册，第 146 页。

资本千丝万缕或受其支配，"终因顾虑目前之利益，亦不过只有动机罢了"①。

对中国资产阶级革命性的否定，必然衍生出反对和改造中国资本主义经济的主张。1925年1月，中共四大对中国的基本经济和社会情况作了着重分析："自资本帝国主义侵入中国，日甚一日，中国的农业、手工业的经济之破坏，遂日甚一日，同时为外国资本主义输入制造品输出原料的商业之畸形的发展，亦日甚一日，因此国内大商买办阶级，遂一日强大一日。""在将来，这班大商买办阶级勾结资本帝国主义、断送中国国民经济命脉（铁路、矿山、轻重各种工业）之危险，比此时的军阀还要厉害。"②四大通过的《对于职工运动之议决案》，提出必须把反帝反封建的政治斗争同经济斗争密切结合起来，"为各种具体的群众的利益而奋斗"③。

至此，中国革命既要打倒帝国主义和封建军阀势力，也要打倒反革命的买办资产阶级，成为中国共产党的共识。对于前者，党的领导人提出了许多打倒的办法，"怎样打倒外国经济压迫呢？这用不着杀洋人、烧教堂，只要收回关税主权，酌加人口关税，取消赔款，核减外债，取消领事裁判权与租界，废除不平等的条约便够了"④；而对于后者，党的领导人显然是在做"定性"工作："'殖民地半殖民地的资产阶级不革命'这一公例"⑤，已经在五卅运动中得到证实了。

只有性质分析而没有应对举措，使此时的中央领导层，对愈发严重的革命危机却束手无策。而此时共产国际对中国革命性质和资产阶级革命性认识的摇摆不定，更加干扰了中共中央的判断。这种情

---

① 中共中央文献研究室、中央档案馆编：《建党以来重要文献选编（1921—1949）》第2册，中央文献出版社2011年版，第185页。
②《中共中央文件选集》第1册，第274页。
③《中共中央文件选集》第1册，第284页。
④《恽代英文集》，人民出版社1984年版，第595页。
⑤《陈独秀著作选》第2卷，上海人民出版社1993年版，第949页。

况下召开的中共五大，不仅没有出台挽救革命的紧急措施，反而提出中国应立即准备从民主革命向社会主义革命转变，即"向非资本主义之发展方面进行"，更是不切实际的。[①] 两个多月后，国共合作全面破裂，大革命宣告失败。中共中央对于经济问题的思想探索，也走入了如何认识、看待中国资本主义和中国资产阶级的纠结、摇摆的死胡同。

四、"革命的首要问题"：斗争实践中的争论

无论是共产国际还是中共中央，要运用产生于欧洲经济发达国家的马克思主义来指导经济上极为落后的中国的革命，在理论和实践上都难免产生落差。而要使以工业产业和无产阶级为立论基础的马克思主义，成为一种适合于以广大农民和小资产阶级为基本群众、以自然经济为基本生产方式的中国的思想，当然更不可能是那些长期生活在资本主义条件下的外国共产党人所能够完成的。然而问题在于，中国共产党人在相当长的时间内还不具备这样一种能力。这首先并非是由于他们要接受共产国际的领导，而恰恰是由于中共中央这时还非常缺乏革命的具体实践特别是在农村的实践，因而明显地缺少对中国社会经济结构的实际了解。这正是此时的党中央只能依赖马克思主义经典作家的论说和苏俄革命的经验的原因所在。

事实上，党的领导人对于中国农民和农村经济的关注很早就有。李大钊在《土地与农民》一文中就系统考察了中国农民问题。他根据翔实资料分析了农民各阶层的状况和农村土地占有情况，指出："中国农民在帝国主义压迫之下已日趋于难境"，"农村中最多数最困苦的阶级（层）"是自耕农与佃农，自耕农较之佃农，进款略多，因此，

---

① 中共中央党史研究室：《中国共产党的九十年》，中共党史出版社、党建读物出版社 2016 年版，第 92 页。

"耕地农有""便成了广众的贫农所急切要求的口号"。①瞿秋白在《国民革命中之农民问题》一文中说:"中国的农民受的痛苦最深,但他们的数目占全国人口的绝对大多数,农业亦为中国的主要生产事业,农民实为中国经济生命的主体。如果中国的农民永远受着这样重的压迫,中国的工业一定不会发展,因为大多数的农民非常的穷苦,没有钱购买货物,工业品无从得到广大的销售市场。"他认为,国民革命必须是要革地主买办的命,"就是掘去帝国主义和军阀的命根——他们的经济基础"。②

然而,这些认识对于一心想实现无产阶级的阶级革命和社会改造的中国共产党来说,并不处于党的思想的主流。党的一大通过的纲领完全与农村土地制度无关,二大的宣言也仅提出了"规定限制田租率的法律"的要求。直到1923年5月,共产国际执委会在给中共三大的指示信中,才要求中国共产党实行"没收地主土地,没收寺庙土地并将其无偿分给农民"的政策。③收到共产国际的指示后,中共中央于当年12月发布《中国共产党对于目前实际问题之计划》,提出"限制私人地权在若干亩之内,以此等大地主、中等地主限外之地归耕种该地之佃农所有"④,才对农村土地问题作了第一次但却内容模糊的宣示。这或许是因为马克思主义经典作家有关农民问题的理论主要论述的是资本主义制度下的农民问题,他们分析的农村各阶级也是针对资本主义国家的情况而定的,对于无产阶级在半殖民地半封建社会领导的民主革命中的农民问题,他们没有发表过意见。因而,共产国际和中共中央也无法就中国的农村和农民问题发表具体意见。至少在中共中央领导人看来,农民的重要性还不能跟城市资产阶级相提并

①《李大钊文集》下,第834页。
②《瞿秋白选集》,人民出版社1985年版,第298—299、300页。
③ 中国社会科学院近代史研究所翻译室编译:《共产国际有关中国革命的文献资料》
　第1辑,中国社会科学出版社1981年版,第79、83页。
④《中共中央文件选集》第1册,第178页。

论，农业经济的重要性也还不能跟城市工商业特别是工业产业相提并论。

　　尽管如此，党内还是出现了依据农民运动的实践经验、运用马克思主义理论考察和区分中国社会各个阶级的务实探索。毛泽东等人已经能够从具体的实际出发提出土地革命的独立见解。

　　就在共产国际和中共中央反复争论资产阶级问题时，毛泽东即于 1925 年 12 月写出了《中国社会各阶级的分析》一文，分析了中国社会各阶级的经济地位和政治态度。他在文章开头醒目地提出："谁是我们的敌人？谁是我们的朋友？这个问题是革命的首要问题"；而要分辨真正的敌友，"不可不将中国社会各阶级的经济地位及其对于革命的态度，作一个大概的分析"。[①] 他认为，中国社会由五个阶级构成，即地主阶级和买办阶级、中产阶级、小资产阶级、半无产阶级和无产阶级。由于这几个阶级各有不同的经济地位，各有不同的阶级性，因而对革命持不同的态度：地主阶级和买办阶级依附于帝国主义，始终站在帝国主义一边，"代表中国最落后的和最反动的生产关系"，特别是大地主阶级和大买办阶级是"极端的反革命派"。[②] 中产阶级，"主要是指民族资产阶级"，他们对于中国革命具有矛盾的态度，具有两面性。民族资产阶级一方面受"外资打击、军阀压迫"，需要革命，赞成反帝国主义、反军阀的革命运动；另一方面，当革命不断发展，无产阶级成为运动的主流，使其"达到大资产阶级地位"的幻想濒于破灭时，它又"怀疑革命"，对外力和军阀表现出妥协性。基于上述分析，毛泽东主张，对待民族资产阶级的策略，一方面要把它当作"我们最接近的朋友"，肯定它的革命性；另一方面要时常"提防"它的妥协性，以免它扰乱革命的阵线。[③] 小资产阶级包

①《毛泽东选集》第 1 卷，人民出版社 1991 年版，第 3 页。
②《毛泽东选集》第 1 卷，第 4 页。
③《毛泽东选集》第 1 卷，第 4、9 页。

括自耕农、手工业主、小知识阶层和小商人等。这个阶级内部复杂，可以分为三部分："第一部分是有余钱剩米的"，"这种人发财观念极重"，"总想爬上中产阶级地位"，他们"在小资产阶级中占少数，是小资产阶级的右翼"；"第二部分是在经济上大体可以自给的"，他们人数甚多，"大概占小资产阶级的一半"。他们对革命"取了中立的态度，但是绝不反对革命"；"第三部分是生活下降的"，他们是"小资产阶级的左翼"，"这种人在革命运动中颇要紧"。[①] 半无产阶级包括绝大部分半自耕农、贫农、小手工业者、店员及小贩五种。他们的经济状况"仍有上、中、下三个细别"。其中半自耕农"其生活苦于自耕农"，"但是优于贫农"，因此，"半自耕农的革命性优于自耕农而不及贫农"。[②] 无产阶级其人数约二百万，"他们是中国新的生产力的代表者，是近代中国最进步的阶级，做了革命运动的领导力量"，无产阶级之所以在中国革命中地位如此重要，"第一个原因是集中"，"第二个原因是经济地位低下"。[③]

不难看出，毛泽东对于中国社会和经济状况的认识已经明显不同于马克思主义经典作家的论述和共产国际的认知。他将农民纳入了阶级分析的视野，这显然是他一直关注和领导农民运动的思想成果。主持过农民运动讲习所的毛泽东，在此之前还在上海主持了中国共产党中央农民部的工作，并任国民党中央农民部设立的农民运动委员会委员。[④] 他被派到湖南担任农民运动的视察员。在视察长沙、醴陵、湘潭、衡山、湘乡五个县的农民组织和政治情况后，毛泽东向中共中央提交了《湖南农民运动考察报告》，提出了"广泛地重分土地"的建议。几乎与毛泽东同时，另一位农民运动领袖彭湃也提出类似观

① 《毛泽东选集》第 1 卷，第 5—6 页。
② 《毛泽东选集》第 1 卷，第 6—7 页。
③ 《毛泽东选集》第 1 卷，第 8 页。
④ 中共中央文献研究室编：《毛泽东年谱（1893—1949）》上卷，中央文献出版社 2013 年版，第 153—154 页。

点，并且认为把地主的土地分给农民，完全符合生产力发展的要求，且由于"土地本属自然"，经过劳动人民开垦为农田，然后被地主的祖先依靠武力霸占，变为私人所有。现在农民夺回自己的土地，实际上是"还我农民自耕田"，是天经地义的。①

面对大革命高潮到来后农民运动风起云涌的局面，中共中央于1926年11月发布了《中国共产党关于农民政纲的草案》，提出"没收大地主、军阀、劣绅及国家、宗祠的土地，归给农民"②。翌年，中共五大通过《土地问题议决案》，也提出"彻底将土地再行分配"③。这些主张显然属于可操作性的政策举措，在农民运动的热潮中也有实现的极大可能，如若实施，必将检验和发展党的经济思想。然而，出于联合资产阶级的考虑，中共中央始终没有将这些主张付诸实践。

中央的顾虑并没有约束到地方上的农民运动。在毛泽东等人的组织和领导下，农民运动开始广泛地在许多省份展开，"湖北、江西、福建，特别是湖南的农民运动表现出一种惊人的战斗精神"④。在这种情况下，国民党感到"明显的恐慌"，高级官员和军官开始要求镇压农运，他们把农会称作"痞子会"，认为农会的行动和要求都过火了。而在党内，农民运动和毛泽东的主张引起激烈争论。陈独秀和中共中央多数领导人都认为，农民革命现在"还不到时候"，因为，"政治总是以大城市为出发点"，整个工农群众的解放运动，必须以大城市产业工人为领导和先锋，而目前城市中的工人运动和反帝运动都很薄弱，因此，农民的奋起还不可能在全国造成革命局面，只能从争取乡

---

① 参见张家骧主编：《马克思主义经济学说在中国的传播运用与发展》，河南人民出版社1993年版，第170页。
② 中央档案馆编：《中共中央文件选集》第2册，中共中央党校出版社1989年版，第437页。
③《中共中央文件选集》第2册，第66页。
④《毛泽东自述》，人民出版社2008年版，第52页。

村进而到争取县城而已。[①]中共中央要求全党：对于民族资产阶级，虽"明知其为将来之敌人，或者即是一年或三年后之敌人，而现在却不可不视为友军，且为有力之友军，以共同打倒国外的敌人（帝国主义）和国内的敌人（半封建势力）"[②]，因此不得不防备农运中侵犯民族资产阶级利益的行为。

从马克思主义在中国传播到中国共产党建立，再到大革命，中国共产党的经济思想很大程度上是围绕着马克思主义的那些现成结论、围绕着苏俄革命的那些现成经验展开的。这其中虽然不乏将马克思主义理论同中国实际相结合的努力，特别是毛泽东等对中国社会经济情况的细密分析、对中国社会各阶级尤其是农民的经济状况的调查和研究，都是有突破意义的。但从总体上看，这一时期中国共产党的经济思想是不够深入的，也是不完整、不成熟的。这固然与中国共产党直接受命于共产国际的指挥有关，但更重要的，还是由于缺乏革命实践。随着国共合作破裂，中国共产党独立登上中国革命舞台，党终于可以将那些充满激情的经济思想摆在历史台面之上了。

---

① 《中共中央文件选集》第 2 册，第 207—209 页。
② 《中共中央文件选集》第 2 册，第 168—171 页。

第二章　土地革命战争时期的中国共产党经济思想：1927.8—1937.6

　　大革命失败后，中国共产党走上了建立农村根据地、武装夺取政权的革命道路。这种情况不仅促使中国共产党更加坚定搞起苏维埃式的土地革命，而且促使根据地开展一定规模的经济建设。土地革命通过阶级斗争的形式变更农村经济关系，实质上是一种经济革命。土地革命连同根据地的经济建设，为中国共产党更广泛而系统地思考经济问题提供了条件。因而中国共产党的经济思想在这时有了更为直接的展示。由此可以看到，中国共产党经济思想逐渐形成体系并不断丰富发展的过程，不只是一个党对中国社会经济性质认识的不断深化的过程，更是一个进一步把马克思主义同中国革命实践相结合的过程，还是一个在理论学说和现实政策之间艰难平衡的过程。这是因为，一方面，中国共产党为了革命斗争的需要，不能不尽力使马克思主义经济学说适应于中国经济的实际状况和需要；而另一方面，中国共产党为了维护马克思主义的指导地位，又不能不设法捍卫马克思主义经济学说的权威性、纯洁性，以使之不被功利化、实用主义化。理念与现实之间的张力，为党在局部执政条件下检视自己的经济思想提供了巨大空间。

一、"半封建"与"半殖民地"的经济：性质的分析

　　在大革命失败前夕，共产国际和联共领导层曾激辩中国革命的

性质和阶段问题。大革命失败后，在斯大林关于中国革命的"三阶段"理论指导下，中共中央召开紧急会议即八七会议，确立了实行土地革命和武装起义的方针。尽管此后南昌起义、秋收起义特别是在中心城市广州建立苏维埃政权的广州起义相继失败，但囿于共产国际的领导和苏俄经验，八七会议后新组建的中共中央，非但没有总结教训，反而在理论上更加激进。党的主要领导人瞿秋白进一步提出"无间断革命"的主张，要求"急转直下的进于社会主义的道路"[①]。此后，中国共产党在一些城市组织了武装暴动，发动了工人罢工，但很快被镇压下去。

这样的被动局面引起共产国际的不满。由于造成这种局面的理论根源是对中国革命性质的认识，共产国际着手在理论上作了纠正。1928 年 2 月，共产国际执委会通过关于中国问题的决议，批评"无间断革命"的错误，认为"这种观点如果移到中国革命上来，是显然不正确的"，提出中国革命的性质"还是资产阶级的民权革命（土地革命）"。[②] 但该决议同时提醒中共中央："农民暴动可以变成全国暴动胜利的出发点，只有在他们与无产阶级中心之新的革命高潮相联结的条件之下"才有可能。也就是说，在共产国际看来，中国革命不是社会主义性质的，但没有无产阶级的革命高潮又不可能胜利。这在理论上是无法讲通的。

1928 年六七月间召开的中共六大，打通了上述理论上的"梗阻"。六大批判了中国革命已转变到社会主义性质的错误论断，提出"中国现在的土地关系是半封建制度"，"现在的中国经济政治制度，的确应当规定为半封建制度"，"中国的剥削制度，完全是一种半殖民

---

① 中央档案馆编:《中共中央文件选集》第 3 册，中共中央党校出版社 1989 年版，第 453—454 页。
② 中央档案馆编:《中共中央文件选集》第 4 册，中共中央党校出版社 1989 年版，第 177 页。

地的经济"①，"地主阶级私有土地制度并没有推翻，一切半封建余孽并没有肃清"②。这一论断是在党的代表大会文件中，第一次将帝国主义侵略下已然分化瓦解的中国经济明确称之为"半封建"和"半殖民地"的经济，集中解决了困扰中国共产党的带有根本性的理论问题，为统一全党思想起到了关键作用。

那么，中国经济的半封建和半殖民地特征是什么？六大仍然以中国农村经济为剖析对象提出："中国是小农式的农业经济"，"中国差不多没有欧洲式的地主经济，而小农经济占着优势。中国所有可以耕种的地亩，都分割成极小极小的经济单位，由几百万户的农民生产者的群众，用中国式的农具耕种"。在土地所有权的分配方面，地权的分配非常不公平，中国农民之中，至少有四分之三是无地的农民和地少的农民。因此，中国土地关系的根本问题，"就是土地所有制度的问题"，"而土地使用关系上的剥削，亦就成为剥削农民之主要的根本的方式"③。

六大进一步分析提出：中国土地制度变化的紧要特点，一是资产阶级式的土地所有制度已经占着优势，二是物产地租仍是很广泛的现象，三是在地主阶级之中小地主比较大地主更占优势，四是各省地主的大小关系是不平衡的。而"最可注意的是"，"中国之中进步的（资产阶级式的）土地所有方式和落后的半封建式的剥削农民的方式互相勾结着"，"市场经济的制度也已经成为统治的制度，已经笼罩一切"，"农民的出产品必须卖出一部分，得了钱再能买其他消费品"，"于是农民一天天的格外需要金钱"。由此，"高利贷资本与商业资本，仿佛石磨上的两片磨片，榨取农民的私有土地"。这些"中国经济的

①《中共中央文件选集》第4册，第336、341页。
②《中共中央文件选集》第4册，第298页。
③《中共中央文件选集》第4册，第330、331页。

特点，土地关系的特点，很明显的是半封建制度"①。另外，由于帝国主义妨碍了中国工业的发展，使农村中的资本积累不能用来提高农业生产技术，不投到工业里面去，反而再投到土地和高利贷方面来，从而更加重了用半封建的形式剥削农民，"所以农村经济的命脉就握到帝国主义手里去"，中国日益变成"资本主义列强的农业原料国，成为世界资本主义的附庸"②。这些都使中国农村经济呈现出半殖民地半封建的特征。

以资本为视角解析中国农村经济，自然引出中国农业资本主义的发展道路问题。六大认为，帝国主义对中国农村的侵略，客观上会引起中国农业中资本主义的发展，但是因为中国"过去的历史发展有许多遗留的特殊状态"及"现在的地位是半殖民地"，因此中国农村经济的资本主义进化，有着自己"特殊的性质"③。这种特殊性质表现在三种理论发展的可能上：一是"一方面保存地主土地占有制，另一方面有资本主义式的农家经济之现象"的"欧洲式的模范的资本主义式的农家经济之发展"。但由于"中国工业发展得很少，生产的资本不够，所以这种理论发展是不可能的"。二是"大封建地主（或半封建地主）经济变成大资本主义的农业经济"。这种可能性也"很少"，因为"中国完全没有封建式的地主阶级"，同时也不具备使用资本主义式农业生产方法的条件。三是"外国大资本家投资在中国农业，组成很大的农业公司"，这种道路"也不能有更大的范围"。因为"这是保存着帝国主义的压迫，而且还会更加增加这种压迫，简直要将中国的半殖民地变成殖民地"④。

六大据此得出结论，要自由地发展中国资本主义，是非常困难

①《中共中央文件选集》第 4 册，第 331、334、335、337 页。
②《中共中央文件选集》第 4 册，第 341 页。
③《中共中央文件选集》第 4 册，第 343 页。
④ 参见《中共中央文件选集》第 4 册，第 347—348 页。

的。那么，工农群众在取得民主革命政权之后，怎样才能更加集中力量去战胜中国资本主义自由发展的障碍呢？其答案"一定是赶快准备过渡到无产阶级专政的条件"，"消灭私有的资本主义市场而代以有组织的经济"①，即走向社会主义的前途。除此之外，"没有第二条路可以解放自己"。为此，六大不仅批评了"不断革命论"的观点，而且为中国"资产阶级性的民权主义革命"列明了两项中心任务："推翻帝国主义及土地革命"②。

在革命由统一战线的大革命向土地革命转变的当口，中国共产党将关注点由城市经济转入农村经济，并主要从农村经济的角度来剖析中国半殖民地半封建社会的特征，是再自然不过的事情。然而，因此就忽视对城市资本主义经济状况的分析，对于今后要以独立姿态领导中国革命的中国共产党来说，难免有顾此失彼之状。此外，完全依据马克思主义经典作家关于农业资本主义的论述来分析中国农村经济，虽然在理论上似乎可以自圆其说，但落实到实践层面究竟有多少符合实际的因素，还是未知数。如果再加上依据经济分析而得出的"中国之反对帝国主义和彻底变更土地制度的资产阶级民主革命，只有反对中国民族资产阶级，方才能够进行到底，因为民族资产阶级是阻碍革命胜利的最危险的敌人"的结论，就不能不说是给日后的"左"倾错误埋下了隐患。

但即便如此符合马克思主义原典理论的思想主张，在党内仍然有不同声音。六大之后不久，党内即有看法认为：中国资本主义经济关系已占"绝对优势地位"，"中国资本主义发展到了代替封建经济而支配中国经济生活的地步"③。陈独秀等人更是坚持联共内部托洛茨基

---

① 《中共中央文件选集》第 4 册，第 350 页。

② 《中共中央文件选集》第 4 册，第 299 页。

③ 中央档案馆编:《中共中央文件选集》第 5 册，中共中央党校出版社 1990 年版，第 499 页。

等人的观点，多次给中共中央写信，认为大革命尽管失败了，但它实现了中国社会的转变，"在经济上，封建残余受了最后打击"，已经是"残余势力之残余"了，因此不应"过分估量封建势力的地位"[①]。显然，这是对六大确定的思想和政策的否定。

对此，党内一些领导人作了回应。张闻天提出："关于中国农村中地主、商人、高利贷者对中国农民的剥削，只要稍为知道一点政治经济常识的人，就可以知道，那不是资本主义的剥削，而是封建式的剥削，因为这里对立的不是在土地上投下资本取得平均利润的资本家与得到工资的工人，而是将土地出租给农民、从农民那里收到地租的地主与农民。这种地租不论是生产品的或是金钱的，同在资本主义社会中的地租含有完全不相同的意义。至于这里的商业资本与高利贷的作用，同资本主义社会中的商业资本与借贷资本也是性质上不相同的。"[②] 他还提出，帝国主义向中国输出商品和资本，"不但不能帮助中国资本主义的独立发展，而且阻碍中国资本主义的独立发展"，"不但不消灭乡村中间的封建式的剥削，而且加重了这种剥削"，"它只是破坏殖民地与半殖民地的生产力，而不能发展生产力"[③]。李立三等人则提出：中国资本主义经济的发展最快是因为帝国主义忙于战争无暇东顾，但战后"帝国主义的经济侵略又渐次回复到东方来了，所以发展的速度便渐次停滞缓慢下来。"[④] 因而，"中国民族工业极少向前发展的可能"，资本主义经济难以发展为中国经济的主要形式。

共产国际也意识到这种理论上的讨论和回应对于中国土地革命的重要性。不仅共产国际确认"中国乡村经济代表着半封建性的许多残余与正在发展着的资本主义成分最密切地纠缠起来的一幅画图"，

---

① 《中共中央文件选集》第 5 册，第 727、728 页。
② 《张闻天选集》，人民出版社 1985 年版，第 5—6 页。
③ 《张闻天选集》，第 2、4 页。
④ 《中共中央文件选集》第 5 册，第 627 页。

而且斯大林也表示了同样的意见："如果中国没有封建残余，如果这些残余对于中国乡村已经没有严重的意义，那么就没有土地革命的基础了"。此后，中国共产党更加明确了对于中国社会经济半封建性的认识。中共六届二中全会提出："现在中国的经济上封建经济尚有极强固的基础，占人口最大多数的农民，大部分都在地主阶级残酷剥削之下。虽然因货币关系的发展，封建剥削关系受到很大的打击，而日益崩溃，但仍然是占有很大的优势。"[①] 中国共产党据此认定，农村经济的破产与崩溃是日甚一日的。

中国共产党的这些认识已经带有了明显的中国特征，为开展武装斗争、土地革命和根据地建设提供了思想指导。当然，理论层面的阐释和推演到底在多大程度上符合中国的实际情况，还需要从土地革命斗争的实践来看。

二、"土地国有"与"土地私有"：政策的反复

土地革命是生产关系领域的革命。既然中国社会经济性质是半殖民地半封建的，既然农村封建统治阶级是帝国主义剥削中国的一个支柱；那么，进行土地革命、破除农村封建关系的经济基础，也就成为中国共产党在现阶段为完成资产阶级民主革命任务的不二选择。

如何开展土地革命？早在 1926 年 11 月共产国际关于中国问题的决议案中就提出，中国共产党应该承认"土地国有"为无产阶级农村政纲之基本条件。斯大林在共产国际中国委员会上的演说《论中国革命的前途》中也宣称，"中国应做到土地国有"，"我们决不能摒弃土地国有这样的口号"。在八七会议上，中国共产党按照共产国际的指示，提出土地革命的方法，即在共产党的领导下，用自下而上的农

[①]《中共中央文件选集》第 5 册，第 184 页。

民运动方法没收一切土地归国有。

与此同时，中国共产党显然对没收土地的工作难度也有思想上的准备。在具体阐述没收土地的对象是谁、没收多少，分配土地的对象又是谁、按什么标准分配等攸关实际的问题时，八七会议提出了比较务实的政策主张：要保留自耕农和小地主的土地，只没收土豪劣绅、大中地主及祠族庙宇等土地。"本党之农民问题上的行动纲领，在这一整个的时期中本是'耕者有其田'这一极通俗的口号"，"本党不提出没收小地主土地的口号"，只"肃清土豪乡绅与一切反革命分子，没收他们的财产"，"没收重利盘剥者财产，用以改良农村中贫农的生活"，"没收大地主及中地主的土地，分这些土地给雇农及无地的农民"，"没收一切所谓公产的祠族庙宇等土地，分给无地的农民"①。会议为此解释说：从现时看，"本党不提出没收小田主土地的口号，是为着要使城乡间广大的小私有财产者之分子中立"；但从长远看，当"农民运动不免要起而反对出租田地的小田主的时候"，也不能认为"这种事情是过火的是反革命的"②。也就是说，只是现阶段提倡"耕者有其田"及保留小地主土地，而土地革命的奋斗目标仍然是"土地国有"。

8月23日，中共中央复函湖南省委更简明地表述了八七会议的观点："土地问题，这时主要口号是'没收大地主土地'，对小地主则提出减租的口号，'没收小地主土地'的口号不提出，但我们不要害怕没收小地主土地，革命发展到没收小地主时，我们要积极去组织领导，其结果仍是没收一切土地。不马上提出这一口号只是对小地主的一种策略。在没收地主土地的过程中，对于自耕农的土地不免有打击，我们也不避免这种打击，但我们更不要提出'没收自耕农土地'

---

①《中共中央文件选集》第 3 册，第 295、296—297 页。
②《中共中央文件选集》第 3 册，第 296 页。

的口号。"①

虽然中共中央相信"一旦地主阶级消灭的过程中土地国有只是一种法令问题而已"，但既然是一种"策略"，实际斗争中就有了灵活实施的空间。当中国共产党领导建立的第一块革命根据地——井冈山根据地于1927年冬天开始准备分田斗争时，毛泽东虽重申没收一切土地归苏维埃政府所有的原则，但实际上没收的只是地主的土地。在分配土地时，井冈山根据地也"依中央办法"，不搞平分一切土地，"改以劳动力为标准，能劳动的比不能劳动的多分一倍"②，为富农乃至地主也分了土地。

中国共产党在土地革命刚刚兴起、根据地刚刚建立的这一年多时间内的务实举措，显然对六大及此后中央作出将"没收一切土地"改为"没收地主阶级的土地"的决断起了推动作用。六大提出，"共产党认为土地国有，乃消灭国内最后的封建遗迹的最坚决最彻底的方法"③。1929年2月《中央通告第二十八号——农民运动的策略》进一步总结说："没收一切土地，客观上是实行土地的国有"，但会触犯一切富农甚至中农和小块土地的贫农，削弱土地革命斗争的力量，因而改变这个口号为没收地主阶级的土地，"是再正确没有了"④。

这些政纲传达后，各根据地的土地政策随即发生变化。已经开辟了赣南闽西根据地的毛泽东，经过在兴国的调查研究，于1929年4月主持制定了兴国土地法，对此前井冈山时的土地法进行了修改，其中最重要的改动即是把"没收一切土地"改为"没收一切公共土地及地主阶级的土地"。用毛泽东后来的话说，"这是一个原则的改正"。相应地，苏区在土地分配政策上作了完善，在"抽多补少"之外增加

①《中共中央文件选集》第3册，第353页。
② 中共中央文献研究室、中国人民解放军军事科学院编：《毛泽东军事文集》第1卷，军事科学出版社、中央文献出版社1993年版，第35页。
③《中共中央文件选集》第4册，第353页。
④《中共中央文件选集》第5册，第19、20页。

"抽肥补瘦"，"不准地主富农瞒田不报及把持肥田"①。这样就可以在确保土地数量平分的同时，也确保土地质量的平分。

土地分配之后，一个棘手的问题接踵而来，那就是要不要确立农民土地私有权的问题。事实上，就在六大召开后不到一年的时间里，中共中央就明确要求"在赤色区域立即开始向群众宣传土地不能买卖，土地是大家公有的，土地不能出租，打破农民私有观念及平均地权的观念"②。随着土地革命斗争的发展，党内这种激进的情绪越来越明显。1930年5月在上海举行的全国苏维埃区域代表大会，明确提出实行"共同生产，共同消费，东西共有，劳动分工"的主张。而中共中央认可的《土地暂行法》也对此给予了某种形式的肯定，主张至少雇农"须让他们集合起来，组织集体的农场"，"大规模的农场，不得零碎分割，应组织集体农场、生产合作社等实行集体生产"③。

然而，共产国际不同意这种混淆革命阶段性的主张。1930年7月，共产国际向中共中央明确提出："没收地主土地归农民"，"暂时不要禁止土地买卖"④。据此，1930年9月中共六届三中全会提出："在目前革命阶段，尚未到整个取消私有制时，不禁止土地买卖和在苏维埃法律内的租佃制度。"1931年2月，《中共苏区中央局通告第九号——土地问题与富农策略》进一步提出：目前争取全国苏维埃斗争中，土地国有只是宣传口号，尚未到实行的阶段。必须使广大农民在革命中取得他们渴望的土地所有权，才能加强他们对于土地革命和争取全国苏维埃胜利的热情，才能使土地革命更加深入。

---

① 中共中央文献研究室、中央档案馆编：《建党以来重要文献选编（1921—1949）》第7册，中央文献出版社2011年版，第760页。

②《中共中央文件选集》第5册，第423页。

③《第二次国内革命战争时期土地革命文献选编》，中共中央党校出版社1987年版，第260—262页。

④ 中央档案馆编：《中共中央文件选集》第6册，中共中央党校出版社1989年版，第586—587页。

一向重视研究实际情况的毛泽东，于 2 月 27 日以中央革命军事委员会总政治部主任的名义，给江西省苏维埃政府写了一封题为《民权革命中的土地私有制度》的信，要求各级政府明确宣布分好的田归农民所有，并允许农民租借买卖。毛泽东提出："过去田归苏维埃所有，农民只有使用权的空气十分浓厚，并且四次五次分了又分，使得农民感觉田不是他们自己的，自己没有权来支配，因此不安心耕种，这种情形是很不好的。""省苏应该通令各地各级政府，要各地政府命令布告，催促农民耕种，在命令上要说明过去分好了的田（实行抽多补少、抽肥补瘦了的）即算分定。得田的人，即由他管所分得的田，这田由他私有，别人不得侵犯。以后一家的田，一家定业，生的不补，死的不退，租借买卖，由他自主。"他还把农民土地私有权和允许土地自由买卖称作"现在民权革命时代所必要的政策"，并论证说，"经过分配土地后确定了地权，加以我们提倡生产，农民群众的劳动热情增长了，生产便有恢复的形势了。现在有些地方不但恢复了而且超过了革命前的生产量"，因此只有实行这种政策，"才是真正走向共产主义的良好办法，而不是什么恢复地主制度"[①]。

毛泽东的这种主张显然也体现了务实、灵活的特性，事实上对于土地革命的开展起到了重要作用。只是这样的观点在共产国际看来是有悖于共产党人经济理想的。共产国际不仅在 1930 年下半年和 1931 年初先后为中国共产党起草了一些法令和政策文件，要求中共一方面立即宣布一切剥削阶级，包括地主、土豪、军阀、富农和凡雇用一个以上雇员的商人，都是自己的敌人；另一方面立即开始实行"地主不分田、富农分坏田"的政策[②]。

经过 1931 年 1 月六届四中全会，受共产国际充分信任的王明等

---

① 《毛泽东选集》第 1 卷，第 131 页。

② 参见中国社会科学院近代史研究所翻译室编译：《共产国际有关中国革命的文献资料》第 3 辑，中国社会科学出版社 1981 年版，第 263 页。

人掌握中共中央领导权,"地主不分田、富农分坏田"的政策逐渐推行。中共中央在这年3月发布的《土地法草案》中规定:"所有封建主、地主、豪绅、军阀、官僚、寺院以及其他大私有主的土地,无论自己经营或出租,一概立即无任何代价地实行没收,被没收的土地,经苏维埃由贫农和中农实行分配。被没收的旧土地所有者,无权取得任何份地。""富农在被没收土地后,可以得到较坏的'劳动份地'。"①

此后,各根据地开始调整政策。这年8月,苏区中央局通过《关于土地问题的决议案》,确定"在分配土地时地主豪绅及其家属,根本无权分得土地",并指责"抽多补少""抽肥补瘦"的分田原则是"非阶级的",认为这种原则在事实上没有执行完全没收地主阶级的一切土地,因为在分配土地时地主及其家属仍旧分得土地,所以"容易使地主阶级瞒藏土地不拿来分配","容易使富农偷取土地革命的果实"。三个月后,苏区党第一次代表大会通过《中华苏维埃共和国土地法》,把"地主不分田,富农分坏田"用法律固定下来,强令现存苏区、非苏区以及新建立苏维埃政权的区域重新分配土地。

共产国际和中共中央的强力推动,使土地政策在实践中来了一次"大转弯"。为了落实"地主不分田,富农分坏田",各根据地很快掀起查田运动。作为中华苏维埃共和国临时中央政府主席,毛泽东在查田运动中明确反对把查田当成再分田的倾向。他于1933年10月写出《怎样分析农村阶级》一文,提出用生产资料占有关系、剥削或被剥削方式和生活来源等方面来划分农村阶级。随后,他又主持制定了《中华苏维埃共和国中央政府关于土地斗争中一些问题的决定》,规定劳动是区分地主与富农的主要标准,提出"在普通情形下,一家中有一人每年有三分之一时间从事主要的劳动,叫作有劳动,一家中有一

---

① 中央档案馆编:《中共中央文件选集》第7册,中共中央党校出版社1991年版,第778页。

人每年从事主要劳动的时间不满三分之一，或每年虽有三分之一时间从事劳动，但非主要的劳动，均叫作有附带劳动"，"剥削数量超过其全家总收入的 15% 者，叫作富农"，"富农与富裕中农的区别在于，后者一年剥削收入的分量不超过其全家一年总收入的 15%"①。这些对于劳动时间和剥削比率的量化标准，显然突破了共产国际向来按政治态度划分阶级关系的做法，开创出按经济标准、经济地位划分阶级关系的新思路。这不能不说是一次足以代表中国共产党经济思想重大发展的理论创新。

　　然而，毛泽东的主张并没有在实际工作中起到应有的作用，因为"地主不分田，富农分坏田"落实到一些农村苏区，很快演变成消灭地主和富农的做法，就连中农的利益也不能得到保证。中共中央明确宣布：绝不能认为"雇农、贫农、中农有绝对平等的权利，分得同样多同样好的土地"，"不同的农民阶级绝没有绝对平等可说"②。这种倾向在 1934 年 1 月六届五中全会后更加明显。这年 3 月，临时中央政府发出《人民委员会训令中字第二号——关于继续开展查田运动的问题》，不仅批判《关于土地斗争中一些问题的决定》是"拿算阶级来代替查阶级"、"给地主富农以很多反攻的机会"，使他们"拿数字的玩弄来夺回他们过去所失去的土地与财产"，还规定"在暴动后查田运动前已经决定的地主与富农，不论有任何证据不得翻案，已翻案者作为无效"。某种程度上说，这已经不是对毛泽东及其领导的查田运动的否定，而是对实行土地革命以来中国共产党所采取的务实、灵活的一系列政策措施的否定。在战争环境下，由此引发的严重后果很快显现。

---

① 参见中共中央文献研究室、中央档案馆编：《建党以来重要文献选编（1921—1949）》第 10 册，中央文献出版社 2011 年版，第 547—552 页。

②《中共中央文件选集》第 7 册，第 500—511 页。

三、"对私人经济的领导"与"利用私人资本"：建设的难题

实行土地革命和武装暴动以来，农村成为党生存和发展的主要条件，建立在农村中的苏区根据地和红军也越来越成为党继续革命事业的主要依靠。但是，在国民党的军事围攻和经济封锁之下，中国共产党和苏区在军事上和经济上的生存条件都是极为困难的。在这种情况下，中国共产党必须因应"革命战争的激烈发展"，"立即开展经济战线上的运动，进行各项必要和可能的经济建设事业"[①]。

与没收土地、分配土地这样疾风暴雨般的"大破"之举不同，根据地的经济建设只能是"大立"。通过建设增加根据地的财力、物力，为革命战争提供必需的物质基础，也为党和苏维埃政权的生存提供必需的物质基础，显然不能依靠单线式的阶级斗争，而只能依靠包括农业、工业、商业、财政、金融等诸多领域在内、涉及生产、交换、分配、消费等各个环节的复合式系统工程。因而，中国共产党采取什么样的财经工作路线、方针和政策，直接决定了建设成效；也正是因为路线、方针、政策如此关键，党在土地革命中思想和政策的反复，就不能不影响到根据地的建设。

在农村建立根据地，农业必然是经济建设的第一位任务。只有首先发展农业生产，才能解决最重要的粮食问题，并为其他各方面的建设提供基础。为此，苏维埃政府出台一系列促进措施开垦荒地、发展粮食生产。其中不乏综合施策的思路，如鼓励种植木梓和烟叶等经济作物，以发展出口缓解财政压力等。苏区党和政府更是发现用群众运动方式进行农业生产建设不失为一种有效途径。"革命战争的激烈

---

①《毛泽东选集》第1卷，第119—120页。

发展，要求我们动员群众，立即开展经济战线上的运动，进行各项必要和可能的经济建设事业。"[1] 为此，苏区组织了青年春耕模范队、冬耕突击队，还采用生产竞赛方法激励群众。

不管阶级路线和阶级斗争如何激烈变幻，农业生产的重要性始终是不被否定的，毕竟没有哪个苏区会拿自己的生存当赌注。但是，对于工商业的生产，中国共产党的认识和态度就要复杂多了。虽然根据地多处于贫瘠的山区，工商业极为落后，但出于增加苏维埃政府财力和战胜国民党经济封锁的需要，发展工商业也是必要的。只是对于如何发展工商业，特别是对于应不应该发展私营工商业，党内有着认识上的难题；毕竟，工商业是很容易"沾染"资本主义属性的。

对于发展国营工业和商业，中国共产党的态度是明确而积极的，因为它明确符合马克思主义原则。根据地的国营工业是从军事工业开始的，以后又建立起若干民用工业。而商业则是从设立公卖处逐步发展起来的，其经营范围主要是粮、盐、布和钨砂等有关军需民生的重要商品。1934 年 1 月，第二次全国工农兵代表大会对苏区经济建设作了总结，提出苏区经济政策的原则是"争取国营经济对私人经济的领导"[2]。根据会议精神，大力发展根据地的国营工业和商业成为必然之选。兵工厂、被服厂、印刷厂、钨矿公司、造纸厂、纺织厂以及卫生材料厂和通讯材料厂等一批国营工业机构，以及粮食调剂局、对外贸易局以及商业公司等国营商业机构相继建立。这些国营经济成分，尽管在此时"只限于可能的和必要的一部分"，但它们"都已开始发展"[3]。

除了国营经济，作为马克思主义经典作家论述的集体经济形式，合作社经济也受到苏区党和政府的大力支持。1932 年 4 月，苏维埃

---

① 《毛泽东选集》第 1 卷，第 119 页。
② 《毛泽东选集》第 1 卷，第 130 页。
③ 《毛泽东选集》第 1 卷，第 133 页。

中央政府发布《关于合作社暂行组织条例》，宣布合作社为发展苏维埃经济的一个主要方式。而第二次全国工农兵代表大会更是提出"在经济上，在人力上帮助生产合作社的发展"，"是目前我们的中心工作"。考虑到苏区的经济规模，无论苏维埃政府怎样重视合作社发展，其对于红军作战的支持作用都是不大的，至少远不如国营工商业的作用大。而中国共产党如此重视合作社、要求"大规模地发展合作社经济"，其目的只是在于使"合作社经济和国营经济配合起来"，"对私人经济逐渐占优势并取得领导的地位"。[1]

既然国营经济和合作社经济都是对私人经济的领导，而苏区的国营经济和合作社经济又称不上强大，那么为了保持这种领导地位，私营工商业不能被支持发展似乎是必然的。然而，对于经济基础本就薄弱的根据地来说，私营工商业毕竟是财政收入的重要来源甚至是主要来源。不发展私营工业、甚至消灭私营工商业无异于自断生路。在这方面，进入根据地的党和红军显然比远在上海的中共中央要务实得多。还在井冈山时发布的《红四军司令部布告》就提出："城市商人，积铢累寸，只要服从，余皆不论。"此后，红四军进一步提出"保护商人贸易"的主张。1930 年 10 月，毛泽东在给湘东特委的信中提到对于资本问题，"我们认为目前无条件地没收一切工厂商店是不对的，应该没收反革命的商店与军阀官僚资本的工厂商店"[2]。

然而，此时特别关注"阶级立场"的中共中央并不完全认可根据地的做法。1930 年 5 月，李立三主持全国苏维埃区域代表会议，制定《劳动保护法》，提出很高的工资福利要求。甚至当李立三认为革命高潮已经到来后，还提出没收中国资产阶级工厂的主张。由于李立三主持中央工作时间不长，这一主张在根据地没有大范围贯彻实施，真正的危险来自六届四中全会之后。在王明等人的主张下，1931

---

[1]《毛泽东选集》第 1 卷，第 133—134 页。
[2]《毛泽东年谱（1893—1949）》上卷，第 318 页。

年 11 月中华苏维埃工农兵第一次全国代表大会通过的《中华苏维埃共和国劳动法》，仍然规定成年工人每日工作 8 小时，青工 6 小时，童工 4 小时，同时规定了带有强迫介绍性质的雇佣办法以及明显过高的工资福利。

这样的政策推行到苏区，直接破坏和窒息了根据地私营经济的发展。仅仅到了 1933 年上半年，根据地的大批私营工商业就不得不关门停业，坐吃山空，濒临灭绝。这种危害很快引起中央领导人的关注。张闻天在 1933 年 4 月发文指出，《中华苏维埃共和国劳动法》颁布"一年半的经验同时告诉我们，这一为了大都市大生产所订立的《劳动法》，在经济上比较落后的苏维埃区域内，是不能完全机械执行的"[①]。陈云在对劳动法贯彻执行情况作调查时也提出："机械地执行只能适用于大城市的劳动法，使企业不能负担而迅速倒闭"，"这种'左'的错误领导，是破坏苏区经济发展，破坏工农联盟，破坏苏维埃政权，破坏工人阶级的彻底解放的"[②]。

在党的领导人看来，解决之道就是保护和利用私营工商业。张闻天就直接指出私营经济的"利用"价值："要发展苏维埃的经济，在目前不尽量利用私人资本是不可能的。私人资本主义的部分的发展，对于我们并不是可怕的。这种发展，可以增加我们苏区内的生产，流通我们的商品，而这对于苏维埃政权现在是极端重要的。但是要使私人资本家到生产中或工商业中来，那必须使他们有利可图，而不是亏本。"[③]陈云要求党和工会"要重新审查各业集体合同的具体条文，审慎地了解各业的每个商店、作坊的经济能力，依照实际情形，规定适合于每个企业的经济要求"，"领导工人在自愿的条件之下，减

[①]《张闻天选集》，第 21 页。
[②]《陈云文选》第 1 卷，人民出版社 1995 年版，第 9 页。
[③]《张闻天选集》，第 25—26 页。

少一部分工资，以企业不致倒闭为度"①。毛泽东也在第二次全国工农兵代表大会的报告中阐述说，对于私营经济，"不但不加阻止，而且加以提倡和奖励"，"因为目前私人经济的发展，是国家利益和人民的利益所需要的"②。

在战争压力之下，基于阶级斗争的考虑而侵害私营工商业利益的情况还是少数，保护私营工商业在苏区仍然有着很强的共识。只是当中国共产党和毛泽东等领导人在采取这种保护私营工商业的经济思想的时候，显然还并没有把问题的认识提升到理性的高度上去。他们还只是从策略和实用的角度来考虑问题。毛泽东同样认为，包括发展私营工商业在内的经济建设并不是中心任务，"革命战争是当前的中心任务，经济建设事业是为着它的，是环绕着它的，是服从于它的"，"为将来所应有而现在所不应有的，为将来的环境所许可而现在的环境不许可的那些经济建设工作，只是一种瞎想"③。既然如此，那么当苏区经济困难愈加严重时，特别是苏区财政陷入极端困境而影响到革命战争时，这种策略考虑就顾及不上了。

苏区财政的中心任务是保障战争供给，解决红军和党政干部的给养问题。土地革命初期，苏区财政来源主要是战争缴获和打土豪筹款。随着根据地的扩大和巩固，苏区财政来源扩大到税收、国营经济收入和公债等，财政支出则主要是保障革命战争的需要。由于根据地落后的经济条件，苏区财政从一开始就非常紧张，并且随着国民党的军事"围剿"规模越来越大，困难也与日俱增。为最大限度地保障财政收入，苏维埃中央政府于 1932 年 7 月修订税则、提高税率。但是由于苏区经济基础薄弱，以及国营工商业机构本就没有多少利润，增税的效果并不明显。也因此，原本只是一种非常措施的公债，此时却

---

①《陈云文选》第 1 卷，第 10—11 页。
②《毛泽东选集》第 1 卷，第 133 页。
③《毛泽东选集》第 1 卷，第 123 页。

成了苏区财政收入的常态化来源。仅中央苏区在 1933 年底到 1934 年 9 月期间，就通过发行公债、动员群众自动退还到期公债等办法，筹款 400 万以上。[①]但这些都无法从实质上纾解财政困难。这种情况下，苏区的金融政策也不得不出现扭曲。

各根据地在革命暴动成功后，普遍展开了废除旧的债务关系特别是高利贷的斗争，这也是土地革命的一项重要内容。与此同时，各大根据地都着手建立起以银行为主的新金融组织，如东固平民银行、闽西工农银行、江西省工农银行、赣东北贫民银行等。这些银行相继展开了发行纸币、办理储蓄、开办借贷等业务。随着财政困难的加剧，苏维埃政府逐渐倾向于通过增发纸币的办法筹措资金。

事实上，自 1929 年世界经济大萧条开始，还在奉行银本位制的中国，就开始出现白银外流之势。特别是苏区农村，因为局势不稳等因素，白银外流现象更为严重。[②]白银外流造成的通货紧缩问题，就连国民党政府的金融机构都无法应对，苏区这些弱小得多的金融机构显然更加无力应对。虽然中央苏区于 1932 年 1 月开始以"中华苏维埃共和国国家银行"的名义发行纸币，在中央苏区各根据地通用，原来各省银行发行的纸币陆续收回，但这么做的效果并不明显。特别是由于苏区处在国民党的经济封锁之下，苏区的纸币无法流出根据地之外，因而无法为苏区换来白银，当然也无法换来苏区需要的物资。在财政严重吃紧的情况下，苏区银行的纸币发行量大幅增加，以至于中共中央主要负责人博古也承认"滥发纸币"。

无论是大举公债，还是大发纸币，虽然都是为了应对革命战争的需要，但无疑是竭泽而渔的行为。其结果也是容易预料的，不仅"逼使地主富农中农反对我们，而到后来则连基本农民群众亦脱离我

---

① 参见《毛泽东农村调查论文集》，人民出版社 1982 年版，第 105、199—200 页。
② 相关研究参见［日］城山智子：《大萧条时期的中国：市场、国家与世界经济（1929—1937）》，孟凡礼、尚国敏译，江苏人民出版社 2010 年版，第 102—104 页。

们"①。尽管根据地的财政和金融摧毁了靠搜刮民脂民膏获取财政收入和靠高利盘剥维持豪绅地主生活的旧财政金融体系，也为中国共产党在长征抵达陕北后重新开展财政金融工作准备了一些人才和经验，但这一时期中国共产党始终没有形成作为执掌局部政权的党应有的财政金融思想。这与此后党在抗日根据地的情况大不一样。

四、"革命的长期性"与"停止没收地主土地"：
　　策略的转变

1934 年 10 月，由于第五次反"围剿"的失利，中共中央被迫撤离中央革命根据地，开始长征。中国共产党苏维埃模式的经济思想及其实践不得不随之中断；当然，即便不考虑战争形势，仅就经济形势来说，也不得不放弃："我们中央苏区最后不能坚持而被迫万里长征，除了路线错误之外，其中重要原因之一就是我们财政的枯竭，人力物力的枯竭，几乎到了山穷水尽的境地"②。在随后的严重困境中，中国共产党和红军虽然没有放弃土地革命和其他经济主张的宣传，但已经没有思考和讨论的条件，更没有付诸实践的机会。

根据共产国际七大所确定的统一战线新政策，中共代表团于 1935 年 9 月明确提出中国共产党的统一战线将联合一切反日的力量，"不管什么阶级（从工农起资本家止）"，即"不仅农民，甚至地主；不仅小商人，甚至民族资产阶级的一部分，亦要与之合作"③。

从坚决反对资本家、小商人、地主、富农，到转而愿意与其联合和合作，这种急剧的转变显然是在很短时间里完成的。这也意味

---

① 参见杨奎松：《"中间地带"的革命——国际大背景下看中共成功之道》，山西人民出版社 2010 年版，第 266—267 页。
② 舒同：《贯彻大会的精神与方针——舒主任在高干会的总结报告》，《斗争》1947 年第 4 期。
③《中共中央文件选集》第 10 册，第 563—565 页。

着，这种转变并不是一种思想检讨和经验总结的产物。也就是说，对于中国共产党而言，这种转变并不是包括经济思想在内的思想理论层面的转变，而只是因应形势变化的策略层面的转变。不过，相较于此前土地革命和根据地建设中的一些"左"的政策，这已经是很大的进步。

不过，要使这种急剧的策略转变为全党所接受，还需要一个过程，毕竟土地革命的对象就是地主、富农。这个时候提出联合地主、富农，就意味着要放弃土地革命了。从 1935 年 11 月到 12 月间，中共中央对此作了几番解释。[①] 相较于土地革命和富农问题，中国共产党在工商业政策上的转变并没有遇到太大阻力。这一方面是因为保护和利用私营工商业此前在苏区就是比较通行的做法，现在有了策略的转变即可更为明确下来；另一方面则是由于中国共产党和红军长征抵达的陕北地区，其经济基础比之原中央苏区更为薄弱，苏维埃政权在财政方面的需求更为紧迫。总之，使革命力量存活下来比什么都重要。

就在来自莫斯科的中共代表团成员张浩传达共产国际新政策的中央政治局会议结束五天之后，中华苏维埃临时中央政府西北办事处即于 1935 年 11 月 25 日颁发布告，宣示鼓励私人工商业发展，鼓励私人投资，实行投资开放政策。布告不仅"允许苏区内外正当的大小资本家来投资各种工业"，"白区的大小商人也可以自由到苏区来营业"，还宣布取消一切捐税，"把一切工商的捐税都完全取消，甚至于连关税、营业税等均一概免收"。当然，这一政策也是对此前陕北根据地致力于消灭税收的做法的承继，以消解陕北民众对于新来的苏维埃政权的疑虑。[②] 这显然是对中央苏区时期税收政策的重大改变，过去的"竭泽而渔"已然转向"放水养鱼"。事实上，直到 1936 年 9 月

---

① 参见《中共中央文件选集》第 10 册，第 584—588 页。
② 参见林喜乐：《陕甘宁边区税史笔记》，中国税务出版社 2016 年版，第 33—34 页。

陕北才建立了第一个税务机构——定边税务局，并且一段时间内只是征收盐税，直到 1940 年才全面实行征税。这不能不说中国共产党和苏维埃政府此时已经切实意识到了"革命的长期性"问题。

不仅如此，苏维埃政府还在政治上承认工商业资本家享有公民权，改变原来全国工农兵代表大会通过的《宪法大纲》中关于资本家不享受公民权的规定。1936 年 1 月中华苏维埃共和国临时中央政府西北办事处颁布《西北苏维埃选举法》，规定"雇佣劳动在十人以下，资本在五千元以下之工商业主亦有选举权"①。1937 年 5 月颁布的《陕甘宁边区选举条例》进一步规定：除汉奸、罪犯和精神病患者外，"年满 16 岁的，无男女、宗教、民族、财产、文化上的区别，都有选举权和被选举权"。政治上的尊重和保障措施，无疑是对发展私营工商业的有效激励。

更为有利的是，1935 年 11 月开始的国民党政府的币制改革，为苏区缓解财政压力带来了转机。国民党政府放弃银本位制，发行统一货币"法币"，并要求"凡银钱、行号、商店及其他公私机关，或个人持有银本位币，或其他银币生银等银类者"要自改革之日起兑换法币②。西北办事处顺势出台规定：有要外出办贷的，可拿苏票或现金到银行兑换国民党政府发行的纸币，如缺乏资金，银行可给予低息贷款。这一方面在现金管理和银行贷款方面给予私营工商业以支持，另一方面也使本就币值不稳的苏区纸币逐渐退出流通。1937 年初西北银行随中央政府机关迁至延安后，停止了苏维埃纸币的发行，在陕甘宁边区统一使用法币。这无疑为便利苏区同外部的物资和资金流通创造了条件。

---

① 中共中央党史研究室编：《土地革命纪事（1927—1937）》，求实出版社 1982 年版，第 362 页。
② 参见［日］城山智子：《大萧条时期的中国：市场、国家与世界经济（1929—1937）》，第 188—189 页。

土地政策的改变也开始了。12月6日，中共中央发布《关于改变对付富农策略的决定》，提出："目前党的中心任务，是在尽量扩大革命运动的范围，吸收各种不同的社会阶层，建立全国人民的统一战线，反对主要的敌人日本帝国主义与卖国贼头子蒋介石；而加紧反对富农的策略，是把富农推到反革命的怀抱中去，是在加强反革命同我们斗争的力量，因此这种策略现在已经不适当了。"[1] 由于加紧反对富农的斗争"常常造成消灭富农的倾向，以致影响到中农群众，使他们不安，他们对于发展生产减少兴趣"，因此，"故意排斥富农（甚至一部分地主）参加革命斗争是错误的"。基于此，中央提出："对于富农我们只取消其封建式剥削的部分，即没收其出租的土地，并取消其高利贷。富农所经营的（包括雇工经营的）土地，商业，以及其他财产则不能没收。苏维埃政府并应保障富农扩大生产（如租佃土地，开辟荒地，雇佣工人等）与发展工商业的自由。如某一乡村大多数农民要求平分一切土地时，富农应照普通农民一样，平均分得土地。"[2] 为确保这一政策得以切实贯彻执行，中央还特别规定：在税收政策上，"除统一的累进税外，苏维埃地方政府不能加富农以特别的捐款或征发"[3]。

与中共中央的决定相配合，1936年1月1日，中华苏维埃共和国临时中央政府西北办事处发布命令，责成陕北革命根据地执行《陕北苏区土地斗争中一些问题的决定》。与1933年10月临时中央政府颁发的《关于土地斗争中一些问题的决定》相比，这个决定改变了"富农分坏田"的政策。1月19日，苏维埃中央政府西北办事处会议决定：确定农民对所分到的土地的所有权，发给土地证，允许出租买

① 中共中央文献研究室、中央档案馆编:《建党以来重要文献选编（1921—1949）》第12册，中央文献出版社2011年版，第500—501页。
②《建党以来重要文献选编（1921—1949）》第12册，第502页。
③《建党以来重要文献选编（1921—1949）》第12册，第502页。

卖或雇工经营，"凡农民（就是地主也一样）因自己努力劳动而获得的出产，不论如何多，苏维埃政府都给以保障，不许别人侵犯一升一斗"。这又改变了中国共产党一直以来对于"土地国有"的坚持。

关于土地政策的转变还在继续。1936 年 7 月 22 日，中共中央发出《关于土地政策的指示》，提出"为要使土地政策的实施能够实现清算封建残余与尽可能的建立广大人民抗日统一战线的目的，需要进一步审查现施土地政策，并给以必要的改变"①。因此，中央在土地没收对象和土地分配对象上提出一些新的规定，如："一切汉奸卖国贼的土地财产等全部没收"；"一切抗日军人及献身于抗日事业者的土地，不在没收之列"；"对地主阶级的土地、粮食、房屋、财产，一律没收，没收之后，仍分给以耕种份地及必需的生产工具和生活资料"；"富农的土地及其多余的生产工具（农具、牲口等），均不没收"；"对大农业主（主要的不依靠地租剥削而依靠大量雇农经营土地畜牧的业主）的土地，因其生产方式带有进步的色彩，应按照对待富农的政策办理"；"商人兼大地主时，其土地部分照一般地主办理，但不得侵犯他的商业部分"等②。

进入 1937 年，建立抗日民族统一战线的局面已经明朗，中国共产党放弃土地革命政策主张的时机也已成熟。这年 2 月 10 日，中共中央在《致国民党三中全会电》中，宣布"停止推翻国民政府之武装暴动方针"，"停止没收地主土地政策，坚决执行抗日民族统一战线之共同纲领"。5 月 3 日，毛泽东在《中国共产党在抗日时期的任务》一文中，再次重申了这一政策。

至此，八七会议所确立的土地革命方针，改变为抗日民族统一战线的土地方针。而随着抗日战争的兴起，在抗日民族统一战线之

---

① 中共中央文献研究室、中央档案馆编：《建党以来重要文献选编（1921—1949）》第 13 册，中央文献出版社 2011 年版，第 204 页。

② 参见《建党以来重要文献选编（1921—1949）》第 13 册，第 204—205 页。

下，苏维埃式的经济思想在中国共产党内再无复苏的平台。某种程度上说，以长征为分界点，中国共产党的经济思想有着全方位的不同。长征结束之后，虽然根据地的区域还在变动，但以中共中央为中心的根据地大致稳定下来，中国共产党局部执政的条件更加完备，党的经济思想必然要随之发展，更何况还有建立抗日民族统一战线的需要。在经过土地革命战争的失败之后，中国共产党的经济思想开始了"重生"。

五、"中国社会性质"与"中国农村社会性质"：外围的论战

需要指出的是，中国共产党经济思想的这种转变并不仅仅存在于党中央层面，甚至也不仅仅是在苏区的党组织和党员的转变。在20世纪20—30年代，在国民党统治区有一批社会科学工作者，他们或是中共党员（包括共产国际党员），或是思想倾向马克思主义的左翼人士，都结合对马克思主义的学习和研究，来观察和分析中国经济问题。虽然他们的研究和争论相对于正在开展中的土地革命和军事斗争而言，只能算是外围性的，对于实际斗争的影响有限；但是他们所取得的具有重要理论意义的研究成果，对中国共产党的经济思想产生了重要影响：不仅在当时直接形塑了党对经济问题的表达概念，更是为党在30年代后期形成新民主主义经济思想奠定了基础。

这场外围斗争缘起党内。六大之后，面对党内的反驳以及开除出党的组织处理，陈独秀等人非但没有停止发表意见，反而将自己的观点传播到社会上去，自然引起国内思想理论界的关注和讨论。一场关于中国社会性质问题的论战由此引发。

1930年3月和5月，李立三在中共中央机关刊物《布尔什维克》上连续发表长文《中国革命的根本问题》，阐释中共六大对于中国社

会性质的论断，从理论上批驳陈独秀等人的观点。4月，中共中央文化工作委员会在上海创办的《新思潮》杂志出版"中国经济研究专号"，集中发表了王昂、潘东周、吴黎平等一批共产党人关于中国经济社会性质问题的文章，探讨中国经济的半殖民地半封建性质和特点。而严灵峰、任曙、刘仁静等托派分子则创办《动力》杂志，对李立三和《新思潮》杂志进行反驳。对此，中国共产党又组织力量对托派的观点作进一步批驳。双方展开了激烈的论战。"动力派"认为，"帝国主义破坏中国纯粹民族工业，只是相对的，但他在中国势力的发展绝对要破坏封建势力和关系，促使中国走向资本主义进化的过程"①，"中国土地问题，主要的已不是封建关系而是资本主义关系了"②。"新思潮派"则认为，中国土地关系的新变化，"不是资本家的'资本主义化'，而是资本家的封建地主化"③，帝国主义经济在中国经济中居于"支配"和"领导"地位，民族资本主义并无独立发展的前途。这显然是在捍卫中共六大的基本论断。

论战中，陶希圣等人以《新生命》杂志为阵地，连续发表研究中国社会性质的文章。"新生命派"沿袭"封建"一词的传统界定，提出"中国封建制度崩坏论"，认为"封建制度在春秋时已经崩坏，所以中国早已不是封建的国家"，而现今中国已是商业资本主义社会，所以没有再开展资产阶级民主革命的必要。这种观点使中国社会性质的论战一开始就含有讨论中国社会史的内容。而中共中央和"新思潮派"关于中国社会半殖民地半封建性质的分析，也必然涉及什么是封建社会、如何界定封建社会和封建制度的问题。由此，1932年到1933年，关于中国社会性质的论战扩大到史学界，展开了关于中国

---

① 高军编：《中国社会性质问题论战（资料选辑）》上，人民出版社1984年版，第367页。

② 高军编：《中国社会性质问题论战（资料选辑）》下，人民出版社1984年版，第481页。

③《中国社会性质问题论战（资料选辑）》下，第553页。

社会史问题的论战。

　　随着社会史论战中关于"亚细亚生产方式"问题的讨论，中国农村社会性质问题逐渐凸显，成为各方争论的焦点。由此，关于中国社会性质问题的论战于 1934 年开始，演进到更为深入的关于中国农村社会性质问题的论战。1933 年 7 月，《新中华》杂志刊发刘梦飞（即张闻天）的《中国农村经济的现阶段——任曙、严灵峰先生的理论批评》一文，对严灵峰的《中国农村经济问题研究》和任曙的《中国经济研究诸论》两书中关于中国农村资本主义已占支配地位以及土地问题、租佃关系等论断进行批驳，认为中国农村经济的特质是由封建经济过渡到资本主义的半封建经济。对此，严灵峰、任曙随后发表《中国农村经济现阶段性质的商讨》《论中国农村经济的现阶段的性质》，继续坚持原有观点，断定中国农村经济是资本主义性质。

　　与关于中国社会性质问题的论战不同，关于中国农村社会性质问题的论战虽然起自身为中共中央领导人的张闻天，但中共中央后来并未卷入进去。真正投入这场论战的是中国共产党领导下的左翼学者。1929 年和 1930 年，由苏联回国并在国立中央研究院社会科学研究所任职的陈翰笙，先后组织了对江苏无锡和河北保定的农村调查。也由此，一个以陈翰笙为代表、包括孙冶方、钱俊瑞、薛暮桥等人在内的"中国农村派"左翼群体出现了。他们既注重以社会科学方法和实地调查方法进行中国农村经济研究，又"十分注重学术上的模式构建"[1]，在思想界产生了重要影响。陈翰笙等人于 1933 年 12 月在南京成立中国农村经济研究会，翌年 10 月创办《中国农村》杂志，发表文章阐述观点。与此相对，王宜昌、张志澄、王毓铨、王景波等人在《中国经济》等报刊上发表文章，与"中国农村派"展开争论。也因此，这场论战又被称为"中国经济派"与"中国农村派"的论战。

---

[1] 雷颐：《"中国农村派"对中国革命的理论贡献》，《近代史研究》1996 年第 2 期。

　　"中国农村派"在《中国农村》杂志发刊词中宣称:"决定社会性质或是阶级关系的直接因素不是生产技术而是生产关系",因而,"根据我们底目标来研究农村经济,最根本的问题是要彻底地明了农村生产关系和这些生产关系在殖民地化过程中的种种变化","寻找压迫中国农民的主要因子"。他们提出:"我们并不否认生产关系是依存于生产力的发展程度;可是我们同时不愿忽视生产力的进步,只有在社会关系允许着的限度以内才有可能"①。"中国经济派"则认为农村经济的主要研究对象是生产力,即"人对自然的技术""人和自然的关系",对依生产关系划分农村五阶层(地主、富农、中农、贫农、雇农)的理论作了批评,实际上也就批评了中国共产党在土地革命中的基本主张。

　　对此,"中国农村派"反驳说,五阶层分类的根据是各农户的社会性质,目的是按照各农户的社会性质划分集团,观察各集团的相互关系及其消长过程。要想分析中国农村中复杂的社会关系,只有采用复杂的五阶层分类法②。他们批评把生产力同生产关系分割开来,孤立研究生产力、生产技术的做法,是"有意掩饰生产力同生产关系之间的矛盾(生产关系束缚生产力的发展),因而做了现存农村生产关系的理论上的保镖"③。他们还针对"中国经济派"否认封建势力在中国农村的统治地位、将农村商品经济发展等同于资本主义经济的观点提出:帝国主义对中国农村经济形态的变化起了一定的促进作用,但并未使中国农村结构发生实质性的变化,反而加深了中国农村殖民地和半殖民地化的程度;而土地问题主要是要研究土地占有形态下的人与人之间的关系问题,中国的封建土地占有方式没有发生变化,因而在此基础上的地租关系的变化和雇佣劳动的出现都不足以说明中国农

---

①《薛暮桥文集》第1卷,中国金融出版社2011年版,第75、76页。
② 参见《薛暮桥文集》第1卷,第77—79页。
③《薛暮桥文集》第1卷,第134页。

村社会性质的变化。

中国社会性质论战和中国农村社会性质论战发生的 1929—1935
年，正是中国共产党开展土地革命的时间。这两场论战显然是对中国
共产党经济思想和政策的学理支持，增强了开展土地革命的合理性。
特别是"中国农村派"在论战中发表大量调查报告和论文，"论证改
革封建制度的必要性，对党所领导的土地革命起了配合作用"①。不仅
如此，论战还带动了马克思主义著作的翻译出版。从 1927 年 8 月到
1937 年 6 月，国内翻译出版的马克思、恩格斯、列宁、斯大林等人
的著作达 113 种之多。②《资本论》(第一卷)、《政治经济学批判》等
马克思主义经济学著作，就是在 20 世纪 30 年代前期面世的。这些著
作的翻译出版与论战相结合，对马克思主义经济学说在中国的进一步
传播以及用以分析中国经济问题，明显起到了推动作用。大多数的读
者对中国社会性质问题，"已经能够把握住了正确的结论"③，"现在你
随便拉住一个稍稍留心中国经济问题的人，问他中国经济如何，他就
毫不犹豫地答复你：中国经济是半殖民地半封建性质的经济"④。从这
个意义上说，论战获得了"完全的胜利"⑤。

如果说这还只是论战的短期效应，那么其在思想理论上更为深
远的影响，则是为新民主主义论的提出提供了重要的准备。⑥红军长
征结束后，特别是 1937 年全面抗战爆发前后，参与论战的共产党人
以及在论战影响下的一大批知识分子陆续抵达陕北。那些曾亲身经
历论战历练和洗礼的共产党人，不仅成为此后中国共产党和边区政
府从事理论研究或主管经济工作的领导干部，更是将这些本属党的外

---

① 胡绳主编：《中国共产党的七十年》，中共党史出版社 1991 年版，第 119 页。
②《中国共产党历史》第一卷（1921—1949）上册，第 370 页。
③《孙冶方文集》第 2 卷，知识产权出版社 2018 年版，第 245 页。
④《何干之文集》第 1 卷，北京出版社 1993 年版，第 186 页。
⑤《薛暮桥文集》第 2 卷，中国金融出版社 2011 年版，第 178 页。
⑥ 雷颐：《"中国农村派"对中国革命的理论贡献》，《近代史研究》1996 年第 2 期。

围人士所取得的论战成果引入了党内、引入了党的中央领导层。不仅如此，将马克思主义经济学说与中国实际问题相结合的做法，还呼应和支持了毛泽东和中共中央正在进行的把马克思主义中国化、摆脱教条主义束缚的努力。因而，毛泽东和中共中央对论战取得的理论成果是非常支持并乐于接受的，毛泽东还曾有意让参与论战的何干之担任自己的理论秘书。[①] 这一切呼应了毛泽东和中共中央开始结合抗日战争到来后的新形势新任务，系统总结和思考中国革命的一系列理论问题。虽然中国共产党依然是以马克思主义指导的政党，但在理论自觉的意识下，中国共产党的经济思想逐渐褪去"马克思底经济学说"的欧洲特色，披上了"民族形式的外衣"[②]。

---

① 参见《何干之文集》第 1 卷，第 17 页。
②《赵超构文集》第 2 卷，文汇出版社 1999 年版，第 647—648 页。

第三章　全民族抗日战争时期的中国共产党经济思想：1937.7—1945.8

　　抗日战争爆发，民族矛盾超过阶级矛盾上升为中国社会主要矛盾，中国共产党顺势调整经济政策。不仅土地革命的政策主张被停止执行，而且在边区开展经济建设日益成为中国共产党经济思想的主要关注点。随着抗战进入相持阶段，各抗日根据地陷入严重困境，中国共产党愈发重视自力更生发展生产，甚至把发展经济视作解决一切问题的中心和关键。在此过程中，中国共产党不仅积累了较为丰富的经济工作经验，更是形成了自成系统的对于中国经济问题的思想认识。当然，这些思想认识是以马克思主义经济学说为指导和方法论的，但无论是在内容上还是话语表达上，都已经是"中国气派"了。尽管同样是局部执政，同样是要将马克思主义经济学说与中国的实际经济问题相结合，中国共产党此时对理念与现实之间张力的驾驭上明显成熟起来，所取得的思想成果也远比土地革命战争时期更加符合实际需要。中国共产党经济思想的"钟摆"明显摆向"方法"一端。

一、"新民主主义的经济"：理论的成熟

　　在已经放弃土地革命和苏维埃式经济政策的情况下，应当实行怎样的经济政策，才能既不丧失阶级立场又不违反统一战线？这对于处在土地革命战争与全民族抗日战争的交汇点上的中国共产党来说，是一个根本性问题，一如当年怎样认识中国社会和经济对于处在大革

命失败与土地革命兴起的交汇点上的中国共产党一样。

自六大以来，特别是经过中国社会性质论战和中国农村社会性质论战，中国经济是半殖民地半封建经济形态的思想在中国共产党内已经成为共识。然而，除了六大决议案和中国社会性质论战时李立三等人的文章，党中央还没有系统论述中国社会经济性质和特征的文件或文章出现。土地革命结束了，中国经济的性质有没有改变？这是需要在理论上作出回答的重要问题。而全面抗战爆发以后陕甘宁边区难得的稳定环境，又为党的领导人思考、研究这些问题提供了条件。

有了此前两场论战的成果，毛泽东直接吸收了中国社会和经济是半殖民地半封建的这一宏大概念作为研究和论述的基础。他在1938年11月写出的《战争和战略问题》以及1939年10月写出的《〈共产党人〉发刊词》中，都将半殖民地半封建作为定论提出：中国的特点，"是一个半殖民地的半封建的国家"[1]；"中国是半殖民地半封建的国家"，"半封建经济占优势而又土地广大的国家"[2]。而比较系统地阐述中国半殖民地半封建经济形态的文章，则是他于1939年12月写出的《中国革命与中国共产党》。在这篇著作中，毛泽东对中国半殖民地半封建经济形态的历史背景、形成过程、主要特征、所有制形态等进行了剖析。他提出，中国经济的变化起自外国资本主义的分解作用："一方面，破坏了中国自给自足的自然经济的基础，破坏了城市的手工业和农民的家庭手工业"，"另一方面，则促进了中国城乡商品经济的发展"，"给中国资本主义生产的发展造成了某些客观的条件和可能"，"因为自然经济的破坏，给资本主义造成了商品的市场，而大量农民和手工业者的破产，又给资本主义造成了劳动力的市场"[3]。

但毛泽东认为，资本主义发生和发展的新变化只是帝国主义侵

---

[1]《毛泽东选集》第2卷，人民出版社1991年版，第542页。
[2]《毛泽东选集》第2卷，第604页。
[3]《毛泽东选集》第2卷，第626—627页。

入中国以来所发生变化的一个方面，还有和这一变化同时存在并阻碍
这一变化的另一个方面，"这就是帝国主义勾结中国封建势力压迫中
国资本主义的发展"。"帝国主义列强侵入中国的目的，绝不是要把封
建的中国变成资本主义的中国。帝国主义列强的目的和这相反，它们
是要把中国变成它们的半殖民地和殖民地。"① 由此，毛泽东阐释了半
殖民地半封建经济的主要特点：生产力水平低下，人民生活贫穷困
苦，"中国的广大人民，尤其是农民，日益贫困化以致大批地破产，
他们过着饥寒交迫的和毫无政治权利的生活"②；封建地主制经济仍在
农村占统治地位，"封建剥削制度的根基——地主阶级对农民的剥削，
不但依旧保持着，而且同买办资本和高利贷资本的剥削结合在一起，
在中国的社会经济生活中，占着显然的优势"③；资本主义经济有所发
展，但力量软弱，没有成为中国社会经济的主要形式，"它的大部分
是对于外国帝国主义和国内封建主义都有或多或少的联系的"④；以及
帝国主义控制了中国的财政和经济命脉。对于最后这一点，毛泽东特
别强调：帝国主义列强根据不平等条约，控制中国的通商口岸、海关
和对外贸易、交通事业，直接管理租界，并开设银行垄断金融和财
政，"因此它们便能够大量推销它们的商品，把中国变成它们的工业
品市场"，"不但在商品竞争上压倒了中国的民族资本主义，而且在金
融上、财政上扼住了中国的咽喉"。⑤ 毛泽东还分析了买办阶级之于
帝国主义经济侵略的作用："帝国主义列强从中国的通商都市直至穷
乡僻壤，造成了一个买办的和商业高利贷的剥削网，造成了为帝国主
义服务的买办阶级和商业高利贷阶级，以便利其剥削广大的中国农民

---

① 《毛泽东选集》第 2 卷，第 627—628 页。
② 《毛泽东选集》第 2 卷，第 631 页。
③ 《毛泽东选集》第 2 卷，第 630 页。
④ 《毛泽东选集》第 2 卷，第 630 页。
⑤ 《毛泽东选集》第 2 卷，第 628—629 页。

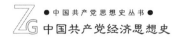
和其他人民大众"①。

毛泽东的这一系列论述，承继六大以来中国共产党对于中国社会和经济问题的基本判断，同时用历史和事实解析了半殖民地与半封建社会的经济性质和表现等诸多问题，在理论上完成了对于中国经济的定性，从而也完成了对中国共产党经济思想的立论基础的建构。"马克思底经济学说"终于转化为研究中国社会经济的学说了。

解决了中国经济"是什么"的问题，接下来就是要解决中国经济"怎么做"的问题了。这是思维逻辑的必然。如果说对于前者，中国共产党还有一定的理论基础；那么对于后者，党只有一些显然难言成功的实践经验。正因为如此，毛泽东紧随《中国革命和中国共产党》之后写出的《新民主主义论》，才有了更为重要的思想价值。

其实，毛泽东在《中国革命和中国共产党》中提出"新民主主义的革命"这一概念时，就已经论述了"新民主主义的革命"在经济上的表现："把帝国主义者和汉奸反动派的大资本大企业收归国家经营，把地主阶级的土地分配给农民所有，同时保存一般的私人资本主义的企业，并不废除富农经济。"②毛泽东虽然没有明确指出新民主主义经济的具体形态，但从中可以看出，未来的新民主主义社会经济将包括国营经济和私人资本主义经济。差不多同一时间，王稼祥在《关于三民主义与共产主义》一文中，直接提出"马列主义者在民族民主革命中，并不企图实行任何社会主义的经济纲领，但坚决主张彻底的驱逐帝国主义的经济势力与彻底的肃清封建土地所有制的土地纲领"，并称"激进的资产阶级的代表的思想是有民粹派的色彩，幻想中国避免资本主义，认为平均地权与节制资本的民生主义便是社会主义，其实这仅仅是主观上的社会主义，而客观上正是促进资本主义长足的发展"③。

---

① 《毛泽东选集》第 2 卷，第 629 页。
② 《毛泽东选集》第 2 卷，第 647 页。
③ 《王稼祥选集》，人民出版社 1989 年版，第 229 页。

　　王稼祥这里想表达的，显然是说中国共产党是不认为中国可以不经过资本主义，直接进入社会主义的。而在《新民主主义论》中，毛泽东专辟章节论述了新民主主义的经济，说明了在半殖民地半封建的中国，应该怎样进行经济上的革命。虽然其中的论述努力与孙中山的"三民主义"联系起来以为支撑，但其主要内容毫无疑问是中国共产党历来的主张，尤其是建立国营经济和没收地主土地，"一定要走'节制资本'和'平均地权'的路，决不能是'少数人所得而私'，决不能让少数资本家少数地主'操纵国民生计'，绝不能建立欧美式的资本主义社会，也决不能还是旧的半封建社会"①。

　　毛泽东对这一观点作了阐发。他明确主张"大银行大工业、大商业，归这个共和国的国家所有"，并引述国共合作的国民党一大声明，"凡本国人及外国人之企业，或有独占的性质，或规模过大为私人之力所不能办者，如银行、铁道、航路之归属，由国家经营管理之，使私有资本制度不能操纵国民之生计，此则节制资本之要旨也"。他提出："在无产阶级领导下的新民主主义共和国的国营经济是社会主义性质，是整个国民经济的领导力量，但这个共和国并不没收其他资本主义的私有财产，并不禁止'不能操纵国民生计'的资本主义生产的发展"。他提出："采取某种必要的方法，没收地主的土地，分配给无地和少地的农民，实行中山先生'耕者有其田'的口号""把土地变为农民的私产"；而对于农村的富农经济，则"是容许其存在的"，"在这个阶段上，一般地还不是建立社会主义的农业，但在'耕者有其田'的基础上所发展起来的各种合作经济，也具有社会主义的因素"②。

　　从毛泽东的这些论述可以推断，他所设想的新民主主义经济，是包括国营经济、私人资本主义经济、个体农业经济及合作经济在内

---

① 《毛泽东选集》第 2 卷，第 678—679 页。
② 《毛泽东选集》第 2 卷，第 678 页。

的"复合经济",其中国营经济和合作经济具有社会主义性质或因素。由此可见,新民主主义经济的特点是多种经济成分并存,既有限制地保存原来社会形态中的某些经济因素,又倡导发展社会主义性质的经济因素。这样的理论逻辑,一方面对新民主主义的经济形态作了界定和建构;另一方面又为解构新民主主义,进而推动新民主主义向社会主义过渡埋下了伏笔。

尽管《新民主主义论》运用的是马克思主义经济学说的基本立场和方法,但其内容和表述的风格显然是与马克思主义经济学的经典著作大不相同的。而新民主主义经济的表现形式,与无产阶级反对资产阶级这一马克思主义理论的基本要义也有很大不同。似乎有平衡这其中理论关系的考虑,在《新民主主义论》发表之后,1940年5月到7月,党中央机关刊物《共产党人》连载了张闻天带领《资本论》小组编写的《政治经济学大纲(初稿)》。这部大纲分十一章讲述了政治经济学的意义及其特征、前资本主义各经济形态、《资本论》三卷的主要内容以及帝国主义论,内容非常系统详细。大纲在党的高级干部中进行了阅读学习,成为对《新民主主义论》的一种补充和平正。

明确了中国进行的革命是"新民主主义的革命",中国要建设的经济是"新民主主义的经济",中国共产党也就搞清了政策的边界。毛泽东在多个场合,反复阐述对资本主义经济要采取调节的政策,要大胆地让资本主义发展而不是压制资本主义:"我们对于资本主义采取调节的政策","办好消费合作社扶助中农生产,与富农竞争,成立商品合作社扶助小手工业者,废除苛捐杂税培植小商业者,发展国防工业与资本主义展开竞争,大胆地让资本主义去发展而不是压制资本主义,对于劳资关系也采取调节的政策"[①]。他在1940年9月作的《时局与边区问题》报告中又提出,对于"国家资本主义、私人资

---

① 顾龙生:《毛泽东经济年谱》,中共中央党校出版社1993年版,第141页。

本主义、合作社经济、半自足经济"等"党外资本主义是要开展的"。随后，中央书记处于 12 月 3 日发出《中央关于各抗日根据地劳动政策的初步指示》，提出不要对雇主提过高的要求、而应兼顾各阶级的利益等具体政策。同月 13 日，毛泽东起草中央书记处致中原局电报，重申"劳动政策力避过左，目前只作轻微改良"，不要实行 8 小时制，"保证资本家能赚钱"，"保证地主有土地所有权，富农的经营原则上不变动"①。

　　党的经济思想虽然接续了带领工农群众改造中国社会的一贯理念，但在对如何实现改造的措施和路径的认识上，有了成体系的、务实的理论和主张。不仅如此，中国共产党对于操纵国计民生的企业应由国家经营管理的思想，又与近代以来中国思想界对于"经济"内涵的国家本位主张隔空衔接。中国共产党的经济思想在马克思主义经济学说之外，又加入了中国传统经济思想的理念内核。马克思主义经济思想与中国传统经济思想，二者犹如两条源流，在此时共同汇入中国共产党经济思想的河道中。中国共产党的经济思想日臻成熟。

二、"经济建设一项乃是其他各项的中心"：现实的选择

　　包括陕甘宁边区在内的抗日根据地，大部分属于经济基础薄弱地区。困境之下，中国共产党采取"力争外援，休养民力"的政策。包括国民政府拨款和海内外华侨、进步人士捐款在内的外援。

　　不过，中国共产党是决然不能将自己的经济命脉寄托在国民党身上的。国共破裂的前车之鉴固然是原因之一，但更重要的原因则在于边区的经济条件实在太差，党必须抓住一切可以改进经济情况、缓

---

① 中共中央文献研究室编：《毛泽东年谱（1893—1949）》中卷，中央文献出版社 2013 年版，第 241 页。

解经济压力的手段和机会。特别是中共中央在陕甘宁边区刚站稳脚跟，党停止没收地主土地财产、停止打土豪劣绅募款，这对于边区本就存在的经济困难而言，可谓是难上加难。虽然在七七事变不久发表的《为日本帝国主义进攻华北第二次宣言》中，中共中央提出"没收日本帝国主义在华的一切银行矿山工厂与财产"，毛泽东在同日发表的《反对日本进攻的方针、办法和前途》中也提出，"财政政策放在有钱出钱和没收日本帝国主义者和汉奸的财产的原则上"[1]，但显然这些企业和财产很少在中国共产党所控制的区域内。

随着抗战进入相持阶段，国共摩擦加剧，国民政府于皖南事变后停发了八路军、新四军的军饷，还"禁止必需品如棉花、铧、铁、布匹等入口，阻挠扣留边区商人，提高税率，不许边区土产向外推销"[2]，同时也停止汇兑和调拨国内外进步人士给边区的抗战捐款捐物。在抗战前期占到边区财政收入主要部分的外援，此时骤然断绝。根据地的经济困难不可避免地加重了，几乎陷入"几乎没有衣穿，没有油吃，没有纸，没有菜，战士没有鞋袜，工作人员在冬天没有被窝"的窘迫之境，中国共产党的困难"真是大极了"[3]。

这种情况下，根据地的财政经济问题不得不成为中国共产党认真思考的至关重要的问题，经济工作随之纳入党的核心视野。不仅中共中央作出《中央关于党员参加经济和技术工作的决定》，针对"革命队伍中有一种鄙薄经济工作和技术工作的不良倾向，对革命工作有一种狭隘的理解"，批评轻视经济工作和技术工作的观点，要求党员投入到经济和技术工作中去，认真学习技术，使各部门建设工作获得发展[4]；

---

① 《毛泽东选集》第 2 卷，第 348 页。

② 陕甘宁边区财政经济史编写组、陕西省档案馆：《抗日战争时期陕甘宁边区财政经济史料摘编》第 1 编，陕西人民出版社 1985 年版，第 142 页。

③ 《毛泽东选集》第 3 卷，人民出版社 1991 年版，第 892 页。

④ 中央档案馆编：《中共中央文件选集》第 13 册，中共中央党校出版社 1991 年版，第 95、96 页。

毛泽东更是表现出对于经济工作的极大兴趣和极高重视。他一方面委托周恩来在重庆等地购买《西南实业通讯》《中行月刊》《银行通报》《农情报告》《中外经济拔萃》等经济刊物[①]，以便掌握全国的经济发展形势；另一方面频繁与陕甘宁边区政府领导和经济主管部门负责人谈论边区经济建设问题，也对边区经济作了大量调查。1941 年 8 月 6 日，毛泽东致信陕甘宁边区政府秘书长谢觉哉，表示"近日我对边区财经问题的研究颇感兴趣"，提出"虽仍不深刻，却觉其规律性或决定点似在简单的两点"的看法。这两点即"发展经济"和"平衡出入口"。他解释说："首先是发展农、盐、工、畜、商各业之主要的私人经济与部分的公营经济，然后是输出三千万元以上的物产于境外，交换三千万元必需品入境，以达出入口平衡或争取相当量的出超，只要此两点解决，一切问题都解决了。"他还谈到农贷的问题，提出"大放农贷与合作社贷款，兼放畜牧贷款与私商贷款，以达增加粮食产量，牛羊产量，与相当繁荣商业之目的"[②]。此后，毛泽东于 8 月 9 日和 22 日又复信谢觉哉，要求积极研讨"全部财经问题"，并提出一个颇有新意的观点："边区有政治、军事、经济、财政、锄奸、文化各项重大工作，就现时状态即不发生大的突变来说，经济建设一项乃是其他各项的中心，有了吃穿住用，什么都活跃了，都好办了，而不要提民主或其他什么为中心工作。"[③] 他认为，边区所面临的财政问题，实际上是经济问题，不解决经济问题，也就不能解决财政问题。

"经济建设一项乃是其他各项的中心"，这无疑是毛泽东的一大"发明"。对于以阶级革命为先天追求的中国共产党来说，只有推翻资本主义的生产关系进而建立起社会主义的生产关系，才有可能使经济建设成为中心工作。在还是半殖民地半封建的社会环境下，在甚至连

---

① 顾龙生：《毛泽东经济年谱》，第 152 页。
② 《毛泽东年谱（1893—1949）》中卷，第 318 页。
③ 《毛泽东年谱（1893—1949）》中卷，第 319、323 页。

资产阶级民主革命都没有完成的国度里，将经济建设作为共产党人各项工作的中心，确有"离经叛道"的味道。这一方面是因为此时中国共产党的马克思主义中国化进程已经取得重大进展、毛泽东在党内已经是政治核心和理论权威；而另一方面，毛泽东的这一论断与其说是理论的创新，不如说是现实的选择。

事实上，在外援中断、经济困难加剧之际，毛泽东对根据地经济建设的思考和研究完全是一种"问题导向"。除了以极大精力创造了具有一定理论色彩的"新民主主义的经济"以外，他对经济理论的兴趣并不大，而是强调"书，既要会读，更要会用"，甚至对于饱学之士"滔滔不绝，一套一套地讲得十分得意"却"对目前的问题一个也没有涉及，没有解决"的做派，他嫌弃至极[①]。就连表明党中央对经济工作态度的《中央关于党员参加经济和技术工作的决定》，也明显表达出对实际经济工作的导向："学习理论与参加实际工作都是每个党员不可或缺的责任"，"但在革命运动中，尤其领导着军队和政权的党，共产党员绝不能离开各项实际工作去'专做'理论工作（虽然可以与应该有一小部分人专门从事理论的研究）"[②]。

正是边区实际发生着的经济困难，促使毛泽东下决心研究边区的经济问题。在1941年8月，毛泽东几乎沉浸在对经济问题的研究里。除与谢觉哉等人的通信和谈话之外，毛泽东与陕甘宁边区政府主席林伯渠、中央财经委员会主要负责人李富春、边区政府副主席兼建设厅厅长高自立、西北局书记高岗、八路军总后勤部部长叶季壮以及中央敌区工作委员会王中等人的书信往来不断，了解财政和经济工作的多方面情况。毛泽东还要求陕甘宁边区银行行长朱理治写一份关于边区金融情况的报告。8月19日，他在给西北局常委陈正人的

---

① 师哲口述、李海文著：《在历史巨人身边：师哲回忆录》，九州出版社2015年版，第161页。

② 《中共中央文件选集》第13册，第95页。

信中认为朱理治的报告"很有些价值"，可以作为"起草财经纲领的参考"①。直到 1942 年 12 月，毛泽东还三次给边区财政厅长南汉宸写信，索要关于粮食、税收、金融、贸易的材料②。他还经常阅读关于边区经济的通讯报道，并且写出批语或按语，发表对边区经济问题的看法。在此基础上，毛泽东形成了自己关于根据地经济建设的系统见解，完成了《经济问题与财政问题》这篇具有标志意义的著作。

1942 年 12 月，毛泽东在陕甘宁边区高级干部会议上，作了《经济问题与财政问题》的书面报告。他开门见山地提出："我们不但应该会办政治，会办军事，会办党务，会办文化，我们也应该会办经济。如果我们样样能干，唯独对于经济无能，那我们就是一批无用之人，就要被敌人打倒，就要陷于灭亡。"③毛泽东进一步阐释了"经济工作是中心工作"的主张："我们不能饿着肚子去'正谊明道'，我们必须弄饭吃，我们必须注意经济工作。离开经济工作而谈教育或学习，不过是多余的空话。离开经济工作而谈'革命'，不过是革财政厅的命，革自己的命，敌人是丝毫也不会被你伤着的"，"由于我们有许多负领导责任的同志至今还采取轻视或不很重视经济工作的态度，以致其他许多同志都学样，愿意做党政军学工作，愿意弄文学艺术，而不愿意做经济工作"，"如果食之者众，生之者寡，用之者疾，为之者舒，是要塌台的"④。

由于之前有充分的准备，《经济问题与财政问题》这篇文章集中了毛泽东关于经济建设的主要思考和主张。毛泽东在文中不仅明确提出"发展经济，保障供给，是我们的经济工作与财政工作的总方

① 《毛泽东年谱（1893—1949）》中卷，第 322 页。
② 《毛泽东年谱（1893—1949）》中卷，第 417、418 页。
③ 中共中央文献研究室、中央档案馆编：《建党以来重要文献选编（1921—1949）》第 19 册，中央文献出版社 2011 年版，第 629 页。
④ 《建党以来重要文献选编（1921—1949）》第 19 册，第 627—628 页。

针"①，而且对经济与财政的关系作了阐释。他说：财政的好坏固然足以影响经济，但决定财政的却是经济，没有经济无基础而可以解决财政困难的，没有经济不发展而可以使财政充裕的。他强调，如果只着重财政而不切切实实地有效地发展经济，就要走国民党的竭泽而渔的老路。事实上，这不仅是国民党的老路，也是中国共产党在苏区时不得已走过的老路。他还对确定以农业为第一位、发展合作事业、提倡股份经济等政策作了阐述。而这显然是对"新民主主义的经济"理论的具体化。

值得一提的是，毛泽东在党内第一次提出了必须加强对经济工作的领导的思想。他在这篇文章中明确主张：经济建设工作是其他一切革命工作的基础，只有经济上保障供给，革命战争才能顺利地打下去。但是，由于中国长期受儒家思想影响，所谓"正其谊不谋其利，明其道不计其功"的说教腐蚀着人们的头脑，士大夫耻于言利。宋太宗想管经济，吕端对他说，耕当问奴，织当问婢。这种腐朽思想使得有些人不屑于谈经济工作，不屑于参加经济建设。中国传统经济思想中重宏观管理轻微观事务的理路，在毛泽东这里受到批判和纠正。

《经济问题与财政问题》回答了抗日根据地经济建设所面临的几乎所有重要问题，因而在党内广获好评。即将担任西北财经办事处主任、统一领导陕甘宁和晋绥两根据地财政经济工作的贺龙，就在西北高干会整财会议上说，《经济问题与财政问题》"真正实际解决了边区当前最重大的问题（假若没有饭吃，一切工作都无从说起）"，因而"是马列主义经济学在边区的具体运用，是活的马列主义经济学"，不仅指出了解决陕甘宁边区的经济与财政问题的正确道路，提高了全体人民的信心，使边区军民克服困难，渡过难关，去争取抗战胜利，还给各个抗日根据地和全国提供了解决经济问题与财政问题的"辉煌模

---

① 《毛泽东选集》第 3 卷，人民出版社 1991 年版，第 891 页。

范的例子"。①

对于贺龙，毛泽东"不是夸夸其谈地提出一般的方针与任务，而是对于每个问题都经过周密的调查研究，总结了过去的经验教训，实事求是地确定今后能做应做的事，并详细指出如何实现的办法（开荒、移民、水利、纺织、合作社、运盐、调剂劳动力，均有极生动模范的例子）"，这样的思路和做法显然更易理解和接受。应现实的需要而生，又回应现实需要，"解决了摸索几年的、聚论纷纭的许多财经问题上的原则问题、实际问题"，这就无怪乎人们对毛泽东和这篇文章有极高评价了。

三、"为人民的商品经济"：生产自救

随着根据地困难的加重，不要说改善民生，即便是"粮谷蔬菜自给"这个最基本的目标，都越来越难以实现了。基本的生活问题，成为中国共产党和根据地面临的最大难题。毛泽东不禁感慨：支撑战争的是经济，你不搞经济，仗也没有办法打，要能够打仗，首先要有饭吃。

要有饭吃，就要有农业的支撑。这对于已经停止没收地主土地的中国共产党来说，必须寻找可靠的替代之道。1937 年 8 月 1 日，中共中央在《关于南方各游击区域工作的指示》中，就"减租、减息、减税"问题提出意见。8 月 25 日，中共中央在"抗日救国十大纲领"中正式提出要实行减租减息的政策②。"减租减息"事实上就是减少农民所负担的地租和借贷的利息，对农民与地主、富农都具有一定的激励效应，而且又具有没收地主豪绅财产所不具有的稳定性，对

① 《抗日战争时期陕甘宁边区财政经济史料摘编》第 1 编，第 175 页。
② 中央档案馆编:《中共中央文件选集》第 11 册，中共中央党校出版社 1991 年版，第 329 页。

于纾解根据地在生存上的燃眉之急自然有重要帮助。

与土地政策的转变思路一样，中国共产党的劳动政策也转变为一方面要改善工人生活，另一方面要使富农资本主义经济能够顺利发展，使资本家有利可图。对此，彭真解释说："只强调发展生产，而不注意改善工人生活，不仅违反抗战利益，也违反资本主义生产发展自身的利益。只注意无限制地改善工人生活，而不注意工人的劳动积极性、劳动纪律，会使公私企业陷于停滞或破产。这不仅违反民族利益，也违反工人阶级自己的利益，因为这会使劳资双方两败俱伤，也会影响根据地的巩固与坚持。"①

税收政策的思路也由"合理负担"转变为"不将负担完全放在地主资本家身上"②，实行统一累进税，按照收入多少分级，制订不同的税率，收入越多，税率越高。这一政策的着眼点是纳税人的经济力即"富力"，而非阶级、党派等政治身份。显然，这是符合抗日民族统一战线要求和新民主主义经济思想的，因而获得全党高度认可。不仅毛泽东在六届六中全会上就称赞实行统一累进税能够"以舒民力而利税收"③，在前线领导根据地建设的邓小平更是给予极大的支持："这确实照顾了各阶层的利益，负担面有了扩大，完全符合中共中央规定负担人数达到总人数80%的政策。统一累进税实行以后，不仅可以进一步奠定财政的基础，而且必然提高各阶层的生产热忱。"④

在确定一系列新政策的同时，中国共产党在"节流"和"开源"两方面着手应对严峻的经济困难。"节流"方面，除了厉行节约、反对浪费，中共中央接受民主人士李鼎铭等人的建议，实行"精兵简政"。虽然党内有不同意见，但毛泽东坚定认为精兵简政是"一个极

---

① 《彭真文选》，人民出版社1991年版，第32页。
② 《毛泽东选集》第2卷，人民出版社1991年版，第767页。
③ 中共中央文献研究室、中央档案馆编：《建党以来重要文献选编（1921—1949）》第15册，中央文献出版社2011年版，第618页。
④ 《邓小平文选》第1卷，人民出版社1994年版，第84页。

其重要的政策"，要求"各抗日根据地的全体同志必须认识，今后的物质困难必然更甚于目前，我们必须克服这个困难，我们的重要的办法之一就是精兵简政"①。只是，精兵简政这样的"节流"之举不可能从根本上解决问题，应对经济困难的主要手段只能依靠"开源"、依靠发展生产。只有生产提高了，财政和经济才可能有可靠的来源，才能有坚持抗日的可靠的物质基础，这是毛泽东一贯的观点。他形象地指出，"吃饭是第一个问题，自力更生克服困难"②，要求"一切可能地方一切可能时机一切可能种类，必须发展人民的与机关，部队，学校的农业，工业，合作社运动，用自己动手的方法解决吃饭，穿衣，住屋，用品问题之全部或一部，克服经济困难"③。

在外援基本断绝的情况下强调自力更生，固然是由于形势所迫，但也不能完全说是无奈之举，毛泽东早在1935年就提出了自力更生为主、争取外援为辅的观点。他当时主要是从中国共产党独立自主领导中国革命的维度考虑的。而此时，虽然毛泽东"以守为攻"地"将"国民党的"军"："请问国民党，对八路军是否还准备发饷，如发则已，否则我们将向全国全世界（包括苏联在内）募捐，发起普遍的募捐运动（我们真正准备这样做），学叫花子讨饭吃的办法，因为国民党迫得我们没有路走，我们将要饿死了"④；但他显然对募捐的效果并不抱太大希望。中国共产党此时再次重申自力更生，其指向也就更为明确，那就是生产自救："在财经政策上已不容我们慢步的走，而应转到完全自力更生的自给自足的政策，这就是陕甘宁边区目前财经政策的新方向，这就是开展在陕甘宁边区党与政府以及全体人民面

---

① 《毛泽东选集》第3卷，第881页。

② 中央档案馆编：《中共中央文件选集》第12册，中共中央党校出版社1991年版，第120页。

③ 《中共中央文件选集》第12册，第118页。

④ 《中共中央文件选集》第13册，第83页。

前新的迫切的严重任务。"①

也就是在这种情况下，声势浩大的大生产运动在各根据地展开。毛泽东在中共中央召开的生产动员大会上说："用什么办法改良生活呢？没有别的，只有自己生产，用自己的力量来解决与改良自己的生活"；"我们一定要生活，一定要改良生活，一定要跟妨碍我们生活的敌人斗争下去，直至获得最后胜利"。他号召"无论机关、部队，开展生产运动，大家种菜喂猪，办合作社，作一个伟大的经济战线上的斗争"②。而后，他在抗大生产运动初步总结大会上进一步提出：陕甘宁边区脱离生产的四万人进行普遍的生产运动是可能的，也是必须的，否则只有饿死或解散；要把生产运动推到全国去，使之成为一个普遍的全国性的运动，建成一个新中国的第一个基本条件，便是大家劳动。他说，为着自己而生产，这种生产能力是不可限量的。过去在中国，做官的不耕田，办党的不耕田，这不好，都要像我们这样办，大家一起干，才能把日本帝国主义赶跑，新中国才能建立起来。③

中国共产党推动大生产运动的重要方法依然是组织起来，这是党在土地革命战争时期就有过的经验。毛泽东提出："在目前条件下，发展生产的中心关节是组织劳动力。""共产党员必须学会组织劳动力的全部方针和方法。"④ 他还提出：减租减息只是属于生产关系的"第一个革命"，"如果不进行从个体劳动转到集体劳动的第二个生产关系即生产方式的变革，则生产力还不能进一步发展"⑤。至于如何组织劳动力，毛泽东认为可在自愿和等价的原则下采取变工队、扎工队、运输队、互助社、合作社等多种形式。他认为这样的改革，生产工具根

① 《抗日战争时期陕甘宁边区财政经济史料摘编》第 1 编，第 136 页。
② 顾龙生：《毛泽东经济年谱》，第 134 页。
③ 参见顾龙生：《毛泽东经济年谱》，第 137 页。
④ 《毛泽东选集》第 3 卷，第 912—913 页。
⑤ 中共中央文献研究室、中央档案馆编：《建党以来重要文献选编（1921—1949）》第 20 册，中央文献出版社 2011 年版，第 605 页。

本没有变化，变化的只是人与人之间的生产关系，生产就可以增加一倍或一倍以上。[①]

经过大生产运动，陕甘宁边区基本上实现了衣食自给，其他根据地也在不同程度上摆脱了经济困难，"军民两方大家都发展生产，大家都做到丰衣足食，大家都欢喜"[②]。尽管只是低生产力水平的经济建设，但它无疑完成了生产自救的任务，为使中国共产党走出经济困难的严峻局面发挥了关键作用。同时，生产运动中的群众性，生产领导上的组织性和计划性，劳动组织上的由分散到互助合作的方向，以及公私兼顾、军民合作等，都是中国共产党经济思想的自发体现，并以不错的实践效果证明了毛泽东提出的"新民主主义的经济"思想的正确性。

当然，与保护地主和富农经济、保护和发展私营工商业相比，毛泽东对生产运动中的合作社尤其青睐，"目前我们在经济上组织群众的最重要形式，就是合作社"，"有了人民群众的这四种合作社，和部队机关学校集体劳动的合作社，我们就可以把群众的力量组织成为一支劳动大军"。他提出：农民群众"几千年来都是个体经济，一家一户就是一个生产单位，这种分散的个体生产，就是封建统治的经济基础，而使农民自己陷于永远的穷苦"，"克服这种状况的唯一办法，就是逐渐地集体化"，"而达到集体化的唯一道路，依据列宁所说，就是经过合作社"；"这是人民群众得到解放的必由之路，由穷苦变富裕的必由之路，也是抗战胜利的必由之路"。[③]这与新民主主义经济思想的内在趋向是一致的。

不过，除了这种合作生产的形式，其他措施无论是减租减息的土地政策、照顾劳资双方的劳动政策，还是统一累进的税收政策，以

[①] 参见《毛泽东选集》第3卷，第931—932页。
[②]《毛泽东选集》第3卷，第930页。
[③]《毛泽东选集》第3卷，第930—932页。

及与边区之外进行贸易的做法，多少都与马列主义经济学说的某些论断有所不同。这不可避免地在党内引发是不是在搞商品经济的疑问。正如1944年后担任西北财经办事处副主任的陈云所说，"从来没有想过当共产党还要做生意"①。这正是此时党内很多人的认识。

针对这种情况，陈云的看法是明确的。他表示，自己于危难之际受命主政经济，"中心任务是做生意"②，认为发展边区经济的关键，"就是把东西能够卖出去，如卖不出去，问题就大了。陕甘宁边区和晋西北开支很大，我们的东西卖不出去，需要的就拿不进来，所以必须发展贸易"③。陈云还从理论上阐释说，不同的经营主体和经营目的规定"做生意"的不同性质，因而有为了个人"做生意"和"为人民""做生意"这两种概念。陈云据此提出，"我们要学会做共产党的商人"，"我们是共产党员，同时也会做生意"，"共产党的商人"也是商人，"但是前面又加上一顶帽子，叫作共产党"，"这就是与普通商人的基本区别"④。"共产党的商人"要发展的是"为人民"的商品经济。陈云还提出一个颇有创造性的观点，那就是共产党做生意要借鉴资产阶级所具备的"精通业务""总结经验""规定条例"，一言以蔽之，就是"主义是无产阶级的，方法可以采用资产阶级的"⑤。在表述中国共产党经济思想的众多词句中，这句话可谓点睛之语。如果我们把"主义"与"方法"看作一个视阈的两端，中国共产党的经济思想正如"钟摆"一样在这两端之间"回荡"。可以说，后来的"社会主义市场经济"也有"主义是无产阶级的，方法可以采用资产阶级的"的影子。很显然，这一思想理论的影响是深远的。

在这期间，中国共产党还提出了"统一领导，分散经营"的经

---

① 《陈云文集》第1卷，中央文献出版社2005年版，第380页。
② 《陈云文集》第1卷，第380页。
③ 《陈云文集》第1卷，第383页。
④ 《陈云文集》第1卷，第375页。
⑤ 《陈云文集》第1卷，第393页。

济建设方针，并且高度认可这一方针的效果："'统一领导，分散经营'的原则，已被证明是我们解放区在目前条件下组织一切经济生活的正确原则"，"大家看，国民党的军队面黄肌瘦，解放区的军队身强力壮。大家看，我们自己，在没有生产自给的时候，何等困难，一经生产自给，何等舒服"①。"统一领导，分散经营"虽然是在"革命根据地都在农村，人力物力都是分散的"②状况之下的无奈之举，但其如此好的效果显然给党的领导人留下深刻印象，以至于很多年以后中国共产党开展社会主义经济建设乃至开展社会主义市场经济的改革，都还可以看见这一方针的影子。诸如统一计划和市场流动、统分结合的双重经营体制、宏观调控和市场搞活等，显然有其思想基因所在。这一方针在中国共产党经济思想中的地位值得关注。

四、"对敌经济斗争"：货币奇迹

在"新民主主义的经济"思想指引下，中国共产党在解决根据地经济问题上不仅务实、灵活，而且愈发具有技术性，愈发展示出驾驭根据地经济建设和经济关系的高水平。中国共产党一方面开展生产运动，挖掘根据地内部经济潜力；另一方面开展"对敌经济斗争"，防止根据地内必需的物资和财产流出，同时遏止国统区的通货膨胀蔓延到根据地。这一内一外的"两手"，成为党在这一时期经济政策上的重要特色，更是重大的经济理论创新。

抗战进入相持阶段后，日本侵略军对根据地的"经济战"明显加剧，根据地与外部的经济往来陷入不利局面。对此，中国共产党提出"坚决地和敌人进行长期的尖锐的经济战"的任务，要求加强经济战线、平衡财政收支、平稳物价、巩固金融。各大根据地据此采取了

①《毛泽东选集》第3卷，第1108—1109页。
②《毛泽东选集》第3卷，第1016页。

一系列物资流通的管控措施。虽然取得了一些成效，但更为严峻的挑战在货币方面，这是比物资管控更为复杂的经济问题，"是组织全部经济生活的重要环节"①。

抗战爆发后，由于战争支出急剧增加，国家财政入不敷出，法币赤字发行严重，国民政府币制改革的成果很快失效，出现了全国范围内的通货膨胀。有了刚到陕北时利用国民政府币制改革之机摆脱金融困境的经验，中国共产党自抗战初期就对发行边区自己的货币作了安排。1938 年 8 月，毛泽东等致电前线，确定边区货币政策的原则和发行边区纸币的具体办法。在六届六中全会上，毛泽东再次提出：要有计划地与敌人发行伪币及破坏法币的政策作斗争，允许被隔断区域设立地方银行，发行地方货币。由此，各根据地都相继成立银行，发行了自己的纸币。

然而，根据地面临的货币流通局面是非常复杂的。尽管边区有自己的货币，但法币可以同时流通。日伪在占领区允许法币与伪币自由流通，大量收兑法币并运到上海的英、美银行兑换英镑、美元，进而在国际上采购军用物资。这种形势下，边区货币主要是作为法币的辅币流通，且信用度不高，流通范围有限。面对日伪恶意吸收法币的做法，中国共产党决定停止法币在边区市场流通，要求"持有法币者，如需在市场交易，必须事先用法币兑换冀南钞或鲁西钞行使，以防敌人掠夺法币"②，事实上保护了法币。在此过程中，根据地还开展了打击日伪掠夺银元的斗争，"白银绝对禁止流通"，"白银绝对禁止出境"③，否则以汉奸论处。在边区政权强制行动下，这一斗争成效明显。

---

① 《毛泽东年谱（1893—1949）》中卷，第 505 页。
② 赵秀山主编：《抗日战争时期晋冀鲁豫边区财政经济史》，中国财政经济出版社 2017 年版，第 117 页。
③ 《晋察冀边区财政经济史资料选编》第 4 编，南开大学出版社 1984 年版，第 694 页。

这种局面在 1941 年发生了变化。年初的皖南事变成为中国共产党在经济思想上的重要分水岭。伴随着国民政府的彻底"断供"，中国共产党开始"另起炉灶"。1941 年 1 月 5 日，中共中央发出《关于法币贬值各根据地应采取对策的指示》，要求华中各地急速成立银行，发行边币，并且允许成立钱庄，以边币或地方辅币吸收境内法币，以扩大边币或地方辅币的流通范围；马上组织贸易机关，实行统制贸易，做到物资交换，防止大量法币流入，保证必需品供应。[①] 1 月 30 日和 2 月 22 日，中共中央又先后发出《陕甘宁边区政府关于禁止法币流通的布告》和《关于发行边币的训令》，授权边区银行发行边币，禁止法币在边区流通。

太平洋战争爆发后，形势进一步变化。由于日本方面从租界等地攫取大量法币，同时没收英、美银行，用法币换取英镑、美元的桥梁断绝。于是敌占区放弃吸收法币转而采取驱逐法币的策略，用于采购根据地和大后方物资，同时大量发行伪币弥补战费造成的财政赤字。这就造成法币价格的迅速下降和大量流入根据地。仅 1942 年从敌占区流入山东根据地的法币大约几亿元[②]。法币、根据地的本币贬值，根据地与国统区一样出现物价飞涨局面，"法币内流，物资外流，经济危机相当严重"[③]。

在这种情况下，开展货币斗争就成为对敌经济斗争的重要内容，甚至在一定程度上决定着经济斗争的成败，特别是对于山东这样的地处经济相对发达地区的、经济实力较强的根据地来说，更是如此。"只有首先争取货币斗争胜利，完成停法禁伪工作，保护物资，稳定物价，克服经济危机，才能进而谈到发展经济，保障供给"[④]。由

---

① 刘跃光、李倩文主编:《华中抗日根据地鄂豫边区财政经济史》，中国财政经济出版社 2017 年版，第 172 页。
②《薛暮桥文集》第 7 卷，中国金融出版社 2011 年版，第 295 页。
③《薛暮桥文集》第 3 卷，中国金融出版社 2011 年版，第 73 页。
④《薛暮桥文集》第 3 卷，第 73 页。

此，一场以排除法币为主要内容的货币斗争在山东和其他大的根据地展开。

1943 年 7 月，山东省战时行政委员会所在地滨海区发布《滨海专署关于停用法币的决定》，宣布停止法币流通。参加过中国农村社会性质论战的薛暮桥，此时是山东根据地经济工作负责人。他于这年 9 月发表《货币问题与货币斗争》一文，对山东根据地货币斗争的原理、步骤和方法等作了阐述。他提出，纸币的最基本的保证是物资，任何纸币只要能担负物资交换的媒介作用，且为物资交换所必需，就可能保持一定的交换价值。保持纸币交换价值有两个必要条件，即纸币的发行数量适合国内市场流通的需要，以及保证外汇并维持外汇的一定比率。他指出，纸币发行数量的紧缩或膨胀，会迅速引起一般物价的涨落，这是市场的自然规律，法律固然无法变更，宣传解释也是不能挽救。根据地没有固定疆界，抗币的发行数量不能不受流通范围的影响。发行数量不变条件下，流通范围扩大，市场需要会感到不足，币值会上涨，反之，币值会跌落。根据地缩小，必须迅速收回部分纸币，才能保持币值稳定。没有停用法币的区域，法币流通数量早已超过市场需要数倍。如果法币继续流入，纸币膨胀必然日益严重，减少抗币发行数额不能挽救危机，唯一挽救办法是把法币排挤到根据地以外去，必要和可能时，甚至完全停用法币，货币膨胀现象才能停止。

据此，薛暮桥提出了分阶段的对敌货币斗争策略：在第一阶段，法币仍在根据地市场占优势，抗币交换价值随法币日益跌落。这时货币斗争的中心任务是排挤法币，进而停用法币，提高抗币比值而使物价稳定下来。为此，要切实控制对外贸易，限制法币输入和物资输出，同时组织商人收集法币，到敌占区换回各种物资；停止部分法币的流通，使根据地人民不愿意接受法币；在大量法币排挤出去，抗币在市场上渐占优势时，政府可以立即颁布法令，停止法币流通，并广设兑换所，公布兑换比率，限期收兑；产生黑市价格的时候，通过黑市用法币去换回抗币，利用黑市使黑市中的抗币价格逐渐提高，直到与法币价格完全一致。在第二阶段，法币已在根据地市场停止流通，抗币成为唯一本位币。这时货币斗争的中心任务是控制对外贸易，造成贸易上的有利形势；用来调剂外汇，保持并继续提高抗币比值，巩固它的信用，并使它流通到游击区和敌占区去，把伪币驱逐回敌占据点和敌占城市去。[①] 根据薛暮桥的策略，到1944年4月，山东抗日根据地的"排法"斗争取得全面胜利，北海币成为根据地市场上的唯一流通工具。[②]

其他抗日根据地也采取措施开展货币斗争。晋冀豫边区要求"坚决执行停止法币在市面流通的决定"，"严厉打击伪钞"，"其他关于现金白银禁止行使外流，铜元制钱等兑换办法，折收杂钞等工作，均须继续贯彻下去，不能擅自变更"。但是，由于没有像山东那样"坚决停用法币"，这些根据地并没有取得类似山东那样的成效。比如华中根据地，就在贸易出超大的情况下，大量物资的输出却引来大量法币的输入，使"根据地通货膨胀，物价飞涨，政府和人民都受到巨大的损失"[③]。直到1944年4月中共中央华中局才作出《关于货币问题的决议》，要求"各地区应明确决定大概一年之后，一律做到停用法币，改以抗币为各地区的本位币"[④]，华中根据地的经济斗争才有了起色。

陕甘宁边区也进行了货币斗争。虽然此时陕甘宁边区经过大生产运动，已经度过了最困难的时期，实现了粮食和部分生活用品自

---

① 《薛暮桥文集》第2卷，第244—245页。

② 葛志强、刁云涛、宋文胜：《中国革命根据地北海银行历史年表》，中国文史出版社2014年版，第170页。

③ 《薛暮桥文集》第7卷，第298页。

④ 江苏省财政厅、江苏省档案馆财政经济史编写组：《华中抗日根据地财政经济史料选编（江苏部分）》第3卷，档案出版社1986年版，第158页。

给，但棉花、布匹和若干工业品仍需从国民党统治区购入。更大的问题是，财政收支有巨大赤字，货币发行过多，1943 年边区发生物价大波动。为了解决这一问题，陈云主持的西北财经办事处提出统筹贸易、金融、财政工作，使三者密切配合的思想，把货币发行控制在"饱和点"以内，利用法币币值与金价的波动，为边区银行充实了黄金储备，保持了金融市场和物价基本稳定。

不过，排挤法币的斗争仍然有一些负面影响。薛暮桥对此总结说：第一，去年秋季田赋改征粮食，以及其他物资大量囤积未能及时出售，在物价跌落中政府银行和工商管理局损失千余万元。第二，物价跌落不平衡，粮食价格跌落太大，工业物品特别是布价跌落太小，这种物价的剪刀差于我非常不利。第三，商业受到打击，生产发展也受到影响。第四，对抗日邻区照顾不够。第五，现在的本位币制，从开始发行就同金银脱离关系，同其他货币亦未保持一定联系，因此价格毫无标准，涨落均无限制。但币值的涨落，会使雇主与雇工、店东与店员、债权人与债务人、收税者与纳税者间财产关系发生不合理的变化，因而引起许多纠纷。为着稳定币值、物价，我们应使本位币与金价或若干重要物资的价格保持一定的联系，并尽可能求得山东各根据地本币价格的逐渐统一。[①] 这样，薛暮桥明确币值稳定是货币政策的核心目标，并将货币供求的季节性问题吸收到关于货币的思考框架中，认识到秋冬应增发货币收购农产品，青黄不接的时期出售农产品稳定物价。

在反通胀成功后，又经过反通货紧缩的努力，币值稳定才确立为货币政策主要目标。在 1943 年秋冬法币比价迅速下落时，"许多同志被胜利冲昏头脑，主张'乘胜追击'，继续提高抗币的比价。他们不了解在法币退出市场以后，市场货币流通数量严重不足，物价自然

---

① 《薛暮桥文集》第 3 卷，第 21—22 页。

下落，需要迅速增发抗币，收购物资，保障根据地物价的稳定"，结果货币流通数量更少，物价跌落更快。[①] 事实上，币值稳定是北海币受到欢迎的主要原因。战时敌伪控制着主要的城市和较大的集镇，掌握着工厂和金融贸易机关。国民政府的经济也远比根据地雄厚。但不仅根据地拒绝法币和伪币，游击区也乐于使用抗币，甚至敌占区也愿意接受抗币。其中的主要原因，就是抗币的币值远比法币和伪币稳定。薛暮桥称之为"良币驱逐劣币"[②]。

将稳定币值确立为货币政策主要目标，对于还只是局部执政党的中国共产党来说，无疑是一项重大的经济理论创新。它表明，中国共产党的经济思想向着驾驭复杂经济运行的方向前进了一大步。在全国通货膨胀一发不可收拾之际，山东根据地币值稳定的局面一直保持到抗战结束，这不仅为中国共产党赢得了赞誉，被称为是"货币奇迹"[③]，更为抗日战争的反攻乃至解放战争的胜利打下重要的经济基础。

五、"必须学会做经济工作"：未雨绸缪

经过理论上的调适与实践中的努力，进入 1944 年的中国共产党，不仅摆脱了经济上的严峻局面，而且积累了领导军事斗争与经济斗争的双重经验。这显然提升了中国共产党的信心。这年 12 月，毛泽东在一份报告上批示："这次抗战，我们一定要把中国拿下来。"[④]

---

① 《薛暮桥文集》第 7 卷，第 300 页。

② 《薛暮桥文集》第 7 卷，第 301—302 页。

③ 李普：《开国前后的信息》，新华出版社 1984 年版，第 114—115 页。美国合众社记者罗尔波（Edward Rohrrough）在《密勒氏译论报》（The China Weekly Review）发表英文专题报道《共产党控制区的货币战争》，认为"山东根据地经济学家的对日货币战甚至比战场更为成功"。

④ 杨奎松：《抗战前后国共谈判实录》，新星出版社 2013 年版，第 245 页。

此后，毛泽东又一再强调："共产党现在是一个很大的党""一个准备胜利的党"，"要在思想上准备胜利""准备中国共产党在全国的胜利"①。不管此时还有多少已经料到和没有料到的困难，中国共产党确实已经开始未雨绸缪，为抗战胜利后接手比根据地更为复杂的经济工作作准备了。

当然，这个时候的根据地，经济情况只能算是度过了最困难的时期，还不能说是高枕无忧了。在晋察冀这样的经济尤其困难的根据地，此时甚至还有"战士因吃不饱发生不满"、"人民的负担是相当重的"②的情况。为此，中共中央数次发出指示，指出"部队与机关还缺乏把生产当作自己一种极端重大任务的认识"，要求"对于八路军、新四军今天非凡重要的，是补习另外一项工作，这就是生产工作"。③而对于开展生产工作的具体方法，中共中央一方面继续强调动员群众，另一方面还"发明"出物质激励的方法，"所有部队、机关、学校农业手工业生产所得，应一律用以改善各部队、机关、学校全体人员的生活，公家发给他们的经费照常发给，不予扣除"，"哪个单位生产得好，哪个单位的生活就可提高"④。这种办法显然带有马克思主义经济学说关于按劳分配思想的色彩，但很难说就是中国共产党自觉以按劳分配理论为指导制定出的政策，它更像是现实需要逼出来的"土政策"。

在此前实践的基础上，中共中央于1944年4月召开陕甘宁边区高级干部会议，向全党提出"全面地认识财经工作的重要性"的要

---

① 中共中央文献研究室编：《毛泽东文集》第3卷，人民出版社1996年版，第257、351页。
② 中央档案馆编：《中共中央文件选集》第14册，中共中央党校出版社1992年版，第152页。
③《中共中央文件选集》第14册，第152、587页。
④《中共中央书记处关于组织军民生产改善军民生活的指示》（1944年3月13日），载《新四军辞典》，上海辞书出版社1997年版，第157页。

求。任弼时在会上作了经毛泽东修改的发言，提出"关键是在思想上全面地认识财经工作的重要性"，要使干部们懂得，"革命的目的就是为着建设"，"打倒日本帝国主义是为着中国的解放与建设"，"破坏旧的社会制度和经济关系，是为了要建设一个新的社会制度和经济关系，使人民能够过着真正文明的物质和精神的生活"。他借用毛泽东的话阐释革命与经济的逻辑关系：毛泽东说，要破坏妨碍生产力发展的旧政治、旧军队、旧政府，例如打倒日本帝国主义与汉奸，这些妨碍生产力发展的军事政治力量不取消，生产力就不能解放，经济就不能发展。因此第一个任务就是打倒妨碍生产力发展的军事政治力量，这就是为着解放生产力。学过社会科学的同志懂得这一条，最根本的是生产力向上发展的问题。我们搞了多少年就是为了这件事。马克思主义的社会科学主要就是讲的这件事，就是讲生产力在历史上是如何发展起来的。毛泽东的指示也就是告诉我们一个真理，即革命是为着建设，而建设的根本是发展经济。

任弼时还引用列宁的话，来说明学习经济工作、学习商业贸易等工作的重要性。列宁说："问题在于负责的共产党员——虽然是最好的，虽然是非常诚实，忠心耿耿的，虽然他曾经忍受过苦役而不畏死难，但他却不会做买卖，因为他不是一个经营商业的人，他没有学习过怎样做生意，也不愿意学习，也不了解他必须从 ABC 学起。一个共产党员，一个干过世界上最伟大革命的革命家，一个为众目所注视（如果不是为四十个金字塔所注目，则无论如何是为欧洲的四十个国家所注目）而抱着从资本主义下面解放出来的希望的人——他应当从一个普通的店员学习起，这个店员有十年的商店经验，他懂得怎样做生意；而负责的共产党员与忠实的革命家，却不仅不知道经营商业，而且甚至他还没有觉悟到他并不知道怎样去经营商业这回事。"①

---

① 中共中央文献研究室、中央档案馆编:《建党以来重要文献选编（1921—1949）》第 21 册，中央文献出版社 2011 年版，第 186—187 页。

任弼时得出结论：我们不应该也不可能等候把全部敌人打败后，才去进行建设工作。我们在这方面必须培养大批建设工作干部，不仅是供给这一个区域的需要，而且要把这方面有经验的干部供给到敌后各个抗日根据地去，"还要使他们专门向贸易、金融、财政和管理企业方面去发展，培养成为我们建国的专门人才"，"这是在我们全党面前已经被提出来的严重任务"①。

任弼时的讲话还需要借助引用毛泽东和列宁的话来强调经济工作的重要性，不过很快，毛泽东就公开谈论这个问题，甚至比任弼时强调得更为具体。1945年1月10日，毛泽东在陕甘宁边区劳动英雄和模范工作者大会上发表了《必须学会做经济工作》的演讲。他指出，"我们开始学会了经济工作，我们在经济工作中有了很大的成绩，但这还只是开始"，"我们边区和整个解放区，还要有两年至三年功夫，才能学会全部的经济工作"。他特别强调："将来从城市赶跑敌人，我们也会做新的经济工作了。中国靠我们来建设，我们必须努力学习。"②

也是在这时，中国共产党开始考虑将经济活动推进到敌占区和游击区去。1月31日，《解放日报》发表毛泽东起草的社论《游击区也能够进行生产》，提出："我们要求一切解放区党政军工作人员，特别是游击区工作人员，从思想上完全认识这一点"，"战争不但是军事和政治的竞赛，还是经济的竞赛。我们要战胜日本侵略者，除其他一切外，还必须努力于经济工作，必须于两三年内完全学会这一门；而在今年——1945年，必须收到较前更大的成绩。这是中共中央所殷殷盼望于整个解放区全体工作人员和全体人民的，我们希望这一计划能够完成"。③

---

① 《建党以来重要文献选编（1921—1949）》第21册，第187页。
② 《毛泽东选集》第3卷，第1015、1020页。
③ 《毛泽东选集》第3卷，第1024页。

从社论中列出的"两三年内"这一时间表看，中国共产党应当还没有预料到抗日战争即将结束。4 月 27 日，《解放日报》发表了又一篇同样由毛泽东起草的社论《论军队生产自给，兼论整风和生产两大运动的重要性》，把经济建设的重要作用放眼到更长远的视野："我们学会了并且正在学会着生产，这样一来，我们又活跃了，我们又生气勃勃了"，"再有几年，我们将不怕任何敌人，我们将要压倒一切敌人了"①。

显然，中国共产党对抗战胜利的信心越来越大，对于经济工作的关注点开始向根据地外转移。这个时候，党的领导人迫切想了解根据地外的经济情况。这一方面固然是出于对国统区和敌占区经济斗争的需要，如"华中及陕甘宁边区亟须知道重庆的法币政策，法币、物价、金价的涨落，又需知道平津的联钞政策与物价运输等，由于不能适时得到这些情报，因此在对外的金融贸易政策上，常常处于暗中摸索、被动、应付的态度，而使根据地在经济上受到损失"；但另一方面，这与中国共产党为取得经济工作经验进而为在战争结束后学会经济建设，不能不说有很大的关系。

不管目的如何，中共中央于 1944 年 7 月 22 日向各地党组织发出《关于收集研究全国经济情报的通知》，不仅承认"目前各根据地都感到缺乏敌占大城市和大后方的金融贸易情报"，是"一缺点"，更提出了详尽的情报收集办法：由陕甘宁边区政府的西北财经办事处负责编辑一种带全国性的经济情报，委托各根据地及办事处向一定的大城市收集必要的材料，按期编成情报，通知各根据地参考；各根据地及办事处，须定期地将被委托搜集的或自己需要汇报的情报，通知西北财经办事处。同时亦可向西北财经办事处要求代为收集自己所希望得到的经济情报。《通知》还对收集情报的地区负责单位作了划分，

①《毛泽东选集》第 3 卷，第 1109 页。

要求各地能收集其分工以外地区的情报则更好，情报不怕重复，越多越好。中国共产党对于经济信息的接纳颇有如饥似渴之势。这一行为本身已然说明，中国共产党此时对经济工作何其重视。

虽然强调情报"越多越好"，《通知》还是提出了收集情报中的重点是收集带战略性的经济情报。例如：大后方及敌伪的货币政策，及其内部的金融秘密消息；大后方及敌后对于我有关的某项物质政策（如食盐、棉布的产运销等）；每周或按期通报几项物价以及物价、金价的涨跌及比价。《通知》还强调，"为了迅速获得经济情况"，各地党须在有关城市中建立经济情报的据点。上述各地党必须指定专门人员负责收集研究经济情报，每周或每半月或一月用专门的经济情报密码向西北财经办事处通报一次。如遇金融上重大的风潮时，随时报告。①

不过，虽然已是抗日战争"接近着胜利的时节"②，党在这时显然还不具备夺取城市的能力与时机。在中共七大上，毛泽东再次重申了中国共产党的新民主主义经济政策，特别强调了土地和农民问题的重要性，提出："中国一切政党的政策及其实践在中国人民中所表现的作用的好坏、大小，归根结底，看它对于中国人民的生产力的发展是否有帮助及其帮助之大小，看它是束缚生产力的，还是解放生产力的。"③1945 年 7 月 7 日，中共中央发布纪念抗战八周年口号，重申了抗战期间的政策主张："要求国民党政府废除统制经济，取缔官僚资本，严禁投机操纵与囤积居奇，废除苛捐杂税，扶植民营工业，实行减租减息，发展农业生产，实行改善工人待遇，发展抗日工业，实行救济难民，救济灾荒！"④

---

① 《中共中央文件选集》第 14 册，第 285—286 页。
② 《毛泽东选集》第 3 卷，第 1025 页。
③ 《毛泽东选集》第 3 卷，第 1079 页。
④ 中央档案馆编：《中共中央文件选集》第 15 册，中共中央党校出版社 1991 年版，第 175 页。

　　这个口号发布一个月后，抗日战争就结束了。中共中央和毛泽东设想的全党从 1944 年或 1945 年开始两到三年学会经济工作，没有来得及实现。随着国民党军队进入越来越多的大中城市，中国共产党重又退回农村根据地。搞城市经济工作似乎又没有那么重要了，至少没有在根据地内解决农民土地问题重要。也就在此时，中国共产党一面"成立一个统一接收机关"暂行管制"敌伪公有财产及大汉奸的企业"，一面又有计划地"搬运必要的机器及重要材料到根据地"，为再次失去城市预作准备了。

　　虽然没有在抗战结束时实现开展城市经济工作的预期目标，但经过抗战期间的生产实践和对敌经济斗争的实践，特别有了毛泽东"新民主主义的经济"理论的明确指导，必须重视经济工作，必须学会做经济工作，必须加强对经济工作的领导，把经济建设工作看作是其他一切革命工作的基础等一系列带有浓厚方法论色彩的思想，在中国共产党的经济思想中越来越明确。在生存、发展进而夺取全国政权的背景下，中国共产党经济思想中的"方法"维度前所未有地展示出来。

第四章　全国解放战争时期的中国共产党经济思想：1945.9—1949.9

抗战结束后，中国共产党很快再次面临与国民党关系破裂的局面。但与土地革命战争时期不同的是，这一次中国共产党不仅有了足够的政治和军事力量，而且有了一套比较成熟的经济思想。一方面，中国共产党接续并进一步提炼抗日战争时期的经济政策和主张，继续发展"新民主主义的经济"思想，明确提出新民主主义革命的"三大经济纲领"和基本经济方针；另一方面，党着眼于革命在全国的胜利，逐步统一党内经济工作体系，开始重视对全党经济工作的统一领导。随着解放战争的胜利推进和农村土地改革的顺利开展，中国共产党作出工作重心由农村转向城市的战略决策，相应制定出解放区经济工作的一系列方针、政策，并对未来新中国的经济蓝图和基本方针作了充分酝酿。这些都使这一时期中国共产党的经济思想具有明显的承前启后特征。

一、从"减租减息"到"耕者有其田"

抗战期间实行的"减租减息"政策，因其既维护了统一战线又促进了根据地农业生产的良好效果，令中国共产党极为认可。在中共七大上，毛泽东提出，减租减息政策"如是没有特殊阻碍，我们准备在战后继续实行下去，首先在全国范围内实现减租减息，然后采取适当方法，有步骤地达到'耕者有其田'"。① 这清楚表明，中国共产党一方面固然"坚决主张'耕者有其田'"，坚持要"把土地从封建剥削者手里转移到农民手里，变为农民的私有财产，使农民从封建的土地关系中获得解放"②；但另一方面，经历土地革命战争和抗日战争洗礼的中国共产党，在坚持核心理念的同时，更加注重思想和政策的现实效果和实践路径。换言之，"主义"是坚定不移的，"方法"则是灵活、务实的。

正因为如此，在抗战胜利后的一段时间内，中国共产党对实行减租减息的主张是明确的。1945 年 11 月 7 日和 27 日，中共中央专门就减租和生产问题发出两项指示，强调："在一切解放区发动群众减租与发展生产，为争取当前斗争胜利的重要关键"③，越是在战争条件下，越是要搞好减租运动。毛泽东虽然认为"减租斗争中发生过火现象是难免的"，但也仍然强调：必须注意的是，"目前我党方针，仍然是减租而不是没收土地"。④ 翌年 3 月 15 日，中共中央在发给各中央局的指示电中再度强调："减租、生产两件大事，一切地方须抓紧推动"，今后无论和战，只要我们能解决好减租、生产两件大事，就不怕任何反动派的破坏与进攻。⑤

随着形势的发展，新老解放区的农民特别是贫雇农，已然不满足于减租减息，对获得土地的要求越来越强烈，在减租运动和反奸清算中的做法也越来越激进。对此，中央的态度是：当前"减租及反奸清算二者都不可少"，既要"使群众有广大发动，而又适可而止，做到有理有利有节"。凡在减租减息斗争中过分打击了富农与中小地主

①《毛泽东选集》第 3 卷，第 1076 页。
②《毛泽东选集》第 3 卷，第 1076 页。
③《中共中央文件选集》第 15 册，第 438 页。
④《毛泽东选集》第 4 卷，人民出版社 1991 年版，第 1173 页。
⑤ 中央档案馆编：《中共中央文件选集》第 16 册，中共中央党校出版社 1992 年版，第 93—94 页。

的，则要注意纠正。①

但很快，中共中央的认识开始发生变化。1946 年 4 月，毛泽东听取薄一波、邓子恢、黎玉等各大解放区领导人关于农民斗争情况和各阶层反映的报告后，产生了党的七大上的表述需要改变的认识："解决土地问题的方针，七大讲的是减租减息，寻找适当方法实现耕者有其田。当时七大代表多数在延安时间太久，各地新的经验没有能够充分反映"，而"解决土地问题，是一个最根本的问题，是一切工作的基本环节，全党必须认识这一点"。②

这种情况下，中共中央经过反复研究，于 5 月 4 日发布《关于土地问题的指示》即"五四指示"。这一指示显然改变了自全国抗战爆发前夕国共谈判以来中国共产党的土地政策。它亮明了中国共产党今后的态度：解决农民土地问题"是我党目前最基本的历史任务，是目前一切工作的最基本的环节"；明确表示"坚决拥护群众在反奸、清算、减租、减息、退租、退息等斗争中，从地主手中获得土地"，"使各解放区的土地改革，依据群众运动发展的规模和程度，迅速求其实现"。③为实现这一历史任务，指示要求各地党委在广大群众运动面前，要有"五不怕"精神，即"不要害怕普遍地变更解放区的土地关系，不要害怕农民获得大量土地和地主丧失土地，不要害怕消灭农村中的封建剥削，不要害怕地主的叫骂和诬蔑，也不要害怕中间派暂时的不满和动摇。相反，要坚决拥护农民一切正当的主张和正义的行动，批准农民获得和正在获得土地"。④

不过，虽然表态如此坚决，但在具体做法即"对农民运动的'正确的指导'"上，党又划定诸多界限。指示提出，"除充当汉奸的

①《中共中央文件选集》第 16 册，第 115—116 页。
② 中共中央文献研究室编：《毛泽东年谱（1893—1949）》下卷，中央文献出版社 2013 年版，第 78、79 页。
③《刘少奇选集》上卷，人民出版社 1981 年版，第 378、377 页。
④《刘少奇选集》上卷，第 377—378 页。

地主土地无条件没收分配外，对一般地主的土地，可沿用减租减息以来农民所创造的多种方式"，"决不可侵犯中农土地"，"应使富农和地主有所区别，对富农应着重减租而保存其自耕部分"，"除罪大恶极的汉奸分子的矿山、工厂、商店应当没收外，凡富农及地主开设的商店、作坊、工厂、矿山，不要侵犯，应予以保全"①。这些限制措施归结起来就是要说明，中国共产党虽然"对土地政策作重要的改变，但不是全部改变，因为并没有全部废止减租政策"②。

　　考虑到 1946 年上半年的国内局势，中国共产党推出这样看似矛盾的土地政策，显然是出于维护农村统一战线局面、争取政治上主动权的考虑。虽然党内不少领导人都对解放区的反封建需求有浓厚兴趣，但中共中央克制了意识形态下的冲动，将策略的灵活性摆在了优先位置。与"主义"相比，"方法"再次占据党的经济思想的上风。

　　1947 年 3 月国民党对陕北、山东发动重点进攻并攻占延安之后，中国共产党打出了"耕者有其田"的旗帜。7 月，中共中央工委在河北平山县西柏坡村主持召开全国土地会议，审议通过《中国土地法大纲》，将中国共产党的"耕者有其田"的土地政策主张公然于世。大纲提出："废除封建性及半封建性剥削的土地制度，实行耕者有其田的土地制度"，"废除一切地主的土地所有权"，"废除一切祠堂、庙宇、寺院、学校、机关及团体的土地所有权"，"废除一切乡村中土地制度改革前的债务"，"乡村农会接收地主的牲畜、农具、房屋、粮食及其他财产，并征收富农上述财产的多余部分"。③对于分配土地的原则和办法，大纲规定："乡村中一切地主的土地及公地，由乡村农会接收，连同乡村中其他一切土地，按乡村全部人口，不分男女老

---

① 《刘少奇选集》上卷，第 378—379 页。
② 《刘少奇选集》上卷，第 383 页。
③ 中共中央文献研究室、中央档案馆编：《建党以来重要文献选编（1921—1949）》第 24 册，中央文献出版社 2011 年版，第 417、418 页。

幼，统一平均分配，在土地数量上抽多补少，质量上抽肥补瘦，使全村人获得同等的土地，并归各人所有"；至于其他没收或征收来的财产，则"分给缺乏这些财产的农民及其他贫民，并分给地主同样的一份。分给各人的财产归本人所有，使全乡村人民均获得适当的生产资料及生活资料"。①

按人口平均分配一切土地，显然具有彻底的革命性。但这无疑是一场风暴，直接引发侵犯中农利益、破坏工商业等现象。为了纠正这些问题，从1947年冬开始，中共中央开始着手调整和完善土地改革的方针、政策和办法。11月，中央重新发表1933年苏维埃中央政府颁发的《怎样分析阶级》和《关于土地斗争中一些问题的决定》两个文件，作为各地土地改革中划分阶级标准的参考。12月，中央工委发出《关于阶级分析问题的指示》，提出划分阶级应只有占有生产手段这一个标准。12月25日，毛泽东在"十二月会议"上提出：在土地改革中，我们的方针"是依靠贫农，巩固地联合中农，消灭地主阶级和旧式富农的封建的和半封建的剥削制度"；"这里必须注意两条基本原则：第一，必须满足贫农和雇农的要求，这是土地改革的最基本的任务；第二，必须坚决地团结中农，不要损害中农的利益"。②会议据此提出："贫雇农打江山坐江山"的口号是错误的，必须避免对中农和中小工商业者采取任何冒险政策。有剥削收入的农民，其剥削收入占总收入25%以下者，应定为中农。地主富农的工商业一般应当保护，只有官僚资本和真正恶霸反革命分子的工商业，才可以没收。"我们的任务是消灭封建制度，消灭地主之为阶级，而不是消灭地主个人。"③

"十二月会议"无疑是对一段时间以来特别是全国土地会议以来

---

① 《建党以来重要文献选编（1921—1949）》第24册，第417、418、419页。
② 《毛泽东选集》第4卷，第1250、1251页。
③ 《毛泽东选集》第4卷，第1271页。

土地改革中过于激进倾向的纠偏。会后，任弼时于 1948 年 1 月在西北野战军前委扩大会议上更为细致地讲解了怎样划分农村阶级问题，重申划分阶级的标准只能是生产资料的占有情况及随之产生的有无剥削及多少。他还特别强调了要联合中农，保护中农的利益，重申要保护工商业，一般地主富农经营的工商业也不应没收或加以歧视。随后，中共中央除要求已开展土地改革的老解放区纠正土改中错划阶级成分、侵犯中农利益和破坏工商业的错误外，还对下一步的土地改革作出重新部署。2 月 3 日，毛泽东在给刘少奇的电报中提出："关于土地法的实施，应当分三种地区，采取不同策略。"① 紧接着，中共中央发出《关于新解放区土地改革要点的指示》，提出："不要性急"，"不要企图在几个月内完成土地改革，而应准备在两三年内完成全区的土地改革"。② 4 月，毛泽东在晋绥干部会议上的讲话中，提出土地改革的总路线土地改革的总路线，即"依靠贫农，团结中农，有步骤地、有分别地消灭封建剥削制度，发展农业生产"③。既然是总路线，那么土地改革就必须照此进行，不仅要"有步骤"，还要"有分别"，这对土地改革运动无疑又是一种缓和。

到了 5 月，毛泽东在给已挺进到大别山的邓小平的指示中，不仅对新解放区的土改步骤进一步放缓，更是再提减租减息政策："新解放区必须充分利用抗日时期的经验，在解放后的相当时期内，实行减租减息和酌量调剂种子口粮的社会政策和合理负担的财政政策，……而不是立即实行分浮财、分土地的社会改革政策。""这一个减租减息阶段是任何新解放地区所不能缺少的，缺少了这个阶段，我们就要犯错误。就是在华北、东北、西北各大解放区的接敌地区，亦

---

① 《毛泽东选集》第 4 卷，第 1277 页。
② 《毛泽东选集》第 4 卷，第 1283 页。
③ 《毛泽东选集》第 4 卷，第 1317 页。

须实行上述同样的策略。"①5 月 25 日，中共中央发出《关于一九四八年土地改革工作和整党工作的指示》，再次重申了毛泽东的这一要求。随后，中共中央又发出一系列指示，要求各地分别不同地区有步骤地进行土地改革，新区一般只进行减租减息，暂不开展土地改革。从 1948 年下半年以后，老区和半老区的土地改革逐步结束并转向发展生产，新区则实行减租减息，土地改革直到 1950 年《中华人民共和国土地改革法》颁行后才开始进行。

中国共产党决定放慢土地改革的速度，显然与此时解放战争的局势有关。随着战争打到外线，不仅很多在抗战后期被中国共产党夺取的城市又重新回到党的手中，而且还有很多大中城市特别是东北的工业城市获得解放，中国共产党面临着管理城市经济这一新的大难题。这个时候，只有推进平稳的土地改革，才能既解决农民土地问题又不致影响到对城市的接收和管理。虽然中国共产党已经将"耕者有其田"的口号亮出，但减租减息作为一个行之有效的政策主张，在这一时期始终没有被丢弃。

二、从乡村到城市

在解放战争开始之际，中国共产党非常清楚农村和农民对于自己的重要性。因此，当减租减息政策已经不能满足解放区农民对于土地的要求时，中共中央选择了认同和支持农民的诉求。毛泽东说："现在类似大革命时期，农民伸出手来要土地，共产党是否批准"，必须有坚定明确的态度。他将这一问题上升到如此的高度，是有其担心的："国民党统治地区人多，有大城市，有外国帮助，他大我小。但是，他有一大弱点，即不能解决土地问题，民不聊生。我们只有依靠

---

① 《毛泽东选集》第 4 卷，第 1326—1327 页。

人民同他们作斗争。如能在一万万几千万人口中解决了土地问题，即可长期支持斗争，不觉疲倦。"① 刘少奇也表达了同样的担忧："今天不支持农民，就要泼冷水，就要重复大革命失败的错误，而农民也未必'就范'。失去农民又仍然得罪了地主，对我们将极不利。"②

改变这种局面，显然只能在夺取城市之后。1947年7月中国人民解放军转入战略进攻后，情况开始出现变化。由于攻克和收复了大批城市，管理城市的任务骤然摆在中国共产党面前，城市经济工作的重要性也日益突出。然而，解放战争的进展速度多少还是出乎中共中央的预料，中国共产党对于城市经济工作的干部和经验储备都明显跟不上形势的发展。也正是在这种情况下，中国共产党一方面放缓土地改革尤其是新解放区土地改革的速度，且特别提出"乡村中的土地改革办法，决不能施行于大城市附近"③；另一方面开始把注意力转向城市，用很大的精力总结城市工作的经验教训，研究、制定正确的方针政策。

1947年11月，解放军攻克华北重镇石家庄。这是解放军转入战略进攻后所攻占的第一个大城市。如何接收和管理这座城市，中共中央工委十分重视。工委吸收攻占井陉、阳泉和张家口的经验教训，训令部队及民兵干部，注意保护机器物资及一切建筑物，不准破坏，不准自由拿取物资。但是，农村土地改革中的平分土地和财产的做法不可避免地影响到入城的军队和干部，以致收复石家庄的过程中仍然出现了抢购物资、搬取公用物资、搬拆机器零件等混乱状况。中央工委对此予以严厉批评，认为这样对待私营工商业是一种自杀行为。朱德于12月10日就此写信给毛泽东。这成为中共中央在随后召开的

---

① 《毛泽东年谱（1893—1949）》下卷，第79页。
② 中共中央党史和文献研究院编：《刘少奇年谱》第2卷，中央文献出版社2018年版，第209页。
③ 《毛泽东年谱（1893—1949）》下卷，第447页。

"十二月会议"上重新论述并强调保护民族工商业作为新民主主义革命的三大经济纲领的重要诱因。此后,中央工委有针对性地采取强硬措施,对石家庄接管中的乱象进行了制止。

正是由于攻占并接管石家庄的成功,毛泽东对于解放战争"胜利已经在望"的信心大为提升。他宣称:"中国人民的革命战争,现在已经达到了一个转折点。这即是中国人民解放军已经打退了美国走狗蒋介石的数百万反动军队的进攻,并使自己转入进攻。"[1] 对于这个时候作出这种思想转变,毛泽东后来解释说:"思想是跟着物质的变化而变化的,打开石家庄就是一个物质的变化。"[2]

在这一思想转变下,中共中央开始重点考虑城市工作。1948 年1 月 17 日,毛泽东为中央起草的关于研究对待城市各阶层办法,提出"望指定专人就哈尔滨、石家庄两处进行调查研究,辅以安东、张家口等地经验作出报告",号召党内研究这个重要问题。这种情况下,石家庄经验受到中共中央的高度重视。2 月 19 日,中央工委发出《中央工委关于收复石家庄的城市工作经验》,对收复石家庄过程中的一些问题和应对办法作了总结,认为必须明确认识到收复石家庄过程中曾发生的错误的性质,"是一种极左的无政府主义思想,与我们的主张和政策毫无相同之点","让其发展下去是极危险的"[3],明确提出中国共产党城市工作的方针,"是建设,而不是破坏"[4]。25 日,中共中央发出《关于注意总结城市工作经验的指示》,要求全党高度重视石家庄城市工作经验,在攻占城市后,应以管理石家庄的方针及方法为基本方针及方法。指示还批评了多年来没有总结城市工作经验、让

---

① 《毛泽东选集》第 4 卷,第 1243 页。
② 中共中央文献研究室、中央档案馆编:《建党以来重要文献选编(1921—1949)》第 25 册,中央文献出版社 2011 年版,第 446 页。
③ 中央档案馆编:《中共中央文件选集》第 17 册,中共中央党校出版社 1992 年版,第 57 页。
④ 《中共中央文件选集》第 17 册,第 55 页。

各种错误反复重犯的现象，提出为了"将党的注意力不偏重于战争与农村工作，而引导到注意城市工作，为了使现已取得的城市的工作在我们手里迅速做好"，"中央责成各中央局分局前委对于自己占领的城市，凡有人口五万以上的，逐一作出简明扼要的工作总结，并限三至四个月内完成此项总结"①。

根据中共中央确定的政策基调，各解放区极为重视城市接管工作。6 月 10 日，最早面临大批接管城市任务的中共中央东北局，发出《关于保护新收复城市的指示》，鉴于过去打开城市后，部队机关随便搬运拆卸官僚资本企业物资设备的教训，决定在新占领的城市实行短期的军事管理制度，"禁止任何人擅自进去搬运机器、物资和器材"②。此前五六月间召开的华北解放区工商业会议，也"严厉地指责了这种损坏工业生产设备的行为，规定以后新解放城市的一切工矿，一律严禁任意转移，严禁破坏，必须保存原状，就地开工。即使由于战略关系，我军占领后又要退出的城市和矿场，也不许丝毫破坏，因为这些工矿都是人民的财富，不久将重归人民所有"③。

随着越来越多的城市包括重要的工商业城市不断解放，中共中央对于城市工作的重要性越发重视。毛泽东在为中共中央起草的党内指示中提出："必须将城市工作和农村工作，将工业生产任务和农业生产任务，放在各中央局、分局、区党委、省委、地委和市委的领导工作的适当位置。即是说，不要因为领导土地改革工作和农业生产工作，而忽视或放松对于城市工作和工业生产工作的领导。我们现在已经有了许多大中小城市和广大的工矿交通企业，如果各有关领导机关忽视或放松这一方面的工作，我们就要犯错误。"④

① 《中共中央文件选集》第 17 册，第 69、70 页。
② 《中共中央文件选集》第 17 册，第 212、213 页。
③ 中国社会科学院经济研究所中国现代经济史组编：《革命根据地经济史料选编》下册，江西人民出版社 1986 年版，第 241 页。
④ 《毛泽东选集》第 4 卷，第 1333 页。

作为当时全国工业城市最为集中的地区，东北同时也是解放进度最快的地区。因而，东北解放区此时明确提出党的工作重心应有所转移的观点。1948年8月，陈云在总结东北财经工作的经验教训时提出："我们已觉悟到，在目前情况下，需要把财经工作放在不次于军事或仅次于军事的重要位置上。"[1] 11月沈阳解放后，陈云在领导沈阳接管工作的几个月里，创造和总结了"沈阳经验"，包括"各按系统、自上而下、原封不动、先接后分"[2] 的"十六字方针"，以及一整套完整地接管新解放的大城市的政策措施。在沈阳和其他大中城市接管成功的基础上，东北局于1949年1月提出："有计划的发展东北经济、支援全国战争、改善东北人民的生活，就成了东北党与政府的中心任务了。"[3]

中共中央的认识转变比东北局来的还要早一些。1948年9月，中共中央在西柏坡召开政治局扩大会议（即"九月会议"）。会后由毛泽东起草的《中共中央关于九月会议的通知》，首次明确提出中国共产党的工作重心转移问题："过去两年中，军队和作战的正规性是增长了一步，但是还不够，必须在第三年内再进一大步。为此目的，必须尽一切可能修理和掌握铁路、公路、轮船等近代交通工具，加强城市和工业的管理工作，使党的工作的重心逐步地由乡村转到城市。"[4]

对于长期在农村根据地中开展工作的中国共产党来说，实现工作重心向城市转变并非易事。为此，中国共产党对学习城市工作提出了明确要求。1949年1月，薄一波在华北局干部会议上提出："把领导的重心转移到城市。我们解放了城市，就必须管好城市。今后党的领导重心应逐步由农村转到城市，把城市工作做好了，才能指导农村

---

① 《陈云文选》第1卷，第373页。
② 《陈云文选》第1卷，第374页。
③ 《革命根据地经济史料选编》下册，第271页。
④ 《毛泽东选集》第4卷，第1346—1347页。

工作的开展。城市工作比农村工作复杂得多，这就要求我们的干部必须熟悉党中央所规定的有关城市工作的各项政策，学会自己不懂的东西。"① 2月8日，毛泽东为中央军委起草的电报又对军队提出类似的要求："今后将一反过去二十年先乡村后城市的方式，而改变为先城市后乡村的方式"，"军队干部应当全体学会接收城市和管理城市"②。

有了形势的发展、实践的基础和认识的转变，中国共产党作出工作重心由乡村向城市转移的时机已然成熟。1949年3月，中共七届二中全会提出了这一重要思想："从一九二七年到现在，我们的工作重点是在乡村，在乡村聚集力量，用乡村包围城市，然后取得城市。采取这样一种工作方式的时期现在已经完结。从现在起，开始了由城市到乡村并由城市领导乡村的时期。党的工作重心由乡村移到了城市。在南方各地，人民解放军将是先占城市，后占乡村。城乡必须兼顾，必须使城市工作和乡村工作，使工人和农民，使工业和农业，紧密地联系起来。决不可以丢掉乡村，仅顾城市，如果这样想，那是完全错误的。但是党和军队的工作重心必须放在城市，必须用极大的努力去学会管理城市和建设城市。"③

既然工作重心要由乡村转移到城市，那么城市工作的中心任务又是什么？七届二中全会作出回答："从我们接管城市的第一天起，我们的眼睛就要向着这个城市的生产事业的恢复和发展。务须避免盲目地乱抓乱碰，把中心任务忘记了，以至于占领一个城市好几个月，生产建设的工作还没有上轨道，甚至许多工业陷于停顿状态，引起工人失业，工人生活降低，不满意共产党。这种状态是完全不能容许的。城市中其他的工作，……都是围绕着生产建设这一个中心工作并

---

① 《薄一波文选》，人民出版社1992年版，第90页。
② 《毛泽东选集》第4卷，第1405页。
③ 《毛泽东选集》第4卷，第1426—1427页。

为这个中心工作服务的。"①

为宣传七届二中全会的上述思想，中共中央领导人发表讲话或文章阐述关于工作重心由农村转向城市的思想。3 月 17 日，由薄一波主持起草的新华社社论《把消费城市变为生产城市》提出："怎样才能把城市工作做好？怎样才能使城市起领导乡村的作用？中心环节是迅速恢复和发展城市生产，把消费的城市变成生产的城市。"②7 月 1 日李富春发表于《东北日报》的《贯彻二中全会的路线，贯彻由乡村到城市的转变》一文提出：随着工作重心的转移，党在经济工作方面的作风也要根据新的情况做相应的调整，不要拿农村的不合时宜的一套旧作风来搞城市工作与工业建设。他特别指出，过去习惯于供给制度不打算盘，现在必须搞经济核算。③

由党的领导人的这些观点不难看出，伴随着工作重心由乡村向城市的转变，经济工作自然也要成为中国共产党的中心工作。这种认识在解放战争将要胜利之际，在党内不难获得共识。但问题的关键在于，如何开展经济工作？中国共产党显然认为，自抗战时期就提出的"新民主主义的经济"思想，是做好经济工作的正确思想。

三、从"三大经济纲领"到"五种经济成分"

在革命转折之际，更明确的经济纲领需要提出。1947 年 7 月 7 日，中共中央在抗日战争十周年纪念口号中，提出没收官僚资本、实行土地制度改革、保护民族工商业等主张，对七大以来的经济政策作了提炼。10 月 10 日，中国人民解放军总部发表宣言重申了这些政策。随后，毛泽东在"十二月会议"上作《目前形势和我们的任务》的报

---

① 《毛泽东选集》第 4 卷，第 1428 页。
② 《薄一波文选》，第 93—94 页。
③ 参见《李富春传》，中央文献出版社 2001 年版，第 352—353 页。

告，将新民主主义革命的经济纲领概括为三项："没收封建阶级的土地归农民所有，没收蒋介石、宋子文、孔祥熙、陈立夫为首的垄断资本归新民主主义的国家所有，保护民族工商业。"[1]

这是中国共产党第一次把半殖民地半封建中国的垄断资本定性为"买办的封建的国家垄断资本主义"，并且指出这是国民党"反动政权的经济基础"。而点名蒋介石、宋子文、孔祥熙、陈立夫为垄断资本之首，显然受到党内经济理论工作者的影响。早在 1946 年 10 月，陈翰笙在英文刊物《远东观察》上发表《独裁集团与中国内战》，就指出政治的独裁依赖经济的独裁，国民党对国营事业的统制，只是将资本集中在少数高级官僚之手，并将官僚资本划分为蒋、宋、孔、陈、政学系五大集团。而后，陈翰笙又写出《中国的四大家族》一书。1947 年 4 月，王亚南发表《官僚资本的理论分析》，从经济学理论的角度，对官僚资本的形态、形成过程和社会条件、作用及后果作了分析。同年 7 月，许涤新写出《官僚资本论》一书，从政治需要和经济学理论两个角度阐述官僚资本的形态、活动方式及反动本质。"官僚资本"这一概念由此进入中国共产党的话语体系。

从中国共产党对"官僚资本"的认识来看，它一方面反映出国民党统治下国家资本为少数当权者控制的现实情况；另一方面也显然适应了中国共产党反对国民党的斗争需要，这个名词既能深刻揭露国民党的独裁统治和腐败，又通俗易懂，容易为人民大众所理解和接受。然而，无论是从理论上讲还是落实在实践中，"官僚资本"这个概念都是有模糊性的，因为是否将国民党掌握的全部国家资本都纳入"官僚资本"范畴以及如何界定官僚的私人资本等，都是需要具体分析的，因此在没收官僚资本时，就必须要解决如何划分和界定官僚资本范围的问题。1948 年 4 月，中共中央在给洛阳前线指挥部的电报

---

[1]《毛泽东选集》第 4 卷，第 1253 页。

中指出："对于官僚资本要有明确界限，不要将国民党人经营的工商业都叫作官僚资本而加以没收。……对于小官僚和地主所办的工商业，则不在没收之列。一切民族资产阶级经营的企业，严禁侵犯。"①中共中央在这里明确了小官僚的私人资本不属于官僚资本，但没有规定大小官僚之间的分界线。这就为各地在具体执行这项政策时，采取不一样的划分标准留出了空间。

除了提出经济纲领，毛泽东还在"十二月会议"报告中对"新中国的经济构成"作了设想，指出"国营经济，这是领导的成分"和"由个体逐步地向着集体方向发展的农业经济"及"独立小工商业者的经济和小的、中等的私人资本经济"，"这些，就是新民主主义的全部国民经济"②。毛泽东的这个报告，明显推进了他以往对新民主主义的经济纲领和社会经济结构的认识。此后，在城市接管中，中国共产党实施的各项经济政策即是沿着毛泽东的新民主主义三大经济纲领的基本精神实施的。

随着解放战争形势进一步明朗，中国共产党越来越需要考虑筹建新中国的问题。特别是新国家中的新民主主义经济是一种什么性质的，对这个问题必须在理论上有更明确的认识，因为这关系到新中国经济建设的方向。1948年9月，毛泽东在"九月会议"的报告中比较清晰地论述了这个问题。他指出：有人说我们的社会经济是"新资本主义"，这个名词不妥。因为没有说明在社会经济中起决定作用的是国营经济、公营经济，"这个国家是无产阶级领导的，所以这些经济都是社会主义性质的"，"农村个体经济加上城市私人经济在数量上是大的，但是不起决定作用"，"我们国营经济、公营经济，在数量上较小，但它是起决定作用的"。因此，"我们的社会经济名字还是叫

---

① 《毛泽东选集》第4卷，第1323—1324页。
② 《毛泽东选集》第4卷，第1255—1256页。

'新民主主义经济'好"。①

在"九月会议"召开之前，鉴于东北的绝大部分地区已解放，面临着比全国早一步开展经济建设的新任务，中共中央东北局通过了由张闻天起草的《关于东北经济构成及经济建设基本方针的提纲》，于9月15日上报中央。提纲提出，"东北经济在彻底消灭封建主义、官僚资本主义及取消帝国主义在东北的经济特权以后，基本上是由五种经济成分所构成，这就是国营经济、合作社经济、国家资本主义经济、私人资本主义经济、小商品经济"②。提纲认为：国家资本主义"这种经济形式，是私人资本主义经济中最有利于新民主主义的一种形式"，"这种国家资本主义经济的发展方向，对于新民主主义经济的发展是有利的，因为这是从国家需要出发，吸引私人资本来为国家服务，并把私人资本置于国家的管理与监督之下，使之成为国民经济建设计划的有机的一部分"，因此，"应该有意识地承认'国家资本主义'这个经济范畴，有意识地加以提倡和组织"。③

10月，毛泽东看完刘少奇对提纲的修改后，对加写限制私人资本主义自由发展的内容表示认可："此件修改得很好。""'决不可采取过早地限制私人资本经济的办法'，改为'决不可以过早地采取限制现时还有益于国计民生的私人资本经济的办法'。因为就我们的整个经济政策说来，是限制私人资本的，只是有益于国计民生的私人资本，才不在限制之列。而'有益于国计民生'，这就是一条极大的限制，即引导私人资本纳入'国计民生'的轨道之上。"他进一步指出："要达到这一点，必须经常和企图脱出这条轨道的私人资本作斗争。而这些私人资本虽然已经纳入这条轨道，他们总是想脱出去的，所以

①《建党以来重要文献选编（1921—1949）》第25册，第449页。
②《建党以来重要文献选编（1921—1949）》第25册，第479页。
③《建党以来重要文献选编（1921—1949）》第25册，第487—488页。

限制的斗争将是经常不断的。"① 既然新民主主义社会的前途是社会主义，显然，抑"私"扬"公"就不可避免地成为新民主主义经济政策的总导向，这是合乎逻辑的结论。

在东北提纲的基础上，毛泽东在七届二中全会的报告中对"五种经济成分"作了再概括："国营经济是社会主义性质的，合作社经济是半社会主义性质的，加上私人资本主义，加上个体经济，加上国家和私人合作的国家资本主义经济，这些就是人民共和国的几种主要的经济成分，这些就构成新民主主义的经济形态。"② 他一方面指出，由于社会主义性质的国营经济起决定作用，新民主主义经济前途必然是社会主义的；另一方面，他再次强调新民主主义条件下对私人资本主义要既容许又限制的政策："在革命胜利以后一个相当长的时期内，还需要尽可能地利用城乡私人资本主义的积极性，以有利于国民经济的向前发展。在这个时期内，一切不是于国民经济有害而是于国民经济有利的城乡资本主义成分，都应当容许其存在和发展。这不但是不可避免的，而且是经济上必要的。但是中国资本主义的存在和发展，不是如同资本主义国家那样不受限制任其泛滥的。它将从几个方面被限制——在活动范围方面，在税收政策方面，在市场价格方面，在劳动条件方面。我们要从各方面，按照各地、各业和各个时期的具体情况，对于资本主义采取恰如其分的有伸缩性的限制政策。"③ 毛泽东还预言，"限制和反限制，将是新民主主义国家内部阶级斗争的主要形式。"④

对于个体农业和手工业经济，毛泽东强调了发展合作社的必要性。他主张"谨慎地、逐步地而又积极地引导它们向着现代化和集体

---

① 《毛泽东年谱（1893—1949）》下卷，第 373 页。
② 《毛泽东选集》第 4 卷，第 1433 页。
③ 《毛泽东选集》第 4 卷，第 1431 页。
④ 《毛泽东选集》第 4 卷，第 1432 页。

化的方向发展"，认为"任其自流的观点是错误的"，"必须组织生产的、消费的和信用的合作社"，"单有国营经济而没有合作社经济，我们就不可能领导劳动人民的个体经济逐步地走向集体化，就不可能由新民主主义社会发展到将来的社会主义社会"①。

既然新民主主义的前途必然是社会主义，那么向社会主义过渡的时限问题必然成为关注的焦点。对此，毛泽东在"九月会议"上插话说："到底何时开始全线进攻？也许全国胜利后还要十五年。"②任弼时在七届二中全会上进一步提出："单有军事上、政治上的条件，没有经济上的条件，没有工业发展，要想转向社会主义是不可能的，过去'左'倾错误也在此。俄国在 1913 年工业占国民经济的比重是 42.2%，而我们现在还只有 10% 左右，有什么办法转入社会主义呢？""所以，全国革命胜利后，我们需要两个到三个五年计划，才可能到社会主义。"③这年 7 月，刘少奇在代表中共中央给斯大林的报告中再度提出："中国从现在起到实行一般民族资本国有化，还需要经过许多步骤，需要一段相当长的时间。这一段时间到底需要多久？这要看国际的和国内的各种条件来决定，我们估计或者需要十年到十五年。"④

随后，刘少奇在《关于新中国的经济建设》一文中对新民主主义经济向社会主义经济转变的条件作了比较全面的分析："只有在经过长期积累资金、建设国家工业的过程之后，在各方面有了准备之后，才能向城市资产阶级举行第一个社会主义的进攻，把私人大企业及一部分中等企业收归国家经营。只有在重工业大发展并能生产大批农业机器之后，才能在乡村中向富农经济实行社会主义的进攻，实

---

① 《毛泽东选集》第 4 卷，第 1432 页。
② 《建党以来重要文献选编（1921—1949）》第 25 册，第 466 页。
③ 《任弼时选集》，人民出版社 1987 年版，第 465 页。
④ 中共中央文献研究室、中央档案馆编：《建党以来重要文献选编（1921—1949）》第 26 册，中央文献出版社 2011 年版，第 526 页。

现农业集体化。"① 但与毛泽东的看法类似，刘少奇也认为对于新民主主义的五种经济成分不能采取等量齐观的政策，而是要有所抑、有所扬："在可能的条件下，逐步地增加国民经济中的社会主义成分，加强国民经济的计划性，以便逐步地稳当地过渡到社会主义。"②

不过，作为东北提纲的主要起草者，张闻天的认识更多具有以"资"为用的方法论色彩："同私人资本主义经济的投机性和破坏性的活动作斗争，是今后经济战线的经常任务"，"但这种斗争是一种长期的经济斗争，而且主要地是在经济上的和平竞争，而不应该不适当地采取行政上的办法去进行这种斗争"；"在合理生产的技术方面，在经济核算方面，我们还应好好地向资本家学习"③。

无论是毛泽东、刘少奇等领导人对于设计经济制度的侧重，还是张闻天等人对于设计经济运作机制的侧重，有一项基本认识在中国共产党内是高度统一的，那就是新民主主义本身就是过渡性的，其前途必然是要被社会主义取代的。从这个意义上说，新民主主义是中国共产党为发展经济而采取的方法论的集合体，并非是一种"主义"。在中国共产党的思想体系中，"主义"只能是社会主义和共产主义。

中国共产党关于新民主主义经济的设想，在1949年9月《中国人民政治协商会议共同纲领》中得到最终确认，中国共产党由此完成了建国方略的设计。从"十二月会议"到"九月会议"，到七届二中全会，再到中国人民政治协商会议，从三大经济纲领到五种经济成分，这里面的思想脉络是一脉相承又不断丰富和发展的。这似乎意味着中国共产党对于建国后的经济思想和方针政策到《共同纲领》这里已然定型。如果我们关注中国共产党一系列主张和政策内容的话，确实如此；然而问题的关键在于，中国共产党的这些主张和政策都有一

---

① 《刘少奇选集》上卷，第430页。
② 《刘少奇选集》上卷，第428页。
③ 《张闻天选集》，第409—410页。

个理论前提和一个现实前提：理论前提即党要建立的国家政权是新民主主义性质的，而新民主主义本身又是过渡性质，必然要发展到社会主义；现实前提即党在建立新政权之后面临恢复和发展国民经济的重任，而为了完成这一任务，党必须坚持已经行之有效的多种经济成分共存的经济制度和方针政策。当这种前提条件发生变化之后，中国共产党的经济思想随之发生变化也就在所难免了。

四、从"扶助私营经济"到"四面八方"

虽然保护民族工商业在"十二月会议"上被正式列为新民主主义革命三大经济纲领之一，但相较于另外两条属于阶级斗争范畴的"刚性"经济纲领，即没收封建阶级的土地归农民所有、没收官僚垄断资本归新民主主义国家所有，这一条显然是"柔性"的，更像是阶级妥协式的。这就注定保护民族工商业对于中国共产党来说，不仅在思想认识上很难达成共识，而且在政策实践中很难把握界限，因为对民族工商业保护不够当然是"左"，但如果保护过多，那会不会又是右呢？这对于党的各级干部来讲，确实是个难题。

在土地改革运动之初，农村就已经频繁出现侵犯私营工商业的行为。预料到这一点，中共中央的"五四指示"提出"不可将农村中解决土地问题反对封建阶级的办法，同样的用来反对工商业资产阶级"。但是，土地改革的群众运动特性，使侵犯私营工商业的行为根本无法避免。与此同时，在解放战争初期，由于解放军尚处于战略防御阶段，一般不能稳固地占领城市，因此在对待城市私营工商业方面，也存在着"抓一把"和支持工人过高要求的现象。这种情况显然不利于解放区的经济工作。因此，1947 年 6 月，由中央工委召集、解放区经济工作领导人参加的华北财经会议提出，"公营经济今天还不能在解放区经济中占主要地位，今天主要还是发展私营经济和合作社经济"，"在私营经济中，资本主义私营经济是应当扶助的、奖励的"，"纠正害怕富农发展，害怕工商业发展的保守思想"，"大胆放手让私人资本和私营经济自由发展"。[①]

然而这一认识并没有体现在全国土地会议上。会议通过的《中国土地法大纲》虽然提出"保护工商业者的财产及其合法的营业，不受侵犯"[②]，但并没有提及保护地主富农经营的工商业。农村中侵犯工商业的现象不但没有被制止，反而有愈演愈烈之势。事实上，乡村中乃至小城镇中的私营工商业绝大部分是由地主富农兼营的，不保护地主富农的工商业，就很难有效地保护工商业。这种情况下，中共中央不得不反复阐述和教育全党，端正对私营工商业地位和作用的认识，强调保护和扶助民族工业发展是新民主主义的基本理论和方针。

不过，中共中央这时的纠偏并不是单线条地向"五四指示"和华北财经会议的提法回归，而是有了新的思想端倪。随着石家庄等大城市被中国共产党接管，公营经济终于可以依靠没收官僚资本而建立和发展壮大了。这个时候还要不要继续"扶助私营经济"？

中国共产党的回答在大方向上显然是肯定的。毛泽东在"十二月会议"上指出："由于中国经济的落后性，广大的上层小资产阶级和中等资产阶级所代表的资本主义经济，即使革命在全国胜利以后，在一个长时期内，还是必须允许它们存在；并且按照国民经济的分工，还需要它们中一切有益于国民经济的部分有一个发展；它们在整个国民经济中，还是不可缺少的一部分。这里所说的上层小资产阶级，是指雇佣工人或店员的小规模的工商业者。此外，还有不雇佣工人或店员的广大的独立的小工商业者，对于这些小工商业者，不待说，是应当坚决地保护的。"[③]

---

① 薛暮桥、杨波主编：《总结财经工作迎接全国胜利——记全国解放前夕两次重要的财经会议》，中国财政经济出版社1996年版，第59—60页。
②《建党以来重要文献选编（1921—1949）》第24册，第419页。
③《毛泽东选集》第4卷，第1255页。

对比半年前华北财经会议"扶助私营经济"的说法，毛泽东的论述是从有益于国民经济发展的角度考虑的，显然侧重于强调保护民族工商业对于现实经济的重要性。"十二月会议"后，中国共产党不再使用"放手让私人资本和私营经济自由发展"的说法，取而代之的是对私营经济"保护和领导"的态度。任弼时在西北野战军前委扩大会议上阐述"十二月会议"精神时说："我们对工商业，应采取保护和领导的政策，绝对不能破坏，破坏是一种自杀政策。对工商业必须收税，但必须订出恰当的税率，不要收得太重。这种税率，以不致影响他们的经营和发展为原则。"[①] 随后，中央工委给华中局的《关于对地主经营工商业的政策问题给邓子恢的指示》和中共中央《对合江省委关于彻底平分土地保护工商业的指示（草案）的批示》，都重申了"十二月会议"的论断，并规定了具体的办法。

进入 1948 年，形势的发展加速向中国共产党夺取革命胜利的方向倾斜。与这一趋势成反比的是，中国共产党对发展私营经济的认识向收紧的方向倾斜。在"九月会议"上，中共中央明确提出"对私人资本主义经济应采取限制、利用和发展"的思想。至于如何"限制、利用和发展"，刘少奇在会上提出了经济竞争的理论。他认为：与私人资本家的斗争方式是经济竞争。经济竞争是长期的，首先就是反对投机资本。这种斗争的性质，是带社会主义性质的，虽然我们还不是实行社会主义的政策。这种竞争是贯穿在各方面的，是和平的竞争。毛泽东插话说："斗争有两种形式，竞争和没收，竞争现在就要，没收现在还不要。现在还要联合它反帝国主义、反国民党，联合它发展生产，所以是又联合又斗争，斗争是限制它不利于我们的、不利于国计民生的方面。"毛泽东还进一步提出："单讲与资本主义竞争，还不能解决问题，还有一个利用它以发展生产的问题。"刘少奇也说："有

---

① 《任弼时选集》，第 430 页。

益于国民经济的私人资本主义经济也要发展。在一定的时候，一定的条件之下，就是说，有些企业部门是国家没有经营的，或者是国家虽然也经营了，但尚不能满足人民需要者，也可以帮助私人资本企业之发展，须知在这里还有很大的真空。"毛泽东则插话说："中国由于经济落后，资本主义是分散的，只有国营经济、银行、铁路、矿山等等，才是集中的。中国资产阶级有地方性，这是很可以利用以发展生产的。"①

毛泽东和刘少奇的这番话，基本勾勒出一条对私人资本主义经济实行利用、限制、改造的思想路线，亦即私营经济的结局只有一个，那就是转变为社会主义的国营或集体经济，消除剥削和盈利。如果以中国传统"经济"概念和马克思主义政治经济学的"经济"概念而言，这是中国共产党固有的思想认识。事实上，不仅是对私营经济，即便是对国营经济和合作社经济，中国共产党一样反对以营利为目的的经营路线。刘少奇提出："按照新民主主义的路线去经营合作社。如果不按照新民主主义路线去经营合作社，而按照蒋、宋、孔、陈一样去经营，按照日本人的合作社一样去经营，按照延安妇女合作社一样去经营，那就不是社会主义性质的，而是资本主义性质的（毛泽东插话：这是带着共产党员番号的资产阶级。这是一个严重问题，党内很有一批人是这样的。贸易公司总不愿起调剂市场的作用，不愿做解放区人民对内对外货物交流的桥梁，为人民服务，而是总想赚人民的钱。这就叫作带着共产党员番号的资产阶级）。在经济工作中，在这一点上完全清醒的干部是很少很少的，可以说有很大的盲目性。这个问题搞不清，没有清醒的头脑，就是打倒蒋介石，也还是空的，也不能胜利。"②

尽管刘少奇、毛泽东没有具体论述新民主主义国营企业和合作

①《建党以来重要文献选编（1921—1949）》第 25 册，第 464—466 页。
②《建党以来重要文献选编（1921—1949）》第 25 册，第 465—466 页。

社经营路线应当是什么，但是他们已经清楚表明"必须不是什么"，即要求国营经济和合作社经济不以赚钱为目的，合作社应以为群众服务为目标，而国营经济则应以服从整个社会经济和全体人民利益为目标。应当说，毛泽东、刘少奇在解放战争形势好转、经济工作愈发重要之际，对中国共产党视为社会主义性质和国民经济支柱的国营经济和合作社经济，提出这样严重程度的批评，确实反映出共产党人对于商品经济的固有排斥。

一个以消灭剥削、维护劳动阶级利益为己任的政党，由于现实需要而不得不允许甚至扶助私人资本主义发展，这本身就带有一定的矛盾性。如何把握和平衡二者之间的关系，需要中国共产党提出新的政策主张。为此，毛泽东先是在"十二月会议"上提出"发展生产、繁荣经济、公私兼顾、劳资两利这个总目标"，强调"一切离开这个总目标的方针、政策、办法，都是错误的"①；后又在1948年2月再度强调，"将发展生产、繁荣经济、公私兼顾、劳资两利的正确方针同片面的、狭隘的、实际上破坏工商业的、损害人民革命事业的所谓拥护工人福利的救济方针严格地加以区别"②。

北平、天津解放后，中共中央更加重视把握公私、劳资之间的平衡关系并作了更为丰富的阐述和更为形象的概括。就在七届二中全会结束不久的一次谈话中，毛泽东提出："我们的经济政策可以概括为一句话，叫作'四面八方'。什么叫'四面八方'？'四面'即公私、劳资、城乡、内外。其中每一面都包括两方，所以合起来就是'四面八方'。这里所说的内外，不仅包括中国与外国，在目前，解放区与上海也应包括在内。我们的经济政策就是要处理好四面八方的关系，实行公私兼顾、劳资两利、城乡互助、内外交流的政策。"③他认

---

① 《毛泽东选集》第4卷，第1256页。
② 《毛泽东选集》第4卷，第1285—1286页。
③ 中共中央文献研究室编：《毛泽东传》第3卷，中央文献出版社2013年版，第1026页。

为："'四面八方'缺一面，缺一方，就是路线错误、原则的错误。世界上除了'四面八方'之外再没有什么'五面十方'。照顾到'四面八方'，这就叫全面领导。"①

七届二中全会召开之际，恢复和发展经济成为北方解放区特别是大中城市的中心任务。然而由于对中国共产党的疑虑，在一些大城市里，对私营经济前景的担心普遍存在。为此，1949年4、5月间，刘少奇到天津视察，阐述中国共产党对私营工商业的看法和政策。他解释"四面八方"说："公私关系、劳资关系、城乡关系、内外关系，是毛主席要我们在城市工作中照顾的四面八方的关系，这四面八方都照顾好了，关系正确地建立了，改善了，城市工作就做好了。"②他针对共产党人极为看重的"剥削"问题说："今天在我国资本主义的剥削不但没有罪恶，而且有功劳。封建剥削除去以后，资本主义剥削是有进步性的。今天不是工厂开得太多，剥削的工人太多，而是太少了。你们有本事多开工厂多剥削一些工人，对国家人民都有利，大家赞成。你们当前与工人有很多共同利益。资产阶级在历史上是有功劳的。马克思、恩格斯在《共产党宣言》里就说过，近一百年中，资本主义将生产力空前提高，比有史以来几千年创造的全部生产力还要多。今天中国资本主义是在年轻时代，正是发挥它的历史作用、积极作用和建立功劳的时候，应赶紧努力，不要错过。今天资本主义剥削是合法的，愈多愈好。"③

刘少奇的天津讲话，不仅从现实需要的角度谈了私营经济存在的意义，更是从马克思主义经典作家那里找到理论依据，再加上刘少奇在党内的地位，其影响不可小觑。应当说，刘少奇所说的剥削"越多越好""功劳越大"，本意并不是指资本家通过压低工资和增加劳动

---

① 《毛泽东传》第3卷，第1027页。
② 《建党以来重要文献选编（1921—1949）》第26册，第311页。
③ 《建党以来重要文献选编（1921—1949）》第26册，第366—367页。

强度来获取的绝对剩余价值量，而是指资本家通过扩大再生产，即扩大企业规模来增加的剥削量。这种剥削量的增加，前提是生产的发展，工人就业的增加，国家税收的增加，因此对国家经济发展和人民生活水平提高是有利的。即便如此，天津讲话还是在党内引起争论，原因当然是讲话与经典的马克思主义经济学说并不那么一致；人们最直观的感受是，资本家的剥削怎么能受共产党人欢迎？这无异于"离经叛道"，触动了很多共产党人的"敏感神经"。

不过，在新民主主义的语境下，这些质疑并不构成根本的颠覆。9 月召开的中国人民政治协商会议还是将"四面八方"的十六字方针写入《共同纲领》。从实施效果看，"四面八方"将中国共产党关于新民主主义的三大经济纲领具体化、政策化，特别是将保护私营经济的思想落到实处。但是也不难看出，"四面八方"仍然是现实需要的产物，不可避免地带有一种策略性。随着中国共产党新民主主义经济思想发生变化，这一政策发生转化也是必然的。

五、从统一财经到稳定物价

中国共产党对于财政经济的管理长期处于分散状态。这一方面固然是由于在战争环境下，党的根据地往往处于分割包围之中，不仅中央与根据地之间很难有经济联系，根据地相互之间也很难有经济联系；另一方面即便在抗战时期各根据地已经相对稳定下来，但是因为普遍的经济困难，中央出于挖掘各根据地生产潜力的需要，在财经管理上仍然采取分散政策，最典型的就是根据地各自发行的近乎五花八门的纸币。当解放战争转入战略进攻，解放区不断扩大并逐渐连成一片后，特别是一些大中城市相继解放后，中国共产党的经济工作不仅愈发变得复杂化，而且愈发需要规范化。"各自为政"已经明显不适合新的形势，"统一"渐成中国共产党经济思想的新内容。

不过,"统一"这一思想本身也经历了一个统一的过程。1946 年12 月 30 日,晋察冀中央局致电中共中央,建议召开华北财经会议,解决"华北货币不统一"等问题。中共中央表示同意并于 1947 年 1月 3 日发出《关于召开华北财经会议的指示》,委托晋冀鲁豫中央局召开华北各解放区财政经济会议,"交换各区财经工作经验,讨论各区货物交流及货币、税收、资源互相帮助、对国民党进行统一的财经斗争等项,并可由各区派人成立永久的华北财经情报和指导机关"①。但是,中央同时也表达了谨慎态度。刘少奇明确对负责华北财经工作的董必武说:"统一货币要认真研究主客观条件,不要过早勉强统一。"②

中央这样的表态自然与战争形势有关。此时的解放战争还处在打破国民党重点进攻阶段,解放区的形势还不稳定。因此,华北财经会议作出的决议仍以适应解放区变动、稳定物价为重点:争取财政收支大体上的平衡,以免为着弥补财政亏空而无节制地增发货币,引起恶性通货膨胀;掌握一定数量的粮食布棉等重要物资,以便随时调节发行数量,平稳物价;在解放区扩大或缩小时候,应即灵活调剂发行数量,以免物价波动,在秋收以后和春荒时期,货币流通需要多少不同,也应作适当调剂。③

尽管没有要求统一货币,这次会议仍然吸收山东解放区货币斗争经验,作出所有解放区停用法币、建立独立自主的本币市场的决定,为货币统一打下了基础。虽然西北、华中解放区的参会人员起初因保持本币币值和物价相对稳定压力巨大而不同意停用法币,"部分同志认为边币也必须用金银(白洋)和法币来作发行贮备。边区没有金银市场,不能用金银来回笼货币,而且我们也不可能保存这样多的

---

① 《总结财经工作迎接全国胜利——记全国解放前夕两次重要的财经会议》,第48 页。

② 中央档案馆编:《中共中央在西柏坡》,海天出版社 1998 年出版,第 263 页。

③ 《总结财经工作迎接全国胜利——记全国解放前夕两次重要的财经会议》,第56—87 页。

金银。用法币来作贮备，不但要受法币贬值的损失，而且使我们的边币依附于法币，在法币贬值时跟着贬值"[1]；但这一决定显示，排挤法币使各解放区货币独占市场以及掌握货币发行数量、通过贸易调剂供求、避免物价剧烈波动已经在各解放区财经工作领导人中形成共识。

中共中央充分肯定这次会议的成果，要求各地"应立即坚决执行"[2]。在中央要求下，排挤法币、建立本币市场的决策在各解放区落实过程中没有遇到很大障碍，但控制货币发行、平稳物价的决策受到很多解放区领导人的反对。山东解放区领导人黎玉以及财政、银行、工商等方面负责人支持华北财经会议的部署；但是，华东局副书记邓子恢则认为，"为着保障供给必须大量发行（货币）"，"发展经济应为保障供给服务"。[3] 这与华北财经会议精神显然不同。会议提出的"发展生产，繁荣经济"方针，甚至被华东局书记饶漱石直接质疑："我要问你，纽约的经济繁荣，你那火车是开到纽约还是开到莫斯科？"[4] 而对于会议对货币统一的导向，中央领导人仍然态度谨慎。这年10月，毛泽东复电董必武明确指出，"目前建立统一的银行有点过早，进行准备工作是必要的"[5]。

这种情况在1948年发生转变。随着解放战争形势的迅速发展，中国共产党开始要求加强组织纪律性和反对无政府状态。这对于财经工作来说尤为紧迫，特别是在解放区的货币发行还未统一的情况下更是如此。5月，中共中央决定将晋察冀和晋冀鲁豫合并为华北解放区，为财政经济工作的统一创造了行政上的条件。随即，华北财经办事处

---

① 《薛暮桥文集》第13卷，中国金融出版社2011年版，第72页。

② 《总结财经工作迎接全国胜利——记全国解放前夕两次重要的财经会议》，第49页。

③ 徐建清、董志凯、赵学军主编：《薛暮桥笔记选编（1945—1983）》第1册，社会科学文献出版社2017年版，第120—122页。

④ 《黎玉回忆录》，中共党史出版社1992年版，第246页。

⑤ 中国人民银行：《中国共产党领导下的金融发展简史》，中国金融出版社2012年版，第96页。

在石家庄召开了华北金融贸易会议。这次会议提出：随着"华北各解放区大体上已连成一片"，"我们已有可能和必要从分散的地方经济，逐渐发展走向统一的国民经济"，"如撤销内地的关税壁垒，统一货币制度等，都是经济发展中的迫切要求"①。会议据此制定了逐步统一华北解放区金融贸易的政策和办法。会议通过的《华北金融贸易会议综合报告》提出，货币的统一要有步骤进行，首先是固定几种货币的比价，自由流通，然后根据各地财政状况，掌握各地区的货币发行，使之逐渐走向统一货币的发行。货币斗争主要任务是努力扩大本币流通范围，压缩蒋币的阵地，并调剂外汇，掌握比价。② 中共中央于8月6日将此报告批转各地，要求"华北、华东、西北各地党、财办及一切财经机关即遵照该报告所提之金融贸易工作方针和各项具体政策努力实行"③。

经过华北财经会议和华北金融贸易会议的讨论和部署，中国共产党对于统一财经工作终成共识。毛泽东在"九月会议"上说：关于财经统一，"这个问题不需要多讲。以华北人民政府的财委会统一华北、华东及西北三区的经济、财政、贸易、金融、交通和军工的可能的和必要的建设工作和行政工作。不是一切都统一，而是可能的又必要的就统一，可能而不必要的不统一，必要而不可能的也暂时不统一。如农业、小手工业等暂时不统一，而金融工作、货币发行就必须先统一"④。会后成立的华北人民政府设立华北财经委员会，统一领导华北财经工作。两个月后，华北、山东、晋绥、陕甘宁等解放区协议决定，将华北银行、北海银行、西北农民银行合并，成立中国人民银行，并于12月1日发行人民币，作为上述各区的本位币，统一流通。

①《中共中央文件选集》第17册，第282页。
②《总结财经工作迎接全国胜利——记全国解放前夕两次重要的财经会议》，第18—19页。
③《董必武传》下，中央文献出版社2006年版，第592页。
④《建党以来重要文献选编（1921—1949）》第25册，第447页。

中国人民银行的成立和人民币本位币的发行，是中国共产党统一财经成功的重要标志。但是，发行全新的货币毕竟关系财经工作全局，其中最基本的一个问题是"人民币以什么为本位"。按照货币发行的一般规律，人民币无可厚非地要实行"金本位"或"银本位"。这在党内有很多支持者。但董必武认为："从解放区的实践看，只要我们有了粮食、布、棉、煤等生活资料及生产资料，货币就算稳住了。至于金银，对解放区人民经济生活来说并不十分重要。""如果实行金银本位，由于金银是商品，价格不定，人民币的稳定将增加难度；同时，我们也没有那么多的金银可供兑换，实际上仍是不兑换的信用货币。因此，人民银行券以不实行'金银本位'为好。"[1] 新华社于 12 月 7 日发表社论提出，"解放区的货币从它产生的第一天开始，即与金银完全脱离关系"，我们用作货币保证的，"是比金银更可靠的粮食、布棉以及其他为生产和生活所必需的重要物资"，"持有解放区货币的任何人民，他可以在任何时期，任何市场，充分获得他们所需要的各种生活资料"。[2]

这种认识显然与抗战时期山东根据地进行货币斗争的经验一致，可以说完全是中国共产党基于自身实践独立创造的。它既与马克思主义经典作家的论述相悖，也不同于国际惯例。马克思在《资本论》中提出，货币是黄金的符号，货币不能脱离黄金；而这一时期世界各主要国家均在布雷顿森林体系内，实行各国货币与美元挂钩、美元与黄金挂钩的金本位货币制度。在这种情况下诞生的人民币，不能不面临巨大困境。还在进行中的解放战争供给空前巨大，货币发行突然增加，关内物价剧烈上涨。要避免物价剧烈上涨，需要紧缩货币，平稳

---

① 《总结财经工作迎接全国胜利——记全国解放前夕两次重要的财经会议》，第 569—570 页。

② 《总结财经工作迎接全国胜利——记全国解放前夕两次重要的财经会议》，第 415 页。

物价。而各地苦于货币不足，要求大量供给货币，竞相印制额度较大的钞票。这是一个突出的矛盾，当然也引发要不要继续控制货币发行以平稳物价的争论。

面对这种局面，中共中央最初采取紧缩货币的方针。1949 年 1 月 26 日，中央发出关于平稳物价的几项建议，要求各地"应妥慎掌握货币发行"，采取各种有效办法支持人民票、平稳物价，包括适当抛售物资特别是国营工厂的物资，并在物价波动尚未平息的时候少发大面值票、多发小面值票。① 一个月后，中共中央改变了思路，主要原因显然还是支持解放战争的需要，"在当时情况下，人民币是支援解放军进行横扫全国的大规模战争的主要财政来源"。为此，一向主张控制货币发行的薛暮桥还被周恩来嘱咐，"货币的发行计划要向陈云同志和董必武同志请示"②。不过，董必武和陈云对这一问题的看法显然也不一致。董必武认为华北解放区出现物价波动的重要原因是"新币发行又犯了急躁与草率的毛病"③；陈云则认为，货币发行方针应当首先保证解放战争的需要，其次才是稳定物价，而三大战役胜利后，战争将向全国展开，军费开支浩大，因此，物价应按每月上涨 20% 计算，甚至可能达到 30%。周恩来则同意陈云的意见。④

中国共产党的货币政策目标从平稳物价转到服务战争需要的确适应了当时的军事形势。5 月 28 日，毛泽东将邓小平、饶漱石等向中共中央请求拨 300 亿元人民票应急的电报，批送周恩来和陈云等人，指出：华东方面需要大量人民票，这是应当迅速支付的；华中方面要求增加人民票的电报估计不久也会来，这是应当预作准备的；还

---

① 参见李海、李惠贤、成丽英主编：《统一财经 为新中国奠基立业——记全国解放前后两次重要的财经会议》，当代中国出版社 2008 年版，第 154—155 页。

②《薛暮桥文集》第 10 卷，中国金融出版社 2011 年版，第 191 页。

③《董必武年谱》，中央文献出版社 2007 年版，第 324 页。

④ 中共中央文献研究室编：《陈云年谱》上卷，中央文献出版社 2015 年版，第 699 页。

要准备九月以后占领粤、桂、川、滇、黔五省所需要的人民票。[①] 这样做固然可以缓解战争对货币的需求，但是物价上涨的预期影响了人民币的信用。特别是在上海等大城市，金条、银元、美元等均比人民币坚挺。在金、银和外币交易被中国共产党禁止后，粮食和纱布成为主要的投机品和保值品，对此则无法采取禁止的办法。

这种情况加速了中央财经工作领导机构的成立。中共中央最初考虑是"等联合政府成立后，再来建立统一的财政经济机构"；然而，"实际情况是马上需要，等不得了"[②]。6月，刘少奇在各民主党派人士及北平各级党政机关负责人会议上指出："组织中央财政经济委员会，这事很急迫，建立中央财政经济的统帅部，其紧急不亚于军事及其他问题。"[③]7月，中共中央决定在中国人民革命军事委员会之下设立中央财政经济委员会，统一领导全国财政经济工作。刚刚成立的中财委立即将矛头对准物价，"通过合作社和国营商业，征收公粮，收购粮食和棉布等物资，统一调拨，集中抛售来抑制大城市的物价上涨"[④]。继"银元之战"之后，中国共产党又取得"米棉之战"的胜利。上海等大城市持续上涨的物价逐渐平稳下来。随着物价的平稳，1947年华北财经会议确立的统一财政、统一货币的目标终于完成。

虽然全国范围内的物价还没有稳定下来，上海等大城市仍有物价波动的风险存在；但是，中国共产党领导全国财政经济工作的组织机构和运作体系已经完整建立起来。更为重要的是，中共党内经济思想在此时已经高度统一。这就意味着，在即将到来的新政权与旧市场的斗争中，中国共产党不仅要稳定物价，更是直指原有的经济制度和经济运行机制，开始致力于实现"根本的社会改造"了。

---

① 《陈云年谱》上卷，第 725 页。
② 《建党以来重要文献选编（1921—1949）》第 26 册，第 444 页。
③ 《建党以来重要文献选编（1921—1949）》第 26 册，第 443 页。
④ 《薛暮桥文集》第 7 卷，第 18—19 页。

本编结语

中国共产党在建党初期将十月革命后传入中国的马克思列宁主义经济学说奉为圭臬，这首先是由于中国共产党的阶级属性和政党性质决定的，同时也由于中国共产党对于中国社会经济情况认识上的不完善。随着党对于中国国情的把握和对革命道路的探索越来越成熟和成功，中国共产党的经济思想也越来越符合中国实际，最终在解放战争时期形成一套完整的新民主主义经济理论以及财政经济管理的思想体系。可以说，这一时期中国共产党经济思想的发展历程，就是马克思主义经济学说与中国实际相结合的过程，是马克思主义经济学说中国化的过程。值得注意的是，这个"中国化"并不主要表现在新的思想观念的产生或对马克思主义经济学说概念、观点的突破上，相反是表现在根据中国的实际、中国共产党所处的环境及要达到的目标而灵活、变通地运用马克思主义经济学说上。这个过程贯穿着中国共产党平衡"主义"与"方法"的努力。

从历史发展来看，这个过程显然不是一个平坦的过程。但是，身处战争环境、面临生存风险的中国共产党，更多时候是能够欣然接受对于"主义"的灵活和务实践行的，虽然这期间也受到过"左"倾错误的影响。然而，当革命取得胜利，党的地位和所处的环境发生根本变化之后，中国共产党经济思想的"钟摆"很难在"方法"这个维度继续停留。因为党进行革命的目的就是要建立社会主义和实现共产主义，现在革命胜利了，马克思主义经济学说的观点、理念和论断等自然要重新归位。随着新民主主义革命逐渐成为过去，而社会主义革命和建设迅速到来，中国共产党以往经过长期探索和种种曲折换来的成功的经济思想和经济工作经验，已经不足以应付随着社会主义革命和建设的迅速到来而出现的大量新问题。中国共产党必须开展新的探索。

第二编

社会主义革命和建设时期的中国共产党经济思想

中华人民共和国成立，表明中国共产党在二大时确立的实现民族独立的最低纲领已经实现；那么紧随而来的问题显然就是如何实现最高纲领了。也就是说，怎样完成"铲除私有财产制度，渐次达到一个共产主义的社会"的任务，就成为中国共产党要考虑的一个中心问题。经过了新民主主义革命历练的中国共产党，已经对如何在战争环境下保护和发展经济和生产，积累了充足的思想养分和丰富的实践经验；然而在夺取全国执政地位后，党面对的经济情况之复杂已远非战争时期的根据地所能比拟。更为重要的是，作为马克思主义政党，要实现党的最高纲领，当然不能仅仅是恢复和发展国民经济这么简单，还要有对生产关系、对经济制度和经济运行体制的根本改造。

很明显，中国共产党在这些问题上都没有多少可行的经验。更为重要的是，这些问题都是马克思主义经济学说提出的原典问题。因此，中国共产党只能从马克思主义经典作家和苏联那里寻求理论指导和经验支持。然而中国的实际情况和所处的时代毕竟与马克思主义经典作家的论述很不一样，甚至远远超出了马克思和列宁所提供答案的时空范畴。尽管中国共产党始终没有忘记不要照搬苏联模式和经验，党仍然没有跳出观念的桎梏，甚至还由于对马克思主义某些理论观点的片面理解而走向一种极端。

第五章　社会主义革命时期的中国共产党经济思想：1949.10—1956.9

新民主主义革命是社会主义革命的前提条件，新民主主义社会要过渡到社会主义社会，这是中国共产党在革命历程中逐步探索出来的结论和逐步确定下来的目标任务。对于刚刚夺取全国执政地位的中国共产党来说，这在理论和实践都是不可更改的；问题仅仅在于，什么时候、什么条件下开始社会主义革命、开始向社会主义过渡。对于这个问题的认识，中国共产党经历了一个决心和信心不断增强、力度和节奏由缓到急的过程。最终，本应以经济色彩为主调的经济制度变革，在政治运动的声浪下快速完成了。中国共产党的经济思想不仅在理论来源上，而且在政策实践上，都与阶级斗争缠绕一起了。

一、"经济"还是"政治"

从支持革命战争取得胜利这个结果来看，中国共产党在新民主主义革命时期采取的经济发展模式是成功的。有研究者将这种模式称之为"延安模式"，认为统收统支和分散经营是这种模式的两大特点。[①] 不过，相较于在几乎所有根据地都存在的分散经营，统收统支仅在陕甘宁边区这样稳定的根据地内部实行。随着新民主主义革命在全国的胜利，统收统支逐渐普遍开来。从这个意义上说，"延安模式"的完整展现恰恰是在中国共产党成为全国范围的执政党之后。

① 何帆：《传统计划体制的起源、演进和衰落》，《经济学家》1998年第2期。

中华人民共和国的成立，使得建立全国统一的财经管理体系成为可能。政务院于 1950 年 1 月相继发布《关于统一全国税政的决策》的通令和《全国税收实施要则》，并颁布了工商税和货物税两个主要税法，在短期内实现了税收制度（包括税收、税种、税目、税率）及税政的统一。2 月，中央召开全国财政会议，认为实现财政收支平衡、通货吐纳平衡、物资供求平衡，关键是整顿收入、节约支出，基本条件是统一财政收支管理。只有财经统一，才能集中调度，把有限的财力用到最急需的地方，办成几件大事。对于物资严重不足，更需要集中、统一调度，才能平抑物价，否则很难取得投放物资的主动权。[1]
3 月，政务院发布《关于统一国家财政经济工作的决定》提出："财政收支不平衡与收支机关脱节现象，如不迅速克服，则不但 1950 年的财政概算有被冲破的危险，而且由此而来的金融物价波动，将大大增加全国人民的困难。"[2] 既有的财经领导体制对此显然不能适应，其出路只能是改分散的财经管理为集中统一领导。政务院据此决定：成立全国编制委员会和全国仓库物资清理调配委员会，全国各地所收公粮和所有关税、盐税、货物税、工商税的一切收入，均归中央人民政府财政部统一调度使用；各地贸易机关的物资调动，均由中央人民政府贸易部统一指挥；指定中国人民银行为国家金融管理和现金调度的总机构。

由此，中央人民政府在成立不到一年的时间里，即掌握了主要经济资源，开启了一个完全不同于旧政府的经济治理时代。正如陈云所言："我们国家的经济，目前正处在一个重大的历史转折点。这就是在全国范围内改造半殖民地半封建经济而为独立自主的新民主主义经济的历史转折点，由落后到进步的历史转折点，由坏情况到好情况

---

① 中国社会科学院、中央档案馆编：《1949—1952 中华人民共和国经济档案资料选编·财政卷》，经济管理出版社 1995 年版，第 277 页。
②《1949—1952 中华人民共和国经济档案资料选编·财政卷》，第 223 页。

的历史转折点。"①也就是在财经统一的加持之下，中国共产党在上海打赢了"米棉之战"，成为中国共产党在中华人民共和国成立后在经济上的一次惊艳亮相。

伴随着政权的稳定和财经的统一，中国共产党对于经济问题的处理开始向政治运动的方式和方法转化。起初，面对1950年上半年各大城市普遍出现的通货紧缩、市场萧条等被动情况，针对很多领导干部在统一财经和"银元之战""米棉之战"的激励下，主张对私营工商业加以限制和排挤的言论，毛泽东批示道："应限制和排挤的是那些不利于国计民生的工商业，即投机商业，奢侈品和迷信品工商业，而不是正当的有利于国计民生的工商业。"②针对"我们的政策，是要'与民争利'"，"我们就是'只许州官放火，不许老百姓点灯'"，"'与民争利'，表现在粮食、花纱布、火柴、百货、盐的控制"等观点，毛泽东明确批示"完全错误的说法"，"除盐外，应当划定范围，不要垄断一切"，"只能控制几种主要商品（粮布油煤）的一定数量，例如粮食的三分之一等"③。周恩来直截了当地批评说：有人主张把小的私商都搞掉，"这算什么繁荣经济呢？小的都垮了，造成了大批的失业者，不反给我们找下了麻烦？就从税收观点出发，也是不应该挤垮的，挤垮了，税收也没有了。杀鸡取蛋总不是办法。这个道理很简单，而我们有的同志却忘记了"；"还有人说，要把私营经济由大化小，这也有毛病，也不符合我们的政策。大的企业，你一挤，会跑到香港，小的，你一挤，就变成了一大批失业军。所以挤是不对的"；"现在资本家对政策有疑虑，有些人把资金弄到外面去，采取观望态度。你们分析资本家有三种态度，观望的最多，恐怕是对的。有些资

---

① 《陈云文选》第2卷，人民出版社1995年版，第100页。
② 中共中央文献研究室编：《建国以来重要文献选编》第1册，中央文献出版社1992年版，第214—215页。
③ 《建国以来重要文献选编》第1册，第215、216页。

本家不愿把黄金、美钞拿出来，他们把一大笔美金转移到了香港，使我们不能利用这些资金发展生产。因此，我们应该想办法把私人资金吸引出来。那么方针自然不是逼了。用逼的办法，也逼不出社会主义来。资金转移了，生产发展不起来，发展的尽是一些小的，怎么行呢？勉强是无论如何不行的"。①

党的领导人的这种警惕性，显然是与这时候的经济困境有关。周恩来后来明确说：这时所以要采取这样的政策，一是因为革命刚刚胜利，对资产阶级的情况还不大清楚；二是因为这个时候由于物价问题和恢复经济的问题，必须要利用资产阶级的作用，因此，"我们对资产阶级有意识地让了一步"②。

1950年4月，毛泽东在中央人民政府委员会第七次会议上，指出整个财政经济情况的根本好转需要有三个条件，即：土地改革的完成，现有工商业的合理调整和国家军政费用的大量节减。今后几个月内的工作重点，应当放在调整公营企业与私营企业以及公私企业各个部门的相互关系方面，调剂各种社会经济成分在国营经济领导之下，分工合作，各得其所。③毛泽东的这一看法在6月召开的中共七届三中全会上得到进一步阐发。根据毛泽东的意见，七届三中全会决定从公私关系、劳资关系和产销关系三个方面调整工商业政策，缓和紧张空气，以刺激私营工商业者恢复生产和经营的积极性。中国共产党的思想认识又统一到了七届二中全会上：进入城市以后要把恢复和发展生产作为一切工作的中心，如果我们"不能使生产事业尽可能迅速地恢复和发展，获得确实的成绩，首先使工人生活有所改善，并使一般人民的生活有所改善，那我们就不能维持政权，我们就会站不住脚，

---

① 《建国以来重要文献选编》第1册，第180—181页。
② 杨奎松：《建国前后中国共产党对资产阶级政策的演变》，《近代史研究》2006年第2期。
③ 参见中共中央文献研究室编：《毛泽东年谱（1949—1976）》第1卷，中央文献出版社2013年版，第116页。

我们就会失败"。

后来的事实证明,七届三中全会所确定的政策,效果是立竿见影的。1950 年上半年,各大城市私营企业开业率少于歇业率一半还多,下半年开业率即提升到歇业率的三倍以上[①]。中央还于当年年底出台了《私营企业暂行条例》,以国家法令的形式明确了私营企业在新民主主义经济中的地位、私营企业的对内对外关系以及企业投资人和业务执行人的相互关系以及权利和义务。

就在私营经济重新活跃之际,一场声势浩大的"三反""五反"运动开始了。这场运动针对的是在 1951 年 10 月开始的增产节约运动中被大量发现的贪污腐化现象。中共中央从一开始就认定,造成贪污、浪费的最大的祸根,就是"资产阶级的腐化影响"的猛力侵蚀[②],是资产阶级有预谋有计划的行为,是"对于我党的猖狂进攻(这种进攻比战争还要危险和严重)"[③]。

"五反"运动波及全国几乎所有的私营工商业,特别是上海、北京、天津等大城市的私营工商业。中共中央领导人开始提高批判资产阶级的调子,"如果不加以打击和铲除而任其发展下去,则我们革命党派、人民政府、人民军队、人民团体日益受着资产阶级的侵蚀,其前途将不堪设想"[④];中共中央宣传部理论处编辑的《学习》杂志,从 1952 年 1 月起连续发表文章批判资产阶级,称"资产阶级思想是没有什么进步性的"[⑤]。因而,虽然"三反""五反"运动起于增产节约运动,最初目的在于打击贪污、浪费和官僚主义,以实现增产目标,

---

① 中国社会科学院经济研究所:《中国资本主义工商业的社会主义改造》,人民出版社 1978 年版,第 123 页。
② 中共中央文献研究室编:《建国以来重要文献选编》第 2 册,中央文献出版社 1992 年版,第 473 页。
③ 中共中央文献研究室编:《建国以来重要文献选编》第 3 册,中央文献出版社 1992 年版,第 14 页。
④《周恩来选集》下卷,人民出版社 1984 年版,第 82 页。
⑤ 艾思奇:《认清资产阶级思想的反动性》,《学习》1952 年第 3 期。

同时也是希望通过制止城市私营经济的违法行为，增加政府税收，运动的根本取向是服从于增产节约这一更为广泛的群众运动；但由于运动的政治特质，注定其无法成为单纯的经济活动。

在开展增产节约和"三反""五反"运动中，党的地方和企业党组织普遍加大政治攻势，加强对工人的思想政治教育，要求工人明白投身运动是"阶级立场问题，关系到工人阶级的领导，也关系到人民共和国的前途"。对于那些不接受思想政治教育或经教育后仍然不积极投身运动的职工，有关部门组织个别谈话和大会批判活动，施以政治压力。[1]

这一系列的运动手法对于中国共产党来说无疑是成功的，也是驾轻就熟的。然而将经济问题泛政治化的做法也会不可避免地出现重政治轻经济的倾向。猛烈的政治宣传和思想教育，给了企业巨大的压力，也使职工在工作中重视政治工作、轻视业务工作。这一方面导致私营工厂普遍出现了技术人员受排挤、受批判的现象，阻碍了生产技术的改进；另一方面更是引发资本家的普遍恐慌。

不过与理论界和地方党组织不同，中共中央对运动中的政治热度还是有所保留的。还在"五反"运动如火如荼的光景中，毛泽东就提出要高度重视争取大多数，不要扩大打击面。他提出：我们只是"打击百分之一左右的最反动资本家"，"争取百分之九十以上的大中小资本家站到我们方面"，因为运动的根本目的，并不是要打垮资本家，而是要"把资产阶级安置在我们内部的堡垒即大贪污分子全部地清查出来"。[2]

毛泽东这时向地方提出这样的警示，仍然与经济现实有关。还在运动声浪正盛的1952年2月，各大城市就已经发现政治运动对经

---

[1] 闫茂旭：《经济权力、发展战略与制度变迁——基于1950年代北京市工商业改造和经济增长的历史分析》，中国人民大学博士学位论文2011年。
[2] 《毛泽东年谱（1949—1976）》第1卷，第116页。

济生产造成很明显的消极后果。天津市委报告称："批发商业成效较前减少一半；银行不贷款，银根很紧；私人不买货，也无心卖货；工业生产开始下降；税收显著减少。一部分直接受到影响的劳动人民已在叫苦。如不采取措施，经济上的萎缩现象还要发展，时间过长，则元气损伤过大。"[1] 而北京市在 1952 年整个上半年的工业生产活动都受到影响，一些重点工厂的业务到上半年结束时都没有恢复到运动开始前的水准。

　　过度的政治化现象影响了经济和生产，反过来对政治也发生了损伤。中国共产党随即对运动进行"降温"。毛泽东提出：各地在开展运动的过程中，必须注意维持经济生活的正常进行。为此，凡尚未开始"五反"的城市，要暂缓进行。凡已经开始了"五反"运动的地区，要迅速对 95% 的资本家实施"只退不罚"的政策，即偷税者补税一年即可，侵吞盗窃者退出侵盗财产即免予罚款，以便让绝大多数资本家虽然受到一些触动，但不会丧失信心，从而推动他们尽快恢复经济生产。[2] 中共中央也于 1952 年 7 月发出《关于目前开展增产节约运动中应注意的问题的指示》，提出在增产节约运动中，应根据产品供销情况，分别地、具体地规定各厂矿企业的奋斗目标和竞赛重点，同时对企业在增产节约运动中由于技术与劳动组织的改进、劳动生产率的提高而发生的职工多余的问题，应坚决采取包下来的政策，用轮训方法，提高工人的文化技术水平。[3] 各大城市根据中央的要求，出台了一些纠正措施，如北京市拟定了加工订货中的利润界限，推行"先活后补"政策，对经营困难的企业增加贷款。但这些措施反过来引起了职工的普遍不解。有工人称"五反时让我们斗争资本家，现在

---

① 《建国以来毛泽东文稿》第 3 册，中央文献出版社 1989 年版，第 214 页。

② 《建国以来毛泽东文稿》第 3 册，第 212—213 页。

③ 房维中主编：《中华人民共和国经济大事记（1949—1980 年）》，中国社会科学出版社 1984 年版，第 73 页。

又让我们把资本家哄笑了，到底要我们如何做？"[1]

尽管政策的变动令工人感到为难，但经过这一系列运动，工人对自己作为国家领导阶级的认识是不可动摇的了。特别是到了1952年下半年，中央决定从当年9月开始实施由政府劳动部门统一组织就业的政策，要求"一切公私企业应不解雇或少解雇职工，凡因生产改革、合理地提高劳动生产率而多余出来的职工，均应采取包下来的办法，不得解雇"[2]。这个时候出台这一相当于给了工人"铁饭碗"的政策，不能不说是运动的成果之一。

从建国之初保护和支持私营经济发展，到"三反""五反"运动中猛烈反对"资产阶级的进攻"，再到重新保护和支持私营经济，党的政策走出了一条"之"字形轨迹，然而这其中一条确定的走向是：中国共产党已经将驾轻就熟的政治工作方法融合到经济工作之中，将对社会理想的诉求同经济发展方式结合在一起。以后的历史证明，这种变化的影响是深远的，因为无论如何努力在运动中纠偏，政治话语都已植入中国共产党经济思想和工作的深处。这一方面固然反映了中国共产党对于"经济"这一概念的本来认知，另一方面也预示着，在接下来的历史进程中，中国共产党的经济思想很难再有单纯的经济层面的意义。

二、"一举完成过渡"还是"从现在起逐步过渡"

经过三年恢复国民经济的努力，到1952年底，国家财政经济状况实现了基本好转。不仅工农业生产达到和超过了历史最高水平，而

---

[1] 闫茂旭：《经济权力、发展战略与制度变迁——基于1950年代北京市工商业改造和经济增长的历史分析》，中国人民大学博士学位论文2011年。

[2] 中国社会科学院、中央档案馆编：《1949—1952中华人民共和国经济档案资料选编·劳动工资和职工福利卷》，中国社会科学出版社1994年版，第181页。

且市场丰盈，物价稳定，人民生活水平也有很大提高。特别是经过两次工商业调整，国家通过加工订货、经销代销的方式使私营企业解决了原料供应和产品销售问题，也使私营工商业"不知不觉地走上国家资本主义的道路"[①]，国营经济迅速取得优势地位，农业和手工业的原料及消费品供应绝大部分也由供销合作社包下来，相当程度纳入了国家计划轨道。

从后来的眼光看，这种局面无疑"为下一步的社会主义改造创造了条件"[②]；即便从当时来说，这种情况也让人感觉到明显的新气象。还在"五反"运动进行中的 1952 年 6 月，毛泽东一改过去对民族资产阶级的定性，明确提出："在打倒地主阶级和官僚资产阶级以后，中国内部的主要矛盾即是工人阶级与民族资产阶级的矛盾，故不应再将民族资产阶级称为中间阶级。"[③] 主要矛盾和阶级定性的改变，意味着党的中心任务要发生改变，何况国家财政经济状况基本好转的实现，又为这种改变提供了支持。而统一财经和"三反""五反"以来逐渐升高的政治温度，使得这种改变很难沿着经济自身的发展轨道前行。显然，如果从经济逻辑考虑，国民经济恢复之后必然是进一步发展的问题，关注更多的是经济自身层面；如果加入政治因素，国民经济恢复之后则是怎么样发展、为哪个阶级发展的问题，关注更多的是意识形态层面。在主要矛盾和阶级定性作出改变之际，中国共产党越来越关切经济领域中的"主义"——是继续坚持新民主主义，还是现在向社会主义过渡？

如果从中央领导人在建国之初的一些观点来看，中国共产党关于新民主主义社会要实行相当长时间的思想是比较明确的。1950 年 6 月毛泽东在中共七届三中全会上提出："有些人认为可以提早消灭

---

①《薛暮桥文集》第 19 卷，中国金融出版社 2011 年版，第 29 页。

②《薛暮桥文集》第 19 卷，第 30 页。

③《建国以来重要文献选编》第 3 册，第 202 页。

资本主义实行社会主义，这种思想是错误的，是不适合我们国家的情况的。"[1] 1951 年 2 月，中共中央政治局扩大会议明确提出"'三年准备十年计划经济建设'的思想"，并要求"使省市级以上干部都明白"[2]。3 月，刘少奇在党的第一次全国组织工作会议上作报告说："中国共产党的最终目的，是要在中国实现共产主义制度。它现在为巩固新民主主义制度而斗争，在将来要为转变到社会主义制度而斗争，最后要为实现共产主义制度而斗争。"[3] 但与此同时，新的情况和问题也萌发了。

早在 1949 年冬到 1950 年春，也就是新解放区尚未进行土地改革之时，已经完成土地改革的东北和华北老解放区，就产生了土改后农村向何处发展的问题，主要分歧是"单干"还是"合作化"。1951 年 4 月，山西省委向中央提交了《把老区互助组织提高一步》的报告，认为："随着农村经济的恢复与发展，农民自发力量是发展了的，它不是向着我们所要求的现代化和集体化的方向发展，而是向着富农的方向发展。""如搞不好，会有两个结果：一个是使互助组涣散解体；一个是使互助组变成为富农的'庄园'。"[4]

对此，刘少奇和华北局持否定态度。刘少奇认为：单用农业合作社、互助组的办法，使中国农业直接走到社会主义化是不可能的。因为仅仅依靠农村的条件不能搞社会主义，农业社会主义化要依靠工业。有了国家工业化，才能供给农民大量的机器，然后实行土地国有化、农业集体化才有可能。以为目前组织合作社就可以改造中国的农业，使个体的小农经济走上社会主义的农业去，那是幻想。[5] 7 月 3

---

①《建国以来重要文献选编》第 1 册，第 254 页。

②《建国以来重要文献选编》第 2 册，第 39 页。

③《刘少奇选集》下卷，人民出版社 1985 年版，第 62 页。

④《建国以来重要文献选编》第 2 册，第 353 页。

⑤ 中共中央文献研究室编：《刘少奇论新中国经济建设》，中央文献出版社 1993 年版，第 183—184 页。

日，刘少奇在印发山西省委报告的批语中再度指出，通过互助组和合作社的办法去"战胜农民的自发因素"是"一种错误的、危险的、空想的农业社会主义思想"[1]。

对于刘少奇的意见，毛泽东明确提出不同看法。他对刘少奇和华北局领导人表示不支持他们，而支持山西省委的意见，并批评了互助组不能生长为农业生产合作社和现阶段不能动摇私有基础的观点。他认为：既然西方资本主义在其发展过程中有一个工场手工业阶段，即尚未采用蒸汽动力机械、而依靠工场分工以形成新生产力的阶段，则中国的合作社，依靠统一经营形成新生产力，去动摇私有基础，也是可行的。[2]

进入 1952 年，毛泽东的认识和主张发生更为明显的变化。在对国内主要矛盾作出新判断之后，毛泽东又从经济建设的角度考虑过渡到社会主义的问题。9 月 24 日，在中央书记处会议讨论"一五"计划时，毛泽东讲到："我们现在就要开始用十年到十五年的时间基本上完成到社会主义的过渡，而不是十年或者以后才开始过渡"；现在工业私营与国营是三七开，商业私营与国营是四六开，再发展五年私营比例会更小，"十年以后会怎么样，十五年以后会怎么样，要想一想"；私营工商业"已经挂在共产党的车头上了，离不开共产党了。他们的子女们也将接近共产党了"。[3]

依据毛泽东的这一估计，10 月，刘少奇率中共代表团出席苏共十九大时，写信给斯大林请教"中国怎样从现在逐步过渡到社会主义去的问题"。信中提出，对资本家的企业收归国有和对农村富农的改造还是十年以后的事情，这十年间主要是增加国有经济和合作社经济

---

[1]《建国以来重要文献选编》第 2 册，第 350 页。

[2] 薄一波：《若干重大决策与事件的回顾》上卷，人民出版社 1997 年版，第 197—198 页。

[3]《毛泽东年谱（1949—1976）》第 1 卷，第 603—604 页。

的比重，并且"在改造手工业和组织手工业生产合作社的运动中将会有更多的困难，而时间也可能需要更多"①。斯大林看到信后表示了支持："我觉得你们的想法是对的。当我们掌握政权以后，过渡到社会主义去应该采取逐步的办法。你们对中国资产阶级所采取的态度是正确的。"②显然，斯大林的看法与毛泽东的认识有着较大距离。

不过，中国共产党对于如何开展经济建设确实缺乏经验，只能以苏为师。为了提高全党领导经济工作的能力，中共中央于11月7日发出关于学习《苏联社会主义经济问题》的指示，认为这一著作是对马克思主义的"一重要发展"，"对于我国即将开始的大规模经济建设有巨大指导意义"，所以必须立即组织全党高级干部进行学习，并且各单位负责人应亲自动员、布置和领导这次学习，制订学习计划，指示学习要点，检查学习状况，解答学习疑难。③1953年4月23日，中共中央又发出关于干部理论教育的指示，提出"为了适应全党在进入经济建设时期的需要"，全党干部理论学习的高级组和中级组都要利用一年半时间，学习《联共（布）党史简明教程》第九章到第十二章和列宁、斯大林论社会主义经济建设的一部分著作，目的是使"全党主要干部都能有系统地了解苏联实现国家工业化、农业合作化和完成社会主义建设的基本规律，以便在我国经济建设过程中根据我国具体条件正确地利用苏联的经验"④。

社会主义应当实行计划经济是马克思主义经典作家一贯的观点。马克思提出了"生产者将按照共同的合理的计划进行社会劳动"⑤的

---

① 中共中央文献研究室、中央档案馆编：《建国以来刘少奇文稿》第4册，中央文献出版社2005年版，第529页。
②《建国以来刘少奇文稿》第4册，第533—534页。
③ 中共中央组织部、中共中央党史研究室、中央档案馆编：《中国共产党组织史资料》第9卷，中共党史出版社2000年版，第133—134页。
④ 中共中央文献研究室编：《建国以来重要文献选编》第4册，中央文献出版社1993年版，第141页。
⑤《马克思恩格斯选集》第3卷，第178页。

设想。恩格斯提出，一旦无产阶级将社会化生产资料变为公共财产，并使之摆脱迄今具有的资本属性，那么"按照预定计划进行的社会生产就成为可能的了"①。列宁在马克思、恩格斯"计划生产"思想的基础上明确使用了"计划经济"的概念，提出："资本主义不可避免地要为新的社会制度所代替，这种制度将实行计划经济。"②事实上，中国共产党在革命战争年代实行的统收统支、供给制等，也都带有计划经济的特点。因此，中国共产党此时对于社会主义要搞计划经济是确信无疑的，问题仅仅在于什么时候、通过什么方式走上社会主义、实行计划经济。

在这个问题上，毛泽东没有停止思考。1953年2月，毛泽东在南下专列上听取河北邢台汇报农业互助合作的情况后说："看来，农业不先搞机械化，也能实现合作化，中国不一定仿照苏联的作法。"③接着，毛泽东在武汉谈话进一步提出："有人说'要巩固新民主主义秩序'，还有人主张'四大自由'，我看都是不对的，新民主主义是向社会主义的过渡阶段。在这个阶段，要对私人工商业、手工业、农业进行社会主义改造。过渡要有办法。像从汉口到武昌，要坐船一样。国家实现对农业、手工业和私营工商业的社会主义改造，从现在起大约需要三个五年计划的时间，这是和逐步实现国家工业化同时进行的。"④回京后，毛泽东在中央政治局会议上又说：什么叫过渡时期？过渡时期的步骤是走向社会主义。我给他们用扳指头的办法解释，类似过桥，走一步算是过渡一年，两步两年，三步三年……十年到十五年走完。⑤

在这番讲话中，毛泽东明确否定了关于巩固新民主主义制度的

①《马克思恩格斯选集》第3卷，第817页。

②《列宁全集》第35卷，人民出版社1959年版，第555页。

③《毛泽东传》第3卷，第1209页。

④《毛泽东传》第3卷，第1209页。

⑤《毛泽东传》第3卷，第1211—1212页。

主张，但在向社会主义过渡的具体步骤上，他仍然是谨慎的，为此还特别强调"要防止急躁情绪"。问题仍然在于通过什么方法过渡，而毛泽东乃至整个中央领导层对这一问题认识上的转折很快到来。

为了研究新形势下的公私关系和如何改造资本主义工业等问题，1953年3、4月间，中共中央统战部组织了包括国家计委和工商管理局参加的调查组，由部长李维汉带领，到武汉、上海等地进行调查研究。调研结束后，李维汉向中央写出《资本主义工业中的公私关系问题》的报告，提出积极发展国家资本主义（尤其是作为国家资本主义高级形式的公私合营），并经过国家资本主义改造资本主义工业的建议。[1] 这个报告对于毛泽东来说，宛若及时雨。毛泽东之所以认同向社会主义的过渡是一个比较漫长的过程，必须有步骤地进行，是因为向社会主义过渡就意味着消灭资产阶级、消灭资本主义工商业，但这在经济上是有明显难处的。毛泽东在这年1月就指出，对资产阶级还有税收、劳资关系、商业调整、资金短缺这几个问题没有彻底解决。[2] 李维汉的建议兼顾了生产关系的变革和生产力的保护与发展，这对毛泽东来说不能不是一种理想的方式。

6月15日，中共中央政治局会议肯定了这个报告，决定通过国家资本主义的道路对资本主义工业进行社会主义改造，过渡到社会主义。毛泽东在会上讲话，第一次对过渡时期总路线和总任务的内容作了完整表述："党在过渡时期的总路线和总任务，是要在十年到十五年或者更多一些时间内，基本上完成国家工业化和对农业、手工业、资本主义工商业的社会主义改造。"他强调，这条总路线"是照耀我们各项工作的灯塔。不要脱离这条总路线，脱离了就要发生'左'倾或右倾的错误"。他批评了"确立新民主主义社会秩序""由新民主主

---

[1] 参见《李维汉选集》，人民出版社1987年版，第263—267页。

[2] 参见中共中央文献研究室编：《毛泽东年谱（1949—1976）》第2卷，中央文献出版社2013年版，第17页。

义走向社会主义""确保私有财产"这三个提法，认为"我们提出逐步过渡到社会主义，这比较好。社会主义因素是逐年增长的，不是说到第十六个年头上突然没收资本主义工商业"。[①]

毛泽东的这些批评，事实上都是中共中央和他本人在此前的设想和观点，也是符合七届二中全会精神和他创立的新民主主义理论的。毛泽东在这个时候的认识变化，并非是以正确思想取代错误思想，而是以新观点取代旧观点，是一种思想上的重大转变。它意味着，中国共产党支持多种经济成分共同发展的新民主主义经济思想，转变为建立和发展公有制经济的马克思主义经济学原典思想。

然而，总路线带来的思想转变实在是太大了，就连薄一波这样的高级干部，对现在已经乘上了向社会主义过渡的船，都没有认识到或没有深刻认识到。这说明，这一思想在党内尚未形成高度共识。正是在这种背景下，就在全党上下高调宣传总路线的时候，中央实施的"新税制"引发了风波。

1952 年 12 月 31 日，政务院财经委员会发布《关于税制若干修正及实行日期的通告》，决定自 1953 年 1 月 1 日起实行修正后的新税制。《人民日报》当天发表社论，指出税制修正是要"公私一律平等纳税"，目的是保证税收、简化纳税手续。[②]周恩来在政务院讨论时指出，这次税制基本上没有变，总的说来还是税制的修正。修正后的税制取消了对合作社的优待，这是考虑到合作社的发展，不能单靠优待，主要应改善经营。取消优待后，将会促使合作社"打破其供给制观点，加强经济核算制，努力改善经营方式，扩大推销面，加快资金周转，这对合作社的发展也是有好处的，因此，这种修正是必要

---

① 《毛泽东年谱（1949—1976）》第 2 卷，第 116 页。
② 中共中央党史研究室:《中华人民共和国大事记（1949—2009）》，人民出版社 2009 年版，第 45 页。

的"①。至于新税制为什么如此迅即出台，则是为了赶在元旦前公布实施，并能在春节前一个半月的旺季多收点税，因而"新税制从9月财经会议酝酿到年底发布，仅三个多月时间，许多该做的工作没有去做，或虽然做了但做得很粗率"②。

然而，正是这种仓促和粗率，造成新税制实施中出现混乱，市场物价一时出现剧烈波动。1953年1月3日，即新税制实施后的第三天，政务院财经委员会党组向毛泽东转报了财政部党组关于税制若干改革方案的报告，认为修正税制后，"可能对公不利"，但考虑到"今年五反后，私营企业特别是商业恢复很慢，不可能从所得税上增加收入，而且目前资本家对所得税意见很多，为慎重起见，最后决定除取消新成立的合作社免征所得税一年的规定外，其它暂时不变"③。但是，毛泽东对此反应强烈。1月15日，他在给周恩来等人的信中说："新税制事，中央既未讨论，对各中央局、分局、省市委亦未下达通知，匆卒发表，毫无准备。此事似已在全国引起波动，不但上海、北京两处而已，究应如何处理，请你们研究告我。"④ 在进一步了解了新税制修订和执行中存在的问题后，毛泽东激烈地批评了新税制："公私一律平等纳税"的口号违背了七届二中全会的决议；修正税制事先没有报告中央，可是找资本家商量了，把资本家看得比党中央还重；这个新税制得到资本家叫好，是"右倾机会主义"的错误。

毛泽东对新税制的批判在这年6月13日到8月12日召开的全国财经会议上达到顶峰。而毛泽东提出过渡时期总路线的中共中央政治局会议，正是在全国财经会议开幕后的第三天即6月15日召开的。

① 中共中央文献研究室编：《周恩来年谱（1949—1976）》上卷，中央文献出版社1997年版，第275页。
② 薄一波：《若干重大决策与事件的回顾》上卷，第243页。
③ 中国社会科学院、中央档案馆编：《1953—1957中华人民共和国经济档案资料选编·财政卷》，中国物价出版社2000年版，第386、387页。
④ 《毛泽东年谱（1949—1976）》第2卷，第11页。

毛泽东在这次会上对"确立新民主主义秩序"等"不符合总路线的右倾思想"的批评，显然也是将"新税制"包括在内的。"全国财经会议一开始，毛泽东就在政治局会议上发表了系统阐述过渡时期总路线的讲话，很显然，他是要以这条总路线为指导，通过对财经工作中存在的某些缺点和错误的批评和讨论，把大家的思想统一到这条总路线上来。"[①]而后，毛泽东在会议结束时再次严词指出："对于财经工作中的错误，从去年十二月薄一波同志提出'公私一律平等'的新税制开始，到这次会议，都给了严肃的批评。新税制发展下去，势必离开马克思列宁主义，离开党在过渡时期的总路线，向资本主义发展"。他特别强调，"新税制的错误跟张子善的问题不同，是思想问题"。[②]

不难看出，对新税制的批评实质上是在全党范围内进行关于过渡时期总路线比较集中的教育，是一次对全党特别是党的高级干部的思想清理。正如毛泽东后来所说，"总路线的问题，没有七、八月间的财经会议，许多同志是没有解决的。七、八月的财经会议主要就是解决这个问题"[③]。也就是说，从这个时候开始，中国共产党经济思想的主要着眼点转移到消灭私有制这个共产党人的最高纲领上来了。

三、"改造经济的斗争"还是"纲举目张"

随着过渡时期总路线的广泛宣传，对农业、手工业和资本主义工商业的社会主义改造势不可当地发动起来。中国共产党对于完成改造的态度是坚定不移的，但在推进过程中，仍然有速度上的节奏变换。作为一场经济制度的根本变革，社会主义改造的速度和力度不可避免地要受到经济现实的影响和制约，也不可避免地会在中国共产党

---

① 《毛泽东传》第 3 卷，第 1218 页。
② 《毛泽东年谱（1949—1976）》第 2 卷，第 148 页。
③ 《建国以来重要文献选编》第 4 册，第 473 页。

党内引发不同思想认识之间的碰撞。

与社会主义的改造首先从农业的改造开始一样，党内思想上的碰撞也首先是从农业领域开始的。由于"一五"计划对未来五年的经济增长速度和农业合作化速度都提出了较高指标，再加上中国农业代表团访苏回国后及中苏友好月对苏联集体农庄优越性的大力宣传，1952 年冬至 1953 年春，许多地方出现了一股盲目追求数量和高级形式的运动热潮，严重影响了 1953 年的春耕生产。这些情况不能不引起中共中央的重视。

为纠正农村中的偏向，中共中央于 1953 年 3 月提出，"当前农村中压倒一切的中心工作是加紧春耕的准备工作和开始进行春耕生产，其他一切工作都必须围绕并结合春耕生产来进行"[①]。毛泽东也强调："农业生产是农村中压倒一切的工作，农村中的其他工作都是围绕着农业生产而为它服务的。凡足以妨碍农民进行生产的所谓工作任务和工作方法，都必须避免。"[②] 为此，中央要求各大区根据当地的实际情况，把原定的农业增产和互助合作的发展计划数字加以压缩。中央还特别强调要"时刻记住并且照顾到小农经济的特点"，"多强调自下而上，集中群众要求，因地制宜，而不可强调自上而下布置任务，强求一致完成"[③]。毛泽东进一步指出：中国农业基本上还是使用旧式工具的分散的小农经济，与苏联使用机器的集体化的农业大不相同，"因此，我国在目前过渡时期，在农业方面，除国营农场外，还不可能施行统一的有计划的生产，不能对农民施以过多的干涉"，"还只能用价格政策以及必要和可行的经济工作和政治工作去指导农业生产"。[④]

[①]《建国以来重要文献选编》第 4 册，第 90 页。
[②] 中共中央文献研究室编：《毛泽东文集》第 6 卷，人民出版社 1999 年版，第 273 页。
[③]《建国以来重要文献选编》第 4 册，第 100 页。
[④]《毛泽东文集》第 6 卷，第 273 页。

依据这一系列要求，1953 年 4 月召开的第一次全国农村工作会议提出，"今天在全国范围内，急躁冒进是主要偏向，是主要的危险"，认为"互助合作运动必须采取稳步前进的方针，绝不能操之过急"，决定压缩合作化指标。中央农村工作部部长邓子恢在会上作报告，非常明确地说：要分清今天搞互助合作同过去搞战争动员不同，这是"改造经济的斗争"，不能采用"一切服从战争"的办法。他强调：互助合作和土改也不同。"土改是农民和地主的关系问题，是阶级斗争。互助合作是对农民的教育问题，这不是阶级斗争，绝不能采取阶级斗争的方式。今天有些地方强迫命令，用威胁、限制、戴大帽子等办法强迫农民入组入社，这是完全错误的。必须采取教育说服的方式，根据自愿互利的原则，来对待互助合作运动。说不服怎么办？那就等待他的觉悟，一定要自觉自愿，照顾双方。"[1]

邓子恢的这些思想无疑是很有见地的，他不仅看到了农村经济工作中的实质性问题，更是提出了"这是改造经济的斗争"这种具有普遍意义的观点。然而，他这种强调经济属性的思想，在阶级斗争逐渐浓厚的政治氛围中，注定是不能坚持下去的。毛泽东在会议期间对邓子恢说：允许富农经济存在，不是不加限制。互助合作发展，社会主义因素增加，也就是限制富农发展。什么"四大自由"，"四小自由"也不能有。富裕中农怕"冒尖"，我才高兴。[2]为此，邓子恢在会上宣称：所谓"确保私有制"是不对的。因为对农民的土地和其他生产资料的私人所有制是要积极加以改造的，农民现在的这种私人所有制必须逐步由将来的集体所有制来代替，不能确保。不过，他还是指出"这又不是明天就能一下子改变过来，而要十年十五年，甚至更长一些时间才能完成"，"不能过急"，强调必须把逐步改造农民小私有制与保护农民土地财产所有权分清楚，必须把当前政策和发展

---

[1]《建国以来重要文献选编》第 4 册，第 151、152 页。
[2]《邓子恢传》编辑委员会：《邓子恢传》，人民出版社 1996 年版，第 461 页。

方向联系起来又区别开来，既稳定农民的积极性，又有利于按总的方向前进。①

这一时期各地对合作社进行了整顿，一些条件不成熟、靠命令勉强办起来的社退回到互助组。但是到了1953年秋，也就是过渡时期总路线开始广泛宣传之后，毛泽东的认识有了新的转变。他先是在9月召开的中央人民政府委员会会议期间，批判梁漱溟关于工农有"九天九地"之差的说法，提出"然须知有大仁政小仁政者，照顾农民是小仁政，发展重工业、打美帝是大仁政。施小仁政而不施大仁政，便是帮助了美国人"；后又在10月到11月召开的第三次农业互助合作会议期间，对中央农村工作部提出了严厉批评。

就在第三次农业互助合作会议召开之前的10月10日，陈云在全国粮食会议上分析了愈演愈烈的粮食供需紧张问题，提出在粮食问题上必须处理好国家跟农民的关系、国家跟消费者的关系、国家跟商人的关系以及中央跟地方、地方跟地方的关系。这四种关系中，难处理的是头两种，而最难的又是第一种。处理好了第一种关系，天下事就好办了。只要收到粮食，分配是容易的。他说："我现在是挑着一担'炸药'，前面是'黑色炸药'，后面是'黄色炸药'。如果搞不到粮食，整个市场就要波动；如果采取征购的办法，农民又可能反对。两个中间要选择一个，都是危险家伙。"他提出处理这些关系要采取的基本办法，是"在农村实行征购，在城市实行定量配给，严格管制私商，以及调整内部关系"。他认为："这是一个长远的大计，只要我们的农业生产没有很大提高，这一条路总是要走的。"②据此，中央政治局于10月16日作出《关于实行粮食的计划收购与计划供应的决议》，确定12月初开始在全国范围内实行粮食的统购统销。

虽然粮食供不应求问题主要原因在于工业和基本建设增长过快，

①《建国以来重要文献选编》第4册，第158、162页。
②《陈云文选》第2卷，第207—208、211页。

但土改后的个体农民多是零星出售粮食造成商品粮数量大减，显然也是重要原因。这些都使毛泽东感到有加快农业合作化步伐的必要。他在 10 月 2 日讨论粮食问题的中央政治局扩大会议上提出："我国经济的主体是国营经济，它有两个翅膀即两翼，一翼是国家资本主义（对私人资本主义的改造），一翼是互助合作、粮食征购（对农民的改造）。"① 这一论述不仅成为后来人们将过渡时期总路线称为"一体两翼"的思想由来，更是将粮食统购统销政策与农业合作化运动联系在一起，突显了加快农业合作化速度的现实需要。

为开好第三次农业互助合作会议，毛泽东于 10 月 15 日召见中央农村工作部负责人谈话，提出加快互助合作的发展并以发展合作社为重点的要求。毛泽东认为：要解决城市蔬菜、粮食、棉花等供求矛盾，就要解决所有制与生产力的矛盾。"是个体所有制，还是集体所有制？是资本主义所有制，还是社会主义所有制？个体所有制的生产关系与大量供应是完全冲突的。个体所有制必须过渡到集体所有制，过渡到社会主义。""办好农业生产合作社，即可带动互助组大发展。""办得好，那是'韩信点兵，多多益善'。"他要求，中央局、省市地县党委都要"抓紧这件事，工作重点要放在这个问题上"，并且"要有控制数字，摊派下去"。②

11 月 4 日，毛泽东再次找中央农村工作部负责人谈话，对当年春天的反冒进提出批评，明确要求一切工作都要围绕解决社会主义和资本主义的矛盾这个主题，要以这个为纲。他说："有句古语，'纲举目张'。拿起纲，目才能张，纲就是主题。社会主义和资本主义的矛盾，并且逐步解决这个矛盾，这就是主题，就是纲。提起了这个纲，克服'五多'以及各项帮助农民的政治工作，经济工作，一切都有统属了。""要搞社会主义。'确保私有'是资产阶级观念。'群居终

① 《毛泽东文集》第 6 卷，第 295 页。
② 《毛泽东文集》第 6 卷，第 300—301、298 页。

日，言不及义，好行小惠，难矣哉’。""现在，私有制和社会主义公有制都是合法的，但是私有制要逐步变为不合法。"他还要求："县干部、区干部的工作要逐步转到农业生产互助合作这方面来，转到搞社会主义这方面来。县委书记、区委书记要把办社会主义之事当作大事看。"[1]

毛泽东的谈话直接否定了邓子恢关于农业合作化"是改造经济的斗争"的定性。由此，农业合作化不得不在政治运动的轨道上快速进行。根据毛泽东的两次谈话，第三次农业互助合作会议修改了原来的合作社发展计划，制定了全国合作社数量在 1954 年秋收前翻一番半的任务，并将农业互助合作的发展重点由互助组转向合作社。12 月 16 日，中共中央通过《关于发展农业生产合作社的决议》，提出：党在农村工作的最根本的任务，就是要逐步实行农业的社会主义改造，使农业能够由落后的小规模生产的个体经济变为先进的大规模生产的合作经济。决议虽然重申农业合作化必须遵循自愿、互利的原则和积极领导、稳步前进的方针，但同时规定到 1957 年，全国农业生产合作社应争取发展到 80 万个左右，参加的农户应争取达到农村总户数的 20% 左右。[2]

直观的数字给地方带来的压力也是直观的。在争先恐后的政治氛围下，各地纷纷自加指标，"较原计划数增加一万余个"[3]。农业合作化又一次出现热潮，中央确定的指标一再被突破。更为严重的是，由于发展速度太快，工作难免粗糙，其中不乏强迫命令、违背自愿互利原则的现象，再加上 1954 年征了过头粮，引起不少地区农民的恐慌。一些地方出现非正常的杀猪、宰牛、砍树，不愿意积肥，不愿意

① 《毛泽东文集》第 6 卷，第 302、305 页。
② 参见《建国以来重要文献选编》第 4 册，第 661—662、678 页。
③ 中共中央文献研究室编：《建国以来重要文献选编》第 5 册，中央文献出版社
  1993 年版，第 186 页。

准备春耕的严重现象。面对这种紧张情况，毛泽东不得不承认："生产关系要适应生产力发展的要求，否则生产力会起来暴动，当前农民杀猪宰牛就是生产力起来暴动。"[①]

　　针对上述现象，1955年1月，中共中央发出《关于整顿和巩固农业生产合作社的通知》，决定合作化运动"基本上转入控制发展，着重巩固的阶段"[②]。毛泽东对此表示了肯定，并总结说："方针是三字经，叫一曰停，二曰缩，三曰发"。[③] 此后，各地开展了对农业生产合作社的整顿和巩固，问题最为突出的浙江省的整社力度最大。不过这反而成为后来毛泽东再次发起批评的依据。毛泽东根据在4、5月间外出视察所见认为："说农民生产消极，那只是少部分的。我沿途看见，麦子长得半人深，生产消极吗？""所谓缺粮，大部分是虚假的，是地主、富农以及富裕中农的叫嚣"[④]，是"资产阶级借口粮食问题向我们进攻"[⑤]；农村工作部反映部分合作社办不下去，是"发谣风"。[⑥] 他还在5月5日对邓子恢提出警告："不要重犯一九五三年大批解散合作社的错误，否则又要作检讨。"[⑦]

　　与农业合作化问题上的思想碰撞相比，在私营工商业改造的方法问题上，党内有着比较一致的认识。这或许与中国共产党的大部分干部特别是处在政策执行位置的中层干部大多出身农民、对资产阶级和资本主义工商业无甚好感有关。在这样的局面下，再加上建国以来对于私人工商业的利用和限制措施，党内对于改造私人资本主义的路

---

① 薄一波：《若干重大决策与事件的回顾》上卷，第379页。
② 中共中央文献研究室编：《建国以来重要文献选编》第6册，中央文献出版社1993年版，第12页。
③《邓子恢传》，第481页。
④《邓子恢传》，第490页。
⑤ 中共中央文献研究室编：《建国以来重要文献选编》第7册，中央文献出版社1993年版，第311页。
⑥《毛泽东传》第3卷，第1340页。
⑦《毛泽东年谱（1949—1976）》第2卷，第369页。

径和方法是有高度共识的，即"经过国家资本主义，完成由资本主义到社会主义的改造"①；问题仅仅在进度的把握上。

1953 年 9 月 7 日，毛泽东同民主党派和工商界代表谈话，提出："有些资本家对国家保持一个很大的距离，他们仍没有改变唯利是图的思想；有些工人前进得太快了，他们不允许资本家有利可得。我们应向这两方面的人们进行教育，使他们逐步地（争取尽可能快些）适合国家的方针政策，即使中国的私营工商业基本上是为国计民生服务的，部分地是为资本家谋利的——这样就走上国家资本主义的轨道了。""公私合营、全部出原料收产品的加工订货和只收大部产品，是国家资本主义在私营工业方面的三种形式。""私营商业亦可以实行国家资本主义，不可能以'排除'二字了之。"②他还强调，实行国家资本主义，不但要根据需要和可能，而且要出于资本家自愿，因为这是合作的事业，既是合作就不能强迫，这和地主不同。因此，只能稳步前进，不能太急。将全国私营工商业基本上引上国家资本主义轨道，至少需要三年至五年的时间。至于完成整个过渡时期，即包括基本上完成国家工业化，基本上完成对农业、对手工业和对资本主义工商业的社会主义改造，则不是三、五年所能办到的，而需要几个五年计划的时间。"在这个问题上既要反对遥遥无期的思想，又要反对急躁冒进的思想。"③

根据毛泽东的谈话精神，中财委召开 1954 年扩展公私合营工业计划会议，讨论形成《关于有步骤地将有十个工人以上的资本主义工业基本上改造为公私合营企业的意见》上报中央，提出要在今后若干年内（两个五年计划时期，可能更短一点）积极而稳步地将国家需要的、有改造条件的 10 个工人以上的私营工厂，基本上（不是一切）

---

①《周恩来选集》下卷，第 82 页。
②《毛泽东文集》第 6 卷，第 291—292 页。
③《毛泽东文集》第 6 卷，第 293 页。

纳入公私合营轨道，然后在条件成熟时，将公私合营企业改造为社会主义企业。[①]1954 年 3 月，中央批准了这个意见。此后，资本主义工业的公私合营步伐明显加快。

不过，1954 年进行的扩展公私合营改造，所贯彻的是"合营一批较重要的和较大的企业"[②]的方针，俗称"吃苹果"。由于这种做法打乱了工业体系的内部联系，使大量分散落后的中小企业生产出现困难，引起不少矛盾，也阻碍了公私合营的扩展。在 12 月召开的第二次全国扩展公私合营计划会议上，各地方代表就提出，中央光吃"苹果"，把一大堆"烂葡萄"甩给了地方，又小又烂，怎么办？[③]针对这种情况，周恩来在 12 月 29 日的国务院常务会议上提出："根据党在过渡时期的有计划地发展社会主义、半社会主义工业，和利用、限制、改造资本主义工业的总任务，对中央和地方国营、合作社营、公私合营、私营五种工业，应在保证社会主义成份不断稳步增长的条件下，采取统筹兼顾、各得其所的方针，进行合理安排，既要有所不同，又要一视同仁，以反对资本主义无计划的盲目发展和克服资本主义自发势力，并将各种经济逐步地纳入国家计划轨道。"[④]两天后，陈云在扩展公私合营工业计划会议上，又具体提出解决工业生产中三对矛盾即公私之间的矛盾、先进与落后之间的矛盾、地区之间的矛盾的办法，主张国营企业要让出一部分原料和生产任务给私营企业以维持私营生产，并说明这样可以造成更便利、更快、更大量的搞公私合营的条件。[⑤]

与此同时，根据毛泽东关于"私营商业亦可以实行国家资本主义，不可能以'排除'二字了之"的论断，中共中央对于私营商业的

①《建国以来重要文献选编》第 5 册，第 155 页。
②《建国以来重要文献选编》第 5 册，第 156 页。
③ 林蕴晖、范守信、张弓：《凯歌行进的时期》，人民出版社 2009 年版，第 443 页。
④《周恩来年谱（1949—1976）》上卷，第 434 页。
⑤ 参见《陈云文选》第 2 卷，第 267—271 页。

改造形成一个比较成熟的办法，即对批发商和零售商采取不同方针。7 月 13 日，中共中央下发由陈云起草的《关于加强市场管理和改造私营商业的指示》，提出："中国私营商业的从业人员的数量很大（座商和摊贩共有七八百万人），对他们盲目地加以排挤，一律不给安排，不给生活出路，势必增加失业人口，造成社会混乱。这是必须防止和纠正的。""目前正确的方针，必须是充分利用市场关系变化和改组的有利条件，对私营商业积极地稳步地进行社会主义改造，采取一面前进、一面安排和前进一行、安排一行的办法，把现存的私营小批发商和私营零售商逐步改造成为各种形式的国家资本主义商业。"[1]

这些政策取得了不错的效果，不仅"缓解了先前只吃'苹果'，不吃'葡萄'的矛盾"，而且到 1955 年底，全国私营工业有 3000 余户转为公私合营，私营工业所占的比重下降为 16%。[2] 毛泽东对此比喻说：民族资产阶级"有一只半脚踏进社会主义"[3]。他如此肯定工商业的改造，显然是因为这些做法符合他的"纲举目张"。

四、"反'急躁冒进'"还是"反'右倾保守'"

民族资产阶级如此顺利地就把脚迈入社会主义大门，除了自己的企业已经通过加工订货和国家资本主义等方式纳入了国家计划之外，政治上的因素当然也是重要考量，毕竟"三反""五反"运动才刚刚过去不久。相较而言，无论是看经济因素还是看政治因素，农民没有足够的理由这样做。而且对于众多出身农民的党的干部来说，他们更能理解农民的一些现实利益诉求。这就注定了，在农业的社会主

①《陈云文选》第 2 卷，第 248、249 页。
② 参见中共中央文献研究室编：《建国以来重要文献选编》第 8 册，中央文献出版社 1994 年版，第 334 页。
③《毛泽东传》第 3 卷，第 1415 页。

义改造中，思想的碰撞还要继续。

就在对邓子恢提出警告后不久，毛泽东又在 1955 年 5 月中共中央召集的华东区、中南区和 15 个省市党委书记会议上，对"停、缩、发"方针作了重新解释："缩有全缩，有半缩，有多缩，有少缩。社员一定要退社，那有什么办法。缩必须按实际情况。片面的缩，势必损伤干部和群众的积极性。后解放区就是要发，不是停，不是缩，基本是发；有的地方也要停，但一般是发。华北、东北等老解放区里面，也有要发的。譬如山东百分之三十的村子没有社，那里就不是停，不是缩。那里社都没有，停什么？那里就是发。该停者停，该缩者缩，该发者发。"① 一些与会者认为农业合作社"好得很"，甚至埋怨中央农村工作部压抑了下面的办社积极性。这又使毛泽东感到中央农村工作部对农业合作化形势的反映是不真实的。由此，毛泽东改变了对合作化形势估量，成为"在农业合作化决策方面出现的一个大转折"②。

根据毛泽东的讲话精神，6 月 14 日，中央政治局会议批准中央农村工作部提出的到 1956 年秋收前全国合作社达到 100 万个的计划。会后不久，毛泽东外出视察回京与邓子恢谈话，认为这个计划只比原有的 65 万个社增加半倍多，太少了，提出要增加 1 倍左右，即增加到 130 万个左右。邓子恢则认为，还是维持 100 万个计划比较好。③ 双方的争论在七八月间近乎"白热化"。毛泽东于 7 月 29 日在中央农村工作部报送的《农业合作化最近简报》上批示："目前不是批评冒进的问题，不是批评'超过了客观可能性'的问题，而是批评不进的问题，而是批评不认识和不去利用'客观可能性'的问题，即不认识和不去利用广大农民群众由于土地不足、生活贫苦或者生活还不富裕

---

① 《建国以来重要文献选编》第 6 册，第 224 页。
② 《毛泽东传》第 3 卷，第 1340 页。
③ 参见《邓子恢传》，第 492 页。

有一种走社会主义道路的积极性，而我们有些人却不认识和不去利用这种客观存在的可能性。"[1] 他还说"邓子恢的思想很顽固，要用大炮轰"[2]。

争论到这里，毛泽东所关注的已不再是合作化运动的时间进度问题，而是指导思想的问题了，是"进"与"不进"的问题。"不进"是"右倾"的路线错误；而毛泽东随后在中共中央召集的省市自治区党委书记会议上作的《关于农业合作化问题》的报告，则明确了这一定性。他指出："在全国农村中，新的社会主义群众运动的高潮就要到来。我们的某些同志却像一个小脚女人，东摇西摆地在那里走路，老是埋怨旁人说：走快了，走快了。过多的评头论足，不适当的埋怨，无穷的忧虑，数不尽的清规和戒律，以为这是指导农村中社会主义群众运动的正确方针。""否，这不是正确的方针，这是错误的方针。""目前农村中合作化的社会改革的高潮，有些地方已经到来，全国也即将到来。这是五亿多农村人口的大规模的社会主义的革命运动，带有极其伟大的世界意义。我们应当积极地热情地有计划地去领导这个运动，而不是用各种办法去拉它向后退。""在发展的问题上，目前不是批评冒进的问题。""有些同志，从资产阶级、富农或者具有资本主义自发倾向的富裕中农的立场出发，错误地观察了工农联盟这样一个极端重要的问题。他们认为目前合作化运动的情况很危险，他们劝我们从目前合作化的道路上'赶快下马'。他们向我们提出了警告：'如果不赶快下马，就有破坏工农联盟的危险。'我们认为恰好相反，如果不赶快上马，就有破坏工农联盟的危险。这里看来只有一字之差，一个要下马，一个要上马，却是表现了两条路线的分歧。"[3]

这样的定性之下，党内在思想上不能不发生反转。10月召开的

---

[1]《毛泽东年谱（1949—1976）》第 2 卷，第 407 页。
[2]《毛泽东传》第 3 卷，第 1343 页。
[3]《毛泽东文集》第 6 卷，第 418、429、436—437 页。

七届六中全会，不仅将邓子恢和中央农村工作部的"错误"性质进一步升级为"右倾机会主义"，而且对全国绝大部分地区规定了高指标，使已经在高速发展的农业合作化运动进一步升温。此后，一场农业合作化运动的"大风暴"刮了起来。在你追我赶的形势下，各省将完成合作化的时间表一再提前。形势发展之快，甚至使毛泽东在9月25日为其亲自主持编辑的《中国农村的社会主义高潮》一书所写序言之后，不得不重新再写一篇序言。到1956年11月底，全国加入农业合作社的农户占全国总农户的比率达到96.1%，农业社会主义改造基本完成。

农业领域反"右倾保守"的高压气氛，不可避免地影响到手工业和私营工商业。七届六中全会结束不久，毛泽东两次约谈工商界代表人士，提出："现在还是要劝大家走社会主义道路。要有一些人早些下决心共产，因为迟早是要共产的。""自己要掌握自己的命运。我总劝朋友们，大家安下心来，不要十五个吊桶打水，七上八下。""我们现在对资本主义工商业的社会主义改造，实际上就是运用从前马克思、恩格斯、列宁提出过的赎买政策。"[1]

随后，中共中央于11月召集各省、自治区和人口50万以上大中城市党委负责人会议。陈云在会上提出：实行全行业的公私合营是必要的，"不是哪个人空想出来的，是经济发展的结果"；而合营的具体方式则是"推广定息的办法"，"保持私股在一定时期内的定额利润，而企业可以基本上由国家按照社会主义的原则来经营管理"，"工厂企业管理的实际权力转到了国家手里"。[2] 会议通过的《中共中央关于资本主义工商业改造问题的决议》提出："我们现在已经有了充分有利的条件和完全的必要把对资本主义工商业的改造工作推进到一个新的阶段，即从原来在私营企业中所实行的由国家加工订货、为国

---

[1]《毛泽东年谱（1949—1976）》第2卷，第458、459页。
[2]《陈云文选》第2卷，第286、288页。

家经销代销和个别地实行公私合营的阶段，推进到在一切重要的行业中分别在各地区实行全部或大部公私合营的阶段，从原来主要的是国家资本主义的初级形式推进到主要的是国家资本主义的高级形式。在一切重要的私营行业中实行全部或大部的公私合营，使私营工商业分别地、同时是充分地集中在我们国家和社会主义经济的控制之下，这是资本主义所有制过渡到完全的社会主义公有制的具有决定意义的重大步骤。"①

此后，各省市迅速掀起全行业公私合营的热潮。原本准备稳扎稳打的私营工商业改造刚一开始付诸实施，在经济上已经被控制住、在政治上更是无法安心的资本家们便争先恐后甚至是敲锣打鼓地把他们的工厂企业交给国家。按照反"右倾保守"的逻辑，这种行为当然是受欢迎和鼓励的，不过事实不完全如此。

当全行业公私合营的热潮来临时，各大城市的税务机关发现，如果迅速完成公私合营，那么私营工商户的债务和欠税问题就很快会转成国家的负担，更会对现有工商企业造成破产冲击。对此，中央采取了急与缓相结合的思路："公私合营企业，不论是否实行定股定息，在税制未改变前，一律照征所得税，主要原因是为了不打乱国家的预算，防止轻易变动，新旧脱节，反而造成工作上的损失；目前处理私营在公私合营中的所得税问题，应掌握从宽了结的精神；公私合营企业经过清产核资后，不再追查过去的偷漏。"② "为使私方在公私合营后安心于工作，接受改造，在私营企业实行清产核资的时候，对企业在私营时期遗留下来的有关公私之间和劳资之间的债务问题，应该本从宽处理的精神，尽量予以了结，做到一般私股能够保留适当的股权，以免造成负债过多户的大量破产现象。"③

---

①《建国以来重要文献选编》第 8 册，第 149 页。
②《1953—1957 中华人民共和国经济档案资料选编·财政卷》，第 689—670 页。
③《1953—1957 中华人民共和国经济档案资料选编·财政卷》，第 717 页。

与急速的全行业公私合营浪潮相比，这些缓和措施给了新公私合营企业喘息的时机，使其原有的财务会计制度不至紊乱。如果从内容上看，这些措施显然是有利于资本家的，出台这些措施很难说不带有"右倾保守"的色彩，但是没有发现税务部门或者地方党委有被批评或被指责的记录。也就是说，尽管之前新税制引发那么大的风波，只要对私人工商业改造的方向是坚定的，税收方面的一些让步是允许的。而这么做的原因，显然是为了在完成改造的同时保证税收的稳定。这本身又不能不说是对迅猛的政治运动的一种技术上的纠正。

不管怎样，原计划要 10 到 15 年才应当完成的资本主义工商业社会主义改造计划，实际上比农业合作化的速度还要快，近乎是在转瞬之间就轻松地实现了。而在"三大改造"中本就属于弱势地位的个体手工业，更是毫无阻碍地实现了合作化。社会主义改造的这种快速度，在进入 1956 年后，传递到经济建设领域，一股执着于数量和速度的冒进之风也刮起来了。

1955 年 12 月，中共中央召开座谈会，由刘少奇向在京中央委员、党政军各部门负责人传达毛泽东关于批判"右倾保守思想"、争取提前完成过渡时期总任务的指示："毛主席说：'我们可以有几条路前进，几条路比较一下，要选一条比较合理、正确的路线。'按常规走路，时间拉得长，成绩不大，这是保守路线。现在各方面的工作都落后于形势的发展，我们有不少同志正在走着这条保守的路线。工业部门不要骄傲，要加油，否则，就有出现两翼走在前面而主体跟不上的现象。客观事物的发展是不平衡的，平衡不断被冲破是好事。不要按平衡办事，按平衡办事的单位就有问题。"[1] 周恩来在会上也同意毛泽东的主张，"表示：最近政府在各方面的工作，'或多或少都存在着保守'。'反对盲目冒进是对的，但又带来了副作用，必须打破这个

---

[1] 薄一波：《若干重大决策与事件的回顾》上卷，第 540 页。

副作用'。他说：我对毛主席指示的体会可以用一副对联来反映，'上联：客观的可能超过了主观的认识；下联：主观的努力落后于客观的需要。新大陆早就存在，而我们发现得太晚了'。"① 一个月后，周恩来在中共中央召开的关于知识分子问题会议上又说："党中央决定，把反对右倾保守思想作为党的第八次全国代表大会的中心问题，要求全党在一切工作部门中展开这个斗争。"②

根据上述精神，《人民日报》于 1956 年元旦发表社论《为全面地提早完成和超额完成五年计划而奋斗》，提出："农业和资本主义工商业的社会主义改造突破了原来计划的指标向前猛进，这就给予了可能，也提出了要求，使以发展重工业为中心的社会主义工业化的工作提早完成和超额完成五年计划。""这样，在工业、文教事业的面前，就摆着一个问题：要又多、又快、又好、又省地发展自己的事业。""又多又快，是反对保守主义，又好又省，是反对潦草从事，盲目冒进，铺张浪费。……遵守这四条要求，我们就能按照社会主义经济的有计划（按比例）发展的法则，来进行全面规划。"③

与社会主义改造一样，在反"右倾保守"的氛围下，中央制定的经济建设计划也一再加码。中央先是在 1956 年 1 月 26 日公布全国农业发展纲要草案，提出了粮食和棉花增产的超高速度；而后在 1、2 月间召开的全国第三次计划会议上，以及在国家计委于会后报送的《关于 1956 年度国民经济计划草案的报告》中，对 1956 年的计划指标作了拔高。

由于计划指标过高，基本建设的规模定得过大，4 月上旬，经济建设急于求成和齐头并进所造成的国民经济各方面紧张的后果，突出

---

① 中共中央文献研究室编：《周恩来传》第 3 卷，中央文献出版社 2018 年版，第 1100 页。
②《周恩来选集》下卷，第 159 页。
③《建国以来重要文献选编》第 8 册，第 4、5—6 页。

地表现出来。这不能不引起中央领导人的冷静和重视。周恩来在国务院会议上提出："不要光看到热火朝天的一面。热火朝天很好，但应小心谨慎。要多和快，还要好和省，要有利于提高劳动效率。现在有点急躁的苗头，这需要注意。社会主义积极性不可损害，但超过现实可能和没有根据的事，不要乱提，不要乱加快，否则就很危险。""绝不要提出提早完成工业化的口号。冷静地算一算，确实不能提。工业建设可以加快，但不能说工业化提早完成。晚一点宣布建成社会主义社会有什么不好，这还能鞭策我们更好地努力。""各部门订计划，不管是十二年远景计划，还是今明两年的年度计划，都要实事求是。当然反对右倾保守是主要的，对群众的积极性不能泼冷水，但领导者的头脑发热了的，用冷水洗洗，可能会清醒些。各部专业会议提的计划数字都很大，请大家注意实事求是。"[1]

随后，国务院批准国家计委《关于1956年度基本建设和物资平衡问题的补充报告》，采取动员生产、约束基建、以求平衡的应急措施。5月11日，周恩来更是提出："反保守、右倾从去年八月开始，已经反了八九个月，不能一直反下去了！"[2] 这在当时的政治氛围下，显然是一种"另类"的声音。6月4日和10日，中共中央会议和中央政治局会议先后提出和批准了"既反保守又反冒进，即在综合平衡中稳步前进的经济建设方针"[3]，并决定削减财政支出、压缩基建投资。

然而，在6月12日的国务院全体会议上，有人不同意在报告中提既反保守又反冒进，认为这是同1955年夏季以来开展反对右倾保守思想的斗争相背离的，会引起思想混乱。周恩来作解释说："这段话是比较精炼地说出来的。我们这样提，如不解释，会发生一些误

---

① 《周恩来选集》下卷，第190—191页。
② 《周恩来年谱（1949—1976）》上卷，第575页。
③ 《周恩来年谱（1949—1976）》上卷，第585页。

解。反保守的好处已经说过了，但也带来了一些不切实际的主观主义的要求，带来了急躁冒进。""建设社会主义必须全面发展。去年十二月以后冒进就冒头了，因此，现在的情况和去年不同了，已经不是预防而是需要反对冒进了！如果冒进继续下去，又会脱离实际，脱离群众，脱离今天的需要和可能。不能向群众泼冷水，但也不能把少数积极分子的要求当成群众的要求。"①

国务院提出的纠正急躁冒进的意见，为紧接着举行的一届全国人大三次会议所接受。6月20日，《人民日报》发表经刘少奇修改的社论《要反对保守主义，也要反对急躁情绪》，进一步为反冒进造势。社论提出：急躁冒进所以成为严重的问题，是因为它不但是存在在下面的干部中，而且首先存在在上面各系统的领导干部中，下面的急躁冒进有很多就是上面逼出来的。现在中央已经在采取一系列的措施，纠正这种不分轻重缓急，不顾具体情况的急躁情绪。但作为一种思想倾向，则不是一下子所能彻底克服的，需要在今后经常注意。右倾保守思想对事业是有害的，急躁冒进思想对事业也是有害的，所以两种倾向都要加以反对。对中央提出的"又多、又快、又好、又省"的方针要有一个正确的了解，不要把它片面化、绝对化，这样才不会走到急躁冒进。做任何工作，都要善于把上面的方针、要求与本地区、本单位的实际情况结合起来，从实际情况出发去考虑和确定自己的工作步骤，不能把问题看得太死，太简单。只有这样，才不致于犯右倾保守或急躁冒进的错误。②

经过努力，中央不仅解决了1956年当年计划的经济建设的过高指标和速度问题，而且将综合平衡的方针纳入提交中共八大审议的"二五"计划建议中去。在实践中，1956年的经济计划确实得到一定

---

① 中共中央文献研究室：《周恩来经济文选》，中央文献出版社1993年版，第263—264页。
② 《建国以来重要文献选编》第8册，第381—384页。

的压缩，膨胀了近一年的炽热思想氛围，也开始压缩和冷却下来。但是，作为反"右倾保守"思想的提倡者，毛泽东决然不同意反"急躁冒进"。他认为摆脱经济紧张局面的办法是继续追加基建投资，为此还与周恩来发生了争执。4月下旬，毛泽东在中央政治局会议上主张为1956年经济计划再追加20亿元的基本建设投资，受到与会大多数人的反对。"会上尤以恩来同志发言最多，认为追加预算将造成物资供应紧张，增加城市人口，更会带来一系列困难等等。毛泽东最后仍坚持自己的意见，就宣布散会。会后，恩来同志又亲自去找毛主席，说我作为总理，从良心上不能同意这个决定。"[1] 为此，毛泽东一气之下离开北京。其后，当《人民日报》的社论送他审阅时，毛泽东更是批了"不看了"三个字。[2] "反'急躁冒进'"还是"反'右倾保守'"的思想碰撞并未结束。

　　无论是快还是慢、急还是缓，党的领导人在建设社会主义这一目的上是没有分歧的，区别仅仅在于方法和节奏上。在社会主义旗帜之下，要不要苏联式的计划经济和发展节奏？这一问题在社会主义经济制度在新中国建立之初就开始存在。不管怎样，经过中华人民共和国成立以来七年的实践，中国共产党终于将铲除私有财产制度、实现社会革命的思想从理念变为现实。尽管有很多缺点和不足，中国共产党自建党以来就追求的"全社会共有"的经济制度无可动摇地建立起来了；当然，也不论如何评价这个经济制度，中国共产党的经济思想终归是结出了自己的果实。在此之后，中国共产党要做的只是面对社会主义中国这样一个特殊的经济体，怎样去认识它、发展它的问题。而这只能在探索中去实现。

---

① 《周恩来传》第3卷，第1109页。
② 薄一波：《若干重大决策与事件的回顾》上卷，第556页。

第六章 全面建设社会主义时期的中国共产党 经济思想：1956.9—1966.5

以"三大改造"为主要内容的社会主义革命胜利后，中国共产党对于"什么是社会主义"这一问题有了一个阶段性的答案；与此相对应的是对于另外一个重大命题，即"怎样建设社会主义"，党显然还只是在"破题"阶段。尽管还没有多少实践经验，但新民主主义革命和社会主义革命的成功，已经证明了将马克思主义基本原理与中国实际相结合的正确性。而苏联这时暴露出来的许多问题，更是令中国共产党坚信不能照搬苏联社会主义建设的模式和经验。但是，防止照搬苏联事实上并不困难，这是中国共产党和毛泽东独立自主的特质使然；而要灵活运用马克思列宁主义来认识和解决中国社会主义建设中的实际问题，就不是那么容易了。在长期革命战争中特别是在社会主义革命中对阶级斗争和政治运动得心应手的运用，以及急于求成的心态，又使得党探索自己的建设道路的努力更多地用在了频繁变革生产关系而不是提升生产力上。

一、"第二次结合"：探寻新路

中国共产党形成自己的社会主义经济建设思想，是以摆脱苏联影响为认识起点的。就在中国的社会主义改造即将完成之际，1956年2月，苏共二十大对斯大林进行批判，在苏联国内和国际上都引起极大震动。不过，这也给包括中国共产党在内的各国共产党以启发。

正如毛泽东后来在中共八大期间会见外国共产党代表团时说的，对斯大林的批评是好的，"它打破了神化主义，揭开了盖子，这是一种解放，是一场'解放战争'，大家都敢讲话了，使人能想问题了"，"使人可以自由思考，独立思考"①。

对于这场"解放战争"之于中国共产党的意义，毛泽东认为：问题在于我们自己从中得到什么教益。最重要的是要独立思考，把马列主义的基本原理同中国革命和建设的具体实际相结合。民主革命时期，我们吃了大亏之后才成功地实现了这种结合，取得了中国新民主主义革命的胜利。现在是社会主义革命和建设时期，我们要进行第二次结合，找出在中国怎样建设社会主义的道路。②对于中国共产党和毛泽东而言，扳倒苏联和斯大林这尊"神"后，要不要探索和形成自己的社会主义经济建设思想已不是问题，现在要解决的只是怎么探索。而这首先要对苏联的经验作出辨析。

在这年4月26日的中央政治局扩大会议上和5月2日的最高国务会议上，毛泽东作了《论十大关系》的报告，对苏联经济建设的失误作了阐述。毛泽东认为，苏联的做法是忽视轻工业和农业，片面地注重重工业，造成农、轻、重发展的不平衡，粮食产量长期达不到十月革命前的最高水平，而且把什么都集中到中央，把地方卡得死死的，一点机动权也没有。③这些看法，既是在总结苏联的教训，也是在总结中国共产党自己的实践经验，目的就是要明确探索适合中国情况的社会主义建设道路的历史性任务："最近苏联方面暴露了他们在建设社会主义过程中的一些缺点和错误，他们走过的弯路，你还想走？过去我们就是鉴于他们的经验教训，少走了一些弯路，现在当然

---

① 中共中央文献研究室编：《毛泽东文集》第7卷，人民出版社1999年版，第127页。

②《毛泽东年谱（1949—1976）》第2卷，第557页。

③ 参见《毛泽东文集》第7卷，第24—31页。

更要引以为戒";"我们要学的是属于普遍真理的东西,并且学习一定要与中国实际相结合。如果每句话,包括马克思的话,都要照搬,那就不得了。我们的理论,是马克思列宁主义的普遍真理同中国革命的具体实践相结合"①。正因为如此,毛泽东把这个报告视为"开始提出我们自己的建设路线",尽管其原则和苏联相同,"但方法有所不同,有我们的一套内容"②。

此后,中共中央越来越将关注点聚焦在经济建设上。在为中共八大作准备的七届七中全会上,毛泽东明确提出"这一次重点是建设",指出八大政治报告的"重点是两个:一个是社会主义改造,一个是经济建设。这两个重点主要的还是在建设"③。随后他又在八大预备会议第一次会议上表达了尽快使中国摆脱落后情况的决心:"我们这个国家建设起来,是一个伟大的社会主义国家,将完全改变过去一百多年落后的那种情况,被人家看不起的那种情况,倒霉的那种情况,而且会赶上世界上最强大的资本主义国家,就是美国。……假如我们再有五十年、六十年,就完全应该赶过它。这是一种责任。你有那么多人,你有那么一块大地方,资源那么丰富,又听说搞了社会主义,据说是有优越性,结果你搞了五六十年还不能超过美国,你像个什么样子呢?那就要从地球上开除你的球籍!所以,超过美国,不仅有可能,而且完全有必要,完全应该。如果不是这样,那我们中华民族就对不起全世界各民族,我们对人类的贡献就不大。"④

依据毛泽东的这些认识,9月召开的中共八大对开展社会主义经济建设问题作了比较系统的理论阐发,提出:由于社会主义改造已经取得决定性的胜利,"我们国内的主要矛盾,已经是人民对于建立先

①《毛泽东文集》第7卷,第23、42页。
②《毛泽东文集》第7卷,第369—370页。
③《毛泽东年谱(1949—1976)》第2卷,第606页。
④《毛泽东文集》第7卷,第88—89页。

进的工业国的要求同落后的农业国的现实之间的矛盾，已经是人民对于经济文化迅速发展的需要同当前经济文化不能满足人民需要的状况之间的矛盾。这一矛盾的实质，在我国社会主义制度已经建立的情况下，也就是先进的社会主义制度同落后的社会生产力之间的矛盾。党和全国人民的当前的主要任务，就是要集中力量来解决这个矛盾，把我国尽快地从落后的农业国变为先进的工业国"[①]。

考虑到这时不仅"三大改造"尚未结束，过渡时期总路线中提出的"实现社会主义工业化"的任务更是远未完成，可以说八大提出的社会主要矛盾论断，无论是从其理论内涵上，还是从其政策指向上看，都是要进一步突显中国生产力发展还很落后这一基本国情，强调在社会主义革命已经基本完成的情况下，国家的主要任务"由解放生产力变为保护和发展生产力"[②]。这是与毛泽东这段时间以来的思考和主张相承接的，也是此时全党的共识。

在此基础上，八大确定了社会主义建设的战略目标，即"尽可能迅速地实现国家工业化，有系统、有步骤地进行国民经济的技术改造，使中国具有强大的现代化的工业、现代化的农业、现代化的交通运输业和现代化的国防"[③]。为此，八大提出了关于社会主义经济建设的一些指导性方针和政策。周恩来在关于"二五"计划建议的报告中，以当年春季以来的反冒进为依据指出："应该根据需要和可能，合理地规定国民经济的发展速度，把计划放在既积极又稳妥可靠的基础上，以保证国民经济比较均衡地发展。"[④]他还提出，应该正确处理经济和财政的关系，而这必须考虑积累和消费之间正确的比例关

---

① 中共中央文献研究室编：《建国以来重要文献选编》第 9 册，中央文献出版社 1994 年版，第 341—342 页。

② 《建国以来重要文献选编》第 9 册，第 363 页。

③ 《建国以来重要文献选编》第 9 册，第 315—316 页。

④ 《建国以来重要文献选编》第 9 册，第 175 页。

系。① 这就确定了经济建设要坚持既反保守又反冒进，在综合平衡中稳步前进的方针。

八大对社会主义改造完成后的经济管理体制问题作了探讨。周恩来提出：在适当的范围内，更好地运用价值规律，来影响那些不必要由国家统购包销的、产值不大的、品种繁多的工农业产品的生产，以满足人民多样的生活需要，"在国家统一市场的领导下，将有计划地组织一部分自由市场；在一定范围内，将实行产品的自产自销；对某些日用工业品，将推行选购办法；对所有商品，将实行按质分等论价办法"，这"将会对国家的统一市场起有益的补充作用"②。陈云更明确地提出"三个主体、三个补充"的总体性设想。他认为社会主义经济的情况将是这样：在工商业经营方面，国家经营和集体经营是主体，附有一定数量的个体经营作为补充；在生产计划方面，计划生产是工农业生产的主体，按照市场变化而在国家计划许可范围内的自由生产作为补充；在社会主义的统一市场里，国家市场是主体，附有一定范围内国家领导的自由市场作为补充。③ 不难看出，陈云这项主张与他在抗战时期提出"主义是无产阶级的，方法可以采用资产阶级的"有异曲同工之妙。在周恩来、陈云等领导人看来，只要主体经济成分是社会主义的，保留一些资本主义经济成分，是有益无害的。

八大关于政治报告的决议吸收了周恩来、陈云的这些意见，指出："社会主义经济的主体是实行集中经营的，但是也需要有一定范围的分散经营作为补充。"④ 八大还依据《论十大关系》的精神，提出"正确地调整中央同地方的关系"，要求"根据统一领导、分级管理、因地制宜、因事制宜的原则，改进国家的行政体制，划分企业、事

① 参见《建国以来重要文献选编》第9册，第180页。
②《建国以来重要文献选编》第9册，第203页。
③《陈云文选》第3卷，人民出版社1995年版，第13页。
④《建国以来重要文献选编》第9册，第346页。

业、计划和财政的管理范围，适当扩大各省、自治区、直辖市的管理权限，并且注意改进和加强中央各部门的工作"①，同时规定保证企业在国家的统一领导和统一计划下，在计划管理、财务管理、干部管理、职工调配、福利设施等方面，"有适当的自治权利"②。

八大还在重申优先发展重工业的同时，提出积极地发展轻工业和农业。这一思想在翌年 2 月毛泽东《关于正确处理人民内部矛盾的问题》的讲话中，得以进一步阐发。毛泽东把正确处理农、轻、重的关系，特别是工业与农业的关系上升为实现中国工业化道路的问题，提出："工业化道路的问题，主要是指重工业、轻工业和农业的发展关系问题。我国的经济建设是以重工业为中心，这一点必须肯定。但是同时必须充分注意发展农业和轻工业。"他认为："农业和轻工业发展了，重工业有了市场，有了资金，它就会更快地发展。这样，看起来工业化的速度似乎慢一些，但是实际上不会慢，或者反而可能快一些。"③

有了中共八大精神特别是"三个主体，三个补充"方针的支持和鼓舞，自由市场一度活跃起来，个体工商户有明显增长。不仅个体手工业、小商店、小摊贩、小挑贩仍然可以保持单独经营，而且还出现了自发经营的较大的手工业个体户和手工工场，人们称之为"地下工厂"，也出现了"地下商店"④。如何看待社会主义改造基本完成以后出现的这类事物，引起原工商业者和社会各界的关注，也受到中共中央的重视。1956 年 12 月，毛泽东就在同民建、工商联负责人的谈话中提出这样的意见：自由市场虽然基本性质仍是资本主义的，但与国家市场成双成对。上海的地下工厂同合营企业也是对立物。因为社

① 《建国以来重要文献选编》第 9 册，第 374 页。
② 《建国以来重要文献选编》第 9 册，第 71 页。
③ 《毛泽东文集》第 7 卷，第 240—241、241 页。
④ 中共中央党史研究室：《中国共产党历史》第二卷（1949—1978）上册，中共党史出版社 2011 年版，第 404 页。

会有需要，就发展起来。要使它成为地上，合法化，可以雇工。现在做衣服要三个月，合作工厂做的衣服裤腿一长一短，扣子没有眼，质量差。最好开私营工厂，同地上的作对，还可以开夫妻店，请工也可以。他把这称作"新经济政策"。他认为"俄国新经济政策结束得早了，只搞了两年退却就转为进攻，到现在社会物资还不充足"，提出"只要社会需要，地下工厂还可以增加"，"可以开私营大厂，订个协议，十年、二十年不没收"，"华侨投资的，二十年、一百年不要没收"，"可以开投资公司，还本付息"，"可以搞国营，也可以搞私营"。毛泽东把这个新思路概括为："可以消灭了资本主义，又搞资本主义。"①

与此同时，刘少奇也同有关部门负责人谈话指出："各地地下工厂不少"，"有些资本主义或小生产者，有什么不好呢？这对人民有利，是社会主义经济的补充"②。随后，他在全国人大常委会会议上讲到："我们国家有百分之九十几的社会主义，百分之几的资本主义，我看也不怕。""有这么一点资本主义，一条是它可以作为社会主义经济的补充，另一条是它可以在某些方面同社会主义经济作比较"③。此后，周恩来也在国务院全体会议上说："主流是社会主义，小的给些自由，这样可以帮助社会主义的发展。工业、农业、手工业都可以采取这个办法。""在社会主义建设中，搞一点私营的，活一点有好处。""一切东西都靠国家生产不行，各方面都应该有百分之几的自由活动，太死了不行。不仅商业方面如此，工业方面也可以如此。"④

中央领导人关于搞活经济的新思路，是八大确认的以国家经营

---

① 《毛泽东文集》第 7 卷，第 170 页。

② 中共中央文献研究室编：《刘少奇年谱（1898—1969）》上卷，中央文献出版社1996 年版，第 382 页。

③ 《刘少奇年谱（1898—1969）》上卷，第 383 页。

④ 中共中央文献研究室编：《建国以来重要文献选编》第 10 册，中央文献出版社1994 年版，第 164—165 页。

和集体经营为主体、以一定数量的个体经营为补充政策的新发展，即允许一定限度的私人资本主义经营存在和发展，使之在国家领导下作为社会主义经济主体的补充。中国共产党相信这样做不仅不会损害到社会主义，反而会有利于社会主义经济的发展。这显然是有之前革命战争时期成功经验的支撑。在党的领导人看来，无产阶级的"主义"与资产阶级的"方法"是完全可以结合起来的。

与这些新思想相应，中共中央在八大之后对经济建设上的冒进倾向作了进一步纠正。国务院于 1956 年 11 月 6 日发出《关于严格审查与控制一九五六年基本建设的紧急指示》，并在此基础上拟定了压低发展速度的 1957 年经济计划。11 月 9 日的国务院常务会议上，陈云提出：宁愿慢一点，慢个一年两年，到三个五年计划，每个五年计划慢一年。稳当一点，就是说"右倾"一点。"右倾"一点比"左倾"一点好。[①]这句话明显有针对意味，于是周恩来接着说：这不发生"左"倾、右倾的问题。不像政治方面，"左"了就是盲动，右了就是投降。[②]

11 月 10 日，周恩来在中共八届二中全会上作了《关于一九五七年国民经济计划》的报告。他提出：八大确定的"必须在三个五年计划或者再多一点的时间内，建成一个基本上完整的工业体系"的远景规划，可以放慢一点速度。我们"这样一个大国，数量上的增长稍微慢一点，并不妨碍我们实现工业化和建立基本上完整的工业体系。这样，我们的计划就好安排了"[③]。他认为，"第一个五年计划基本上是正确的，成绩很大，但是错误不少"，而错误就在于"一九五三年小冒了一下，今年就大冒了一下"[④]。他还提出：八大关于"二五"计

---

① 中共中央文献研究室编：《陈云年谱》中卷，中央文献出版社 2015 年版，第490 页。
②《周恩来年谱（1949—1976）》上卷，第 630 页。
③《周恩来选集》下卷，第 233 页。
④《周恩来选集》下卷，第 234、235 页。

划的建议和农业发展纲要四十条规定的每年进度指标，"这两个文件经过我们研究以后觉得可以修改。上不去，就不能勉强，否则把别的都破坏了，钱也浪费了，最后还得退下来。凡是不合实际的都可以修改，这样就把我们的思想解脱了，不然自己圈住了自己"①。他据此提出1957年的经济计划方针是"保证重点，适当收缩"②，并强调说，"总的方面是要收缩一下的，不然站不稳，那就会影响我们的货币、物资、劳动、工资等各方面。我们应该意识到，不要使中国也发生'波兹南'，几十万人或者几千万人站在街头上请愿，那问题就大了。"③八届二中全会通过了周恩来提出的1957年经济工作方针和控制数字。

然而，此时毛泽东不仅仍然对反冒进有不同意见，且批评的声调进一步拔高。八届二中全会前，他就对周恩来将要作的报告批示："此文尚待研究，提出批评。"④会上，毛泽东针对周恩来和陈云反急躁冒进的理论依据——"综合平衡、按比例发展"指出："我们的计划经济，又平衡又不平衡。平衡是暂时的，有条件的。暂时建立了平衡，随后就要发生变动。上半年平衡，下半年就不平衡了，今年平衡，到明年又不平衡了。净是平衡，不打破平衡，那是不行的。"⑤他强调，"不平衡是绝对的，平衡是相对的"⑥，并提醒说："要保护干部和人民群众的积极性，不要在他们头上泼冷水，在农业的社会主义改造问题上泼过冷水，不也是促退吗？那个时候我们有个促退委员会。

①《周恩来选集》下卷，第234页。
②《周恩来年谱（1949—1976）》上卷，第637页。
③《周恩来传》第3卷，第1130页。
④ 中共中央文献研究室编：《陈云传》第3卷，中央文献出版社2015年版，第1118页。
⑤《陈云传》第3卷，第1118页。
⑥ 中共中央文献研究室编：《毛泽东年谱（1949—1976）》第3卷，中央文献出版社2013年版，第32页。

后头我们说不应该泼冷水，就来一个促进会。"①他还说："一九五六年国家预算报告中说过'稳妥可靠'这个话，我建议以后改为'充分可靠'。"②

针对刘少奇在全会报告中引用了前一天周恩来和陈云关于"左"倾、右倾的谈话，说"究竟是'左'倾一点好还是右倾一点好"，毛泽东立即插话说：看是什么右。刘少奇回答：是快慢的右。毛泽东说：这种右可以。③毛泽东还在 11 月 13 日的小组会议上发言提出七条措施，除了在讲到压缩问题时提醒"必须做到合理安排，不出乱子"外，没有对"保证重点，适当收缩"的方针提出反对意见。④后来毛泽东对此解释说，他在八届二中全会上提出的七条是个妥协方案，是筑一条堤坝，用来挡水的，想挡一挡"反冒进"之水。⑤

接着，陈云于 1957 年 1 月 28 日在省市自治区党委书记会议上讲话，对经济建设的指导方针作了进一步概括，提出"建设规模要和国力相适应"这一带有总括性的观点。陈云说："建设规模的大小必须和国家的财力物力相适应。适应还是不适应，这是经济稳定或不稳定的界限。"⑥他提出："像我们这样一个有六亿人口的大国，经济稳定极为重要。建设的规模超过国家财力物力的可能，就是冒了，就会出现经济混乱；两者合适，经济就稳定"；"如果保守了，妨碍了建设应有的速度也不好"，"但是，纠正保守比纠正冒进要容易些"。⑦

陈云表示赞同关于国民收入和积累、国民收入和国家预算收入、国家预算支出和基本建设投资三种比例关系的论述，认为寻找这些比

---

①《周恩来传》第 3 卷，第 1132 页。

②《陈云传》第 3 卷，第 1118 页。

③《陈云年谱》中卷，第 497 页。

④ 参见《毛泽东文集》第 7 卷，第 159—160 页。

⑤《周恩来传》第 3 卷，第 1132 页。

⑥《陈云文选》第 3 卷，第 52 页。

⑦《陈云文选》第 3 卷，第 52 页。

例关系是完全必要的，同时提出，"我现在想从另一个角度，即从其他方面试图寻找一些制约的方法，来防止经济建设规模超过国力的危险"①。他据此提出应该注意的五个方面问题：财政收支和银行信贷都必须平衡，而且应该略有结余；物资要合理分配，排队使用；人民的购买力提高的程度，必须同能够供应的消费物资相适应；基本建设规模和财力物力之间的平衡，不单要看当年，而且必须瞻前顾后；农业对经济建设的规模有很大的约束力，并在今后相当长的时期内，都会是如此。他还提出要研究国民经济的各种比例关系，例如重工业、轻工业、农业的投资比例，煤、电、运输等先行部门投资不够因而落后的问题，钢铁工业和机械工业的关系，民用工业和军用工业的关系，大厂小厂、先进落后的问题，建设中"骨头"和"肉"的关系等。②

八大及之后党的领导人关于经济建设方针和运行体制的讨论，反映了中国共产党在"一五"计划即将完成、计划经济体制已经运转有年之时，对于社会主义经济的一些新认识。与延续战争时期经验和照搬苏联经验相比，这无疑是中国共产党关于社会主义经济建设的思想新高度。从总体上看，这种讨论并没有也不想突破苏联式计划经济体制的模式。包括刘少奇、周恩来、陈云在内的中共中央领导人，此时都是计划经济的推崇者，他们所提的意见和建议，只是希望为计划经济模式注入一些灵活性，使计划经济适应中国的情况，以解决经济生活中暴露出来的矛盾。相反，恰恰是毛泽东对苏联式计划经济感到厌烦。计划经济要求严格的比例和平衡，要求一丝不苟、照章办事，这与毛泽东不按常规、不拘一格的思想特质格格不入，更不用说计划经济带来的官僚化、科层化及其对基层和群众活力的限制。不过，毛泽东对计划经济的不满，也不是从思想上反对这种经济模式。他在1955年社会主义改造高潮时就赞赏说："人类的发展有了几十万年，

---

① 《陈云文选》第3卷，第52页。
② 参见《陈云文选》第3卷，第52—57页。

在中国这个地方，直到现在方才取得了按照计划发展自己的经济和文化的条件。"① 他只是不喜欢那种一味讲求平衡和四平八稳的做法。所以，毛泽东对苏联式计划经济体制进行中国化改造的思路，是通过中央与地方的分权，更多地发挥地方积极性，同时用群众运动的方法来突破计划的平衡和填补资金的缺口，创造高速度的奇迹。

毛泽东的这种思维模式注定与八大确立的经济建设方针特别是综合平衡方针发生冲突，虽然二者都是为了中国的社会主义经济建设。就其所追求的目标而言，都是为了尽快把中国建设成一个繁荣富强的社会主义国家，这一点是没有疑义的。但就问题的实质来说，周恩来等人的主张，实际上是在努力建立起计划经济的体制，维护和保障国民经济在稳定、平衡的轨道上运行。毛泽东的主张则本质上是要打破平衡和四平八稳的状态，依靠群众运动的方式和威力，推动经济发展。

二、"大跃进"：破除"迷信"

苏联式的计划经济不被毛泽东认可，他认可的是超越苏联计划经济的非常态的经济发展模式。

按照综合平衡的方针，1957 年的经济建设进行得波澜不惊，到年底顺利完成"一五"计划。然而，政治上风向的转变，使得经济建设很难"独善其身"。中共八届三中全会上改变了八大关于国内主要矛盾的论断。这次会前，毛泽东就在中央政治局扩大会议上提出，"整个过渡时期，总的矛盾是社会主义与资本主义，即工人阶级与资产阶级的矛盾"②。这个论断在全会上引起争论，一些人不同意这个论

---

①《建国以来重要文献选编》第 7 册，第 213 页。
②《毛泽东年谱（1949—1976）》第 3 卷，第 207 页。

断，仍然坚持八大的基本观点。① 但毛泽东在全会上讲话更为明确地提出，"现在是社会主义革命，革命的锋芒是对着资产阶级，同时变更小生产制度即实现合作化"，"无产阶级和资产阶级的矛盾，社会主义道路和资本主义道路的矛盾，毫无疑问，这是当前我国社会的主要矛盾"。②

基于这一判断，毛泽东在这次讲话中对反冒进提出批评。他说："做事情，至少有两种方法：一种达到目的比较慢一点，比较差一点；一种达到目的比较快一点，比较好一点。一个是速度问题，一个是质量问题。不要只考虑一种方法，经常要考虑两种方法。"③ 他认为1956年扫掉了几个东西：一个是扫掉了多、快、好、省，还扫掉了农业发展纲要四十条，还扫掉了促进委员会。我们讲的是实事求是的合乎实际的多、快、好、省，不是主观主义的多、快、好、省。总是要尽可能争取多一点，争取快一点。可以临时组织促退委员会，因为某些东西实在跑得太快了，实在跑得不适合。至于总的方针，还是前进的。有些暂时的局部的促退正是为了促进。④ 他再度以苏联为参照，提出："我们是不是可以把苏联走过的弯路避开，比苏联搞的速度更要快一点，比苏联的质量更要好一点？应当争取这个可能。"⑤

毛泽东对反冒进的批评，不是具体工作上的批评，而是经济建设指导方针上的批评。批评反冒进，就是要求恢复他力主的超常规的经济发展方式。这样，从1956年1月以来党内一直存在的两种经济建设指导方针，经过一年多来的矛盾起伏，由毛泽东作出结论，肯定了他主张的发展方针，否定了经八大肯定的综合平衡和按比例发展的

---

① 参见薄一波：《若干重大决策与事件的回顾》下卷，人民出版社1997年版，第648—649页。
②《建国以来重要文献选编》第10册，第606—607页。
③《建国以来重要文献选编》第10册，第604页。
④《毛泽东年谱（1949—1976）》第3卷，第223页。
⑤《建国以来重要文献选编》第10册，第605页。

方针。毛泽东认为，一年多来的事实证明了自己的主张的正确性，而恢复执行他的主张，将创造出一个更大更快发展的新局面，也将走出一条比苏联要好的建设道路来。

毛泽东的这种超常规的经济发展热情在访问苏联期间进一步高涨。1957年11月，在庆祝十月社会主义革命40周年之际，毛泽东在64个国家共产党和工人党的代表会议上说："中国从政治上、人口上说是个大国，从经济上说现在还是个小国。他们想努力，他们非常热心工作，要把中国变成一个真正的大国。赫鲁晓夫同志告诉我们，十五年后，苏联可以超过美国。我也可以讲，十五年后我们可能赶上或者超过英国。"①

从毛泽东的话里不难看出，一方面，他对中国经济建设的前景是非常乐观的；另一方面，他的这种乐观是基于对中国人民想努力改变中国经济落后弱小局面这一主观能动性的肯定。从苏联回来后，毛泽东的身边工作人员十分明显地感到他的压力很大，脾气也变得急躁了。他曾对叶子龙说："和平时期的经济建设，难道比打败蒋介石的八百万军队还困难吗？我不相信！"②

这种情况下，毛泽东加大了批评反冒进、统一党内在建设规模和速度问题上认识的努力。11月13日，也就是毛泽东在莫斯科宣布15年赶超英国之前5天，《人民日报》发表社论《发动全民，讨论四十条纲要，发起农业生产的新高潮》，提出：有些人害了右倾保守的毛病，像蜗牛一样爬行得很慢，他们不了解在农业合作化以后，我们就有条件也有必要在生产战线上来一个大的跃进。这是符合于客观规律的。1956年的成绩充分反映了这种跃进式发展的正确性。有右倾保守思想的人，因为不懂得这个道理，不了解合作化以后农民群众

---

① 《毛泽东文集》第7卷，第325—326页。
② 叶子龙口述、温卫东整理：《叶子龙回忆录》，中央文献出版社2000年版，第213页。

的伟大的创造性，所以他们认为农业发展纲要草案是"冒进了"。他们把正确的跃进看成了"冒进"。①毛泽东非常看重这篇社论，特别是其中的"跃进"一词。他在 1958 年 5 月重阅这篇社论并写信给中央政治局扩大会议的与会者说："觉得有味，主题明确，气度从容，分析正确，任务清楚。以'跃进'一词代替'冒进'一词从此篇起。两词是对立的。自从'跃进'这个口号提出以后，反冒进论者闭口无言了，'冒进'可反（冒进即'左'倾机会主义的代名词），当然可以振振有词。跃进呢？那就不同，不好反了。要反，那就立刻把自己抛到一个很不光彩的地位上去了。"他特别指出："此文发表时，我们一些人在莫斯科，是国内同志主持的，其功不在禹下。如果要颁发博士头衔的话，我建议第一号博士赠与发明这个伟大口号的那一位（或者几位）科学家。"②

事实上，"跃进"一词并非这篇社论的创造。此前周恩来在 1957 年 6 月的《政府工作报告》中，在肯定 1956 年成绩时两次使用了这个词，称 1956 年"有了一个跃进的发展""采取了跃进的步骤"③。但显然，毛泽东和周恩来理解的"跃进"含义是大不一样。对于周恩来而言，这个词只是一个形容词；而对于毛泽东来说，这个词代表了一种经济建设和发展的模式，一种不同于苏联、符合自己思路和设想的模式。

此后舆论继续发力。12 月 12 日，《人民日报》发表经毛泽东修改的社论《必须坚持多快好省的建设方针》，指出："在去年秋天以后的一段时间里，在某些部门、某些单位、某些干部中间刮起了一股风，居然把多快好省的方针刮掉了。有的人竟说，宁可犯保守的错误，也不要犯，冒进的错误。于是，本来应该和可以多办、快办

---

① 《人民日报》1957 年 11 月 13 日。
② 《毛泽东年谱（1949—1976）》第 3 卷，第 361 页。
③ 《建国以来重要文献选编》第 10 册，第 306、312 页。

的事情，也少办、慢办甚至不办了。这种做法，对社会主义建设事业当然不能起积极的促进的作用，相反地起了消极的'促退'的作用。"①1958 年元旦，《人民日报》又发表根据毛泽东在莫斯科的讲话精神写的社论《乘风破浪》，再次强调多快好省的方针，提出"事在人为"，"1955 年底 1956 年初的干劲，曾经造成 1956 年的我国经济事业中的大跃进。目前，这种干劲又在活跃起来，显出威力来了"，因此，"必须鼓足干劲，力争上游，充分发挥革命的积极性创造性，扫除消极、怀疑、保守的暮气"，"彻底纠正那种落后于客观实际的思想状态"，"乘压倒西风的东风前进，乘压倒右派、压倒官僚主义、压倒保守思想的共产主义风前进！"②

尽管如此，负责领导全国经济工作的国务院似乎还在按照原有的平衡部署布置工作。12 月 4 日，周恩来主持召开国务院常务会议，在审议 1958 年国家预算草案时仍然确定了比较谨慎的指标。虽然毛泽东还在莫斯科的时候，就打电话给国内，再次批评 1956 年的反冒进是不对的，"说以后再也不要提反冒进了，搞社会主义就要冒一点"③；但回国之后他发现，"北京的空气沉闷"，反而"华东的空气活跃"，因此他决定"以地方来促北京"。④

从 1958 年 1 月至 4 月，毛泽东连续主持召开杭州会议、南宁会议、成都会议、武汉会议，结合研究第二个五年计划和 1958 年的经济建设，对社会主义建设的经验及应采取的路线进行讨论，中心思想就是批评反冒进、提倡大跃进。

在杭州会议上，毛泽东说：批评右倾保守，就很舒服，愈批评

---

① 《人民日报》1957 年 12 月 12 日。

② 中共中央文献研究室编：《建国以来重要文献选编》第 11 册，中央文献出版社 1995 年版，第 8 页。

③ 《周恩来传》第 3 卷，第 1229 页。

④ 薄一波：《若干重大决策与事件的回顾》下卷，第 660 页。

愈高兴，要愉快地批评右倾保守。① 他说"我不听你这一套，你讲什么呀？我几年都不看预算了，横直你是强迫签字"；"为什么军队多了几十万人，招收工人学徒多了一百多万人？我说各部门都有对形势估计不足的情况，反对右倾保守为什么要多加人，我不懂，我也不知道"。②

随后的南宁会议，进一步把反冒进定性为"政治问题"。毛泽东警告说："没有搞清楚成绩是主要的，还是错误是主要的，是保护热情、鼓励干劲、乘风破浪，还是泼冷水泄气。""我们要注意，最怕的是六亿人民没有劲，抬不起头来就很不好。"③ 周恩来主动承担责任，检讨称："'反冒进'这个问题，是一段时间（一九五六年夏季到冬季）带方针性的动摇和错误。'反冒进'是由于不认识或者不完全认识生产关系改变后生产力将要有跃进的发展，因而在放手发动群众进行社会主义革命和建设中表示畏缩，常常只看见物不看见人，尤其是把许多个别现象夸大成为一般现象或者主要现象，这是一种右倾保守主义思想。"④

这次会后，毛泽东把杭州会议和南宁会议上的一些观点，汇总写成《工作方法六十条（草案）》。草案提出搞"生产计划三本账"，即"中央两本账，一本是必成的计划，这一本公布；第二本是期成的计划，这一本不公布。地方也有两本账。地方的第一本就是中央的第二本，这在地方是必成的；第二本在地方是期成的。评比以中央的第二本账为标准"。他要求各地方的工业产值，"争取在五年内，或者七年内，或者十年内，超过当地的农业产值"，并且要求把农业发展纲要四十条原定十二年完成的计划提前至五至八年内完成。⑤ 这对于地

---

① 薄一波：《若干重大决策与事件的回顾》下卷，第 660 页。
②《周恩来传》第 3 卷，第 1234 页。
③《毛泽东年谱（1949—1976）》第 3 卷，第 277 页。
④《周恩来传》第 3 卷，第 1237 页。
⑤ 参见《建国以来重要文献选编》第 11 册，第 42—43 页。

方来说无异于层层加压。

当然，这个草案里面最有深层次思想影响的，是将"不断革命"和打破平衡的观点更加发挥阐述了。毛泽东写道："我们的革命是一个接一个的。从一九四九年在全国范围内夺取政权开始，接着就是反封建的土地改革，土地改革一完成就开始农业合作化，接着又是私营工商业和手工业的社会主义改造。……接着又在去年进行政治战线上和思想战线上的社会主义革命。……现在要来一个技术革命，以便在十五年或者更多一点的时间内赶上和超过英国。""企业和企业之间，企业内部车间和车间、小组和小组、个人和个人之间，都是不平衡的。不平衡是普遍的客观规律。从不平衡到平衡，又从平衡到不平衡，循环不已，永远如此，但是每一循环都进到高的一级。不平衡是经常的，绝对的；平衡是暂时的，相对的。我国现在经济上的平衡和不平衡的变化，是在总的量变过程中许多部分的质变。若干年后，中国由农业国变成工业国，那时候将完成一个飞跃，然后再继续量变的过程。"[①]这些观点，既否认了新的经济制度建立起来后要有一个相对稳定的运行和发展过程，也否认了经济建设和经济发展有其不容打破的客观规律，将人的主观能动性无限夸大了。

为传达南宁会议精神，中央政治局于2月在北京召开扩大会议。毛泽东在会上进一步提出："冒是有一点冒，而不应该提什么反冒进的口号"，"有一点冒是难免的"，"今年下半年，你们就会看到要有一个大冒就是了，我看是比那一年冒还要厉害"。他强调"以后反冒进的口号不要提，反右倾保守的口号要提"[②]。

在毛泽东的提议下，中共中央在3月份又召开了成都会议。毛泽东在会上把冒进与反冒进的争论，进一步定性为马克思主义与非马克思主义之争："两种方法的比较问题，一种是马克思主义的'冒

---

① 《建国以来重要文献选编》第 11 册，第 45、48 页。
② 《毛泽东年谱（1949—1976）》第 3 卷，第 300 页。

进'，一种是非马克思主义的反冒进。我看应采取'冒进'。"①也是在这次会议期间，毛泽东表达了对于苏联式计划经济的不满意："规章制度从苏联搬了一大批，害人不浅。那些规章制度束缚生产力，制造浪费，制造官僚主义。""对苏联的经验，只能是择其善者而从之，其不善者不从之。"②"技术决定一切，政治思想不要了？干部决定一切，群众不要了？全面的提法就是又红又专，领导和群众相结合。要技术，又要政治思想；要干部，又要群众，要民主，又要集中。"③

在此基础上，毛泽东提出，"搞社会主义有两条路线，我们做工作要轰轰烈烈，高高兴兴，不要寻寻觅觅，冷冷清清"，要"在多快好省、鼓足干劲、力争上游的总路线下，波浪式地前进"④。与两年前只是意识到要"以苏为鉴"相比，此时的毛泽东显然自信已经找到不同于苏联经验的建设路线即"总路线"。他同时指出：总路线已经开始形成了，但是尚待完善，尚待证实，不可以说已经最后完成了。"县县都办起工业来，结果如何？会不会生产过剩？在我脑筋中存在问题。是好，还是天下大乱？我现在没有把握。""错误还是要犯的，不可能不犯，犯错误是正确路线形成的必要条件。""问题是犯得少一点，犯得小一点。"⑤

接着，毛泽东在4月的武汉会议上，又提出批评"稳当派"和"观潮派"。他说："所谓稳当可靠，实际上，既不稳当又不可靠。我们这样大的国家，老是稳、慢，就会出大祸，快一点就会好些。对稳当派有个办法，到一定的时候就提出新的口号，不断提出新口号，使他无法稳。"⑥他并说，有些人可能是"观潮派"、"秋后算账派"，如

---

① 《毛泽东年谱（1949—1976）》第3卷，第309页。
② 《毛泽东年谱（1949—1976）》第3卷，第310页。
③ 《毛泽东年谱（1949—1976）》第3卷，第317页。
④ 《毛泽东年谱（1949—1976）》第3卷，第319页。
⑤ 《毛泽东年谱（1949—1976）》第3卷，第320页。
⑥ 《毛泽东年谱（1949—1976）》第3卷，第335—336页。

果今年得不到丰收，还会有人出来说"我早就有先见之明，还是我的对"。到那时又要刮台风的。党内中间偏右的人是观潮派，他们是"楼观沧海日，门对浙江潮"。①

经过这几次会议，毛泽东站在了中共中央领导经济工作的第一线。不管其他领导人是否完全认同，他的"跃进"式经济建设思想已经在党内占据了主导地位。由此，5月召开的八大二次会议，制定和通过"鼓足干劲、力争上游、多快好省地建设社会主义"的总路线。刘少奇在大会报告中提出，虽然社会主义建设总路线还需要在今后的实践中继续考验，并且使它继续发展和完备起来，但是它的基本方向和主要原则是可以确定下来了。他还对为什么必须加快建设速度作了说明，强调"建设速度问题，是社会主义革命胜利后摆在我们面前的最重要的问题"，"只有尽可能地加快建设，才能尽快地巩固我们的社会主义国家，提高人民的生活水平"。②

这次会议继续批评反冒进并作出正式结论。大会认为，反冒进损害了群众的积极性，影响了1957年生产建设战线上的进展，使生产建设出现了一个"马鞍形"，即1956年、1958年两头高，1957年中间低。③会议把党内在经济建设方面发生过的意见分歧和争论，归结为"快些好些"和"慢些差些"两种不同指导思想、不同领导方法的斗争，认为"那些反对提高建设速度、反对多快好省这个方针的批评，都是站不住脚的"④。会议肯定已经出现的"大跃进"形势，认为中国正在经历马克思所预言的"会有一天等于二十年"的伟大时期，"要求以更高的速度来代替第一个五年计划原来规定的速度"⑤。在大会的发言和报告中，各地区、各部门也纷纷提出各自的跃进计划和

----

① 薄一波:《若干重大决策与事件的回顾》下卷，第664—665页。
②《建国以来重要文献选编》第11册，第303、305页。
③《建国以来重要文献选编》第11册，第302页。
④《建国以来重要文献选编》第11册，第297、308页。
⑤《建国以来重要文献选编》第11册，第296、298页。

生产高指标。会议通过的第二个五年计划指标，与八大一次会议通过的第二个五年计划建议相比，工业方面普遍提高一倍左右，农业方面则提高了 20%—50%。①毛泽东"大跃进"的经济思想落到了实处。

毛泽东在会上多次讲话，强调破除迷信问题。他说：我们大多数同志有些怕资产阶级的教授，整风以后慢慢地不大怕了。是不是还有另外的一种"怕"，即怕无产阶级教授，怕马克思。马克思住在很高的楼上，好像高不可攀，要搭很长的梯子才能上去，于是乎说："我这一辈子没有希望了。"不要怕嘛。马克思也是两只眼睛，两只手，跟我们差不多，无非是脑子里有一大堆马克思主义。但是，我们在楼下的人，不一定要怕楼上的人。我们读一部分基本的东西就够了。我们做的超过了马克思，列宁说的做的都超过了马克思，如帝国主义论。马克思没有做十月革命，列宁做了；马克思没有做中国这样大的革命，我们的实践超过了马克思。实践当中是要出道理的。马克思革命没有革成功，我们革成功了。这种革命的实践，反映在意识形态上，就是理论。②他主张：学问少的人可以打倒学问多的人，不要为大学问家所吓倒。要敢想，敢说，敢做。不要不敢想，不敢说，不敢做，这种束手束脚的现象不好，要从这种现象里解放出来。劳动人民的创造性、积极性，从来就是很丰富的。我们现在的办法，就是揭盖子，破除迷信，让劳动人民的积极性和创造性都爆发出来。③他还说：不要被名家权威所吓倒，要敢想、敢说、敢做，要从束手束脚的现象中解放出来。"卑贱者最聪明，高贵者最愚蠢。"要剥夺那些翘尾巴的高级知识分子的资本，鼓舞工人、农民、老干部、小知识分子打掉自卑感。他还提出，外行领导内行，是一般的规律，差不多可

①《中国共产党历史》第二卷（1949—1978）上册，第 481 页。
②《建国以来毛泽东文稿》第 7 册，中央文献出版社 1992 年版，第 206 页。
③《毛泽东年谱（1949—1976）》第 3 卷，第 345—346 页。

以说，只有外行才能领导内行。[1]他自我举例说：我也不懂工业，可是我不相信工业就是高不可攀。我和几个搞工业的同志谈过，开始不懂，学几年也就懂了，没有什么了不起。把它看得那么严重，这种心理状态是不正常的。最后，他把自己的讲话归纳为："破除迷信，不要怕教授，不要怕马克思。"[2]

在成都会议期间，毛泽东就对破除对马克思主义经典的迷信有了阐述。他说：我们的同志现在有精神不振的现象，是奴隶状态的表现，像京剧《法门寺》里的贾桂一样，站惯了不敢坐。对于马克思主义经典著作要尊重，但不要迷信，马克思主义本身就是创造出来的，不能抄书照搬。一有迷信就把我们脑子镇压住了，不敢跳出圈子想问题。不要怕教授，进城以来相当地怕教授，看人家一大堆学问，自己好像什么都不行，不要自惭形秽。自古以来，创新思想、新学派、新教派的人，都是学问不足的青年人。他们一眼看出一种新东西，即抓住向老古董作战，而有学问的老古董总是反对他们的。学问是抓来的，看你方向对不对，去不去抓。历史上总是学问少的人，推翻学问多的人。[3]

毛泽东之所以如此号召大家破除迷信，特别是破除对马克思主义经典的迷信，显然是因为他所主张的经济建设路线在马克思主义经典和苏联经验里没有依据。为此，他再度作出解释：苏联建设社会主义，那是一种方法。我们可不可能有另一种方法呢？都是搞社会主义，都是马列主义，他们是由上而下的方法，我们是搞发动群众，搞阶级斗争。……我们有从上而下，又加了一个从下而上的扎根串连，群众性的阶级斗争。现在搞建设，要有决议案，政府发指示，规章制

---

①《中国共产党历史》第二卷（1949—1978）上册，第482页。
② 中共中央文献研究室编：《毛泽东传》第4卷，中央文献出版社2013年版，第1782页。
③《毛泽东年谱（1949—1976）》第3卷，第321页。

度等等，从上而下的要一点；但大量的还是发动群众自己来搞，搞群众运动。……我们是否可以比他们快？我看是可以的。[1]

八大二次会议后，各地普遍开展"拔白旗"和批判"观潮派"、"算账派"的斗争，为"大跃进"扫除思想上和组织上的障碍。根据会议提出的原属国务院各部门管理的企业交给地方经营管理、原由中央掌握的经济等方面的管理权限也要向地方下放的要求，会后，中央进行了以下放经济管理权限为中心的经济体制变动，将原来由中央掌握的一些经济管理权限和中央经营管理的企业迅速下放给地方。这样做，对于发挥地方的积极性、改变权力过多地集中于中央的管理体制有积极意义。但由于这次变动是在"大跃进"的形势下进行的，要求半个月即完成下放任务，在十分短促的时间里一下子铺开，带来交接和管理上的混乱，而且造成地区分割、协作不便、宏观失控和效益低下等一系列新的问题。

然而，不管在实践中有多少问题，思想上的批判和经济管理权限的下放，使地方获得了推动"大跃进"式经济建设的制度性动力和资源配置能力。这是 1958 年上半年中国共产党经济思想发生重大转变带来的必然结果。

三、"客观存在的经济法则"：再读原典

破除了对马克思主义经典作家和苏联的"迷信"，毛泽东自信找到了中国自己的社会主义经济建设道路。在工农业"跃进"的捷报声中，毛泽东进一步提出和阐发了他的理论和主张。然而，各地很多近乎荒唐的做法，使他很快觉察到这些理论观点有不当之处。如何修正这些观点，如何提出一套适合中国的、适合跃进式发展的经济理论？

---

[1] 李锐：《"大跃进"亲历记》上卷，南方出版社 1999 年版，第 386—387 页。

为找到这些问题的答案，毛泽东将目光转向马克思主义经典作家的经济学论著以及苏联的经济学教科书。

随着"大跃进"不断升温，层层加码生产指标、争相"放卫星"的情况愈发普遍。特别是钢的 1959 年度生产指标在 8 月召开的北戴河会议上加码到了 1070 万吨。在巨大的生产压力下，不仅出现了"大炼钢铁"这样的"小、土、群"式生产运动，而且毫无经济规则可言。在生产热潮中，毛泽东断言，这种"大无畏创造精神，对于我国七年赶上英国、再加八年或者十年赶上美国的任务，必然会有重大的帮助"[①]。

毛泽东的这个时间表，明显又比之前提前了，说明他对中国经济发展速度又有了新的估计。为了跟上毛泽东的时间表，北戴河会议不仅加码钢的生产，还作出《关于在农村建立人民公社问题的决议》，提出把农业生产合作社合并为工农商学兵合一的、乡社合一的、集体化程度更高的人民公社，强调用共产主义精神教育干部和群众，不要算细账，自留地收归集体经营，零星果树、股份基金等在一二年后也变为公有。决议还说："看来，共产主义在我国的实现，已经不是什么遥远将来的事情了，我们应该积极地运用人民公社的形式，摸索出一条过渡到共产主义的具体途径。"[②]

围绕向共产主义过渡的设想，毛泽东在会议期间提出一个重大理论观点："破除资产阶级法权。"他指出要破除争地位、争级别、要加班费、坐汽车分等级及智力劳动者工资多、体力劳动者工资少等资产阶级法权思想。他说："马克思、恩格斯、列宁、斯大林对生产关系包括所有制、相互关系、分配三个部分及其相互关系，他们接触到了，但没有展开。我看经济学上没有讲清楚这一条。苏联在十月革命以后，也没有解决。人们在劳动中的相互关系，是生产关系中的重要

---

① 《毛泽东年谱（1949—1976）》第 3 卷，第 352 页。
② 《建国以来重要文献选编》第 11 册，第 450 页。

部分。搞生产关系，不搞相互关系，是不可能的。所有制改变以后，人们的平等关系，不会自然出现的。中国如果不解决人与人的关系，要大跃进是不可能的。"①

毛泽东由此提出考虑取消薪水制，由干部带头恢复供给制的问题。他说：二十二年的战争都打胜了，为什么建设共产主义不行了呢？我们已经相当地破坏了资产阶级的法权制度，但还不彻底，要继续搞。但他同时又提出，不要马上提倡废除工资制度，将来再取消。② 毛泽东还说：我就不相信实行供给制人就变懒了，发明创造就少了，积极性就低了。过去22年，实行供给制，大家都过"共产主义"生活，我就没有见过几个懒汉！③

毛泽东关于破除"资产阶级法权"的思想，其指向是通过强制手段，消除经济激励，防止出现干群分化、阶层分化。产生这种思想，一方面是毛泽东素有平均主义的思想倾向；另一方面，马克思主义经典作家的论述以及党内一些经济学家的阐释，确实容易使毛泽东产生误解。如薛暮桥根据马克思在《哥达纲领批判》中的相关论述提出，按劳分配在形式上是平等的，但是在现存的社会条件下，由于各个劳动者的体力和文化科学水平以及所要抚养的家庭人口是不同的，实际生活水平就有相当大的距离，因此"这个平等的权利，对于不平等的劳动仍然是不平等的权利"，"这里平等的权利在原则上仍然是资产阶级的法权"。④ 孙冶方更是认为，按劳分配既是无产阶级法权，又是资产阶级法权："按劳分配在资本主义制度下是不可能存在的，而是无产阶级革命的产物，所以首先是无产阶级法权"；但对平等中的不平等的保护，从法权和强制来说，又是资产阶级的。因而，按劳

①《毛泽东年谱（1949—1976）》第3卷，第417页。
② 参见《毛泽东年谱（1949—1976）》第3卷，第417、418页。
③ 薄一波：《若干重大决策与事件的回顾》下卷，第768页。
④《薛暮桥文集》第6卷，中国金融出版社2011年版，第58—59页。

分配是没有资产阶级的资产阶级法权。^①某种程度上说，正是对马克思主义经典作家所使用的个别概念或论断的执拗，才使得这种误解很难不发生，也才使供给制和吃饭不要钱等分配方式有了理论依据。

北戴河会议公报和关于建立人民公社的决议公布后，全国迅速掀起大规模的人民公社化和大炼钢铁运动。以高指标、瞎指挥、浮夸风和"共产风"为主要标志的"左"倾错误，在全国范围内泛滥开来。对于运动中出现的混乱和偏差，党内很多领导干部都认识到了，然而正如陈云私下所说，"现在不是毛主席一个人热，全国许多领导都热，不吃一点苦头，这些话是听不进去的"^②。

"苦头"很快到来了。北戴河会议之后，"大跃进"和人民公社化运动中出现的问题陆续反映到中央：有的农村发生杀牲口、砍树、藏粮等不正常现象；有的地方遭灾歉收后仍谎报产量、多征购粮食，导致饿死人的事情发生。^③一些领导人到率先成立全县范围的公社、称实现了全县"全民所有制"的河北徐水县实地调查时，"也看出假来了"^④。为了解更多情况，毛泽东派吴冷西、田家英各带一个小组，分别到河南修武县和新乡县七里营调查，并指示说："什么是共产主义社会，现在并不是人人认识一致，甚至在高级干部中也各说各的，其中有不少胡话。北戴河会议时我说过公社的优点是一大二公。现在看来，人们的头脑发热，似乎越大越好，越公越好。"^⑤这番话反映出毛泽东在思想上开始发生变化。

经过多方准备，1958 年 11 月 2 日至 10 日，毛泽东在郑州主持

---

① 参见《孙冶方文集》第 9 卷，知识产权出版社 2018 年版，第 192—193 页。

② 孙业礼、熊亮华：《共和国经济风云中的陈云》，中央文献出版社 1996 年版，第 150 页。

③ 参见中共中央党史研究室：《中国共产党历史》第二卷（1949—1978）下册，中共党史出版社 2011 年版，第 505 页。

④ 薄一波：《若干重大决策与事件的回顾》下卷，第 777 页。

⑤ 吴冷西：《忆毛主席——我亲身经历的若干重大历史事件片断》，新华出版社 1995 年版，第 95—96 页。

召开有中央和地方部分领导人参加的会议（即第一次郑州会议），着重阐发了一些理论观点。

毛泽东明确对统一调拨产品、资金、劳动力表示了否定。他说：一个县的全民所有制，还是大集体所有制，人力、财力、物力都不能调拨。这一点需要讲清楚，同全民所有制不能混同。人民公社的产品不能调拨，同国营工厂不同，如果混同，就没有奋斗目标了。[①] 他提出：斯大林说，有一种"可怜的马克思主义者"认为，应当剥夺农村的中小生产者。我国也有这种人。有些同志急于要宣布人民公社是全民所有，废除商业，实行产品调拨，这就是剥夺农民。现在农民的劳动，同土地和其他生产资料一样是他们自己所有的，因此有产品所有权。忘记了这一点，我们就有脱离农民的危险。[②]

与此相联系，毛泽东批评了废除货币、取消商品的主张。他说："现在，我们有些人大有要消灭商品生产之势。他们向往共产主义，一提商品生产就发愁，觉得这是资本主义的东西，没有分清社会主义商品生产和资本主义商品生产的区别，不懂得在社会主义条件下利用商品生产的作用的重要性"，"这是不承认客观法则的表现，是不认识五亿农民的问题"。[③] 他提出："商品生产不能与资本主义混为一谈。为什么怕商品生产？无非是怕资本主义。现在是国家同人民公社做生意，早已排除资本主义，怕商品生产做什么？不要怕，我看要大大发展商品生产。""商品生产，要看它是同什么经济制度相联系，同资本主义制度相联系就是资本主义的商品生产，同社会主义制度相联系就是社会主义的商品生产。"[④]

与商品生产直接关联的是商品交换问题。毛泽东提出："必须肯

---

① 《中国共产党历史》第二卷（1949—1978）下册，第 509—510 页。
② 参见《毛泽东文集》第 7 卷，第 438—439 页。
③ 《毛泽东文集》第 7 卷，第 437 页。
④ 《毛泽东文集》第 7 卷，第 439 页。

定社会主义的商品生产和商品交换还有积极作用。调拨的产品只是一部分，多数产品是通过买卖进行商品交换。""必须在产品充分发展之后，才可能使商品流通趋于消失。""只要存在两种所有制，商品生产和商品交换就是极其必要、极其有用的。"①他不赞同陈伯达没有现金结算就没有货币流通的观点，认为"现金结算，非现金结算，是一回事嘛"，并肯定地表示"必须使每一个公社，并且使每一个生产队，除了生产粮食以外，都要生产商品作物"。他批评取消商业的做法说："以为人民公社就是个国家，完全都自给，哪有这个事？生产总是分工的。大的分工就是工业、农业。""既有分工，搞工业的就不能生产粮食、棉花、油料，他就没有吃的，只好交换。"他主张："每一个人民公社除生产粮食以外，必须大量生产经济作物，能够卖钱的，能够交换的，有农业品，有工业品，总之是生产商品。"②

为了进一步从理论上搞清楚这些问题，11月9日，毛泽东给中央、省、地、县四级党委委员写了一封《关于读书的建议》的信，建议读斯大林的《苏联社会主义经济问题》和《马恩列斯论共产主义社会》这两本书。他要求"读时，三五个人为一组，逐章逐节加以讨论，有两至三个月，也就可能读通了"，并说"要联系中国社会主义经济革命和经济建设去读这两本书，使自己获得一个清醒的头脑，以利指导我们伟大的经济工作。现在很多人有一大堆混乱思想，读这两本书就有可能给以澄清。有些号称马克思主义经济学家的同志，在最近几个月内，就是如此"。③他同时建议将来有时间可以再读苏联《政治经济学教科书》。

随后，毛泽东又建议中央政治局开会讨论《苏联社会主义经济问题》的主要部分，以便搞清楚"提出划线好，还是不划线好"及

①《毛泽东文集》第7卷，第436、440页。
②《毛泽东年谱（1949—1976）》第3卷，第487—488页。
③《毛泽东文集》第7卷，第432页。

"现阶段要商品好，还是不要商品好"的问题。① 毛泽东认为，这两个至关重要的理论问题不解决，纠正实践中的错误是不可能的。遵照毛泽东的建议，在京的中央政治局和书记处成员在刘少奇、周恩来和邓小平的主持下，"进行了多次的学习和讨论"②。

在此基础上，11 月 21 日至 27 日，中央政治局在武昌召开扩大会议，沿着郑州会议的思路，继续批评急于过渡的倾向以及高指标和浮夸风问题。毛泽东提出："我们在这一次唱个低调，把脑筋压缩一下，把空气变成固体空气"；"胡琴的弦不要拉得太紧，搞得太紧了，就有断弦的危险"③。而唱低调必然要反对弄虚作假。毛泽东说："建议跟县委书记、公社党委书记切实谈一下，要老老实实，不要作假。本来不行，就让人家骂，脸上无光，也不要紧。不要去争虚荣。"④ 然而，"大跃进"中弄虚作假的情况，包括许多违反常识、背离科学的东西，是在"破除迷信"的口号下发生的。毛泽东不得不对这一口号作了新的阐释："破除迷信以来，效力极大，敢想敢说敢做，但有一小部分破得过分了，把科学真理也破了。""破除迷信，不要把科学当迷信破除了。""凡迷信一定要破除，凡真理一定要保护。"⑤ 与此相联系，毛泽东还修正了对"资产阶级法权"的看法："资产阶级法权有一部分在社会主义时代是有用的，必须保护，使之为社会主义服务。把它打得体无完肤，会有一天我们要陷于被动，要承认错误，向有用的资产阶级法权道歉。"⑥

紧接着在武昌召开的中共八届六中全会，对《关于人民公社若

---

① 参见中共中央文献研究室编：《毛泽东传》第 5 卷，中央文献出版社 2013 年版，第 1866 页。
② 薄一波：《若干重大决策与事件的回顾》下卷，第 839 页。
③《毛泽东年谱（1949—1976）》第 3 卷，第 522 页。
④《毛泽东文集》第 7 卷，第 446 页。
⑤《毛泽东文集》第 7 卷，第 448、449 页。
⑥《毛泽东文集》第 7 卷，第 449 页。

干问题的决议》和《关于一九五九年国民经济计划的决议》两个文件作了修正，强调必须划清集体所有制和全民所有制、社会主义和共产主义的两种界限，提出无论由社会主义的集体所有制向社会主义的全民所有制过渡，还是由社会主义向共产主义过渡，都必须以一定程度的生产力的发展为基础。[①]全会"着重指出"，"继续发展商品生产和继续保持按劳分配的原则，对于发展社会主义经济是两个重大的原则问题，必须在全党统一认识"，"过早地取消商品生产和商品交换，过早地否定商品、价值、货币、价格的积极作用，这种想法是对于发展社会主义建设不利的，因而是不正确的"。[②]

不过，这次全会的锋芒，"如毛泽东所说，主要是对着那些性急的人"[③]，并非要否定"大跃进"。不仅如此，全会高度评价1958年的"大跃进"是"找到了一条多快好省地建设社会主义的康庄大道"，认为1959年"有可能跃进得更好"[④]。因而，全会虽然压缩了高指标，但压得很不彻底，除基建投资和钢产量外，其他指标大体保持北戴河会议提出的高数字。对此，陈云有保留意见，希望在全会公报中不要公布这些指标，但这个意见没有反映到毛泽东那里。[⑤]

八届六中全会后，各地普遍开展人民公社的整顿，遏制了急急忙忙向全民所有制过渡、向共产主义过渡的势头。但是问题仍然存在，原因自然是全党的思想认识仍未根本转变。为此，中共中央于1959年春连续召开第二次郑州会议、上海会议和八届七中全会，进一步推动全党转变观念。而全党转变观念的前提是毛泽东转变观念。从第二次郑州会议情况看，毛泽东的认识显然有了更进一步的改变。他提出：首先应该纠正平均主义和过分集中两种倾向。平均主义的倾

---

① 《建国以来重要文献选编》第 11 册，第 606 页。
② 《建国以来重要文献选编》第 11 册，第 611 页。
③ 《毛泽东传》第 5 卷，第 1873 页。
④ 《建国以来重要文献选编》第 11 册，第 651、652 页。
⑤ 《毛泽东传》第 5 卷，第 1873 页。

向否认各个生产队和各个个人的收入应当有所差别,即否认按劳分配、多劳多得的社会主义原则;过分集中的倾向否认生产队的所有制,否认生产队应有的权利,任意把生产队的财产上调到公社来。两种倾向都包含有否认价值法则、否认等价交换的思想在内,这当然是不对的。[①]他说:价值法则依然是客观存在的经济法则,我们对于社会产品,只能实行等价交换,不能实行无偿占有。违反这一点,终究是不行的。[②]"价值法则、等价交换,不仅适用于人民公社集体所有制的内部,也不仅实行于全民所有制的产品跟集体所有制的产品之间,而且也实行于国有企业各部门之间。""谢谢几亿农民瞒产私分,坚决抵抗,就是这些事情推动了我,我就想一想。……价值法则、等价交换,这是个客观规律,违反它,要碰得头破血流。"[③]

根据毛泽东的提议,第二次郑州会议确定了整顿人民公社、遏制"共产风"的对策:"统一领导,队为基础;分级管理,权力下放;三级核算,各计盈亏;分配计划,由社决定;适当积累,合理调剂;物资劳动,等价交换;按劳分配,承认差别。"[④]其中最重要的是队为基础、等价交换、按劳分配,事实上否定了原先设想的"一大二公"的大公社。这些认识在随后于上海召开的中央政治局扩大会议上得到进一步发展。上海会议不但肯定了以生产队作为基本核算单位,而且承认了生产队下面的生产小队的部分所有制和一定的管理权限。"一大二公"的人民公社大体退回到原来高级社和初级社的规模和所有制水平。

紧接着召开的八届七中全会,对 1959 年的基本建设投资再作下调,但其他指标大都未变,钢产量仍为 1800 万吨,只是在内部说明

---

① 中共中央文献研究室编:《毛泽东文集》第 8 卷,人民出版社 1999 年版,第 11 页。
② 薄一波:《若干重大决策与事件的回顾》下卷,第 850 页。
③ 《毛泽东年谱(1949—1976)》第 3 卷,第 613、623 页。
④ 中共中央文献研究室编:《建国以来重要文献选编》第 12 册,中央文献出版社 1996 年版,第 135 页。

其中好钢为 1650 万吨。会后，为进一步落实钢铁指标问题，中央委托陈云领导中央财经小组继续进行研究，而陈云则依然坚持"降温"的主张。他先是给中央财经小组成员写信，提出缓和市场紧张状况和编制 1960 年计划方法的意见，[①] 后又在中央政治局会议上提出将当年钢产量指标降到 1300 万吨、钢材可靠指标定为 900 万吨。[②] 他致信毛泽东强调，"说把生产数字定得少一点（实际是可靠数字），会泄气，我看也不见得。正如少奇同志在政治局讲的，定高了，做不到，反而会泄气"[③]。

6 月，中央政治局会议决定将 1959 年的钢产指标降到 1300 万吨，对基建项目也作了更大幅度的压缩。毛泽东在会上作了自我批评："本来是一些好事，因为一些指标那么一高，每天处于被动。工业指标、农业指标，有一部分主观主义，对客观必然性认识不足。""世界上的人，自己不碰钉子，没有经验，总是不转弯。"[④] 他认为，"许多问题是料不到的。谁知道吹'共产风'？根本不管价值法则、等价交换，一办公社，'共产风'就吹出来了，没有料到"[⑤]。他感慨说："我到井冈山，头一仗就是打败仗，这是一个好经验，吃了亏嘛"，"抓工业也没有经验，第一仗也是败仗"[⑥]。毛泽东后来还表示："国难思良将，家贫思贤妻。陈云同志对经济工作是比较有研究的，让陈云同志来主管计划工作、财经工作比较好。"[⑦]

毛泽东这样的话语，等于承认自己先前的认识和主张有错、是"败仗"。然而，他并不认为总路线、"大跃进"、人民公社本身是有错

① 中共中央文献研究室编：《陈云年谱》下卷，中央文献出版社 2015 年版，第 14 页。
② 《陈云年谱》下卷，第 17 页。
③ 《陈云文选》第 3 卷，第 139 页。
④ 《毛泽东传》第 5 卷，第 1915 页。
⑤ 《毛泽东传》第 5 卷，第 1916 页。
⑥ 《毛泽东传》第 5 卷，第 1916—1917 页。
⑦ 《陈云年谱》下卷，第 24 页。

的。特别是"大跃进",即便毛泽东此时改口认可综合平衡的重要性,说"不晓得讲了多少年的有计划按比例发展,就是不注意,不是综合平衡"①;毛泽东仍然将其视作他找到的有别于苏联的社会主义建设道路,他所作的纠"左"只是纠正实践中的具体问题,是为了在解决"一大堆糊涂思想和矛盾抵触问题"之后,"全党全民就可以一个意向地展开今天的大跃进了"②。这种思想当然不能从根本上解决问题,并且成为 1959 年七八月间举行的中央政治局扩大会议和八届八中全会(合称庐山会议)出现政策转折的思想根源。

庐山会议的原意是进一步纠正"大跃进"以来的错误,而这显然需要在理论上解决"什么叫建成社会主义?什么叫过渡到共产主义?"③的问题。毛泽东感到,有关社会主义条件下的经济规律、商品、货币、计划和矛盾等,需要有明确的界说和观点。因此,庐山会议前,毛泽东拟定的会议准备讨论的 19 个问题中,"高级干部读《政治经济学教科书》第三版下册"④ 排在首位。后来,在正式提供会议讨论的 18 个问题中,第一仍是读书。毛泽东说:"去年郑州会议提出读三本书,问读了没有,说是读了一点,读得不多,有的自己也没有读。"⑤ 显然,毛泽东对党内的读书情况不甚满意。

毛泽东之所以如此重视读马克思主义经典著作和苏联经济学教科书,显然是因为他认为"大跃进"的理论和实践出了问题,"去年做了一件蠢事","吃了大亏,造成十分被动的局面"⑥。他指出,"大跃进的重要教训之一、主要缺点是没有搞平衡","整个经济中平衡是

---

① 中共中央文献研究室编:《毛泽东年谱(1949—1976)》第 4 卷,中央文献出版社 2013 年版,第 71 页。
②《毛泽东年谱(1949—1976)》第 3 卷,第 627 页。
③《毛泽东年谱(1949—1976)》第 3 卷,第 493 页。
④《建国以来重要文献选编》第 12 册,第 423 页。
⑤《毛泽东文集》第 8 卷,第 75 页。
⑥《毛泽东传》第 5 卷,第 1929 页。

个根本问题，有了综合平衡，才能有群众路线"①，而综合平衡正是陈云等人的一贯主张，也是计划经济的重要原则。也就是说，毛泽东此时不得不承认"大跃进"的混乱局面就是没有遵循计划经济规律的结果。那么，要解决这些问题，同时也要提升全党的计划经济工作水平，最佳方式就是学习作为计划经济理论原典的马克思主义经典作家的有关论述和苏联教科书。因此，毛泽东要求地委以上党委委员包括县委书记读苏联《政治经济学教科书》（第三版），县、社党委成员能读的也可以读。他说："有鉴于去年许多领导同志，县、社干部，对于社会主义经济问题还不大了解，不懂得经济发展规律，有鉴于现在工作中还有事务主义，所以应当好好读书。"②而读书的直接目的，就是在充分肯定成绩的前提下，认真总结经验教训，进一步统一认识，动员全党完成 1959 年的"大跃进"任务。

　　然而，党内很多人对"大跃进"的看法与毛泽东有根本不同。张闻天明确说："人改造物质世界，归根结底要发展生产，光凭主观想象是不行的"；建设社会主义"需要冲天的干劲，也需要一定的物质技术条件"，"强调前者是唯心主义，强调后者是机械唯物论，两者结合才是马列主义"。③这种认识上的分歧在庐山会议上被打成了路线错误，会议也因此急剧转向"反右倾"。随着"反右倾"斗争席卷全党，各地区、各部门又对一些生产指标不断加码，重新提高原来已经降低的指标。在继续"大跃进"的口号下，浮夸风和"共产风"等再度泛滥起来，生产力遭到极大破坏，国民经济在 1959 年至 1961 年遇到严重困难。中国经济发展跌入 1949 年以来的谷底。

　　如果从毛泽东要求全党通过读书掌握经济规律、以更好地开展"大跃进"的思想轨迹看，庐山会议和"反右倾"只是一场插曲。会

---

① 《毛泽东文集》第 8 卷，第 80 页。

② 《毛泽东文集》第 8 卷，第 75 页。

③ 张培森主编：《张闻天年谱》下卷，中共党史出版社 2000 年版，第 1123 页。

后，毛泽东依然推动全党继续读书活动。从 1959 年 12 月 10 日至
1960 年初，毛泽东会同陈伯达、胡绳、邓力群、田家英，分别在杭
州、上海（火车上）和广州开展了阅读苏联科学院经济研究所编的
《政治经济学教科书》第三版下册的读书活动。在两个月中，毛泽东
读完了全书 36 章及结束语。在读书活动伊始，毛泽东就指出："任何
国家的共产党，任何国家的思想界，都要创造新的理论，写出新的著
作，产生自己的理论家，来为当前的政治服务"；"我们在第二次国内
战争末期和抗战初期写了《实践论》《矛盾论》，这些都是适应于当时
的需要而不能不写的。现在，我们已经进入社会主义时代，出现了一
系列的新问题，如果单有《实践论》《矛盾论》，不适应新的需要，写
出新的著作，形成新的理论，也是不行的"。① 他还指出：搞第一个五
年计划，"基本上照抄苏联的办法，但总觉得不满意，心情不舒畅"，
"苏联和中国都是社会主义国家，我们是不是可以搞得快点多点，是
不是可以用一种更多更快更好更省的办法建设社会主义。后来提出了
建设社会主义的两种方法的问题"②，"在一九五八年正式形成了社会
主义建设的总路线"③。从这番话里不难看出，在毛泽东心目中，"大
跃进"正是一条超越苏联计划经济建设路线的新道路的。只不过由于
全党经济理论水平有限，这条道路在实践中出现了偏差。

在此之前的 11 月 2 日至 22 日，刘少奇利用到海南岛疗养的机
会，也开始了对《政治经济学教科书》第三版下册的阅读。为了加深
对理论的理解，刘少奇特地邀请两位经济专家王学文和薛暮桥前来加
入学习小组。周恩来则于 1960 年 2 月组织了读书小组到广东从化阅
读该书，并作了两次较系统的发言。④ 这期间，毛泽东又在 1960 年 1

① 《毛泽东文集》第 8 卷，第 109 页。
② 《毛泽东文集》第 8 卷，第 117 页。
③ 《毛泽东年谱（1949—1976）》第 4 卷，第 269 页。
④ 中共中央文献研究室编：《周恩来年谱（1949—1976）》中卷，中央文献出版社
1997 年版，第 288 页。

月的中央政治局扩大会议上建议：中央各部党组，各省、市、自治区党委，都去组织读《政治经济学教科书》。① 毛泽东的这个建议理所当然为全党所接受。从 1959 年底到 1960 年初，不仅在中央领导层，而且在全党也同时掀起了一个学习政治经济学的运动。

无论是对计划经济理论原典的肯定还是批评，毛泽东的着眼点都是希望找到一条超越苏联的社会主义建设道路。而这条道路在理论上可以有重大的创新，正如毛泽东所期盼的，"马克思主义、列宁主义大发展在中国，这是毫无疑义的"②。既然"大跃进"就是这条道路，就必须使其在理论上立得住、符合马克思主义，同时又要使其与苏联式的计划经济有所不同。因而，毛泽东对于马克思主义政治经济学原理的强调难免有自相矛盾之处。他在讲到"那个客观存在的价值法则"即价值规律的时候提出："这个法则是一个伟大的学校，只有利用它，才有可能教会我们的几千万干部和几万万人民，才有可能建设我们的社会主义和共产主义。否则一切都不可能。"③ 这无疑说明毛泽东对社会主义时期还存在价值规律是持肯定态度的。但他后来在读苏联《政治经济学教科书》时又说："价值规律作为计划工作的工具，这是好的，但是，不能把价值规律作为计划工作的主要根据。我们搞大跃进，就不是根据价值规律的要求来搞的，而是根据社会主义经济的基本规律，根据我国扩大再生产的需要来搞的。"④ 这就出现了价值规律是"一个伟大的学校"与"不能作为计划工作的主要根据"之间的矛盾。

考虑到毛泽东提出的"如果单从价值规律的观点来看我们的大跃进，就必然得出得不偿失的结论，就必然把去年大办钢铁说成无效

---

① 《毛泽东年谱（1949—1976）》第 4 卷，第 309 页。

② 《毛泽东传》第 5 卷，第 1998 页。

③ 《毛泽东文集》第 8 卷，第 34 页。

④ 《毛泽东年谱（1949—1976）》第 4 卷，第 288 页。

劳动",只能说毛泽东要求全党开展的读书和理论学习活动,其目的还是为"大跃进"服务的。这与同一时期党内一些理论工作者和经济学家关于商品生产、交换、价值规律的讨论有很大不同。然而,接下来的问题在于,当"大跃进"的思想被实践证明难以为继的时候,改变的方向在哪里?

四、"八字方针":重建秩序

面对"大跃进"造成的严峻局面,毛泽东于 1960 年 6 月写就《十年总结》一文。他在文中虽然肯定"从一九五六年提出十大关系起,开始找到自己的一条适合中国的路线","开始反映中国客观经济规律",肯定以"大跃进"来建设中国社会主义的方式,但同时也指出它带来"乱子"。[1] 毛泽东认为,运用价值法则、等价交换、自给生产、交换生产等原理是纠正"乱子"的思想工具。因此,他总结说:要学会驾驭社会主义建设的规律,就必须实事求是,获得"客观情况对于人们头脑的真实的反映";"我们对于社会主义时期的革命和建设,还有一个很大的盲目性,还有一个很大的未被认识的必然王国。我们还不深刻地认识它。我们要以第二个十年时间去调查它,研究它,从其中找出它的固有的规律,以便利用这些规律为社会主义的革命和建设服务"。[2]

毛泽东所说的思想工具和规律,无一不是已被苏联应用于实践的马克思主义政治经济学的理论。以这些理论为"药"来祛除"大跃进"之"病",其结果当然是要重新走上计划经济道路。中国共产党在 1960 年上半年之后进行的经济领域的纠"左",正是向着重建计划

---

[1] 参见中共中央文献研究室编:《建国以来重要文献选编》第 13 册,中央文献出版社 1996 年版,第 418 页。
[2] 《建国以来重要文献选编》第 13 册,第 419、420 页。

经济秩序前进着。

在 1960 年 6 月中央政治局在上海召开的扩大会议上，毛泽东再度承认计划指标偏高造成被动局面，提出要转入主动，必须下决心降低指标，并称周恩来在八大作的"二五"计划报告，"最好的部分就是指标打得低的那部分，现在谁说八大犯了右倾机会主义错误呢？"[①]他说："过去有个时期，包括我在内，想那个大数目字，比如一亿吨钢，实在有味道。多少年之后，我们有一亿吨钢，接近美国，那该多好呀！我看，现在不要着重那个东西，要着重门类样样都有……讲质量、品种、规模，把这个提到第一位，把数量放到第二位。"[②]刘少奇也指出："大家一番热情，总想多一点，快一点，盘子摆得大一点，基本建设项目多上一点，但是还要切实可靠，充分可靠，一切经过试验，实事求是，冷热结合。"他要求全党正视问题的严重性，坚决采取措施加以纠正，并说："今后还要鼓足干劲，力争上游，但要着重了解实际情况，着重实事求是。"[③]

随后，中央连续发出指示，决定在保粮、保钢的前提下，压缩基本建设战线，加强农业第一线，并决定以后国民经济计划不再搞两本账，不搞计划外的东西，不留缺口。[④]根据这一精神，周恩来、李富春在 8 月底 9 月初主持研究 1961 年经济计划时，提出对国民经济实行"调整、巩固、充实、提高"的八字方针：调整国民经济各部门间失衡的比例关系，巩固生产建设取得的成果，充实新兴产业和短缺产品项目，提高产品质量和经济效益。

思想上的调整还在继续。毛泽东在 1960 年底至 1961 年初召开的中央工作会议期间指出："这三年大搞钢铁，挤了农业"；"工业战线

① 《毛泽东年谱（1949—1976）》第 4 卷，第 414 页。

② 《毛泽东传》第 5 卷，第 2045 页。

③ 中共中央文献研究室编：《刘少奇传》下卷，中央文献出版社 2008 年版，第 786、787 页。

④ 参见薄一波：《若干重大决策与事件的回顾》下卷，第 920—921 页。

过大，面过宽"。① 他说："现在看来，搞社会主义建设不要那么十分急。十分急了办不成事，越急就越办不成，不如缓一点，波浪式向前发展。""我看我们搞几年慢腾腾的，然后再说。今年、明年、后年搞扎实一点。不要图虚名而招实祸。"② 在毛泽东看来，这几年错误的发生，直接源于思想方法上的主观主义和片面性，"我们的同志调查研究工作不做了"，"只凭想象和估计办事"③。他号召全党大兴调查研究之风，一切从实际出发，要求 1961 年成为实事求是年、调查研究年。

随后，八届九中全会确定从 1961 年起对国民经济实行"调整、巩固、充实、提高"的方针，使整个国民经济实现综合平衡，按比例发展。全会决定在全国各大区重新成立党的六个中央局，以加强中央对各大区各项工作的统一领导和全面安排。在此期间，中央批转了财政部党组《关于改进财政体制、加强财政管理的报告》，要求对财政预算进行整顿，"加强经济核算，切实降低成本"，坚持"全国一盘棋"④。这显然是要把在"大跃进"中下放得过多的经济管理权力重新集中起来。而作为权力下放的主要推动者，毛泽东的态度已经与"大跃进"之前完全不一样，不仅表示"要收回一些权力，把权力收到中央、中央局、省市区三级，下面收缩一下，这样，就不会层层加码了"⑤，而且提出"这句话说了好几遍了，就看灵不灵"⑥。接着，中央下发《关于调整管理体制的若干暂行规定》，要求"经济管理的大权应该集中到中央、中央局和省（市、自治区）委三级"，"最近两三年内，应该更多的集中到中央和中央局"，要求"各省（市、自治区）

---

① 《毛泽东年谱（1949—1976）》第 4 卷，第 517、516 页。
② 《毛泽东文集》第 8 卷，第 236—237 页。
③ 《毛泽东文集》第 8 卷，第 233 页。
④ 中共中央文献研究室编:《建国以来重要文献选编》第 14 册，中央文献出版社 1997 年版，第 47 页。
⑤ 《毛泽东年谱（1949—1976）》第 4 卷，第 517 页。
⑥ 《毛泽东年谱（1949—1976）》第 4 卷，第 517 页。

和中央各部下放给专、县、公社和企业的人权、财权、商权和工权，放得不适当的，一律收回"，"中央各部直属企业的行政管理、生产指挥、物资调度、干部安排的权力，统归中央主管各部"。规定特别强调，"财权必须集中"，"货币发行权归中央"，"必须执行全国一盘棋、上下一本帐的方针"。①

经济管理权力的回收，显示出中共中央决心抛弃"大跃进"这种非常态的经济发展模式，力图使各行各业回归常态。不仅如此，中央于 1961 年内先后发布"农业六十条"（即《农村人民公社工作条例（草案）》）、"手工业三十五条"（即《关于城乡手工业若干政策问题的规定（试行草案）》）、"商业四十条"（即《关于改进商业工作的若干规定（试行草案）》）、"工业七十条"（即《国营工业企业工作条例（草案）》），再加上此前发出的《关于农村人民公社当前政策问题的紧急指示信》，所有举措都是指向纠正各领域的"共产风"和急过渡倾向。特别是"工业七十条"，不仅确定了国家与企业之间的一系列经济关系，而且要求企业实行全面的经济核算，讲求经济效果，并建立了一些"大跃进"以前未曾建立的责任制度如厂长负责制、总会计师负责制等。② 主要经济领域重回计划经济的轨道。

然而，"三面红旗"毕竟没有被公开否定，"跃进"的思想倾向在党内仍然很有影响。再加上"八字方针"此时只压缩了施工项目，没有压缩基本建设投资规模，不仅农业、轻工业、重工业产值都在下降，相应地财政收入也在减少，而且由于市场货币投放量急剧上升，隐然有通货膨胀之势。八届九中全会确定的 1961 年经济计划显然不能维持，只有下决心再次后退。为此，中共中央于 1961 年 8、9 月间在庐山召开工作会议，作出《关于当前工业问题的指示》，提出："我们已经丧失了一年多的时机。现在，再不能犹豫了，必须当机立断，

---

① 《建国以来重要文献选编》第 14 册，第 102、104 页。
② 参见《建国以来重要文献选编》第 14 册，第 669—671 页。

该退的就坚决退下来，切实地进行调整工作。如果不下这个决心，仍然坚持那些不切实际的指标，既不能上，又不愿下，那末，我们的工业以至整个国民经济就会陷入更被动、更严重的局面。"①

虽然这次会议对调整后退的态度是坚决的，但全党的认识状况明显与此不相适应。由于多年搞"大跃进"和"反右顾"造成的思想惯性，人们对于压缩基本建设规模和经济指标既不愿也不敢，毕竟还有"反冒进"的前车之鉴。为了统一全党的认识，中央于1962年1月11日至2月7日召开了扩大的中央工作会议。参加会议的有从中央到地方以及厂矿、部队的负责干部7000余人，因此又称"七千人大会"。而之所以扩大到这么广的参会范围，正是因为毛泽东认为"一般规模和开法的工作会议，尚不足以最有成效地把中央的精神与要求全面地贯彻到县一级，达到统一全党思想与行动的目的"②。显然，中共中央对通过这次会议扭转经济局面寄予厚望。

从会议的内容和结果来看，中央的期望很大程度上实现了。刘少奇代表中央作的书面报告和大会讲话，在强调"三面红旗"的基本方向和主要原则是正确的同时，分析了产生缺点和错误的原因，提出1962年是对国民经济进行调整工作最关键紧要的一年，必须做好国民经济各项调整工作。毛泽东也在大会上讲话提出："对于建设社会主义的规律的认识，必须有一个过程。必须从实践出发，从没有经验到有经验，从有较少的经验，到有较多的经验，从建设社会主义这个未被认识的必然王国，到逐步地克服盲目性、认识客观规律、从而获得自由，在认识上出现一个飞跃，到达自由王国。"他认为："中国的人口多、底子薄，经济落后，要使生产力很大地发展起来，要赶上和超过世界上最先进的资本主义国家，没有一百多年的时间，我看是不行的。""由这点出发，把时间设想得长一点，是有许多好处的，设想

---

① 《建国以来重要文献选编》第14册，第617页。
② 丛进：《曲折发展的岁月》，人民出版社2009年版，第296页。

得短了反而有害。"①

不过，"七千人大会"还是对 1962 年的经济形势表示了乐观。然而面对 1962 年"财政收支将出现 30 亿元赤字，而且 1958 年至 1961 年的财政收入都有水分，核实下来，赤字还会扩大"② 的严峻现实，中央不能不进一步转变认识。2 月 21 日至 23 日，刘少奇在中南海西楼会议室主持召开中央政治局常委扩大会议，讨论认为必须确定一个恢复时期，对国民经济进行全面的大幅度的调整。刘少奇指出：过去几年没有揭露赤字是不对的。搞不好，经济还要继续恶化。现在带有非常时期的性质，要用非常的办法，把调整经济的措施贯彻下去。③ 陈云对经济形势及克服困难的办法发表了系统的意见，提出把十年经济规划分为恢复阶段和发展阶段、继续减少城市人口、采取一切办法制止通货膨胀、尽力保证城市人民的最低生活需要、把一切可能的力量用于农业增产、计划机关应把主要注意力从工业和交通方面转移到农业增产和制止通货膨胀方面来等六项措施。④

陈云在西楼会议上的发言，既没有"形势大好"的套话，也没有顾及"七千人大会"关于经济"已经走到谷底"、"最困难时期已经过去"的估计。他提出要用五年时间来进行调整，与毛泽东在"七千人大会"前提出 1962 年大抓一年，争取各行各业都"跃进"的想法大相径庭。他说建设规模超过了农业、工业所能负担的极限，依然那么的"不合时宜"。他关于存在通货膨胀的说法更是刺耳，社会主义竟然还有通货膨胀——如果拘泥于马克思主义经济学说的具体论断，这的确有点匪夷所思。但陈云的意见得到刘少奇等的赞同。刘少奇还

---

① 中共中央文献研究室编：《建国以来重要文献选编》第 15 册，中央文献出版社 1997 年版，第 126、127、128 页。

② 薄一波：《若干重大决策与事件的回顾》下卷，第 1081 页。

③ 中共中央文献研究室编：《刘少奇年谱（1898—1969）》下卷，中央文献出版社 1996 年版，第 549 页。

④ 参见《陈云年谱》下卷，第 125 页。

建议召开国务院全体会议，请陈云再展开讲一讲，统一认识。

2月26日，国务院召开有各部委党组成员参加的扩大会议，陈云对西楼会议发言的内容作进一步丰富和阐发，并提出一些新的观点，力图统一高级干部的思想认识。他首先说，"对于存在着困难这一点，大家的认识是一致的。但是，对于困难的程度，克服困难的快慢，在高级干部中看法并不完全一致"，而"高级干部的看法统一，非常重要"。① 他进而指出，现在已经摆开的基本建设规模，是建立在粮食和棉花生产的错误估计上的，又是根据钢产量的主观设想来布置的，因而大大超出农业和工业生产水平所能负担的限度。据此，他再度提出"把十年经济规划分为两个阶段"，"前一阶段是恢复阶段，后一阶段是发展阶段"，恢复阶段从1960年起大体要五年，任务是"克服困难，恢复农业，恢复工业，争取财政经济情况的根本好转"。② 他还强调要大规模减少城市人口，采取一切办法制止通货膨胀，并把一切可能的力量用于农业增产。

陈云的讲话得到与会者的赞同。按照同样的思路，李先念作了《关于当前财政信贷和市场方面存在的问题和应当采取的措施》的讲话，李富春作了《关于工业情况和建设速度问题》的讲话。三个讲话经毛泽东同意印发全党。西楼会议和国务院各部委党组成员扩大会比"七千人大会"对困难形势的认识更实际也更深刻，提出了克服经济困难的具体措施，实际上作出了进一步对国民经济实行全面调整的决策。

西楼会议后，中共中央决定重新设立中央财经小组。陈云在小组会议上进一步提出，要准备对重工业、基本建设的指标"伤筋动骨"，要痛痛快快地下来，再不能犹豫了。周恩来支持陈云的主张，并将之概括为一副对联：上联是先抓吃穿用，下联是实现农轻重，横

---

① 《陈云文选》第3卷，第191页。
② 《陈云文选》第3卷，第200页。

批是综合平衡。① 随后，陈云去南方疗养。中央财经小组在周恩来的主持下，进一步研究国民经济调整措施，形成《中央财经小组关于讨论一九六二年调整计划的报告（草案）》，提交 5 月召开的中央工作会议讨论。刘少奇在这次会上指出："现在的主要危险还是对困难估计不够。我们应当充分估计当前的困难以及现在还设想不到的困难。要准备迎接困难，克服困难。否则，对克服困难我们就会精神准备不够，这是危险的。"② 据此，五月会议研究了进一步压缩城镇人口、精简职工、缩短工业战线以及粮食和外汇问题，制定了大幅度调整国民经济的具体方针、办法和措施。

五月会议后，按照中央的部署，国民经济的调整开始大刀阔斧地进行。经过大幅精简职工和减少城镇人口、压缩基本建设规模、缩短工业战线、加强财政管理、稳定市场、回笼货币、抑制通货膨胀等一系列措施，调整工作很快取得成效。农业生产开始回升，农、轻、重的比例关系有所改善，国家财政收支平衡，国民经济虽然仍处于低水平发展，但已经出现复苏局面。

就在经济调整进行当中，一场关于"包产到户"的争论在党内发生了。继安徽省委于 1961 年春天支持农民实行"责任田"的要求，实行"包产到队、定产到田、责任到人"后，十几个省区也都试行了多种形式的生产责任制。对此，党内从一开始就有不同看法。1961年 3 月和 7 月，安徽省委第一书记曾希圣向毛泽东汇报此事，毛泽东"勉强"同意进行试验，但不久又表明了否定态度，认为"农村实行以生产队为基本核算单位以后，这是最后的政策界限，不能再退了"③。中央在这年 11 月发出的《关于在农村进行社会主义教育的指示》中也强调："目前在个别地方出现的包产到户和一些变相单干的

---

① 参见《陈云年谱》下卷，第 129 页。
②《刘少奇选集》下卷，第 446 页。
③ 薄一波：《若干重大决策与事件的回顾》下卷，第 1114 页。

213

做法，都是不符合社会主义集体经济的原则的，因而也是不正确的。在这类地方，应当通过改进工作，办好集体经济，并且进行细致的说服教育，逐步地引导农民把这些做法改变过来。"① 这种情况下，安徽省委不得不作出改正责任田的决议，承认这个办法是"迎合农民资本主义自发倾向的办法"②。

中央农村工作部部长邓子恢则明确支持包产到户。他认为，"解决包产到户的问题，要从有利生产、有利团结出发，实事求是地解决"，自留地生产"这种小自由小私有，是最能调动农民劳动积极性和责任心的"，而建立生产责任制则是"搞好集体生产、巩固集体所有制的根本环节"。③ 刘少奇、陈云、邓小平等也都赞成和支持包产到户。刘少奇表示："实行责任制，一户包一块，或者一个组包一片，那是完全可以的。"④ 陈云则与邓小平等人就用重新分田的办法来刺激农民生产积极性、恢复农业产量问题交换看法，并取得基本一致的意见。邓小平答复：分田到户是一种方式，可以用各种各样的方式。⑤

党内关于包产到户的争论最终在1962年8月的北戴河会议上作了结论。毛泽东在会上提出"单干风"问题，认为"搞单干，两年都不要，一年多就会出现阶级分化"⑥。他同时提出"黑暗风"问题："现在有两种人，一种是只讲黑暗，一种是讲大部黑暗，略有光明。任务是从分析形势提出来的，既然是一片黑暗，那任务的提法就不同，就证明社会主义不行，因而就要全部单干。认为大部是黑暗，略有光明，采取的办法就是大部单干，小部集体。"⑦ 在阶级斗争和修正主义

① 《建国以来重要文献选编》第14册，第767页。
② 《邓子恢传》，第557页。
③ 《邓子恢文集》，人民出版社1996年版，第584、594、599页。
④ 《刘少奇选集》下卷，第463页。
⑤ 《陈云年谱》下卷，第135页。
⑥ 中共中央文献研究室编：《毛泽东年谱（1949—1976）》第5卷，中央文献出版社2013年版，第130页。
⑦ 《毛泽东年谱（1949—1976）》第5卷，第130页。

等政治词汇的加持下，毛泽东这种批评的严重性不言而喻。与此同时，随着经济形势好转，党内在要不要继续执行"八字方针"上也有了分歧。忽视经济中依然存在的严重问题，要求上基建、上速度，开始新的"大跃进"的倾向再度抬头。

中共中央对此保持了清醒认识。1963 年 9 月，周恩来在中央工作会议上提出，中央赞同毛泽东关于从 1963 年到 1965 年作为一个过渡阶段的意见，在这一阶段内继续执行调整、巩固、充实、提高的八字方针，同时还要发展，打下底子，然后再搞第三个五年计划。而后，周恩来在听取国家计委党组汇报经济计划控制数字时再度强调，国民经济调整从 1961 年开始要进行五年，八字方针不要马上改变。[①]邓小平在工业问题座谈会上也指出："还要进行三年调整，重点是巩固、充实、提高，创造条件，为第三个五年计划做好准备。"[②]9月，中央工作会议决定从 1963 年起，再用三年时间继续进行调整工作，作为"二五"计划到"三五"计划之间的过渡阶段。事实证明，五年的调整，不仅弥补了"大跃进"造成的工农业生产中的缺陷，而且在推动产业结构的合理化和优化方面也取得了重大进展，并且由于开展"三线建设"，国民经济布局也有了很大改善。

不过，经济战线的调整不能不受到政治形势的影响。不仅农村社教中对"三自一包"的批判影响到农村经济的进一步调整，而且在"反修防修"的口号提出后，集市贸易问题又成为争论的焦点，在调整中刚刚恢复的多种流通渠道，再度受到阻碍。在城市"五反"、"四清"中，由于反对"现代修正主义"斗争中重要的一条，是批判苏联曾经实行的计算利润率和奖金制，因此把国营企业搞经济核算当作"利润挂帅"、"奖金挂帅"和"资本主义经营管理"加以批判。[③]这

① 《李富春传》，第 614 页。
② 薄一波：《若干重大决策与事件的回顾》下卷，第 1230 页。
③ 参见《孙冶方文集》第 7 卷，知识产权出版社 2018 年版，第 224—226 页。

些无疑直接影响到对企业管理的整顿，也使刚刚开始的按照经济规律
管理经济的努力遇到阻碍。在这三年中被寄予解决经济结构方面问题
厚望的试办托拉斯，也随之无果而终。①

即便受到政治因素的干扰，"八字方针"指导下的经济调整总体
上顺利完成了。自 1962 年调整在中共中央形成共识特别是在 1965 年
底调整完成后，中国共产党在清理"大跃进"造成的经济困境的基础
上，重新建立了计划经济的秩序。这场经济调整的实质，就是把混乱
的经济态势拉回计划经济的稳定发展轨道。这个思想在此后的"文化
大革命"和改革开放初期再次发挥作用。

当然，这并不是说这一时期中国共产党的经济思想就完全统一
在有秩序的计划经济这一点上；相反，党内的思想分歧是明显的。虽
然在解决经济困难这一点上，党的领导人的看法是一致的，但在如何
解决困难上，毛泽东与刘少奇、周恩来、陈云等领导人有不同的思想
逻辑。毛泽东厌恶计划经济四平八稳的管理秩序，却重视所有制的
"公"与"纯"。这在试办托拉斯的问题上表现得明显。试办托拉斯
的出发点，是"按经济管理的原则"②来管理经济、办企业，用刘少
奇的话说就是："如果我们的经济还不如资本主义的经济灵活、多样，
而只有呆板的计划性，那还有什么社会主义的优越性呢？"③毛泽东
对此显然是认可的，"资产阶级发明这个托拉斯，是一个进步的方法。
托拉斯制度实际上是个进步的制度"④。但他明确指出一个尖锐的问
题："问题是个所有制，资本主义国家是资本家所有，我们是国有。"⑤
虽然公有制和计划经济是马克思主义经典作家对于社会主义和共产主
义经济制度设计中的两大支柱，但在这个时候的中国共产党这里，显

① 参见薄一波：《若干重大决策与事件的回顾》下卷，第 1219—1226 页。
②《刘少奇选集》下卷，第 473 页。
③《建国以来重要文献选编》第 10 册，第 254 页。
④《毛泽东年谱（1949—1976）》第 4 卷，第 363 页。
⑤《毛泽东年谱（1949—1976）》第 4 卷，第 363 页。

然产生了"分野"。某种意义上说，这种分野也是马克思主义经典经济学说在内容和形式上的分化，是"主义"与"方法"的分化。

值得注意的是，已经不再担任中央领导职务的张闻天，在 1962 年 7 月向中央的报告中提出，由于产量不足和货币发行过多，工业品和农副产品在集市（即所谓"自由市场"）上的价格（即"自由价格"）比国家计划价格高很多。他认为，许多人为的限制并不能取消黑市，反而助长了黑市物价的上涨，因而计划调控的数量越少，市场供应越是多，计划价格和自由价格就越接近。他提出：所有商品包括工业品，都可以一律按较高的市场价格在城市和集镇出售；随着国家财经情况的好转、工农业产品的增多、通货膨胀的消除、城市职工工资的提高，市场物价会逐渐下降，两种价格的局面会逐渐消失，而为一种有领导、有调节的价格所代替。[①] 这事实上在理论上提出了实行计划价格和市场价格双轨制的思路，是中国共产党在经济调整期间一个重要的思想萌芽。在改革开放后的价格改革中，这一思想得以具体的丰富和发展。

经过 10 年社会主义经济建设历程，中国共产党的经济思想走过了一条以力图摆脱苏联式计划经济到重归苏联式计划经济的演变脉络。不管毛泽东等人如何质疑这个体制，并在实践上不断尝试调整这个体制，计划经济的思想都已成为这一时期中国共产党经济思想的主要部分。并在所有制方面发力，确保公有制的纯粹性。中国共产党不仅在学界批判了孙冶方的经济思想和杨献珍的"综合经济基础"论，更是发表"三评"和"九评"，批判国际上的"现代修正主义"经济理论。其中的教训都是极为深刻的。在社会主义生产关系的变动问题上，适当调整不适应生产力发展要求的部分，以求在新的生产关系下面保护和发展生产力，是必需的和正确的；但越过这个界限，片面

---

① 《张闻天选集》，第 554—563 页。

夸大生产关系对生产力的反作用，追求脱离生产力发展水平的"一大二公"，特别是在所有制问题上急于求纯、急于过渡，那就是错误的，也是极其有害的。而意识形态领域的大批判，必然会带来思想上的大震动。只不过，在已经稳定运行起来的计划经济秩序下，中国共产党的经济思想并未如政治上的狂风暴雨般发生动荡。

第七章 "文化大革命"时期的中国共产党 经济思想：1966.5—1976.10

随着调整任务的完成，中国共产党从 1966 年开始执行国民经济第三个五年计划。然而，与经济领域趋于稳定的秩序不同，政治和文化领域的"左"倾热度不断升温，终于酿至"文化大革命"的爆发。这场内乱的巨大破坏力，使得这一时期党的经济工作无可避免地受到冲击。不过，这段历史的吊诡之处在于：政治和思想文化等上层建筑的激进与混乱，与经济大体沿着 1962 年调整以来的秩序框架运转并行不悖。虽然二者之间有着重重摩擦，但中国经济始终没有出现"大跃进"时的"脱轨"运行。也因此，中国共产党在这一时期的经济思想与经济调整以来的思路和认识是总体一致的。尽管如此，一些新的因素毕竟出现了，原有秩序在冲击之下还是发生了变化，新的思想在酝酿中。

一、"抓革命，促生产"：乱与不乱

由于社会剧烈动荡，"文化大革命"初期的工农业生产一度下降。然而，与横向的政治和思想文化领域相比，经济领域的损失是相对较小的，其发展趋势仍然延续"文化大革命"前经济调整确立的发展框架。"文化大革命"10 年中，国家的经济建设仍在进行，国家的经济基础和运行机制没有大的改变，大的建设部署安排没有中断，"三五"、"四五"计划得到完成，工农业总产值年均仍有 7.1%

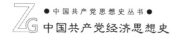

的经济增长。①

当然，这些不能说是"文化大革命"的成就，如果没有"文化大革命"，国家必能取得更快的发展速度和更大的建设成就；只不过值得回味的是，"文化大革命"和"大跃进"对于经济领域的影响显然是不同的。在远远超过"大跃进"时期的政治错误冲击下，"文化大革命"没有产生"大跃进"后的严重经济困难局面，原因固然有多方面，但中国共产党的经济思想没有出现大的变化无疑是最根本的因素。

与"大跃进"主要发生在经济领域不同，"文化大革命"的主要矛头是指向政治和思想文化领域。毛泽东发动和领导"文化大革命"，是想通过这场大革命，对中国社会来一番彻底改造，建立一个完美的理想的社会主义中国。1966 年 5 月 7 日，毛泽东在审阅中央军委总后勤部《关于进一步搞好部队农副业生产的报告》后致信林彪（即"五七指示"），提出：军队应该是一个大学校。这个大学校，学政治，学军事，学文化，又能从事农副业生产，又能办一些中小工厂，生产自己需要的若干产品和与国家等价交换的产品。工人、农民、学生、商业、服务行业、党政机关工作人员等也是这样，都要以本业为主，兼学军事、政治、文化，也要搞四清，也要参加批判资产阶级。在有条件的地方、有条件的时候，工人也要从事农副业生产，"农民"也要由集体办些小工厂"②。

5 月 15 日，中央政治局扩大会议向全党转发了"五七指示"，并予以高度评价，认为"这是马克思列宁主义划时代的新发展"③。8 月 1 日，《人民日报》发表社论《全国都应该成为毛泽东思想的大学

---

① 参见国家统计局编：《奋进的四十年 1949—1989》，中国统计出版社 1989 年版，第 346 页。

②《建国以来毛泽东文稿》第 12 册，中央文献出版社 1998 年版，第 53—54 页。

③ 中共中央党史研究室第二研究部编：《〈中国共产党历史第二卷〉注释集》，中共党史出版社 2012 年版，第 215 页。

校》，引述毛泽东"五七指示"的主要内容说："按照毛泽东同志所说的去做，就可以大大提高我国人民的无产阶级意识，促进人们的思想革命化，促进人们同旧社会遗留下来的一切旧思想、旧文化、旧风俗、旧习惯决裂，从而能够进一步又多又快又好又省地建设社会主义，能够更快地铲除资本主义、修正主义的社会基础和思想基础。"①

"五七指示"是毛泽东在晚年力图改变社会现状而构想的一个完美、纯洁的社会主义社会的理想蓝图，勾勒出他所向往的、憧憬的社会。这是以阶级斗争为纲的、限制和逐步消灭分工的、限制和逐步消灭商品的、在分配上大体平均的社会，是自给自足或半自给自足的、小而全的、封闭式的社会。这个构想，大体上是军事共产主义的模式，幻想不发展社会主义的生产力和商品经济就能到达理想境界，实际上也是几千年来的与自然经济相适应的原始的集体主义和平等观念在当代的一个变奏曲。不难看出，毛泽东的这种设想与他把人民公社视为向共产主义过渡的最好形式的认识是一脉相承的，如他所指出的这"已经不是什么新鲜意见、创造发明"②。只是经过"大跃进"的失败，毛泽东没有再对如何实现这一设想作出阐述，甚至没有大规模地推行"五七指示"蓝图，反而继续保持着1962年以后的经济体制如农村三级所有、队为基础的经济核算单位。这不能不说是毛泽东对"大跃进"教训的汲取所致。

然而，社会动乱必然影响到经济建设，毛泽东的对策则是"抓革命，促生产"。他虽然发动了这场冲击各个领域的"大革命"，但又反复强调"抓革命，促生产，促工作，促战备"，不使政治动乱冲垮经济建设。但是，"革命"和"生产"始终存在对立的矛盾，很难真正统一起来。在这一思路之下，毛泽东还提出了很多两方面的口号，如"批林批孔"、"限制资产阶级法权"与"把国民经济搞上去"、"安

①《毛泽东年谱（1949—1976）》第5卷，第605页。
②《建国以来毛泽东文稿》第12册，第54页。

定团结"与"不是不要阶级斗争",等等。所有这些,都可以用"革命"与"生产"的两方面矛盾予以囊括。直到去世,毛泽东也未能把两方面协调起来,他始终处在不能解脱的矛盾之中。不过,正是因为这种矛盾所产生的张力,才给了中国共产党内的健康力量在动乱之中保护和发展经济的空间与机会。

在发动"文化大革命"的"五一六通知"发布一个半月后,刘少奇、邓小平致信毛泽东并附上《中共中央、国务院关于工业交通企业和基本建设单位如何开展文化大革命运动的通知(草稿)》。信中指出,"最近工业交通和基本建设的计划完成得不好,钢、钢材、煤的产量开始下降,质量下降的情况尤为突出,事故增多,基建任务完不成"。为此,通知要求各地党委"必须抓革命、促生产,做到革命和生产建设双胜利",在领导革命运动的同时,"也应注意到工矿企业和基本建设单位必须保证完成国家任务的特点","分期分批地有领导有计划地进行"。毛泽东批示同意通知中的意见,要求"迅速将此通知发下去"。① 虽然"文化大革命"才刚开始,毛泽东已然注意到不使经济建设受到冲击。此后,八届十一中全会通过的《中国共产党中央委员会关于无产阶级文化大革命的决定》,又特别指出:"无产阶级文化大革命,就是为的要使人的思想革命化,因而使各项工作做得更多、更快、更好、更省。只要充分发动群众,妥善安排,就能够保证文化革命和生产两不误,保证各项工作的高质量。""文化大革命是使中国社会生产力发展的一个强大的推动力。把文化大革命同发展生产对立起来,这种看法是不对的。"②

但是很快,红卫兵的浪潮就席卷全国,"革命"压倒一切,生产岌岌可危。9月1日,周恩来在接见首都大中学校红卫兵代表的座谈会上,强调不要影响和干扰生产部门和业务部门的正常工作,指出

①《建国以来毛泽东文稿》第 12 册,第 69—70 页。
②《人民日报》1966 年 8 月 9 日。

"我们既要革命，还要生产，否则吃什么？用什么？工厂不能放假不搞生产，服务行业不能停止供应，热电站是一秒钟也不能停的。凡是生产的地方所都不要去影响"[1]。7日，《人民日报》发表社论《抓革命，促生产》，提出一定要以"文化大革命"为纲，一手抓"革命"，一手抓生产，保证"文化革命"和生产两不误；要求各生产单位和业务部门加强领导，广大工人、社员和科技人员及其他劳动者"应当坚守生产岗位"，学生不要到农村和工厂去干预那里的"革命"和生产[2]。随后，周恩来主持制定了中共中央《关于抓革命、促生产的通知》和《关于县以下农村文化大革命的规定》，要求工业、农业、交通、财贸部门立即加强或组成各级指挥机构，保证生产、建设、科学研究等工作顺利进行，还要求凡已开展"文化大革命"的生产和科研单位，要把"文化大革命"放到业余时间去搞，在这些单位不采取群众直接"罢官"的做法，未开展"文化大革命"而生产任务又重的单位可推迟进行[3]。这两个文件起草后，周恩来请示毛泽东，建议在政治局讨论一次，议定政策。由于事情很急，毛泽东指示："可照发，不要讨论了。"[4]于是，两个文件在9月14日以中共中央名义下发，因"文化大革命"而陷入混乱的社会经济形势随之有所缓和。这之后，周恩来反复强调抓革命、促生产，强调"生产减少了于国于民都不利"[5]。

1967年1月上海爆发"一月夺权"风暴，毛泽东立即表示支持，但他在讲话中又指出："要讲抓革命、促生产，不能脱离岗位来搞革

---

① 中共中央文献研究室编：《周恩来年谱（1949—1976）》下卷，中央文献出版社1997年版，第56页。

②《人民日报》1966年9月7日。

③ 参见《周恩来年谱（1949—1976）》下卷，第60—61页。

④ 中共中央文献研究室编：《周恩来传》第4卷，中央文献出版社2018年版，第1707页。

⑤《周恩来传》第4卷，第1708页。

命嘛！"① 面对"一月夺权"带来的混乱，毛泽东作出维护生产的具体部署，派军队进驻生产单位。2月，他指出要"三支两军"。其中除了"支左"外，"支工""支农""军管""军训"都是为了保护生产和工作继续进行。面对混乱局面，3月，他又两次批示："军队不但要协同地方管农业，对工业也要管"，"总之，军队不能坐视工业生产下降而置之不理"②；"一切秩序混乱的铁路局，都应实行军事管制，迅速恢复正常秩序"，"此外，汽车、轮船、港口装卸，也都要管起来。只管工业，不管交通运输，是不对的"③。7月至9月，毛泽东在视察华北、中南、华东地区时又指示："在工人阶级内部没有根本的利害冲突，为什么不能联合起来呢"④；"要抓革命促生产，促工作，促战备，把各方面的工作做得更好"⑤。10月，中共中央发出工矿企业实现大联合的通知，采取釜底抽薪的办法，解散了跨行业、跨系统的群众组织，使经济领域的动乱走向缓和。

中央"抓革命、促生产"的思路和策略，对于减少"文化大革命"对经济领域的冲击和破坏，无疑发挥了巨大作用。但在强调"阶级斗争是纲，其余都是目"的指导思想下，以阶级斗争约定和统率经济建设，经济建设从属于阶级斗争，意味着"抓革命"始终是首要任务，"促生产"实际上只能处于次要地位。在毛泽东看来，二者的关系是用"革命"促"生产"，不允许为生产而抓生产。为生产而抓生产，那就是"唯生产力论"。

为使全党认识到这一点，中央报刊连续发表批判"唯生产力论"的文章，如：《政治统帅经济革命统帅生产》（《红旗》杂志1969年

---

① 中共中央文献研究室编：《毛泽东年谱（1949—1976）》第6卷，中央文献出版社2013年版，第30页。

② 《毛泽东年谱（1949—1976）》第6卷，第60页。

③ 《毛泽东年谱（1949—1976）》第6卷，第67页。

④ 《毛泽东年谱（1949—1976）》第6卷，第99页。

⑤ 《建国以来毛泽东文稿》第12册，第390页。

第 6、7 期)，《永远突出无产阶级政治》（《红旗》杂志 1969 年第 8 期)，《中国社会主义工业化的道路》（《红旗》杂志 1969 年第 10 期)，《正确处理抓革命、促生产中的几个关系》（《红旗》杂志 1970 年第 1 期)，《我国社会主义农业的发展道路》（《红旗》杂志 1970 年第 2 期)，《伟大的〈鞍钢宪法〉万岁》（《辽宁日报》1970 年 3 月 22 日) 等。《红旗》杂志 1969 年第 6、7 期合刊发表的《改革不合理的规章制度是一场革命》说："伟大领袖毛主席教导我们说：'政治工作是一切经济工作的生命线。'突出无产级政治，还是搞'利润挂帅'、'物质刺激'那一套，这是两条根本对立的办企业路线。经过无产阶级文化大革命，厂革委会和广大革命群众深刻地认识到，忘记了突出无产阶级政治，就会迷失方向，阶级敌人篡权就看不见，修正主义路线就认不清，无产阶级专政和社会主义企业就保不住。""只有彻底破除叛徒、内奸、工贼刘少奇的'利润挂帅'、'物质刺激'、'生产第一'、'专家治厂'的反革命修正主义办企业路线，才能破在要害处；只有坚决贯彻毛主席的无产阶级办企业路线，突出无产阶级政治，全心全意地依靠工人阶级，才能立在根本上。"[1]

这样的批判声音与中央对于不使"文化大革命"影响生产、继续搞好经济建设的初衷明显不同，在认识和实践上必然引发冲突。还在 1966 年 11 月的工业交通座谈会上，部分省市和国务院主管工业的部门负责人就不赞同陈伯达主持起草的《关于工厂文化大革命的十二条指示》，而由谷牧起草了修改稿，提出不能停产闹革命，"工人参加文化大革命活动，只能在业余时间进行，八小时工作制不能侵犯"[2]。但中央文革小组则坚持要工矿企业也开展"造反"。对此，毛泽东虽然明确表达了对"八小时生产不能侵犯"[3]的赞同意见，但同时在中

---

① 参见王年一：《大动乱的年代》，人民出版社 2009 年版，第 248—249 页。
② 参见《毛泽东年谱（1949—1976)》第 6 卷，第 18 页。
③《毛泽东年谱（1949—1976)》第 6 卷，第 19 页。

央会议上肯定上海"工总司"的造反行为①。之后，工交座谈会上主张限制"文化大革命"范围的意见遭到了批判。

此后，毛泽东在1967年2月的"二月抗争"中，又一次支持了中央文革小组。1969年3月，在筹备中共九大过程中，毛泽东定调大会报告以"要提出矛盾来，无产阶级、资产阶级斗争，为什么要搞文化大革命"②为主题。九一三事件后，周恩来在毛泽东支持下，纠正了经济领域的部分错误。但不久，毛泽东又认为这是只抓小事、不抓大事的"倒退"，提出：各级领导同志不能只注意生产，不注意路线，生产当然要抓，但要注意路线问题。上层建筑搞不好，人的积极性就调动不起来，生产就搞不好。③1973年7月，他又批评说："大事不讨论，小事天天送。此调不改动，势必搞修正。"④这一批评也写进了中共十大报告。此后，周恩来被迫检查说："抓大事不会抓，常常抓了小事。"⑤1975年，邓小平主持整顿取得成效后，毛泽东又批判说："安定团结，不是不要阶级斗争。阶级斗争是纲，其余都是目"⑥；"这个人是不抓阶级斗争的，历来不提这个纲。还是'白猫、黑猫'啊，不管是帝国主义还是马克思主义。他不懂马列，代表资产阶级"⑦。在这期间，毛泽东更是多次谈道："物质是必要的，但并不需要那么很足。"⑧

虽然毛泽东不能容忍对搞阶级斗争的否定，但他也不允许"文化大革命"初期那样冲击经济领域的事件再次发生。经他审阅同意，

① 参见《毛泽东年谱（1949—1976）》第6卷，第16页。
② 中共中央文献研究室编：《毛泽东传》第6卷，中央文献出版社2013年版，第2513页。
③ 参见谭宗级：《周恩来与党的十大》，《国史研究参考资料》1993年第3期。
④《毛泽东年谱（1949—1976）》第6卷，第485页。
⑤ 刘武生：《周恩来的晚年岁月》，人民出版社2006年版，第268页。
⑥《毛泽东年谱（1949—1976）》第6卷，第621页。
⑦ 中共中央文献研究室编：《邓小平年谱（1975—1997）》上卷，中央文献出版社2004年版，第147页。
⑧ 顾龙生：《毛泽东经济年谱》，第642页。

中共中央于 1974 年 7 月发出《关于抓革命促生产的通知》要求：在"批林批孔"运动中对没有完成国家计划的情况必须严重注意；擅离职守的领导干部和其他人员必须返回工作岗位；对于群众中提出的有关劳动、工资等经济政策方面的问题，一律放到后期解决；对于那些把停工停产的行为说成是"反潮流"、"不为错误路线生产"的错误言论，必须加以批驳。①1976 年 2 月，中共中央又发出通知，传达毛泽东的指示，"反击右倾翻案风"运动"主要限于学校及部分机关，不要搞战斗队，主要是党的领导"，"不要冲击工业、农业、商业、军队"②。

由于中央采取强有力的措施整顿生产秩序，恢复和加强各地的领导班子及经济计划部门，直至派出军队参与接管，严令限期完成一批被停顿的"三五"计划重点工程，因动乱耽搁的一些重点项目迅速重新上马。九大之后，出现了一次新的经济建设高潮，国民经济缓慢复苏。1969 年，全国工农业生产结束了 1967 年至 1968 年连续两年下降的局面。③

形势稍趋稳定后，毛泽东开始考虑进一步把经济搞上去。他在 1970 年 7 月接见外宾时说："中国人太多了，同经济发展不相称"，"我们也愁，怎样把经济搞上去一点。"④随后在"四五"计划期间，虽然经济领域再次出现了冒进现象，片面强调高积累，过分突出重工业，追求生产上的高指标。毛泽东对此却很冷静，他说："管经济很不容易"，"我们早先不会搞，过几个转折，搞得稍为好一点，才学会了一点"，"我们还在学习的过程当中"，"要防止有些人动不动就要翻一番"，"这个积极性一上来，又要发生事"。⑤或许"大跃进"的教

① 参见《毛泽东年谱（1949—1976）》第 6 卷，第 539—540 页。
②《毛泽东传》第 6 卷，第 2739 页。
③ 参见《中国共产党历史》第二卷（1949—1978）下册，第 821 页。
④《毛泽东年谱（1949—1976）》第 6 卷，第 312 页。
⑤《毛泽东年谱（1949—1976）》第 6 卷，第 352 页。

训太惨痛了，毛泽东在"文化大革命"的热潮中对经济建设始终保持着足够的低调和清醒。正因为这样，这期间中国共产党的经济思想总体上是平稳的。

二、"经济体制到底如何搞"：变与不变

在中共中央包括毛泽东看来，经济生产是无论如何都不能放弃的，毕竟经济是一切上层建筑的基础，吃饭始终是第一位的。无论"文化大革命"如何激荡人心，这一点始终未变；并且相对于城市厂矿，农村更是稳定得多。虽然此时的农业生产还是低水平的，虽然毛泽东大力提倡的"农业学大寨"运动走上了平均主义的歧路，鼓吹"政治工分"，取消自留地和家庭副业等，但在改变三级所有、队为基础的所有制问题和分配政策上，毛泽东的态度是十分谨慎的。他虽然表示"许多方面要改革"，但也承认"怎样搞社会主义，就是不懂"[1]。不懂也没有乱来，因而"大跃进"时的混乱局面没有再发生。

1975年5月，解放军某部干事写信给毛泽东，提出国家按同一价格收购粮食是"不平等的资产阶级法权"，建议"均贫富"，按穷队、富队以不同价格收购。毛泽东并没有赞同："此事办起来甚复杂，应在几个公社试点。富队可能不高兴。富队里也有贫户，贫队里也有富户。看看结果再说。"[2] 国务院经过调研，否定了这一建议。同年8月，主管农业的副总理陈永贵向毛泽东建议，经济核算单位迅速由生产队向大队过渡，解决贫富不均。这是毛泽东在"大跃进"时曾努力实行的，只是在经济调整时才不得不退回。这时，又是毛泽东再批"资产阶级法权"之际，显然，陈永贵的建议是符合毛泽东的理想目标的。但是，毛泽东仍然没有明确表态，只批示"在政治局讨论

---

[1] 《毛泽东年谱（1949—1976）》第6卷，第230页。
[2] 《建国以来毛泽东文稿》第13册，中央文献出版社1998年版，第53—54页。

一次"①。此后，中央召开农村工作座谈会讨论该建议，也未形成一致意见。

即便对计划经济体制再有不满，毛泽东也不再触动农村社队和农业生产，而是将注意力集中在了城市企业。由"五七指示"和"限制资产阶级法权"可以看出，毛泽东对平均主义经济思想怀有极大的兴趣，而这一思想在城市显然有更广的应用平台。不过，在经济规律的作用下，毛泽东除了强调不搞物质刺激、奖金挂帅，兴办各种"五七干校"之外，在改变所有制、职工工资制度方面基本上没有付诸实践，进行的其他一些改变也并不成功。

1966 年底，江青等人煽动一些合同工、临时工起来造反，逼迫劳动部、全国总工会等发布通告，改变合同工、临时工制度，不得解雇，补发工资。但很快中共中央、国务院就发出通令，宣布取缔合同工、临时工的非法组织，取消原通告和文件。显然，这一直接否定江青行动的强硬做法，反映了毛泽东的反复考虑。同样，处理其他职工待遇等经济制度也采取了"运动后期处理"的原则，实际上基本没有改变。1969 年 4 月，毛泽东又提出："权实际上还在资产阶级手里，当然有共产党了，但是走资派，搞物质刺激，利润挂帅，奖金挂帅，搞了管、卡、扣、罚，管是管工人阶级。我看所有制还没有解决至少是大部分，没讲全部的话。"②姑且不论毛泽东对工厂政治状况判断的对错，只是在概念上，他已将工厂领导人的思想、管理方法与所有制，即生产关系中的不同因素混为一谈。因此，他此时强调的"斗、批、改"，实际上也只是想改变工厂中人与人的科层制或曰官僚制管理关系，并未触动占有生产资料的所有制形式。

此外，毛泽东厌恶机关化的经济管理方式，却又在动乱中成立诸多办事组、业务组，如国务院业务组、财贸组等。这是一个无法改

---

① 《毛泽东年谱（1949—1976）》第 6 卷，第 606 页。

② 席宣、金春明：《"文化大革命"简史》，中共党史出版社 1996 年版，第 364 页。

变的主导和协调经济运转的组织体系。就连毛泽东怒称要改成"煤炭科"的煤炭工业部，也在 1975 年的整顿中恢复。由于没有了主导部门，到 1974 年，全国欠产煤炭 1700 万吨，以致煤炭工业竟成为国民经济的薄弱环节。面对这些情况，毛泽东不能不无奈地指出："总而言之，中国属于社会主义国家。解放前跟资本主义差不多。现在还实行八级工资制，按劳分配，货币交换，这些跟旧社会没有多少差别。所不同的是所有制变更了。"①

与毛泽东"文化大革命"期间在政治、文化领域的频频进攻及"大跃进"时期在经济领域的纵横捭阖相比较，他在"文化大革命"期间对经济制度的态度是比较谨慎的。但这并不意味着毛泽东对这部经济"机器"无可奈何，下放经济权力、调动地方积极性，仍然是他的坚定主张。同时，在加快发展的动力之下，改革经济体制、引进外国技术设备，也进入党的领导人的视野。本已稳定运行的经济体制还是发生了变化。

与平均主义一样，下放经济管理权、调动中央和地方两个积极性是毛泽东一贯的思想。虽然经济调整期间中央收回了一度下放地方的经济权力，但毛泽东一直是不满意的。在"文化大革命"前夕的1966 年 3 月 12 日，他在给刘少奇的信中说："要为地方争一部分机械制造权"，准予留成让地方使用，"一切统一于中央，卡得死死的，不是好办法。"②3 月 20 日，他在中央政治局常委扩大会议上又说："上边管得死死的，妨碍生产力的发展，是反动的。中央还是虚君共和好，只管大政方针、政策、计划。中央叫计划制造工厂，只管虚、不管实，也管点实，少管一点实。""中央计划要同地方计划结合，中央不能管死，省也不能完全统死，计划也不要统死。""不论农业扩大再生产也好，工业扩大再生产也好，都要注意中央和地方分权，不能竭

---

①《毛泽东年谱（1949—1976）》第 6 卷，第 553 页。
②《毛泽东文集》第 8 卷，第 427—428 页。

泽而渔。"① 只是因为发动"文化大革命"，毛泽东的这一设想没有付诸实践。

中共九大后，全国进入"斗、批、改"阶段，毛泽东把"改革不合理的规章制度"作为内容之一，开展了将部分工矿企业的经营管理权、地方财政权、物资调配权由中央下放地方的经济体制变革。毛泽东亲自批准将全国最大的企业鞍钢下放鞍山市。他高度肯定这次下放运动，提出："要有两个积极性，中央的积极性和地方的积极性，让地方自己去搞，中央不要包办"，"中央一个积极性，地方一个积极性，已讲了十几年了，就是不听，有什么办法？现在听了"。②

按照毛泽东的要求，中央对"条条专政"大加批判，并在 1970 年内迅速、大幅下放国务院工业交通各部直属企业。这个非常力度免不了引起质疑。周恩来在这次下放之初就表示了不同意见。这年 10 月 23 日，他又对罗马尼亚外宾说："四年文化大革命的结果，就是把绝大部分权力下放到地方。在社会主义制度下，经济体制到底如何搞？从十月革命到现在五十多年了，还没有摸索出一个定型的东西。"③ 他还说：厂矿下放要做到有步骤地放，不能像 1958 年那样，一哄而起；物资调配不要一下就放；大包干，要有个过渡办法。厂子下放后，要帮助一段时间，不能推开不管；十个经济协作区不能一下子拿出来，还要试点，逐步建立。协作要按经济法则，要按计划，计划还是全国一盘棋。④ 然而，他的意见此时很难产生作用。

与"大跃进"时类似，这次权力下放在赋予地方发展经济的动力和能力的同时，依旧引发了大量问题。特别是，这次下放是在"文化大革命"混乱的政治环境下进行的，大批有经验的经济管理干部还

---

① 《毛泽东年谱（1949—1976）》第 5 卷，第 569、570 页。
② 《毛泽东年谱（1949—1976）》第 6 卷，第 359 页。
③ 《周恩来年谱（1949—1976）》下卷，第 403 页。
④ 《中华人民共和国国民经济和社会发展计划大事辑要：1949—1985》，红旗出版社 1987 年版，第 303 页。

没有恢复工作，下放又在战备的要求下过快、过大，出现了企业下放后无人管，各地自以为是、盲目扩大基建，地方工业、"五小"工业、社队企业遍地开花，高速度、高指标又层层加码等种种问题。并且，在短时间内大量、猛烈地下放骨干企业，打乱了原有的协作关系，造成企业管理混乱，使企业的正常生产秩序难以维持，经济效益明显降低。毛泽东虽然警惕到急于求成的倾向，指出"搞得太急了，会吃亏的"①，但未能实际制止。下放的结果，是 1970 年和 1971 年经济建设出现新的冒进。到 1971 年年底，经济出现了全国职工总数、工资支出总额、粮食销售总量、货币发行量的"四个突破"。特别是货币发行量的突破，"到了最大警戒线"，"三个突破不如这一个突破"②。

下放经济管理权是在毛泽东大力推动之下进行的，而引进外国技术设备，则先由党中央主管经济工作的领导人提出，继而得到毛泽东的支持。1972 年 1 月 22 日，李先念、华国锋、余秋里向周恩来报送国家计委《关于进口成套化纤、化肥技术设备的报告》，建议引进国家急需的化纤新技术成套设备 4 套，化肥设备 2 套，以及部分关键设备和材料，约需 4 亿美元。2 月 5 日，周恩来批示同意该报告并报毛泽东。毛泽东立即圈阅批准了这个报告。③

毛泽东如此明确表态支持引进技术设备，自然与他此时的认识有关。他在同月与美国总统尼克松谈话时说："你们要搞人员往来这些事，要搞点小生意。我们就死也不肯。十几年，说是不解决大问题，小问题就不干，包括我在内。后来发现还是你们对，所以就打乒乓球。"④ 在中美上海公报中，双方同意为逐步发展两国间的贸易提供便利。1973 年 6 月，毛泽东在接见马里国家元首特拉奥雷时又说："无

①《毛泽东年谱（1949—1976）》第 6 卷，第 352 页。
②《周恩来选集》下卷，第 465 页。
③《中国共产党历史》第二卷（1949—1978）下册，第 863 页。
④《毛泽东年谱（1949—1976）》第 6 卷，第 427—428 页。

论怎么样，这些西方资本主义国家是创造了文化，创造了科学，创造了工业。现在我们第三世界可以利用他们的科学、工业、文化的好的部分。"①

有了毛泽东的支持，引进工作不仅进展顺利而且进一步扩大了规模，到1973年1月形成了后来被称作"四三方案"的大规模引进方案：在三五年内引进43亿美元的成套设备，包括13套大化肥、4套大化纤、3套石油化工、1个烷基苯工厂、43套综合采煤机组、3个大电站、武钢1.7米轧机，以及透平压缩机、燃气轮机、工业汽轮机工厂等项目。这次大规模的引进，是在"文化大革命"这样特定的背景下，面向西方发达国家的大规模经济交流。与过去主要同苏联、东欧国家从事贸易不同，与西方国家搞贸易，对于中国共产党而言显然是一个新课题。

对此，此时协助周恩来研究指导外贸工作的陈云提出，"和资本主义打交道是大势已定"②。他认为：过去我们的对外贸易是75%面向苏联和东欧国家，25%对资本主义国家。现在改变为75%对资本主义国家，25%对苏联、东欧，我们外贸主要面向资本主义国家这个趋势，"我看是定了"③。因此，"不研究资本主义，我们就要吃亏。不研究资本主义，就不要想在世界市场中占有我们应占的地位"。④他还指出："要把一些界线划清楚，如不要把实行自力更生方针同利用资本主义信贷对立起来，要有条有理，不会和国内冲突的。总之，只要承认是好事，就可以找出理由来。""我们做工作不要被那些老框框束缚住。"⑤他据此甚至提出要利用资本主义国家的商品交易所和期货市场，"资本主义市场的商品交易所有两重性"，"对于商品交易所，我

①《毛泽东年谱（1949—1976）》第6卷，第483页。
②《陈云文选》第3卷，第219页。
③ 参见《陈云文选》第3卷，第217—218页。
④《陈云文选》第3卷，第218页。
⑤《陈云文选》第3卷，第219页。

们应该研究它，利用它，而不能只是消极回避"①。对于建国后就与西方经济体系隔绝的中国经济来说，这些做法和认识不啻为一股新鲜血液。也因此，认可并允许引进西方先进技术设备和某些运作机制，不能不说是"文化大革命"期间中国共产党经济思想的重大变化。

不过，随着局面的变化，不仅下放经济管理权的改革难以为继，引进技术设备的做法更是受到质疑。接替周恩来主持国务院工作的邓小平不仅坚决抵制这种反对声音，更是提出全面整顿的思想，一方面努力消除经济体制变动中的混乱现象；另一方面试图延续其中的积极因素。

全面整顿是以铁路整顿为突破口的。邓小平提出："现在有一个大局，全党要多讲"，这就是"把我国建设成为具有现代农业、现代工业、现代国防和现代科学技术的社会主义强国"②，但目前工业生产形势值得引起严重注意，"当前的薄弱环节是铁路。铁路运输的问题不解决，生产部署统统打乱，整个计划都会落空"③。至于解决铁路问题的办法，邓小平强调，要加强集中统一，建立必要的规章制度，增强组织性纪律性。对于集中统一领导的强调，虽然有反对闹派性的考虑，但更为重要的是针对此前下放经济管理权后的混乱现象。要解决地方各自为政的问题，只能将经济管理权重新收归中央。然而，在毛泽东的态度没有转变之前，这样的做法显然是行不通的。邓小平能做的，只能是在整顿中作出变相改变。这方面的典型做法是财政整顿。1975 年 8 月，财政部和中国人民银行根据国务院要求，起草《关于整顿财政金融的意见》（"财政十条"），重申财经纪律，提出做好经济监督工作，建立经济核算制，加强信贷管理，控制货币发行，整顿财政工作秩序。

---

① 《陈云文选》第 3 卷，第 222 页。
② 《邓小平文选》第 2 卷，人民出版社 1994 年版，第 4 页。
③ 《邓小平文选》第 2 卷，第 5 页。

铁路和财政的整顿，保障了整个经济全局的整顿。邓小平开始考虑从宏观上把控住经济局面。针对整个工业存在的散和乱的问题，7月中旬，国务院委托国家计委起草《关于加快工业发展的若干问题》（"工业二十条"）。8月18日，邓小平对这个文件的修改提出指导性意见。他特别强调，引进新技术、新设备，扩大进出口，"这是一个大政策"，"要争取多出口一点东西，换点高、精、尖的技术和设备回来，加速工业技术改造，提高劳动生产率"①。根据邓小平的意见，"工业二十条"以实现四个现代化作为统领全篇的"纲"，提出："工业的发展速度问题，是一个重大的尖锐的政治问题"，"决不能把革命统帅下搞好生产，当作'唯生产力论'和'业务挂帅'来批判"②。文件稿还提出：要整顿企业，建立强有力的能独立工作的生产管理指挥系统，建立健全以责任制为核心的生产管理制度；要引进国外的先进技术，加快国民经济的发展；限制资产阶级法权决不能脱离现阶段的物质条件和精神条件，搞平均主义等等。这个文件的主要精神在整顿中得到贯彻执行，对工业整顿产生了积极的影响，但因整顿工作中断未能正式下发。

邓小平的整顿及其中的新思路，为后来突破"以阶级斗争为纲"，把党的工作重点转到社会主义现代化建设的轨道上来，作了某些思想准备。正如邓小平后来所说："拨乱反正在一九七五年就开始了。"③"改革，其实在一九七四年到一九七五年我们已经试验过一段。""那时的改革，用的名称是整顿，强调把经济搞上去，首先是恢复生产秩序。"④

从整顿的内容和效果来看，1975年整顿是要向1962年以来的经

---

① 《邓小平文选》第2卷，第29页。
② 中共中央党史研究室：《中华人民共和国大事记（1949—2009）》，第252页。
③ 《邓小平文选》第3卷，人民出版社1993年版，第81页。
④ 《邓小平文选》第3卷，第255页。

济秩序和运作框架回归。这里面虽然有经济体制的变动和发达国家先进技术设备的引进，甚至提出了"经济体制到底如何搞"这一重要命题，还有要学习资本主义市场经济的思想，但这些都未突破经济调整后的体制框架。从这个意义上说，经济体制并没有开始改革，中国共产党在"文化大革命"期间包括整顿中的一些新的经济思想也只能算作改革思想的先声。但另一方面，毕竟这些新的思路和方针是此前没有过的。在变与不变中，新的思想因素产生和发展起来了，但旧的思想因素和秩序仍存在着强大的路径锁定效应。这或许预示着，结束内乱后的中国共产党，在经济思想上又需要新的探索和突破。

本编结语

在社会主义革命和建设时期，中国共产党力图寻找一条既符合马克思主义基本原理，又适合中国实际的社会主义革命和建设道路。党的经济思想也围绕着这条道路而展开和变动。道路探索中出现的失误和曲折，反映在党的经济思想上，就出现了两个趋向。一个趋向是以马克思主义经典作家的论述和苏联的经验为主导，同时以中国共产党在新民主主义革命时期的经验为基础。它在社会主义革命方面，主张经过一个新民主主义建设时期，在生产力得到很大发展的基础上过渡到社会主义；在社会主义建设方面，主张建立真正意义上的计划经济，同时为了保护和发展生产力的需要，可以保留和发展少量的非公有制经济，并可以实行不同所有制之间的商品交换和一定范围的市场交易。另一个趋向则是从马克思主义经典作家的个别论断出发，片面夸大生产关系对生产力的反作用。它在社会主义革命方面，在所有制问题上急于求成、急于过渡，忽视生产力的发展水平而主张迅速过渡到社会主义；在社会主义建设方面，同样忽视生产力的发展水平而否认商品经济的生产、交换和分配原则，质疑计划经济的体制运作和发展速度，并进而忽视经济发展的客观规律，仅凭主观热情追求超常态的发展速度和"一大二公"的分配方式。

两个思想趋向的实践效果已被历史所展现。然而应当注意的是，无论是哪个趋向的坚持者，都是坚定的共产党人，都是马克思主义和社会主义的坚定信奉者。两个趋向之间的分歧归根结底还是对于什么是社会主义、如何建设社会主义上的分歧，更多的还是经济发展方法层面的分野。前者重视发展方法上的客观性和实现方式上的多元性；后者则强调方法上的主观能动性和实现方式上的一元化。对于中国共产党而言，这种分野在新民主主义革命时期也是存在的，只不过在战争的严峻环境下，后一种思想趋向没有实施的条件。而在和平建设年代，对"主义"的追求挤压对"方法"的接纳，就是不可避免的了。

不过即便对于前一种思想倾向，随着实践的发展，其正确性也需要重新检验。我们已经看到，经过经济调整以来的重建秩序，经济已经恢复和发展到了计划经济体制下的较高平台上。而优先发展重工业引致的扭曲价格的宏观政策环境，以及以计划为基本手段的资源配置制度和没有自主权的微观经营制度等内生性的制度逻辑决定了，即便没有"文化大革命"，中国经济也只能运转在这个平台所确立的经济结构和发展路径上。陈云后来说，1949 年后中国实行计划经济，"都是按照马克思所说的有计划按比例理论办事的"，"有计划按比例"这一思想"来之于马克思"[1]。从这个意义上看，如果没有后一种思想倾向对前一种思想倾向的冲击，中国共产党经济思想出现重大突破和创新的难度更大。正是因为这种后果，中国共产党才在"文化大革命"结束之后迅速开始了新的经济思想和建设道路的探索。

---

[1]《陈云文选》第 3 卷，人民出版社 1995 年版，第 244 页。

第三编

改革开放和社会主义现代化建设新时期的
中国共产党经济思想

党的十一届三中全会作出把党和国家工作中心转移到经济建设上来、实行改革开放的历史性决策，开启了新的历史征程。在这一进程中，中国共产党带领一个巨型经济体从商品高度匮乏、经济结构严重失调、人民生活水平低下的"余弦"，一跃进入国内生产总值世界第二、平均年经济增长率接近 10% 的"正弦"。无论是以数量还是以质量来衡量，这段经济发展史都是"一个成功的故事"。中国在历史基础、技术和资源禀赋等方面均不占优势的情况下，取得如此高的经济发展成就，不能不说是一种奇迹。

如果以马克思主义经典作家的某些结论和苏联式计划经济的经验来看，中国共产党领导的改革开放显然是与之不同的。对照人们普遍认知的社会主义的三大支柱——计划经济、公有制、按劳分配，中国共产党都作了革命性的突破——社会主义市场经济、以公有制为主体多种所有制共同发展、按劳分配与按生产要素分配相结合。若以中国共产党经济思想的发展历程来看，是对中国共产党在社会主义革命和建设时期中两个思想趋向的综合矫正。不过，这样的"矫正"并非如毛泽东所言的"矫枉过正"，却是不断打破思想枷锁中对经济本位的回归和经济方法的接纳。只不过，这个过程并非一帆风顺。在没有多少经验可以借鉴、更没有什么思想理论准备的情况下接纳如此丰富多元的经济方法，不仅对中国共产党的经济思想产生了冲击，而且波及到了经济实践。中国共产党找到了思想钟摆的平衡点。中国经济奇迹的出现，自然与此有关。

第八章　改革开放开启时期的中国共产党经济思想：1976.10—1982.12

大破之后是大立，问题在于"立什么"。经过"文化大革命"的冲击，中国共产党对"安定团结"的重要性有着深切体会。尽管出于政治上的需要，"文化大革命"结束后的中共中央没有立刻放弃阶级斗争的主张，但是加快进行经济建设已经成为新的政治正确。围绕经济建设这一新的工作重点，中国共产党在没有新的经验支持和新的思想突破的情况下，所致力于"立"的只能是被历史经验证明过的、在"一五"时期和1962年以来行之有效的经济秩序。然而，历史遗留下来的不只是一套经济秩序，还有对于高速发展的执着追求。为了促动经济增长，原有的秩序开始松动，改革的思想"破茧而出"，开放的大潮涌动而来。

一、"跃进"与"徘徊"

1976年10月，中共中央采取果断措施粉碎"四人帮"，结束了"文化大革命"。这场内乱对于中国共产党的教训是极其深刻的，自然引起全党的深刻反思。中央开始酝酿结束接二连三的政治运动，集中精力于现代化建设。中国共产党重新发出了为建设社会主义现代化强国而奋斗的号召，社会上被压抑的生产积极性终于得到解放，经济领域开始了新变化。

虽然党内对于要大抓经济建设、加快发展生产力等的认识是一致的，但由于指导思想上并未有大的改变，此时中央不能不继续"抓革命、促生产"的口号和思路。1976 年 12 月和 1977 年 4 月，中央先后召开第二次全国农业学大寨会议和全国工业学大庆会议，号召全国人民掀起一个"抓革命、促生产"的高潮，努力把国民经济搞上去。华国锋在这两次大会上的讲话都强调了经济工作的重要性，认为"革命就是解放生产力"，"努力发展社会主义经济，是无产阶级专政的基本任务之一"①。

这两次会议对于促使全党将注意力转到经济发展上来，无疑具有推动意义。然而，两次会议提出的发展指标却仍然有着"大跃进"的影子。第二次全国农业学大寨会议提出"普及大寨县"的口号，并根据毛泽东 1955 年时的设想，提出到 1980 年基本实现全国农业机械化的要求。全国工业学大庆会议则要求："石油部门要为创建十来个大庆油田而斗争。所有企业，都要努力向大庆看齐。"② 1976 年 12 月 26 日，也就是毛泽东诞辰纪念日这天，《人民日报》还公开发表了毛泽东的《论十大关系》，同样也是力图用毛泽东之前的思想，动员群众努力搞好生产、为实现现代化的目标而奋斗。③

但是，此时全国工农业的生产情况距离上述目标差距实在太大，农村基本还是以手工作业为主，拖拉机的年生产能力只有七万多台。④ 在这样的基础上用三年实现农业机械化显然是不可能的。更为紧迫的是，因政治运动干扰和发生唐山大地震等灾害，1976 年的经济情况已经是 1962 年以来最差的时候。与实现工农业的宏伟目标相比，缓解眼前的压力显然更为重要。

为此，中央一方面出台缩开支、压缩投资、减轻资金和物资压

---

① 《人民日报》1976 年 12 月 28 日。
② 《中国共产党历史》第二卷（1949—1978）下册，第 1000 页。
③ 《人民日报》1976 年 12 月 26 日。
④ 《中国共产党历史》第二卷（1949—1978）下册，第 999 页。

力、保证有限的资金投向生产建设等纾困措施；另一方面大力清理经济领域存在的思想混乱。1977 年 3 月召开的全国计划会议和国家计委向会议提交的《关于一九七七年国民经济计划几个问题的汇报提纲》，针对经济领域的思想混乱，提出要不要搞生产、要不要规章制度、要不要社会主义积累、要不要实行各尽所能按劳分配原则、要不要引进新技术等 10 个在理论和实践上都需要澄清的问题。[①] 中共中央同意并批转了这个提纲。此后，国务院又陆续批准了国家计委等部门紧缩和控制资金流通的措施，并召开一系列会议，部署工农业生产恢复工作。

经过这一系列整顿和调整，经济秩序再次回到正轨，企业的混乱状况有所好转，工业生产有了较快回升，1976 年出现的经济滑坡危险已然摆脱。如此立竿见影的效果充分说明，此时全党对于要发展不要内乱的认识是高度一致的。也正是因为有这样的一致认识，党内普遍存在加快建设速度、把"四人帮"耽误的时间和造成的损失夺回来的强烈愿望。在党的经济思想仍然只是停留在依赖计划经济的平稳发展与发挥主观能动性高速发展这两种趋向的情况下，加快发展速度的浓烈情绪不可能受到排斥。

在国民经济快速好转的趋势下，党内重新出现乐观情绪。1977 年 4 月 19 日，《人民日报》发表社论《抓纲治国推动国民经济新跃进》，重新提出"跃进"的口号，要求"赶超'三个水平'"，即"首先达到和超过本单位历史最高水平；再赶超全国同行业的最高水平；进而赶超世界先进水平"[②]。7 月 30 日，中央转发国务院《关于今年上半年工业生产情况的报告》，根据工业生产恢复较快的情况乐观地指出："国民经济的新的跃进局面正在出现。"[③] 8 月召开的中共十一大，

---

① 《李先念传（1949—1992）》下卷，中央文献出版社 2009 年版，第 970 页。

② 《人民日报》1977 年 4 月 19 日。

③ 中共中央党史研究室：《中华人民共和国大事记（1949—2009）》，第 268 页。

全面继承1958年的"鼓足干劲,力争上游,多快好省地建设社会主义的总路线",提出要进行"全面跃进"①。十一大通过的新党章把"在本世纪内,党要领导全国各族人民把我国建设成为农业、工业、国防和科学技术现代化的社会主义强国"②写进总纲。这就意味着完成新的"跃进"目标正式成为党的奋斗纲领。

按照这一目标,"快"再度成为党的经济思想的主题。华国锋批评国家计委此前拟定的1977年经济计划说:打倒"四人帮",天下大治,速度可以快,今年完成10%不应自满,应当有12%,要"挽起袖子来干"。中央政治局会议随后提出,煤炭产量一年增加4000万吨太少,要增加6000万吨,可以通过进口新技术增加煤炭产量,冶金也要实现全面"大跃进"。③

为了落实中央关于争取高速度的要求,国家计委于11月向中央提交了《关于经济计划的汇报要点》,提出今后23年在经济战线上,分三个阶段,打几个大的战役,使农业每年以4%到5%、工业每年以10%以上的速度,持续地大步前进。其中,从1978年到1985年是关键的八年,"要打一场前所未有的具有决定意义的大仗,赢得一个高速度、高水平"。汇报还特别强调坚持按劳分配和利用价值规律,认为"这是社会主义阶段的两个重大原则问题","要加快速度,必须解决好这两个问题"。中央政治局讨论认为,这是一个"很积极的计划","讲求速度了","指标高一些有好处,逼人上去","我们应该有这样一个速度来逼一下"。④

经过几番修订,上述汇报要点形成了《一九七六年到一九八五

---

① 《人民日报》1977年8月23日。
② 《人民日报》1977年8月24日。
③ 参见房维中:《在风浪中前进:中国发展与改革编年纪事(1977—1989)》(1977—1978年卷),2004年,第38—40页。
④ 参见房维中:《在风浪中前进:中国发展与改革编年纪事(1977—1989)》(1977—1978年卷),第41—62页。

年发展国民经济十年规划纲要（草案）》即《十年规划纲要（草案）》，分别于 1978 年 1 月和 3 月经中央政治局批准和五届全国人大一次会议通过。然而，以此时的经济基础和生产能力而言，这个规划的指标是很高的，超过了国家财力和物力所能承受的限度，以致后来被视为"洋跃进"受到诟病。在中央政治局讨论时，一些领导人也表达了不同意见。余秋里认为，石油从长远看，指标是可以的，问题是近三年后备储量小，石油没有过关，三线地区没有发现大油田。李先念提出，这个规划尚在讨论中，提出这个指标、那个项目可以，但还没有研究清楚，不要拿到人大会议上去通过。① 但这并未阻碍《纲要（草案）》的通过。华国锋更是在政府工作报告中再度宣示：要在本世纪内把我国建设成为社会主义的现代化强国，需要在政治、经济、文化、军事、外交等各个方面，进行紧张的工作和斗争，"而高速度发展社会主义经济，归根到底具有决定性的意义"②。这些不免还是对经济工作产生了影响。

由于《纲要（草案）》主要还是通过国家投资驱动经济增长，因此为完成其中的高指标，国务院一方面扩大对外引进技术和设备的规模；另一方面不断追加基本建设投资。到 1978 年 9 月，中央提出的 10 年内引进的总规模已增加到 800 亿美元。相应地，1978 年的基本建设投资总规模，也由年初计划的 332 亿元追加到 500.99 亿元，比 1977 年增长 31%；1978 年的积累率由 1977 年的 32.3% 提高到 36.5%，仅次于 1959 年和 1960 年的积累率。③

在经济水平总体不高的情况下，通过扩大引进和高积累的方式实现发展，本身是无可厚非的。然而问题在于这种思路一方面明显高

---

① 《中国共产党历史》第二卷（1949—1978）下册，第 1001—1002 页。
② 全国人民代表大会常务委员会办公厅编：《中华人民共和国第五届全国人民代表大会第一次会议文件》，1978 年 3 月，第 22 页。
③ 《中国共产党历史》第二卷（1949—1978）下册，第 1002 页。

估了当时国力所能承担的程度，财政收入与投资需求相比差距巨大；另一方面又低估了从国际市场上融资的难度，出口创汇不可能在短期内明显增加，寄希望于从国外借钱也是不现实的。[①] 从这个角度说，中国共产党的十年发展规划，还是非常态的"跃进"思想的产物。

在"文化大革命"刚结束时就出现这么明显的"跃进"倾向，显然还是与党内注重主观能动性、忽视经济发展的客观规律、急于求成的思想因子有关。而此时之所以有这种强烈的认识，固然是因为在经历过"文化大革命"之后党内很多人有一种要把耽误的时间抢回来的急切心情，如"当时华国锋同志总有个想法，就把'文化大革命'耽误的时间抢回来"[②]；但深层次的原因则是高速度甚至超常规的发展思想对一些领导人的影响根深蒂固。在这一点上，"文化大革命"前后中国共产党的主流认识并无二致，当然，党内一些人如陈云的反对态度也一以贯之。

当时，把发达国家实现现代化的经验和积极向中国投资的有利形势看得过于简单了。当编制长期规划时，中央领导层不约而同地把目光投向国外，主要是日本和欧洲等发达国家。社会主义国家向资本主义国家引进技术、设备甚至资金，这一点不仅与此前很长时间内中国共产党的主流认识相悖，而且与苏联的建设经验也是不符的。不过，经历内乱之后的中国共产党人，在这方面并没有太大分歧，何况在"文革"期间陈云就明确提出了向资本主义学习的主张，毛泽东更是有过要与西方国家交流学习的论述。

有了思想上的准备，政策举措的出台就顺理成章了。在1977年11月中央政治局听取国家计委《关于经济计划的汇报要点》时，扩大引进就是会上讨论的焦点。党的领导人在讨论中对进一步扩大引进

---

① 参见陈锦华：《国事忆述》，中共党史出版社2005年版，第98页。
②《"文革"结束后国民经济的恢复工作——访袁宝华同志》，《百年潮》2002年第7期。

都很急切。邓小平说，"引进技术的谈判，要抢时间，要加快速度"，"多争取一年时间都合算"①。1978 年 3 月，中央政治局批准国家计委《关于一九七八年引进新技术和进口成套设备计划的报告》。华国锋在讨论时提出："引进先进技术和先进装备，是加快经济发展的一项重要措施，小平同志一九七五年说这是一个大政策。""引进也要有个长远打算，至少要有八年的打算，但是不定死。国际上科学技术日新月异，不断变化，要加强调查研究，统筹考虑。"②4 月，在中央政治局讨论国家计委《今后八年发展对外贸易，增加外汇收入的规划要点》时，邓小平提出："政策放宽一点，可以多吸收一些。""政策上大胆一点，抢时间进口设备，是划得来的，得到的比付出的利息要多，问题是要善于去做。目前的时机是有利的。粉碎'四人帮'以后，思想解放了，可以拿资本主义国家行之有效的办法为我们所用。要想一想，现在思想解放得够不够，到底还有什么障碍，看看上层建筑、生产技术方面存在什么问题。"③他还反复强调："搞现代化，理所当然不是拿落后的技术作出发点，而是用世界的先进成果作出发点。""我们要充分利用国际市场对我们有利的形势，为四个现代化服务。"④邓小平的这些话，与中国共产党在新民主主义革命时期将资产阶级的"方法"为我所用的主张，在思路上是一致的。

也就在这时，中国共产党高层的对外交往明显增加，不仅多次邀请外国元首和政府首脑访华，而且党和国家领导人以及地区、部门的负责人也多次出国访问。1978 年，仅副总理和副委员长以上领导人的出访就有 20 多次，访问的国家达 50 多个，其中既有发展中国

① 中共中央文献研究室编：《邓小平年谱（1975—1997）》上卷，中央文献出版社2004 年版，第 267 页。
② 房维中：《在风浪中前进：中国发展与改革编年纪事（1977—1989）》（1977—1978 年卷），第 90 页。
③《邓小平年谱（1975—1997）》上卷，第 298 页。
④《邓小平年谱（1975—1997）》上卷，第 205、330 页。

家，也有发达国家。出访的这些代表团、考察团回国后，分别写出考察报告，详细介绍国外的经济发展状况和发展经济的做法，并纷纷向中央建议，借鉴国外发展经济的经验，利用目前国际上的有利条件，引进国外的资金和先进技术设备，以加快中国经济建设的速度。

6月1日和3日，中央政治局听取国务院赴日本经济代表团和赴港澳经济贸易考察组的工作报告。赴日经济代表团在报告中介绍了日本战后经济起飞的主要经验，提出了引进国外专利、进口装配生产线、搞来料加工等具体建议。赴港澳经济贸易考察组在报告中提到：我供港澳的商品，同当地市场需求的增长相比，差距越来越大。供应香港的商品占香港总进口的比重，远远落在日本之后。要夺回我们在港澳市场的优势地位，必须下决心狠抓出口商品生产，增大出口货源。为此，建议把靠近港澳的广东省宝安、珠海两县改为两个省辖市，利用港澳的有利条件和贸易渠道，大搞对外加工装配业务，争取经过三五年努力，把这两个县建设成具有相当水平的工农业结合的生产基地和对外加工基地，建设成港吸收澳游客的游览区。①

6月30日，中央政治局听取谷牧率领的政府代表团访问法国、瑞士、比利时、丹麦、西德西欧五国的情况汇报。谷牧在汇报中介绍："我们现在达到的经济技术水平，同发达的资本主义国家比较，差距还很大，大体上落后二十年，从按人口平均的生产水平讲，差距就更大。""欧洲经济的现代化，是一次新的工业革命。我们也必须进行这样的工业革命。""西欧一些资本主义国家，经济上处于萧条时期，产品、技术、资本都过剩，急于找出路。""考虑到欧洲一些国家对我比较友好，生意可做得更大一些。"谷牧建议：采用补偿贸易的办法，利用外国的资金、技术、设备，放手大搞来料加工和装配业

---

① 参见房维中：《在风浪中前进：中国发展与改革编年纪事（1977—1989）》（1977—1978 年卷），第 103—118 页。

务,大力增产传统的出口产品,换取更多外汇。① 中央政治局在讨论时认为:资本主义国家的现代化是一面镜子,可用来照照自己是什么情况,没有比较不行。但光照照不够,还要联系我国的实际情况,研究怎样吸取国外的经验教训,加快我们的速度。引进先进技术设备,步子可以再大一些。②

1978 年也是邓小平出访最多的一年:年初访问缅甸和尼泊尔,9 月访问朝鲜,10 月访问日本,11 月访问泰国、马来西亚和新加坡,次年初出访美国。邓小平的亲见,加上其他考察团提供的信息,强化了他的紧迫意识。他在 9 月访朝时说:"最近我们的同志出去看了一下,越看越感到我们落后。什么叫现代化?五十年代一个样,六十年代不一样了,七十年代就更不一样了。"③

外界的刺激不仅给了中央领导人在紧迫性方面的巨大压力,也给了一些领导人很强的信心。这点倒是多少有些出人意料。谷牧在报告中就认为:"我们能不能在二十三年内实现四个现代化,赶上世界先进水平?这次看了五国的情况,我们更加有信心了。"④ 华国锋说:"出去的同志回来后,自信心更强了。""对我说了,我的自信心也更强了。原来认为二十三年很快就过去了,一考察,日本搞现代化只有十三年,德国、丹麦也是十几年。""我们有优越的社会主义制度,有九亿人口,资源丰富,有正反两个方面的经验,只要路线、方针、政策正确,安定团结,调动各方面积极因素,可以赶上去。"⑤ 这相当于为业已存在的"跃进"式经济发展思想提供了经验支撑。如果中国经

---

① 参见《谷牧回忆录》,中央文献出版社 2014 年版,第 319—322 页。

② 房维中:《在风浪中前进:中国发展与改革编年纪事(1977—1989)》(1977—1978 年卷),第 126、128 页。

③《邓小平年谱(1975—1997)》上卷,第 372—373 页。

④《谷牧回忆录》,第 319 页。

⑤ 房维中:《在风浪中前进:中国发展与改革编年纪事(1977—1989)》(1977—1978 年卷),第 128 页。

济在这种发展思路下遇到挫折，那么，党内在经济思想上必然要产生新的冲突和磨合。

规范的党史叙事称这段时间为"在徘徊中前进时期"，这固然是恰如其分的，但也应该看到，在这两年，中国共产党经受的外部经济发展情况的刺激是很明显的，对于尽快把中国建设成为现代化强国的追求是真挚而热烈的。在这方面，中国共产党非但没有"徘徊"，反而掀起了新一轮的"跃进"之风。显然，党的经济思想深处对于发展速度的执着依然没有改变。相较而言，中国共产党对于资本主义经济方法的认可和接纳变得更为坚定和明确了。党内的理论家和经济学家们认为："我们是社会主义社会，我们的制度比资本主义制度优越得多，但是由于缺乏经验，我们在社会主义建设过程中，出现了一些问题"，"只要我们遵照党指出的路线和目标，努力奋斗，并将外国先进的技术和管理经验用来为我们的社会主义制度服务，我们就一定能够在本世纪末实现四个现代化的宏伟目标"[1]。

正是这种思想深处的认可和接纳，中国共产党的经济思想迎来一个高度重视方法的时代；虽然有关"主义"的争论还在产生和继续，但在改革开放和加快发展的大潮之中，"方法"显然是至关重要的。

二、"阳关道"与"独木桥"

与党内对于实现现代化目标的高度共识相比，对于采取什么样的道路达到现代化目标则很难有思想的统一。对于拥有制度优越性的社会主义而言，比资本主义贫穷落后，是不能接受的，为此只能以最快的速度实现现代化、赶超资本主义国家；但对于如何实现，还需要

---

[1] 邓力群、马洪、孙尚清、吴家骏：《访日归来的思索》，中国社会科学出版社 1979 年版，第 53 页。

一场争论。

不过，确立经济发展的宏伟目标，至少给了讨论经济理论问题很大的合法性和自主权；因为一些重大理论问题不讨论清楚，无论是整顿经济秩序还是发展工农业生产都是障碍重重。因而，与这一时期政治上强调"两个凡是"不同，经济理论界对于曾被毛泽东否定的按劳分配和"资产阶级法权"等问题进行了大讨论。这场大讨论从1977年2月开始，在4月以后逐步扩大规模，话题囊括按劳分配和"资产阶级法权"、政治和经济、革命和生产等问题。10月底至11月初举行的按劳分配问题讨论会，已有全国20多个省市区的800多人参加，100多人发言，集中批判了把按劳分配说成是"产生资产阶级法权的经济基础"、把发展生产说成是"唯生产力论"等观点。[①]《人民日报》《光明日报》等报刊选载了一批讨论文章，把讨论推向了社会。

邓小平和华国锋都对这场讨论表示了支持。

在中央领导人的支持下，大讨论的重点引向更深层次的问题。1978年3月，国务院政治研究室起草了《贯彻执行按劳分配的社会主义原则》一文。邓小平看过文章清样后给予充分肯定，认为文章"写得好，说明了按劳分配的性质是社会主义的，不是资本主义的"，"根据这个原则，评定职工工资级别时，主要是看他的劳动好坏、技术高低、贡献大小。总之，只能是按劳，不能是按政，也不能是按资格"，"总的目的，就是鼓励大家上进"[②]。4月30日，他就这篇文章的修改谈了意见，提出："资产阶级权利问题，要好好研究一下，从理论上讲清楚，澄清'四人帮'制造的混乱。"[③]文章于5月5日以"特约评论员"名义在《人民日报》发表。在真理标准问题讨论拉开帷幕

① 参见《中国共产党历史》第二卷（1949—1978）下册，第994页。
②《邓小平年谱（1975—1997）》上卷，第288页。
③《邓小平年谱（1975—1997）》上卷，第302页。

之后，这篇文章的观点同样受到广泛关注。由于文章触及了毛泽东晚年关于社会主义理论问题的一些观点，因而也同《实践是检验真理的唯一标准》一样，既受到很多人指责，也得到邓小平这两篇都是"马克思主义的文章"[1]的肯定。

到 1978 年下半年，经济理论界已经举行了四次按劳分配问题理论讨论会。这一系列会议"既讨论了按劳分配的性质，又着重讨论了在实践中怎样体现按劳分配原则的问题"[2]，同时还指出社会主义商品生产与资本主义商品生产有着本质区别，"因此它的发展不会产生资产阶级，社会主义国家可以利用商品经济的基本规律——价值规律为自己服务"[3]。显然，经济理论界此时致力于的，是要从理论上将已被资本主义经济所运用和证明了的客观规律和通行做法，与社会主义打通。事实上，这也是此后中国共产党经济思想发展变化的一个缩影。

在按劳分配问题讨论的推动下，1978 年 5 月 7 日，国务院发出通知，要求贯彻逐步改善职工生活的方针，有条件、有步骤地实行奖励和计件工资制度。这对于下一步开启改革的推动作用是非常直接的。

按劳分配问题的讨论很快扩展到整个经济领域，党内一些经济学家的思考已涉及整个计划体制。薛暮桥通过对江苏和北京的调查提出：现在我们管理体制的根本缺点是，不管"条条"管，还是"块块"管，都是按行政系统管，既割断了各行业之间的经济联系，也割断了地方与地方之间的经济联系，同经济发展的客观规律不相适应。不论资本主义还是社会主义，生产愈发展，就愈要求生产的社会化。我们社会主义国家的企业是全民所有制，应当不受"条条"和"块块"的束缚，可是我们的管理体制恰恰相反。两个企业能商量解决的

---

① 《邓小平年谱（1975—1997）》上卷，第 360 页。
② 《人民日报》1978 年 11 月 3 日。
③ 《人民日报》1978 年 5 月 22 日。

问题却必须层层上报，由上级领导机关协商解决，一天能办成的事，往往要拖上几个月。这样的事情在资本主义国家是不会发生的。他据此提出：计划管理体制中的根本问题，不仅仅是解决"条条"与"块块"之间的矛盾，而是还要解决行政管理与经济发展的客观规律之间的矛盾。①

在此基础上，1978 年 7 月至 9 月，国务院召开了为期两个月的务虚会，专门研究经济问题。华国锋、李先念在会上要求敞开思想，发扬民主，认真总结经验，为加快现代化建设积极出谋划策，使这次会议成为一次在经济领域解放思想、探索求新的会议。与会的 60 多位部门负责人也都提出改革经济管理体制、积极引进国外先进技术和设备的建议。9 月 9 日，李先念作总结讲话指出：适应四个现代化的需要，我们要改革一切不适应生产力的生产关系，改革一切不适应经济基础的上层建筑，改革计划体制、财政体制、物资体制、企业管理体制和内外贸易体制，建立起现代化的经济组织、科研组织、教育组织及有关管理制度。过去二十多年已经不止一次改革经济体制，但是，"在企业管理体制方面，往往从行政权力的转移着眼多，往往在放了收、收了放的老套中循环，因而难以符合经济发展的要求"。因此，"这次改革，一定要同时兼顾中央部门、地方和企业的积极性，一定要考虑大企业和大专业公司的经济利益和发展前途，努力用现代化的管理方法来管理现代化的经济，使我们的管理水平尽可能适应工农业高速度发展的需要"。②他强调，要坚决摆脱墨守行政层次、行政区划、行政权力、性质方式而不讲经济核算、经济效果、经济效率、经济责任的老框框，掌握领导和管理现代化大生产的本领，尊重客观经济规律。他还指出："为了大大加快我们掌握世界先进技术的速度，必须积极从国外引进先进技术和设备。这比关起门来样样靠自己从头

---

① 参见《薛暮桥文集》第 7 卷，第 256—257 页。
② 《李先念文选》，人民出版社 1989 年版，第 331 页。

摸索，要快不知多少倍。"① 但他同时强调，引进必须有条不紊，搞好综合平衡，注意年度间的安排，"对引进项目实行排队，先安排急需的和已经看准了的，其余的看准一批办一批，摸着石头过河"②，努力实现物资供需平衡和外汇收支平衡。这是中央领导人第一次就经济体制改革问题发表系统的长篇讲话。

此后，邓小平在视察东北三省时发表谈话，更为鲜明地提出了改革经济体制的主张。他认为："从总的状况来说，我们国家的体制，包括机构体制等，基本上是从苏联来的，人浮于事，机构重叠，官僚主义发展。文化大革命以前就这样。办一件事，人多了，转圈子。有好多体制问题要重新考虑。总的说来，我们的体制不适应现代化，上层建筑不适应新的要求。过去讲发挥两个积极性，无非中央和省市，现在不够了，现在要扩大到基层厂矿，要加强基层企业的权力。"③ "我们是社会主义国家，社会主义制度优越性的根本表现，就是能够允许社会生产力以旧社会所没有的速度迅速发展，使人民不断增长的物质文化生活需要能够逐步得到满足。按照历史唯物主义的观点来讲，正确的政治领导的成果，归根到底要表现在社会生产力的发展上，人民物质文化生活的改善上。"④ "社会主义要表现出它的优越性，哪能像现在这样，搞了二十多年还这么穷，那要社会主义干什么？我们要在技术上、管理上都来个革命，发展生产，增加职工收入。要加大地方的权力，特别是企业的权力。大大小小的干部都要开动机器，不要当懒汉，头脑僵化。以后既要考虑给企业的干部权力，也要对他们进行考核，要讲责任制，迫使大家想问题。现在我们的上层建筑非改不行。"⑤

---

① 《李先念文选》，第 332 页。
② 《李先念文选》，第 326 页。
③ 《邓小平年谱（1975—1997）》上卷，第 376 页。
④ 《邓小平年谱（1975—1997）》上卷，第 379—380 页。
⑤ 《邓小平年谱（1975—1997）》上卷，第 384 页。

邓小平等中央领导人的改革思想，在接下来召开的中央工作会议上，终于成为主导。于 1978 年 11 月 10 日至 12 月 15 日召开的这次会议，为十一届三中全会作了充分准备。邓小平作了题为《解放思想，实事求是，团结一致向前看》的重要讲话，提出："我们的经济管理工作，机构臃肿，层次重叠，手续繁杂，效率极低。政治的空谈往往淹没一切。这并不是哪一些同志的责任，责任在于我们过去没有及时提出改革。但是如果现在再不实行改革，我们的现代化事业和社会主义事业就会被葬送。"[1] 对于如何改革，他提出了"经济民主"的思想，即"扩大厂矿企业和生产队的自主权，使每一个工厂和生产队能够千方百计地发挥主动创造精神"。他特别提出："要允许一部分地区、一部分企业、一部分工人农民，由于辛勤努力成绩大而收入先多一些，生活先好起来。""这是一个能够影响和带动整个国民经济的大政策。"[2] 这与"经济民主"思想也是一致的，并且更具创新意义；因为扩大自主权在此前有过尝试，而以承认差距的方法来激励进取、把利益驱动而不是"革命精神"之类的主观能动性作为经济发展的动力，则是新观点。

随后，党的十一届三中全会于 12 月 18 日至 22 日召开。邓小平《解放思想，实事求是，团结一致向前看》这篇纲领性讲话，实际上成为全会的主题报告。在中央工作会议充分讨论并取得共识的基础上，全会作出"全党的工作的着重点应该从一九七九年转移到社会主义现代化建设上来"[3] 的决策，要求全党"进一步发展安定团结的政治局面，并且立即动员起来，鼓足干劲，群策群力，为在本世纪内把我国建设成为社会主义的现代化强国而进行新的长征"[4]。会议公报指

① 《邓小平文选》第 2 卷，第 150 页。
② 《邓小平文选》第 2 卷，第 146、152 页。
③ 中共中央文献研究室编：《三中全会以来重要文献选编》上，中央文献出版社 2011 年版，第 1 页。
④ 《三中全会以来重要文献选编》上，第 4 页。

出："这次会议和会议以前的中央工作会议，在党的历史上具有重大的意义。"①

如果从十一届三中全会通过的实际举措看，很难说已经超越了1962年的调整；相较而言，全会对于拨乱反正、端正思想路线的强调更为鲜明和突出。因而，这次全会对于改革的起点意义是巨大的，只是对于改革具体举措的探索，只能在全会后的经济实践中逐步进行。但令人瞩目的是，改革已经在农村开始了。

就在"文化大革命"刚结束时，以安徽和四川两省为代表，农村政策发生大胆调整，此前有过的包产到户和包干到户再度出现了。然而，十一届三中全会虽然提出在经济上充分关心几亿农民的物质利益，调动积极性②，但对包产到户行为并未予以肯定。全会通过的《中共中央关于加快农业发展若干问题的决定（草案）》仍规定"不许包产到户，不许分田单干"③。在此前后，中央虽然停止了农业学大寨运动，再次强调"要坚决实行'三级所有、队为基础'的制度，稳定不变"，"决不允许任意改变，搞所谓'穷过渡'"④；但是，如何看待安徽等地的突破，仍然是摆在全党面前的一道难题。事实上，此时各省领导人的态度大多也还是否定的。三中全会结束不久的1979年1月，一些省份领导人就表示要继续学习大寨经验，肯定人民公社，反对包产到户。也许是在包产到户问题上，过去的教训太深了，至今心有余悸，大多数省委书记谁也没有公开附和安徽。

与党内高级干部的犹豫不决相比，广大农民以实际行动支持了包产到户。到1979年春，全国已有200万个村的3亿社员采取了这种行动。也就是在这时，一个"张浩事件"引发了争论。甘肃省档案

---

① 《三中全会以来重要文献选编》上，第2页。
② 参见《三中全会以来重要文献选编》上，第6—7页。
③ 房维中：《在风浪中前进：中国发展与改革编年纪事（1977—1989）》（1977—1978年卷），第171页。
④ 《三中全会以来重要文献选编》上，第7、158页。

局干部张浩以激烈的措词给《人民日报》写信说：搞包产到组、包产到户，是倒退，会搞乱干部群众的思想，给生产造成危害。①这封信在《人民日报》刊登后引起巨大震动，安徽省的各级干部更是感受到巨大压力。但省委书记万里则不以为然。在国家农委的会议上，他回敬坚持"不许包产到户"的一些领导人说，你们不要强加于我们，我们也不强加于你们，"你走你的阳关道，我走我的独木桥。"②

争论仍在继续。3月30日，《人民日报》在头版发表安徽省农委来信《正确看待联系产量的责任制》，批评张浩的信和编者按给农村造成了混乱，"有的人看到报纸好象找到了新论据把联系产量责任制说得一无是处"，"'包'字被视若洪水猛兽"。《人民日报》为此文加的编者按承认张浩来信及其编者按"有些提法不够准确"。③但国务院农委主办的《农村工作通讯》再次发文，批评包产到户既没有坚持公有制，也没有坚持按劳分配，实质是退到单干。

随着实践的发展，争论的结果逐渐明朗化。在1979年3月召开的农村工作座谈会上，来自地方的与会者多数赞成包产到户。特别是华国锋到会讲话，同意"深山、偏僻地区的独门独户，实行包产到户，也应当许可"④。这就有了讨论的余地，既然可以拿经验证明集体化的优越性，也可以拿出更多的经验事实证明包产到户之类责任制的优越性。与会者达成妥协，对于群众搞了包产到户"不要勉强去纠正，更不能搞批判斗争"⑤。

更大的支持很快到来。6月，万里借出席五届全国人大二次会议

---

①《人民日报》1979年3月15日。

② 参见马立诚、凌志军：《交锋：当代中国三次思想解放实录》，第131—132页。

③《人民日报》1979年3月30日。

④ 杜润生：《杜润生自述：中国农村体制变革重大决策纪实》，人民出版社2005年版，第106页。

⑤ 国家体改委办公厅编：《十一届三中全会以来经济体制改革重要文件汇编》上，改革出版社1990年版，第89页。

的机会，先后询问陈云和邓小平的意见。陈云答复："我双手赞成。"
邓小平答复："不要争论，你就这么干下去就完了，就实事求是干下
去。"① 9月，中共十一届四中全会通过《中共中央关于加快农业发展
若干问题的决定》，虽然还规定"不许分田单干"，但已没有"不许包
产到户"的字眼，代之以"除某些副业生产的特殊需要和边远山区、
交通不便的单家独户外，也不要包产到户"②。这实际上对包产到户开
了口子。

进入 1980 年，邓小平的认识发生进一步变化。他先是于 4 月 2
日谈话提出农业要"多从政策上考虑问题"：对地广人稀、经济落后、
生活穷困的地区，政策要放宽，要使每家每户都自己想办法，多找门
路，增加生产，增加收入。有的可包给组，有的可包给个人。这个不
用怕，这不会影响我们制度的社会主义性质。③ 继而又于 5 月 31 日
提出"关键是发展生产力"：一些适宜搞包产到户的地方搞了包产到
户，效果很好，变化很快。安徽肥西县绝大多数生产队搞了包产到
户，增产幅度很大。"凤阳花鼓"中唱的那个凤阳县，绝大多数生产
队搞了大包干，也是一年翻身，改变面貌。④

这个时候邓小平的支持态度已经是确定无疑的了。然而，邓小
平的谈话并没有"一锤定音"，有些省仍然坚持反对开口子，"有些
人总怕是'右'了、'乱'了"，"思想解放还只能说是刚刚开头"⑤。
1980 年 9 月召开的各省市自治区党委第一书记座谈会，专门讨论包
产到户问题。会上仍然争论很大，且表态反对的占多数。持反对意见
的黑龙江省委书记在会上说，反正这个东西在黑龙江行不通，至于贵
州等地怎么样，那我们管不了。持支持意见的贵州省委书记则在休会

---

① 《陈云年谱》下卷，第 280 页。
② 《三中全会以来重要文献选编》上，第 162 页。
③ 《邓小平年谱（1975—1997）》上卷，第 615—616 页。
④ 《邓小平文选》第 2 卷，第 315 页。
⑤ 《人民日报》1979 年 10 月 11 日。

时找他个别谈话，说我们可否达成协议：你走你的阳关道，我过我的独木桥，互不干预？两人达成一致。后来这句话上了会议简报。"你走你的阳关道，我过我的独木桥"由此流传起来。①会议通过了题为《关于进一步加强和完善农业生产责任制几个问题》的会议纪要，印发全党。

《关于进一步加强和完善农业生产责任制几个问题》最重要的突破，是指出少数地区包产到户和包干到户"不会脱离社会主义轨道的，没有什么复辟资本主义的危险，因而并不可怕"②。

也是在1980年，农业学大寨运动彻底终结了。与之相反，包产到户等快速发展。1981年12月21日，中央政治局讨论通过《全国农村工作会议纪要》，肯定了双包到户是社会主义的生产责任制，是社会主义农业经济的组成部分。这就基本结束了持续两年之久的农村改革争论。这个纪要以1982年中央"1号文件"形式发布。也就是从1982年起，直至1986年，中共中央连发5个"1号文件"，推动农村改革走向深入。"独木桥"越走越宽，就连坚持走"阳关道"的黑龙江省，也在1983年春全面落实家庭联产承包制。"独木桥"终究演变成覆盖全国的农村大变动之桥。

从经济理论的争论，到农村改革的争论，从"文化大革命"内乱中突围出来的中国共产党，在经济思想上处于一个前所未有的活跃和碰撞时期。一方面，自"大跃进"以来的一些过激的做法已经被证明是错误的，要尽快实现现代化，只能另寻新路；另一方面，在社会主义条件下，到底哪些路可以走、哪些路不能走，需要辨明。这个过程注定是一个各种观点甚至是对立观点不断斗争、不断发展的过程。在这个过程中，到底哪个是"独木桥"、哪个是"阳关道"，恐怕一开

---

① 参见杜润生主编：《中国农村改革决策纪事》，中央文献出版社1999年版，第295—296页。

②《十一届三中全会以来经济体制改革重要文件汇编》上，第107页。

始谁都无法认清。好在这一时期的中国共产党，对不同的观点有足够的包容度，给了"阳关道"与"独木桥"相互竞争的空间。正是在"不论是独木桥、木板桥、石板桥、铁索桥，只要是能走人的，我们统统加以利用，加以改造，加以发展"①这样的视阈下，中国共产党经济思想在这一时期获得了不断创新发展的基本条件。

三、"调整"与"改革"

与农村和农业的改革争论很快明朗不同，城市和企业的改革争论却胶着不已。固然，城市经济既涉及企业经营管理等微观层面，也涉及体制机制等宏观层面，其复杂性远非农村经济所能比；但毕竟，1978 年以来的理论讨论和邓小平等领导人的表态，已然使改革呼之欲出。十一届三中全会后，中国共产党决定重点抓企业改革，并将其作为振兴社会主义经济的关键组成部分。而企业改革的路径仍然是此前有过的放权。1979 年 2 月 19 日，《人民日报》发表社论《必须扩大企业的权力》，强调"当务之急是扩大企业的自主权"②。然而，曾经的放权措施引发的经济秩序混乱问题，这次显然也没有例外。新"跃进"造成的经济紧张局面，迫使刚刚起步的改革不得不放慢步伐。

中国经济的结构失衡和投资过热，在一贯主张要有秩序、按比例发展的陈云看来，无疑是危险的。1979 年 3 月，陈云在中央政治局会议上指出："现在比例失调的情况相当严重。基本建设项目大的一千七百多个，小的几万个。赶快下决心，搞不了的，丢掉一批就是了。搞起来，没有燃料、动力，没有原料、材料，还不是白搞。"③他还针对全党上下"大干快上"的热潮特别提出："按比例发展是最快

①《人民日报》1980 年 11 月 5 日。
②《人民日报》1979 年 2 月 19 日。
③《陈云文选》第 3 卷，第 253 页。

的速度。"①

　　陈云的谨慎态度，是他历来追求稳定、均衡的增长方式，反对大起大落的经济发展周期思想的反映。早在1978年的国务院务虚会期间，陈云就对大规模引进计划和高速度有相当保留意见："出国考察的人回来吹风，上面也往下吹风，要引进多少亿，要加快速度。无非一个是借款要多，一个是提出别的国家八年、十年能上去，我们可不可以再快一点。""可以向外国借款，中央下这个决心很对，但是一下子借那么多，办不到。有些同志只看到外国的情况，没有看到本国的实际。我们的工业基础不如它们，技术力量不如它们。""不按比例，靠多借外债，靠不住。"②只是他的提醒没有引起重视。在随后的中央工作会议上，陈云针对"赤字无害论"明确表达了反对意见。他说，用通货膨胀来发展经济，我害怕，我害怕，我害怕。③他在中央工作会议东北组发言就经济问题提出五点意见，认为"实现四个现代化是我国史无前例的一次伟大进军，必须既积极又稳重"，"粮食进口多一些不要紧"，"我们不能到处紧张，要先把农民这一头安稳下来"，并说"这是大计，这是经济措施中最大的一条"④。他同时强调，工业引进项目，要循序而进，不要一拥而上，"一拥而上，看起来好像快，实际上欲速则不达"，强调"对于生产和基本建设都不能有材料的缺口"。⑤陈云的这个发言，与他在"大跃进"后主持调整的思路是一致的，实际上表达了再次进行经济调整的主张。

　　在十一届三中全会带来明显转变之际，是否有必要再进行一次调整，无疑是党内上下都关心的问题，也不可避免地出现争论。但是，在国家财政困难面前，陈云坚持他的主张。1979年3月14日，

①《陈云文选》第3卷，第251页。
②《陈云文选》第3卷，第252页。
③　田夫主编：《陈云治党治国方略研究》，中央文献出版社2005年版，第83页。
④《陈云文选》第3卷，第235、236页。
⑤《陈云文选》第3卷，第237页。

陈云与李先念联名致信中共中央，对财经工作提出六条指导性的意见，强调现在的国民经济是没有综合平衡的，要有两三年的调整时期，才能把各方面的比例失调情况大体上调整过来，前进的步子要稳，避免反复和出现大的"马鞍形"，借外债必须充分考虑还本付息的支付能力，考虑国内投资能力，做到基本上循序进行。[1]这就系统提出了经济调整的思想。

此后，陈云重新主持财经工作，敦促全党转变思想。在3月的中央政治局会议上，陈云指出：讲实事求是，先要把"实事"搞清楚。我们搞四个现代化，建设社会主义强国，是在什么情况下进行的。这个问题不搞清楚，什么事情也搞不好。我们国家是一个九亿多人的大国，百分之八十的人口是农民。革命胜利三十年了，但不少地方还有要饭的。农民是大头，不能让农民喘不过气来。一方面我们很穷，另一方面要经过二十年，即在本世纪末实现四个现代化。这是一个矛盾。人口多，要提高生活水平不容易；搞现代化用人少，就业难。我们只能在这种矛盾中搞四化。这个现实的情况，是制定建设蓝图的出发点。[2]他批评冶金部说："单纯突出钢，这一点，我们犯过错误，证明不能持久。""我是共产党员，也希望多搞一点钢。问题是搞得到搞不到。""借外国人那么多钱，究竟靠得住靠不住？旧社会，我在上海呆过，钱庄、银行贷款，要经过好多调查，确有偿还能力，才借给你。外国商人说借钱给你，有真有假，这件事也不要看得太简单。借外国人的钱，把钢铁的发展都包下来，把冶金机械制造也包下来，所有借款都要由人民银行担保，究竟需要多少钱，没有很好计算。那么大的引进，国内要多少投资，也没有计算。你一家把投资占了，别人怎么办？冶金部提出不拖别人的后腿，实际上不可能。搞那么大的建设规模，那么高的速度，别的工业配合不上。"他还指出，

---

① 参见《陈云文选》第3卷，第248—249页。
②《陈云文选》第3卷，第250页。

地方工业、社办工业，如果同大工业争原料、争电力，也要停下来。过去十年欠了账，"骨头"搞起来了，"肉"欠了账。他强调："要有两三年调整时间，最好三年"，"调整的目的，就是要达到按比例，能比较按比例地前进"。① 他同时也指出："外资还要不要，外国技术还要不要？一定要，而且还要充分利用，只不过把期限延长一点就是了。"②

这次会上，陈云还批评此前的经济方针，说为什么比例失调，是要靠外国的贷款来发展我们的经济，"冶金部借外债来发展钢铁工业，它不知道这件事的厉害"。③

这次会上，华国锋和邓小平都表示支持陈云的意见，同意调整。邓小平特别指出，经过调整，会更快地形成新的生产能力。过去提以粮为纲、以钢为纲，是到该总结的时候了。他还介绍了他同外国人谈话中使用的一个新名词：中国式的现代化。④ 不过，已经形成明确改革思想的邓小平，看得要更长远一些。3月30日，他在理论务虚会上讲话，强调"这次调整同六十年代初期的调整不同"，"是前进中的调整，是为了给实现四个现代化打好稳固的基础"。他同时提出，"必须认真解决各种经济体制问题，这也是一种很大规模的很复杂的调整"。⑤ 这种在调整的内涵中注入改革这一新要素的观点，表现出一种不同的思想定位。

在此基础上，1979年4月中央工作会议确定以"调整"为核心的"调整、改革、整顿、提高"新八字方针。这次会议从5日开到28日，足见统一认识难度之大。李先念代表中央在会上作关于国民

---

① 《陈云文选》第3卷，第251—253页。
② 《陈云文选》第3卷，第254页。
③ 参见《"文革"结束后国民经济的恢复工作——访袁宝华同志》，《百年潮》2002年第7期。
④ 《邓小平年谱（1975—1997）》上卷，第497页。
⑤ 《邓小平文选》第2卷，第161页。

经济调整的讲话，批评和检讨了经济工作中急于求成的倾向："这两年多来，特别是去年，经济恢复取得了较快的进展，再加上全党全国人民又都有加快实现四个现代化的强烈愿望，在这种情况下，我们对顺利的一面看得多了，对问题和困难的一面看得少了，对经济发展的要求急了，步子迈得不够稳。现在看来，去年有几件事情如果办得更审慎一些，更好一些，就能更有利于国民经济比例关系的调整。"①

然而，从新"跃进"突然转到调整，无异于一场急转弯，自然在党内引起很大争论。况且，这次调整与"大跃进"之后中国经济跌入谷底时被迫进行的调整，背景却有很大不同。由于 1978 年保持了较快的经济增长势头，很多部门和地方不认为有调整的必要，对基建项目的下马持消极甚至抵制态度。《人民日报》就此指出："当前一个值得注意的问题，是有些同志对调整的必要性和重要性认识不足，特别是有些领导干部思想不通。有的同志认为，过去两年工业发展不是很快吗？继续大干快上好了，何必调整呢？有的同志认为，调整就是'刮下马风'，他要接受历史教训坚决顶住。有的同志认为他这个企业是多年辛辛苦苦搞起来的，关别人的可以，停自己的不行。"②党内更是对于调整将带来经济增速下降问题表达了担忧。胡耀邦说："究竟我们的经济能不能搞上去，究竟四个现代化能不能搞得成，人民是很着急的，也是有疑虑的。我们的干部，意见也相当不一致。"③也因此，"不少地区、部门迟迟不下决心采取得力措施压缩基本建设规模。即使在国家计委这样的宏观经济战略决策部门，也有同志未能摆脱对高速度、高指标、高积累的追求和'以钢为纲'的计划方法，对于过

①《三中全会以来重要文献选编》上，第 103 页。
②《人民日报》1979 年 7 月 26 日。
③《胡耀邦文选》，人民出版社 2015 年版，第 149—150 页。

去制订的十年规划恋恋不舍"①。

为了推动调整，中央进一步平息争论、统一思想。9月，国务院财经委员会连续召开会议，讨论1980年、1981年计划。陈云在会上重申经济调整方针是必要的，并不是多此一举。他提出11条意见，重点说明两个观点：一是为什么不能搞赤字建设；二是利用外资的可能限度。②他说："目前人民向往四个现代化，要求经济有较快的发展。但他们又要求不要再折腾，在不再折腾的条件下有较快的发展速度。我们应该探索在这种条件下的发展速度。"③随后在10月上旬召开的研究确定1980年计划的省市自治区党委第一书记会上，陈云再次针对财政赤字和通货膨胀并不可怕的意见指出：在生产上搞一点赤字，下半年或第二年就收回，这不可怕；但基本建设的周期长，在基建投资上搞赤字，我是怕的。由于生产增长，相应地增加货币，这不可怕；如果通货膨胀数量不大，也不可怕，但数量很大的通货膨胀我害怕，用赤字投资是不行的。他警告说，在通货膨胀问题上，我们有过痛苦的教训。④

陈云的这些观点，显然与他在新中国成立初期和1962年治理通货膨胀的经验有关。但相较而言，调整基本建设投资针对的是显性问题，还是能够说服人的；而不搞借外债建设，在国门已经打开、国际形势有利的条件下，就有了不同声音。

与半年前的表态类似，邓小平再次站在不同的视野对调整表达了支持。他在会上讲话支持陈云的意见，但又同时指出："我赞成劲可鼓不可泄"，调整是"为了创造条件，使得在调整过程中，特别是调整以后，能够有一个比较好的又比较快的发展速度"⑤。他赞成清理

①《薛暮桥回忆录》，天津人民出版社2006年版，第264页。
② 参见《陈云年谱》下卷，第282—284页。
③《陈云文选》第3卷，第268页。
④《陈云年谱》下卷，第286页。
⑤《邓小平文选》第2卷，第196、197页。

在建项目，压缩基建战线，但同时又提出，为争取 1983 年开始有相应的速度，现在的调整还要包括一些准备工作，现在不着手，到时候就形不成新的生产能力。他说：关于明后两年工农业总产值的增长速度是百分之八还是百分之六的问题，"我的意见，增长百分之六也可以，但一定是不加水分的百分之六，扎扎实实的百分之六，不在乎这两年的速度是高一点还是低一点"；但是，"还要考虑到，如果到一九八二年、一九八三年，我们的速度不能够更快一点，我看交不了帐"；因此，"我们要瞻前顾后，看远一点。我们的经济工作，只考虑到一九八二年还不行。从一九八三年开始，我们要有比较相应的速度，这不是临时能够办到的，从现在起就要考虑，包括具体的项目"。① 针对调整中的限制外资利用问题，邓小平提出："我认为，现在研究财经问题，有一个立足点要放在充分利用、善于利用外资上，不利用太可惜了。"② 虽然都是在表达支持意见，但领导人对于调整的理解显然不同。

一方面要压缩基建投资、控制外债；另一方面又要保持一定的增长速度，可行的办法只能是"体制外增长"。进入 1980 年，扩大企业自主权改革加快推进，对个体户的营业限制也大幅放宽，经济搞活的效果开始显现，市场出现初步繁荣，城乡居民收入也有较大幅度增加。但是，由于经济结构等常年累积的问题不可能在短时期内消除，同时也由于调整中对于"还生活欠账"的力度比较大，财政压力仍然居高不下。再加上此时实施了财政"分灶吃饭""划分收支，分级包干"的体制改革，不仅增加了地方的财力，也强化了地方的利益驱动，长期存在的"投资饥渴症"愈发明显。"各级政府都想增加财政收入，办法是多办工厂。"1980 年，想生产电冰箱、电风扇、电视机、洗衣机、录音机等的市县就有"几百上千"。预算内投资减少

①《邓小平文选》第 2 卷，第 197、198 页。
②《邓小平文选》第 2 卷，第 199 页。

了，预算外投资却大幅度增加，基本建设总规模不但没有压缩反而增大了。①

显然，经济调整与搞活经济的改革之间存在着一定的紧张关系。调整需要适当的集权，强调的是全国一盘棋，强调的是执行计划的严肃性；搞活经济的改革则要适当分权，以调动各地的积极性。改革举措扩大了地方和企业在经济活动中的支配权，在一定程度上延迟或阻滞了调整措施的执行。这必然引起新旧思想的磨擦和冲突，并由此引发经济秩序一定程度的混乱。

随着改革的推进，混乱有愈演愈烈之势。这种情况下，是继续调整还是继续改革，成为中国共产党不得不思考和面对的一个问题。党内一些人的看法是，出现这种局面是因为"过去一年半调整方针的贯彻执行很不得力"②。取代国务院财政经济委员会成立的中央财经领导小组提出，在思想指导上要注意一个问题，即在继续进行经济体制改革、搞活经济的同时，必须在宏观经济方面加强国家计划的指导，因而，进一步抓好调整，是经济工作由被动转为主动的关键。③很多经济专家也认为，调整是当务之急，改革要服从调整。薛暮桥给中央领导写信，主张切实贯彻调整方针，扭转两年来积累加消费超过国民收入的状况。在调整与改革的关系上，当时应当继续把调整放在首位。④

但是，要改革服从调整，就意味着要接受经济增速下降的结果。这对于党内很多人特别是邓小平、胡耀邦等倾向于保持经济快速增长的领导人来说，不能不是一个需要顾及的问题。对此，陈云在1980年11月28日的中央政治局常委和书记处书记会议上提出：三年之内

---

① 参见《人民日报》1980年6月10日。
②《薛暮桥回忆录》，第280页。
③ 房维中：《在风浪中前进：中国发展与改革编年纪事（1977—1989）》（1980年卷），2004年，第142页。
④《薛暮桥回忆录》，第280页。

不增加基建开支，"基本建设要搞'铁公鸡'，一毛不拔。有人说，这会耽误了时间。从鸦片战争以来耽误了多少时间，现在耽误三年时间有什么了不得？就是要一毛不拔，就是要置之死地而后生，坏到什么都不搞。""好事要做，又要量力而行。"① 邓小平这次毫无保留地支持陈云的意见，指出：要考虑国务院的调整方案退得够不够，不退够要延长时间。这次三年能缓过气来就算不错。速度百分之五保持不住，百分之四也行。陈云插话说：百分之四并不丢脸，并不简单。邓小平还强调，调整期间权力要集中，历来克服困难都是讲集中，中央要加强对调整的集中统一领导。②

根据邓小平的提议，中共中央于 12 月召开工作会议，力求在更高层次、更大范围统一全党思想。会议指出："从国民经济的全局来看，应该说潜伏着很大的危险性。去年财政赤字一百七十亿元，今年大约也是一百七十亿元，靠向银行借贷和透支过日子。这两年，银行增发了一百三十亿元的票子，可以说货币流通量已经接近了要引起经济危机的临界点。"③ 这说明，近两年的调整并未取得理想效果。为此，邓小平在这次会议上指出："我们这次调整，正如陈云同志说的，是健康的、清醒的调整。这次调整，在某些方面要后退，而且要退够。"④ "为什么在实现四个现代化的过程中，会出现调整或部分后退的问题呢？这是因为，如果不调整，该退的不退或不退够，我们的经济就不能稳步前进。""这次对经济作进一步调整，是为了站稳脚跟，稳步前进，更有把握地实现四个现代化，更有利于达到四个现代化的目标。"⑤ 他要求，"今后一段时间内，重点是要抓调整，改革要服从

---

① 《陈云文集》第 3 卷，中央文献出版社 2005 年版，第 471 页。
② 《邓小平年谱（1975—1997）》上卷，第 695 页；《陈云年谱》下卷，第 300 页。
③ 《三中全会以来重要文献选编》上，第 531 页。
④ 《邓小平文选》第 2 卷，第 354 页。
⑤ 《邓小平文选》第 2 卷，第 355、356 页。

于调整，有利于调整，不能妨碍调整"①。陈云则进一步指出："我们要改革，但是步子要稳。因为我们的改革问题复杂，不能要求过急。改革固然要靠一定的理论研究、经济统计和经济预测，更重要的还是要从试点着手，随时总结经验，也就是要'摸着石头过河'。开始时步子要小，缓缓而行。""这绝对不是不要改革，而是要使改革有利于调整，也有利于改革本身的成功。"②李先念也讲话表示同意这次"决心很大"的调整，并说"我长期在国务院主持经济方面的日常工作，对这几年的错误要负重要责任"③。

这次会议决定1981年继续进行经济调整，并明确在一年内大幅减少财政开支和基建投资的急刹车式调整措施。为及时消除执行中会遇到的困难和阻力，会议强调要加强宏观经济方面的集中统一，服从中央统一指挥，对于中央决定的调整的方针、政策和重大措施要集中统一，不能三心二意，不能阳奉阴违，不能顶着不办。④经过这次会议，党内对于经济调整的认识趋于统一。不过，中央显然也不愿意看到搞活经济的改革成果由于调整受到太大影响。会议指出，集中统一"并不是什么都要集中，把什么都搞得死死的，回到过去的老路上去"⑤。邓小平也强调："改革的步骤需要放慢一点，但不是在方向上有任何改变。""已经从各方面证明行之有效的改革措施要继续实行，不能走回头路。仍然要继续把经济搞活，发挥地方、企业、职工的积极性。"他特别指出，"在广东、福建两省设置几个特区的决定，要继续实行下去。但步骤和办法要服从调整，步子可以走慢一点"⑥。

经过大力的调整，到1981年底，原定的基本实现财政收支平

①《邓小平文选》第2卷，第362页。
②《三中全会以来重要文献选编》上，第526页。
③《李先念传（1949—1992）》下卷，第1136页。
④《三中全会以来重要文献选编》上，第537页。
⑤《三中全会以来重要文献选编》上，第539页。
⑥《邓小平文选》第2卷，第362、363页。

衡、信贷收支平衡、物价稳定的目标已经完成。这种情况下，是否继续调整的问题自然就出现了。鉴于调整带来的生产下降、开放迟滞的副作用，中央的思路再度发生变化。1981 年 7 月 3 日，邓小平在会见美国西方石油公司董事长哈默后，立即赶到省市自治区党委书记座谈会上讲话。他说："今天我为什么急着到这里？就是因为，我们在中外经济合作的问题上如果搞官僚主义（不只是搞官僚主义），始终徘徊，对我们很不利。""我们调整总要有个时间，在调整当中经济建设速度不可能快。但是，如果我们经过三年的调整之后，经济建设仍然没有一定的速度，就会发生一个问题"，"现在就必须着眼考虑到三年以后经济建设的速度。现在不考虑，三年以后就来不及了，那时着急也没有用"。① 与中央工作会议时隔半年，邓小平又一次讲出了他对调整的不同理解。与此同时，中央要求研究这次调整与 1962 年调整有什么不同，认为不可能采用 1962 年的办法解决今天的全部问题。② 这与胡耀邦提出的不要被"一五"计划的成功经验束缚住的思想有相通之处。中央此时虽然继续肯定调整的必要，但对下一步的调整明显加入了新的内容。

从 1982 年开始，调整进入第二阶段。中央提出："我国国民经济的调整工作进入了一个新的更加深入的阶段。现在的调整工作，就是要在统筹安排人民生活和生产建设的前提下，进一步调整农业、工业内部的产业结构和产品结构，调整企业的组织结构，使国民经济在稳定发展中大大提高经济效益。"③ 这意味着，中国共产党在本次调整中，不只是要消除现实经济生活中的不稳定因素，还有一个更大的目

① 中共中央文献研究室编：《邓小平年谱（1975—1997）》下卷，中央文献出版社 2004 年版，第 754 页。
② 房维中：《在风浪中前进：中国发展与改革编年纪事（1977—1989）》（1981 年卷），2004 年，第 76—78 页。
③ 中共中央文献研究室编：《十二大以来重要文献选编》上，中央文献出版社 2011 年版，第 159—160 页。

标，就是借助这次调整的机会，摆脱过去那种高速度、高积累、低效率、低消费的增长模式，寻找到一种更有效益的增长方式。

对于经济效益的强调，使这一阶段经济调整的重心开始向改革转移。改革虽然是以调整为核心的新八字方针的组成部分，但这时才真正有了机遇。并且，虽然这一时期的改革措施广度和深度都很初步，但其对经济增长产生的效益已经显现。调整虽然为经济增长创造了一个稳定的环境，但调整本身不能解决发展问题；推动经济的有效增长，只能依靠改革。在这种形势下，中央开始谋划进一步改革的思路和举措。1981 年 12 月五届全国人大四次会议通过的政府工作报告指出：近年来的改革，"还是局部的、探索性的，工作中也出现了某些前后不衔接、相互不配套的问题。我们现在的任务，就是要总结前一阶段改革的经验，经过周密的调查研究，反复的科学论证，尽快拟定一个经济体制改革的总体规划，逐步实施"[1]。报告同时提出，"正确认识和处理计划经济和市场调节的关系，是改革中的一个关键问题"[2]。

经过调整与改革的互动实践，中国共产党终于提炼出了计划与市场的关系这个关键命题。虽然实践已经证明了这个命题的存在以及可探索性，然而这毕竟是一个与马克思主义经典作家的论述和苏联经验有很大不同的问题。对它的探讨，还需要一番思想理论的突破。

四、"笼子"与"鸟"

伴随着十一届三中全会前后的思想解放，中国共产党开始了关于怎样改革的思想探索。这种探索是基于批判曲解和教条式理解马克

---

① 中共中央文献研究室编：《三中全会以来重要文献选编》下，中央文献出版社 2011 年版，第 334 页。

②《三中全会以来重要文献选编》下，第 335 页。

思主义经济学说，对于怎样进行改革并没有新的理论建构。这种情况下，中国共产党只能诉诸实践和试验，从总结经验出发，渐进式建构理论观点。但这并不意味着理论只是被动从属于实践。相反，一方面，这时的改革实践被控制在了马克思主义经济学说和计划经济的理论预设之下；另一方面，党在理论和观念上的每一步突破，都形成了新的思想力量，为改革实践打开了更大空间。

中国共产党对改革的思想探索是从此前多次反复的计划与市场问题开始的。继李先念在1978年国务院务虚会上提出"计划经济与市场经济相结合"的观点后，邓小平在为1978年12月中央工作会议闭幕讲话所准备的手写提纲中也提到："权力下放。千方百计。自主权与国家计划的矛盾，主要从价值法则、供求关系（产品质量）来调节。"[1]1979年2月22日，李先念又指出，他同陈云谈过计划与市场的问题，陈云同意"在计划经济前提下，搞点市场经济作为补充"，"计划经济和市场经济结合，以计划经济为主"，"市场经济是个补充，不是小补充，是大补充"，还说"国内要竞争一下"。[2]

1979年3月8日，陈云撰写了题为《计划与市场问题》的讲话提纲，系统阐述了计划与市场的关系。他认为，苏联和中国计划经济的主要缺点，是只有"有计划按比例"这一条，没有在社会主义制度下还必须有市场调节这一条。他指出：所谓市场调节，就是按价值规律调节，在经济生活的某些方面可以用"无政府""盲目"生产的办法来加以调节。现在的计划太死，包括的东西太多，计划又时常脱节，结果必然出现缺少市场自动调节的部分。因为市场调节受到限制，而计划又只能对大路货、主要品种作出计划数字，因此生产不能丰富多彩，人民所需日用品十分单调。他据此提出社会主义经济两个组成部分的理论：计划经济部分（有计划按比例的部分）和市场调节

---

[1]《邓小平年谱（1975—1997）》上卷，第445—446页。
[2]《李先念年谱》第6卷，中央文献出版社2011年版，第13页。

部分（即不作计划，只根据市场供求的变化进行生产，即带有盲目性调节的部分）。第一部分是基本的主要的；第二部分是从属的次要的，但又是必需的，是有益的补充。问题的关键是直到现在我们还不是有意识地认识到这种经济同时并存的必然性和必要性，还没有弄清这两种经济在不同部门应占的不同比例。在今后经济的调整和体制的改革中，计划经济和市场调节这两种经济的比例的调整，将占很大的比重。不一定计划经济部分愈增加，市场调节部分所占绝对数额就愈缩小，可能是相应地增加。他说，忽视了市场调节部分的另一后果是对价值规律的忽视，即思想上没有"利润"这个概念。这是大少爷办经济，不是企业家办经济。①

陈云的这一思想，早在 1956 年中共八大上就曾提出过。他不赞成清一色的公有制和完全排斥市场调节的经济体制，主张允许非公有制经济成份和市场调节发挥补充作用。1979 年重新提出这一思想，强调的重点是发挥市场调节作用，在日益僵化的单一计划体制中引入市场机制。这个突破对改革的启动无疑是有力的推动。因此，这份提纲被视为经济体制改革的最初模板，"在当时，理论工作者和实际工作者差不多都是拥护这一主张的。此后的探索大都是沿着引入市场调节作用的思路发展的"②。

随后的中央工作会议在确定新八字方针时，也讨论了经济体制改革问题。李先念讲话列举了现行经济管理体制的种种弊病，认为"总的看来是集中过多，计划搞得过死，财政上统收统支，物资上统购包销，外贸上统进统出，'吃大锅饭'的思想盛行，不讲经济效果"。他据此提出在整个经济中以计划经济为主，同时充分重视市场调节的辅助作用的意见，并主张非关系国计民生的产品企业可以自产自销，允许价格在一定范围内浮动，企业之间可以进行竞争，认为国

---

① 参见《陈云文选》第 3 卷，第 244—247 页。
② 《薛暮桥回忆录》，第 268 页。

家计划也要"自觉运用价值规律",国家运用立法、政策和税收、信贷和价格等经济手段对市场进行调节。①

中国共产党此时对于"市场经济"的理解,基本等同于"市场调节"。这两个概念在讲话和文件中经常混用。即便如此,党内仍有观点认为"计划经济与市场经济相结合"的提法"还是不用好一点",理由是查过马列主义经典著作,从未用过"市场经济",资产阶级经济学家通常把资本主义经济和市场经济等同。②李先念的讲话使用"市场调节"而不是"市场经济"的提法,也是基于这样的考虑。不过,邓小平在同年11月接见美国不列颠百科全书出版公司副总裁吉布尼等人时,仍然使用了"市场经济"的概念。他说:"市场经济不能说只是资本主义的。市场经济,在封建社会时期就有了萌芽。社会主义也可以搞市场经济。""我们是计划经济为主,也结合市场经济,这是社会主义的市场经济。"他还进一步指出:社会主义的市场经济,"方法上基本上和资本主义社会的相似","是社会主义利用这种方法来发展社会生产力。"③邓小平的这种认识虽然与陈云、李先念的看法大体相同,都是承续中国共产党关于"主义"与"方法"的经济思想二元逻辑,但邓小平对市场经济的认识显然更为充分。

相较而言,理论界和经济学界对现行体制的批评和探讨要深入得多。1979年3月,邓力群在国家经委举办的企业管理研究班上讲话,提出"社会主义经济是商品经济"的论断。④4月,在江苏无锡召开的关于价值规律问题讨论会上,刘国光、赵人伟提交的论文《论社会主义经济中计划与市场的关系》提出,长期以来有一种看法,社会主义经济是计划经济,资本主义经济是市场经济,因此社会主义经

---

① 参见《三中全会以来重要文献选编》上,第123—125页。
② 参见《经济研究参考资料》1979年第74期。
③《邓小平文选》第2卷,第236页。
④《经济研究参考资料》1979年第118期。

济与市场不相容，由此带来了一系列消极后果。他们主张"要逐步缩小指令性计划的范围，最终废弃国家向企业硬性规定必须完成的生产建设指标"。该文被胡耀邦誉为"标兵文章"，其修改稿在美国《大西洋经济评论》上全文发表，引起美国经济学界的关注。①

无锡会议的最大突破是在社会主义经济是商品经济、生产资料也是商品等方面达成了基本共识，从而承认了竞争机制和竞争规律。特别是，会上有人提出"社会主义经济也是市场经济"，"中国其实也存在市场经济，如社队企业"，不过没有引起太多回应。对计划与市场关系的认识也限于"制度"和"工具"的结合方式上。②12月，由薛暮桥等人撰写的《中国社会主义经济问题研究》一书出版，提出劳动换取货币和消费品同样具有商品交换的性质，价值规律应当通过价格上下波动来实现等一系列新观点，在国内外引起强烈反响。③

既然重视引入市场经济、市场调节，那么必然要学习和借鉴资本主义市场经济国家的理论和经验。在前期大批领导干部和专家学者出国考察的基础上，西方经济理论开始被引荐到国内，经济学界公开提出突破禁区，解放思想，大力加强对西方资产阶级经济学的研究，批判其辩护性，研究其对经济政策的影响，借鉴其有用的东西为现代化建设服务的主张。④国务院财经委员会理论和方法组从1979年11月到1981年在北京开设了60次"外国经济学讲座"。这些讲座对西方经济学有一些批判性评语，但基调是客观评介，着眼于借鉴。与此同时，国外经济专家和经济学家也应邀频繁来华讲学，或为各类训练班上课，如1980年夏在北京颐和园举办的经济计量学讲习班，就邀请7位美国经济学教授讲课。

---

① 中国社会科学院经济学部编：《学部委员与荣誉学部委员文集》，经济管理出版社2009年版，第46—47页。

② 王梦奎主编：《中国经济转轨二十年》，外文出版社1999年版，第198页。

③ 参见《薛暮桥回忆录》，第251—254页。

④ 参见《经济研究参考资料》1979年第112期。

另一方面，中国共产党也没有忽视同为社会主义国家的东欧国家的改革实践和改革理论。党在派出代表团访问东欧的同时，东欧经济学家也频繁受邀应邀来华讲学。特别是在1982年7月于浙江莫干山召开的、有东欧和中国经济专家参加的"苏联东欧经济体制改革座谈会"，运用现代经济学来分析中国经济体制问题，对许多只接受传统政治经济学训练的中国学者来说，具有启蒙意义。①

在总结和借鉴中外经验的基础上，中央开始组织力量研究改革的具体问题。1980年初夏，在薛暮桥等人的主持下，国务院体制改革办公室起草了《关于经济体制改革的初步意见》上报中央，认为"我国现阶段的社会主义经济，是生产资料公有制占优势，多种经济成分并存的商品经济"，进而提出经济体制改革的原则和方向应当是："在坚持生产资料公有制占优势的条件下，按照发展商品经济和促进社会化大生产的要求，自觉地运用经济规律，打破行政框框和自然经济思想的束缚，把高度集中的国家决策体系，改为国家、经济单位和劳动者个人相结合的决策体系；把单一的计划调节，改为在计划指导下，充分发挥市场调节的作用；把主要依靠党政机构、行政办法管理经济，改为主要依靠经济组织、经济办法和经济法规管理经济，调动各个方面的积极性，合理地组织各种经济活动，以最少的劳动消耗取得最大的经济效果，加速社会主义现代化建设。"②

这份意见超出了放权改革的框框，实质是要建立一种以市场为基础和导向的经济体系，因而"这个《初步意见》可以说是我国市场取向改革的第一个纲领性草案"③。在1980年9月省市自治区党委第一书记会议上，薛暮桥作说明说："所谓经济体制的改革，是要解决

---

① 参见林重庚:《中国改革开放过程中的对外思想开放》，吴敬琏、樊纲、刘鹤等：《中国经济50人看三十年：回顾与分析》，中国经济出版社2008年版，序第31—33页。

②《薛暮桥文集》第8卷，中国金融出版社2011年版，第133、135—136页。

③《薛暮桥回忆录》，第277页。

在中国这块土地上，应当建立什么形式的社会主义经济的问题，这是社会主义建设的根本方向。将来起草的经济管理体制改革规划，是一部'经济宪法'。"[1] 这份意见受到中央的高度赞扬，许多经济学家也给予很高评价，认为这是"理论上一个很大的进步"。但是，这一改革思路在决策层未能成为共识，未能确定为中央的决策。[2]

关于改革方向的争论反映出，虽然党内已经在要进行改革、改革要引入市场调节这方面认识是较为一致的，但在改革的取向上存在很大的分歧。也就是说，改革可以引入市场调节，但这种引入要不要取代计划经济成为经济资源配置的主要方式，是有截然不同的看法的。恰在此时，经济形势出现了不利于改革的变化，改革不得不让位于经济调整。而调整对于加强中央集中统一的客观要求，使坚持计划经济主体地位的观点占据了上风，主张社会主义经济应是商品经济的观点受到指责。1981 年 4 月，中央书记处研究室印出材料，按照对计划和市场的态度，把经济学家划分为四类：第一类是坚持计划经济的；第二类是赞成计划经济但不那么鲜明的；第三类是赞成商品经济但不那么鲜明的，第四类是主张发展商品经济的。一些人公开批评社会主义经济是商品经济的观点，强调社会主义经济不能是商品经济而是计划经济，认为有计划商品经济的提法也不对，因为它的"落脚点仍然是商品经济济，计划经济被抽掉了"。[3]

在这种情况下，中央文件的提法有了变化。1981 年 6 月，中共十一届六中全会通过《关于建国以来党的若干历史问题的决议》，提出："必须在公有制基础上实行计划经济，同时发挥市场调节的辅助作用。"[4] 这年的《政府工作报告》提出：计划生产是主体、自由生产

---

[1]《薛暮桥回忆录》，第 276 页。

[2]《薛暮桥回忆录》，第 277、291 页。

[3]《薛暮桥回忆录》，第 291—292 页。

[4]《三中全会以来重要文献选编》下，第 169 页。

是补充的意见，"对当前的改革仍然具有现实的指导意义"①。显然，这种思想的框架还是适当引入市场机制以完善计划经济，这也正是陈云等领导人一直以来的主张。也就是在这时，党内对于 20 世纪 50、60 年代的经济思想和成功经验的认可度和宣传力度明显增强。

不过，改革的实践却没有停步，农村和经济特区还实现了新的改革突破。对于争议较大的是否允许雇工问题，中央表示了不急于取缔的态度。陈云指出："过去国务院规定最多不超过七个，现在实际上多了一些，究竟限不限，限几个合适，还要看一看。但对这一类问题，报纸上不要大张旗鼓地宣传。"②邓小平则指出：农村个别户雇工，不怕，冲击不了我们；有什么问题，我们来得及解决，十年八年解决也来得及；农业搞承包大户我赞成，现在是放得还不够；农业文章很多，我们还没有破题。③此后，安徽芜湖发生了"傻子瓜子"事件，邓小平对此明确说："我的意见是放两年再看。""让'傻子瓜子'经营一段，怕什么？伤害了社会主义吗？"④当然，这已经是在中国共产党经济改革思想进一步丰富之后的事情了。针对有关兴办经济特区的阻力，中央提出让广东和福建两省"杀出一条血路来"，"对两省对外经济活动实行特殊政策和灵活措施，给地方以更多的自主权，使之发挥优越条件，抓紧当前有利的国际形势，先走一步，把经济尽快搞上去"⑤，认为"工作搞好了，可以较快地发展两省经济，对全国的调整和改革也可以起推动和促进作用"⑥。

正是有这种例外情况存在，党内对于能否坚持计划经济的主体

---

①《三中全会以来重要文献选编》下，第 335 页。

②《陈云年谱》下卷，第 364 页。

③ 杜润生主编：《中国农村改革决策纪事》，第 140 页。

④《邓小平文选》第 3 卷，第 91 页。

⑤ 中共广东省委办公厅编：《中央对广东工作指示汇编（一九七九年——一九八二年）》，1986 年，第 18 页。

⑥《中央对广东工作指示汇编（一九七九年——一九八二年）》，第 167 页。

地位是有忧虑的。1981 年 12 月，陈云在中央农村工作会议上强调，农村经济也必须以计划经济为主，市场调节为辅，不能例外。1982 年 1 月 25 日农历正月初一，陈云找国家计委负责人谈话，重申"坚持计划经济为主、市场调节为辅"。他说："计划不受欢迎啊！所以今年大年初一，我就找计委几位主要负责同志来谈一谈这件事。""计委的工作难做呀！去年十二月我讲了那四点，主要强调计划经济，不强调不行。"①

这段时间里，刚刚成立的国家经济体制改革委员会和国务院经济研究中心联合召开关于经济体制改革理论问题的讨论会，主张"在理论探讨中，要进行健康的同志式的讨论"，"过去那种动不动揪辫子、打棍子、无限上纲，不应重演"，并且不必对十一届六中全会决议和陈云春节讲话心存顾虑②，努力为理论界解压。但是，讨论的总基调是"计划经济为主，市场调节为辅"，对于充分发挥市场调节作用的主张，"这种声音比过去是减弱了"③。

在这样的思想氛围中，1982 年 9 月，中共十二大正式确立"计划经济为主，市场调节为辅"的思想原则。十二大提出，"我国在公有制基础上实行计划经济。有计划的生产和流通，是我国国民经济的主体。同时，允许对于部分产品的生产和流通不作计划，由市场来调节，也就是说，根据不同时期的具体情况，由国家统一计划划出一定的范围，由价值规律自发地起调节作用。这一部分是有计划生产和流通的补充，是从属的、次要的，但又是必需的、有益的。"④大会报告特别强调，"这几年我们对经济体制实行了一些改革，扩大了企业在

---

① 房维中：《在风浪中前进：中国发展与改革编年纪事（1977—1989）》（1982 年卷），2004 年，第 28、30、31 页。

② 房维中：《在风浪中前进：中国发展与改革编年纪事（1977—1989）》（1982 年卷），第 68—69 页。

③《薛暮桥回忆录》，第 294 页。

④《十二大以来重要文献选编》上，第 18 页。

计划管理方面的权限，注意发挥市场调节的作用，方向是正确的，收效也很明显。但是，由于有些改革措施不配套，相应的管理工作没有跟上，因而削弱和妨害国家统一计划的现象有所滋长。这是不利于国民经济正常发展的。今后，要继续注意发挥市场调节的作用，但绝不能忽视和放松国家计划的统一领导。"①

从1979年到十二大，关于计划与市场的关系问题在基本原则上没有区别，但强调的侧重点有所改变。1979年强调的是"市场调节"，要在单一计划经济中引入市场机制；1981年以后强调的则是"计划经济"，市场调节必须在计划经济的大框框里起作用；十二大则统一为"坚持计划经济为主，市场调节为辅原则"。十二大后，陈云多次把实行统一计划与搞活经济的关系比喻为"笼子与鸟"的关系。1982年11月，他在听取经济情况汇报时提出：搞活经济是对的，但必须在计划的指导下搞活。这就像鸟一样，捏在手里会死，要让它飞，但只能让它在合适的笼子里飞，没有笼子，它就飞跑了。"笼子"大小要适当，但总要有个"笼子"。市场调节只能在计划许可的范围内。随后，他在中央政治局会议上再次作了阐述。②12月2日，陈云在参加五届全国人大五次会议上海代表团讨论时更为系统地提出：今后要继续实行搞活经济的政策，继续发挥市场调节的作用。但是，我们也要防止在搞活经济中，出现摆脱国家计划的倾向。搞活经济是在计划指导下搞活，不是离开计划的指导搞活。这就像鸟和笼子的关系一样，鸟不能捏在手里，捏在手里会死，要让它飞，但只能让它在笼子里飞。没有笼子，它就飞跑了。如果说鸟是搞活经济的话，那么，笼子就是国家计划。当然，"笼子"大小要适当，该多大就多大。经济活动不一定限于一个省、一个地区，在国家计划指导下，也可以跨省跨地区，甚至不一定限于国内，也可以跨国跨洲。另外，"笼子"本

①《十二大以来重要文献选编》上，第18—19页。
②《陈云年谱》下卷，第356、359页。

身也要经常调整，比如对五年计划进行修改。但无论如何，总得有个"笼子"。就是说，搞活经济、市场调节，这些只能在计划许可的范围内发挥作用，不能脱离计划的指导。[①]

陈云关于"笼子与鸟"的比喻，并不表明他要回到过去那种统得过多过死的体制，他的所谓"笼子"是有弹性的，"该多大就多大"，根据情况经常调整。他强调：总得有个"笼子"，市场调节不能脱离计划指导。"笼子"是约束经济的制约因素，不管对改革取向持哪种看法，这个"笼子"始终没有人丢掉。这一方面当然是由于马克思主义经济学说对于经济运行的定性是计划性的；另一方面，这也符合西方经济学关于政府在经济中"守夜人"角色的定位。显然，作为"鸟笼"的政府，应当是作为"鸟儿"的经济的避难所。

虽然有很多矛盾之处，但从"文化大革命"结束到十一届三中全会再到十二大，中国共产党在经济思想上所坚持的开放、包容、进取姿态是明确的。这既保证了改革开放的顺利起步，又为下一步的思想和实践的全面展开打下了牢靠基础。

---

① 《陈云文选》第3卷，第320页。

第九章　改革开放全面展开时期的中国共产党经济思想：1983.1—1991.12

　　中国共产党在微观经营机制和资源配置制度上引入市场机制的改革，突破了"一五"计划以来建立的经济体制的内部统一性。而要维持经济体制的协调性，要么倒回去把在微观经营机制和资源配置制度上的权力收回来，使它们与宏观政策环境相适应，要么把改革推进到宏观政策环境的层次，使经济体制在市场经济的基点上取得新的适应性。第一种方式已经被历史证明行不通，在改革大潮中，在愈来愈多元复杂的经济环境下，中国共产党的经济思想进一步破除框架束缚，在宏观政策环境的改革方面接连迈进，"鸟笼"的思想界限也随之放宽了。

一、"有计划的商品经济"：新的突破

　　中国共产党搞活经济的初衷没有变，原则是"有利于调整、有利于搞活经济的改革必须坚持进行"[①]。就在十二大前后否决薛暮桥等人以价格改革推动经济全面改革的提议之时，由政府根据理论价格测算，确定各种产品合理价格水平，从而建立合理价格体系的努力，由于产品不断增多、成本变化复杂而越来越难以实施，相反，市场形成价格的优势越来越明显。这不能不引起中央和经济学界的高度重视。对计划和市场关系的探讨声音再度响亮起来。

[①]《十一届三中全会以来经济体制改革重要文件汇编》上，第253页。

作为市场配置资源的信号，价格是宏观经济和微观经济的联结点。相较于放权让利这样的进程活跃、效果直接的"显性"改革，在价格领域进行改革无疑是"隐性"的。正因为如此，中国共产党在改革起步之时并没有过多关注价格改革，只是出于刺激生产的目的进行了一次较为全面的价格上调。但经过几年的改革实践，到了1983年，经济改革的许多措施在价格这里遭遇梗阻。不仅扩大企业自主权改革由于价格没有理顺而陷入新的困境，而且国有经济部门特别是国有大中型企业在指令性计划的束缚下缺乏活力、困难重重的状况愈发明显，在与非国有经济特别是乡镇企业的经济竞争中直落下风。这种情况下，原来调放结合、以调为主来调整价格结构的改革思路，走向"边际收益递减"：提价对于企业生产的刺激效果越来越小；许多生产资料特别是初级工业产品价格仍然偏低，经济结构失衡的状况仍很严重。相反，越来越多的投资特别是快速增长起来的城镇集体工业企业和乡镇工业企业的投资，在价格的调节下，趋向价高利大的加工工业，同时大大扩张了对于短线生产资料的需求量。由于这些基础产品的供给增长速度缓慢，同时需求增长很快，供求缺口越来越大。特别是当国民经济从之前几年调整所形成的低谷走出之后，社会总需求急剧增加，能源、原材料和基础设施的供求矛盾日益扩大，涨价压力随之增大，其价格上扬在十二大前后已成不可遏止之势。提价调价这种"小修小补"的做法远不能适应经济发展的要求。这一时期，由于涨价压力巨大，各地企业越权涨价和非法交易的行为越来越多，以至于不得不由中央纪委直接出面领导制止涨价的工作[1]。

与此同时，"异军突起"的乡镇企业通过市场上的竞争行为，对价格改革进一步加压。"工农业产品成本不断发生变化，新产品日益增多。实行计划价格的范围逐步增大"，"社队企业蓬勃发展，价格方

---

[1] 田源、乔刚主编：《中国价格改革研究（1984—1990）》，电子工业出版社1991年版，第64页。

面需要研究解决的问题增多"，而且"随着经济管理体制和财政体制的改革，地区间、部门间的价格关系上出现的许多新问题"有待研究解决。[①] 简言之，因为市场竞争的出现，价格扭曲的矛盾更加尖锐。解决办法只能是还价格的本来面目，让价格回到市场交换中去形成，逐步放开价格，实行市场主导的价格体制。这样做的结果，无疑又将把改革拉回到市场取向上来。而这必须先从理论上进行破局。

正是在这种背景下，改革气氛愈发浓烈起来。先是中央呼吁改革的声音在加强。1983 年 1 月 20 日，胡耀邦在全国职工思想工作会议上作题为"四化建设和改革问题"的报告，提出一个"全面而系统地改、坚决而有秩序地改"的"改革的总方针"："一切战线，一切地区，一切部门，一切单位，都有改革的任务，都要破除旧的、妨碍我们前进的老框框、老套套、老调调，都要钻研新情况，解决新问题，总结新经验，创立新章法。"[②] 陈云紧随其后也提出两点意见："第一，体制必须改革。第二，改革必须经过试点。因为试点而使改革的进度慢了，与为了加快改革的进度而不经过试点，以致改得不好，还要回过头来重新改，这两种损失相比，前一种比后一种要小些。"[③]

陈云的意见虽然是谨慎的，但也指出了改革的必要性。由此，中央在加快改革的问题上已然形成基本共识。当然，改革的思路仍然是扩大企业自主权。国务院随后于 1984 年 5 月发布《关于进一步扩大国营工业企业自主权的暂行规定》（"扩权十条"），试图在企业经营管理机制上进行改革突破。只不过，这种突破离开了经济体制的转变是很难实现的。这也是党内很多人的共识。[④] 换言之，如果不突破"计划经济为主、市场调节为辅"的框架，扩大企业自主权改革不可

---

① 张平主编：《中国改革开放：1978—2008 理论篇》中，人民出版社 2009 年版，第 477 页。

②《胡耀邦文选》，第 478 页。

③《陈云年谱》下卷，第 367—368 页。

④ 参见吴敬琏：《二十年来中国的经济改革和经济发展》，《百年潮》1999 年第 11 期。

能深入实行，国有企业的不良经营状况也很难改变。在同年9月召开的中青年经济科学工作者讨论会（"第二次莫干山会议"）上，经济理论界对此也作了研讨，并且提出了包括价格改革在内的一些受到中央特别重视的改革思路。

这种情况下，中央关于计划与市场关系的认识出现新的突破。9月9日，国务院负责人致信胡耀邦、邓小平、李先念、陈云，指出"各项改革都牵涉到计划体制，这是经济体制的核心"，为此提出改革计划体制的四点意见：中国实行计划经济，不是市场经济；自发地盲目地通过市场进行调节的生产和交换，只限于小商品、三类农副产品和服务修理行业，在整个国民经济中起辅助作用；计划经济不等于指令性计划为主，指令性计划和指导性计划都是计划经济的具体形式，应逐步缩小指令性计划，扩大指导性计划；指导性计划主要用经济手段调节，指令性计划也必须考虑经济规律特别是价值规律的作用。信中认为："社会主义经济是以公有制为基础的有计划的商品经济。计划要通过价值规律来实现，要运用价值规律为计划服务。'计划第一，价值规律第二'这一表述并不确切，今后不宜继续沿用。"[1] 其他领导人都表示赞成。陈云在复信中指出："关于计划体制的四层意思，合乎我国目前的实际情况。对五十年代适用的一些做法，现在不能也不应该套用。即使在五十年代，我们的经济工作也不是完全套用苏联的做法。"[2]

不过，要在中央文件中用"社会主义商品经济"的提法取代"计划经济为主、市场调节为辅"的提法，很难不出现争论。在提交给十二届三中全会讨论的《关于经济体制改革的决定（草案）》中在采用"商品经济"提法的同时，继续保留了"社会主义计划经济"这

---

[1] 中共中央文献研究室编：《十二大以来重要文献选编》中，中央文献出版社2011年版，第24—25页。

[2] 《陈云年谱》下卷，第411页。

一概念，并在"商品经济"之前加上了"有计划的"限定词。在文件征求意见过程中，胡乔木提出要限制什么不是商品，据此文件又作了加写。即便如此，争论也没有停止。[①]

1984年10月，中共十二届三中全会通过《关于经济体制改革的决定》，突破了把商品经济同资本主义等同起来、同社会主义和计划经济对立起来的传统观念，确认社会主义计划经济"是在公有制基础上的有计划的商品经济。商品经济的充分发展，是社会经济发展的不可逾越的阶段"，"只有充分发展商品经济，才能把经济真正搞活，促使各个企业提高效率，灵活经营，灵敏地适应复杂多变的社会需求，而这是单纯依靠行政手段和指令性计划所不能做到的"[②]。

《决定》没有直接否定计划经济，但改变了"计划经济为主，市场调节为辅"的提法，确定了"建立自觉运用价值规律的计划体制，发展社会主义商品经济"[③]的新方针。这不啻于对计划经济作了重新解释。同时，它确认"实行计划经济不等于指令性计划为主"，"要有步骤地适当缩小指令性计划的范围，适当扩大指导性计划的范围"，指令性计划和指导性计划都"必须运用价值规律"[④]。显然，这是一个与"计划经济为主，市场调节为辅"有大不同、以市场调节机制为基础的新体制。《决定》提出："价格体系的改革是整个经济体制改革成败的关键"，"适当扩大有一定幅度的浮动价格和自由价格的范围，使价格能够比较灵敏地反映社会劳动生产率和市场供求关系的变化，比较好地符合国民经济发展的需要"[⑤]。在此基础上，全会提出了价格

---

① 参见高尚全：《亲历中央重要改革文件的起草过程（上）》，中国经济体制改革研究会编：《见证重大改革决策——改革亲历者口述历史》，社会科学文献出版社2018年版，第83页。
② 《十二大以来重要文献选编》中，第56页。
③ 《十二大以来重要文献选编》中，第55页。
④ 《十二大以来重要文献选编》中，第57页。
⑤ 《十二大以来重要文献选编》中，第57—58页。

改革的原则，强调发挥价格体系对于经济发展的杠杆作用，同时要求全党"学会掌握经济杠杆，并且把领导经济工作的重点放到这一方面来"①。

邓小平高度评价说，这个决定"写出了一个政治经济学的初稿，是马克思主义基本原理和中国社会主义实践相结合的政治经济学"②，"这次经济体制改革的文件好，就是解释了什么是社会主义。有些是我们老祖宗没有说过的话，有些新话。我看讲清楚了。过去我们不可能写出这样的文件，没有前几年的实践不可能写出这样的文件。写出来，也很不容易通过，会被看作'异端'"。③陈云也赞同说："这个文件非常重要，是一个很好的文件。"④他在全会上的书面发言中重申："对计划体制改革的基本点所作的四点概括，完全符合我国目前的实际情况。现在，我国的经济规模比五十年代大得多，也复杂得多。五十年代适用的一些做法，很多现在已不再适用。"⑤

《关于经济体制改革的决定》明确了以市场化为取向的改革方向，标志着中国改革从局部试点开始转向以城市为重点的全面改革，更标志着中国共产党的经济思想实现了一次重大突破。从批判"社会主义商品经济论"转到肯定社会主义经济是"有计划的商品经济"，显然是一次大转折和大创新。从十二大到十二届三中全会，短短两年时间，发生如此重大的思想转变，显然来自实践的推动，"主要是归功于企业和地方的改革实践探索取得了重要突破"⑥。在马克思主义经典作家的论述里，"商品经济"这个概念始于列宁对西方新古典经济

---

① 《十二大以来重要文献选编》中，第59页。
② 《邓小平文选》第3卷，第83页。
③ 《邓小平文选》第3卷，第91页。
④ 《陈云年谱》下卷，第414页。
⑤ 《陈云文选》第3卷，第337页。
⑥ 安志文：《80年代中国改革开放的决策背景》,《见证重大改革决策——改革亲历者口述历史》，第75页。

学里"市场经济"这个概念的指代。在此以前，马克思通常称之为
"货币经济"。这些概念所指示的，都是通过货币交换商品、通过市场
机制配置资源。从概念本身来看，它们的内涵和外延是统一的，只不
过"市场经济"被与资本主义画上了等号。在某些思想禁锢仍然存在
的情况下，中国共产党用"商品经济"这个概念来指代市场化的改革
取向，显然是高明之举。只是在党内这时的主流思想认识看来，这并
不是一个策略问题，因为商品经济与市场经济在性质上还是不同的，
一个是社会主义的，一个是资本主义的。社会主义恰如商品经济这只
"鸟儿"的"笼子"。

经济思想出现突破，改革方案的供给也随之出现突破，再加上
1979 年以来的经济调整宣告结束，经济改革和发展的需求突显出来。
然而，这一时期因为经济形势好转而出现的对经济增长速度的主观追
求，以及客观上因为改革带来的有利于经济增长的一些举措，共同引
发了一场宏观经济失控。中国共产党的经济思想在改革的视阈内不得
不加入了平衡改革与增长、宏观稳定与微观放活的内容。

此前，十二大报告明确提出"促进社会主义经济的全面高涨"
的首要任务和到 2000 年"在不断提高经济效益的前提下，力争使全
国工农业年总产值翻两番"的总目标。[①] 在此基础上，报告对"六五"
计划时期、"七五"计划时期和 90 年代三个阶段的改革内容和发展
速度作了系统阐述，指出 80 年代经济增速不可能很快，主要是打基
础，而 90 年代则要全面高涨。然而经济发展的事实却比十二大的设
想复杂得多。在调整取得成功的情况下，很多地方基于"防止在注意
一种错误倾向的时候忽视另一种错误倾向"[②] 的认识，认为在调整之
后不加速发展就要犯右的错误，要求提前翻番，互相攀比速度。"没
有一个地区满足于二十年翻两番的目标，而都是'提早五年翻两番'，

---

① 《十二大以来重要文献选编》上，第 11—12 页。
② 《十二大以来重要文献选编》上，第 8 页。

'二十年翻三番'，有些经济高速发展地区甚至要求'五年翻一番、二十年翻四番'。"① "翻番"在十二大后成为全党的"热词"。

面对这种情况，中央的头脑是清醒的。国务院于 1983 年 7 月和 8 月，先后发出《关于严格控制基本建设规模，清理在建项目的紧急通知》《关于将 1983 年基本建设规模严格控制在 550 亿元左右的通知》《关于严格控制货币投放积极组织货币回笼的通知》，② 为正在形成的投资热降温。从 1983 年到 1984 年上半年，中央调整结构和控制热度的方针是明确的，措施比较及时得力。但这种情况随着全社会对于改革的热度在 1984 年下半年急剧升温而发生变化。1984 年 10 月 4 日，中央提出对于改革的基本精神是"大的方面管住管好、小的方面放开放活"，一方面有利于基层单位的经济活动主动灵活地发展，另一方面又要避免企业的经济活动背离国民经济发展要求③。随后，十二届三中全会提出在城市企业建立以承包为主的多种形式的经济责任制，同时确认企业职工奖金由企业根据经营状况自行决定。④ 在这种责、权、利结合下放的制度格局下，各地区和部门对探索改革和推动发展的积极性空前高涨，对于改革方案的设计和讨论也前所未有地活跃。

1984 年下半年，有关部门讨论金融体制和工资管理体制改革方案，决定扩大专业银行贷款的自主权，允许各专业银行自主支配的信贷资金数额同存款增减挂钩按比例浮动，同时扩大企业工资分配的自主权，企业工资总额可以同企业经济效益挂钩浮动。在具体实施办法上，银行系统提出 1985 年各专业银行自主支配的信贷资金数额以 1984 年的实际贷款数为基数核定，而 1985 年各企业工资总额的浮动

---

① 《薛暮桥回忆录》，第 318 页。
② 黄道霞等主编：《十年经济改革大事记（1978—1988）》，光明日报出版社 1988 年版，第 99 页。
③ 《十二大以来重要文献选编》中，第 35 页。
④ 《十二大以来重要文献选编》中，第 62—63 页。

也要以 1984 年的实际数为基数核定。① 有关这两项基数核定办法的信息传出后，立即导致从 10 月开始的信贷和工资增长严重失控。"一些金融单位不顾大局，为了增大信贷基数，竞相放贷；一些企业和行政事业单位从本单位利益出发，为了增加工资基数，乱提工资，滥发奖金和补贴，致使银行信贷和消费基金急剧增长。"② 结果，1984 年的银行贷款总额和全国职工工资总额比上年大幅增加，其中尤以第四季度增势迅猛。③ 中央虽然在 11 月中旬发现问题，也发出《控制基建投资和工资奖金的紧急通知》，但出于保护改革和经济建设积极性的考虑，中央没有公开宣布撤销关于两个基数核定办法的设想。最终全年增加货币量大大突破原来的定额。④ 通货膨胀开始显现。

很多人指责这次通货膨胀的出现是由于"改革过当、步伐过快"。但客观情况显示，这恰恰是改革仅仅停留在放权让利，而没有进行体制性、机制性改革的结果。就银行本身来说，薛暮桥等人曾在给中央的报告中几次提出这个问题，"督促银行本身进行体制改革，不吃'大锅饭'，用一般银行通用的办法来经营银行信贷业务"⑤。但一则因为银行本身的体制改革触碰到十二届三中全会划定的计划与市场的边界——"在我国社会主义条件下，劳动力不是商品，土地、矿山、银行、铁路等一切国有的企业和资源也都不是商品"⑥，如要进行改革，势必需要新的突破；二则因为银行等主管部门早已习惯计划经济体制下的运行模式，且在目前的改革模式中有着巨大的现实利益。由于这些带有根本性的理论认识和现实利益问题没有解决，银行系统在此后几年的改革，仅仅停留在改进业务经营方面。银行系统在制止

---

① 《十二大以来重要文献选编》中，第 163 页。
② 《十二大以来重要文献选编》中，第 163 页。
③ 参见《十二大以来重要文献选编》中，第 163 页。
④ 《薛暮桥回忆录》，第 313 页。
⑤ 《薛暮桥回忆录》，第 314 页。
⑥ 《十二大以来重要文献选编》中，第 56 页。

通货膨胀中本应具有的"釜底抽薪"作用，迟迟没有发挥出来。而更为严重的是，党内也有对通货膨胀问题不以为然的声音，"有些经济学家认为通货膨胀是经济'起飞'时期的正常现象，非但没有坏处，相反有提高增长速度的好处。"① 全国范围内投资和消费双膨胀的形势越发明显。

进入1985年，中央决定采取措施，抑制正在兴起的通货膨胀势头。从1985年2月到10月，国务院连续召开四次省长会议，决定严格控制信贷和工资奖金的发放，实行财政和信贷双紧政策，为此在改革方面只能放慢步骤。但是，由于认识上不一致以及部门和地方固守原有的利益格局，中央确定的双紧措施没有很好地贯彻落实，党内对于经济增长的冲动仍在继续。这年3月，薛暮桥在江苏无锡和苏州调查就发现地方"明知大家都吃不饱，但谁都不肯下马"②。

这种局面一直延续到9月中国共产党全国代表会议召开。这次会议讨论通过中央关于制定"七五"计划的建议，提出：大规模经济建设"有少量财政赤字，影响不大，不能以此作为判断财政经济情况是否根本好转的主要依据"；"改革的意义，不仅在于当前，更重要的是为下一个十年和下一个世纪的前五十年奠定经济持续稳定发展的良好基础"，"追求过高的建设速度，经济生活各方面都绷得很紧，改革就难以顺利进行"，"为了给改革创造好的经济环境，我们一定不能片面追求过高的经济增长速度"；"从根本上说，改革是为建设服务的"，"必须保持适当的发展速度，进行必要的骨干项目的建设，加强工农业基础设施，使经济发展有后劲"。③

这段论述对改革与经济增长的关系作了比较精当的解释和阐发，有助于解答党内的思想困惑。但在接下来如何化解增长速度过快、通

---

① 《薛暮桥回忆录》，第314页。
② 《薛暮桥回忆录》，第316—318页。
③ 《十二大以来重要文献选编》中，第245—246页。

货膨胀加剧的问题上，会议提出逐步解决的办法：在"七五"期间的前两年，"在保持一九八五年固定资产投资总规模的条件下，作一些小的调整，改善投资结构，加强重点建设"，"用两年多的时间逐步解决当前存在的问题，比在今年下半年集中解决效果要好些，可以避免由于刹车过急而造成的损失和震动"。① 然而，正如会议指出的那样，"分散在两年解决，不易引起大家的重视，搞不好也可能控制不住"；而且在这些问题还没有解决的情况下，会议就提出，"七五"期间的后三年，"再根据情况，适当增加建设投资"，同时再一次强调减少国家对经济活动的直接控制，加强间接控制。② 这又为部门和地方保持已有的经济增长冲动提供了政策支持。

后来的经济发展情况证明，这种思想认识事实上是一种"二律背反"。理论上建设从属于改革，在实践中往往演化为改革从属于建设。党的全国代表会议后，中央进一步加强信贷紧缩政策。到 1985年第四季度，信贷失控状态基本上扭转过来，全年工业生产也保持了较高的增长速度。然而在紧缩政策下，工业生产再度出现下滑。这本来是抑制经济过热时出现的暂时现象，是党的全国代表会议上预料过的。"但在这时，许多地方和企业纷纷强烈要求放松信贷，叫得很厉害。同时有一些年轻同志大声惊呼经济'滑坡'了，说双紧政策破坏了刚刚开始的经济'起飞'，主张保持'适度'的通货膨胀来刺激经济'起飞'。"③ 在各方面要求经济保持更好更快发展的压力下，国务院在制止通货膨胀问题上发生动摇，从 1986 年第二季度起，开始重新大幅度放松信贷。通货膨胀与经济的高速增长一道延续了下来。

实践已经证明，为经济注入活力的改革必然带来经济快速发展。但是在设计改革方案时，尚未经历驾驭复杂商品经济的中国共产党，

---

① 《十二大以来重要文献选编》中，第 246 页。
② 参见《十二大以来重要文献选编》中，第 246—247 页。
③ 《薛暮桥回忆录》，第 320 页。

很难能为接踵而来的经济波动预设应对办法。这从另一个角度说明，中国共产党的经济思想中虽已明确了以市场为取向的商品经济是总体目标和框架，但还缺乏如何发展和驾驭复杂商品经济的内容。

二、"包字进城"：路径依赖

在经济体制改革全面推行之时，改革路径有两种：一种是降低经济增长速度，制止通货膨胀，推进作为经济体制改革成败关键的价格改革[①]，带动其他各项改革；另一种是以保持经济的高速增长为前提和目标，绕过价格改革，忽略通货膨胀，用维持财政包干、推广企业上缴利润包干等办法推进改革。经过一番思想激荡，中国共产党选择了第二种路径。

作出如此选择，自然是基于经济增长速度的考虑；但更深层次的原因则在于，在视野和办法并不宽广的时候，既有的成功经验极易在人们头脑中形成路径锁定，之后人们的做法很难摆脱此前经验的限制和影响。这正是路径依赖效应的典型体现。改革之所以在几年之间就取得重大进展，经验无非是"充分发挥中央部门、地方、企业和劳动者个人四个方面的主动性、积极性、创造性"[②]。在农村取得巨大成功的家庭联产承包责任制，正是旨在调动积极性。由于农村改革的成功，改革的声誉得以提高，支持率激增，党内和社会上不少人希望把农村改革的成功经验复制到城市。[③]虽然不乏陈云等人的提醒，但党内支持改革的人们普遍认为，城市改革也可以"包"字为中心展开，因为无论是包产到户还是"大包干"，"包"字都可谓是农村改革的灵魂。也由此，"包"成为党内改革思想的主流。

---

① 参见《十二大以来重要文献选编》中，第57—58页。
②《三中全会以来重要文献选编》上，第6页。
③ 参见吴敬琏：《二十年来中国的经济改革和经济发展》，《百年潮》1999年第11期。

"包字进城"的关键环节在财政体制。作为计划体制下资源配置的枢纽，财政控制了绝大部分经济资源，财政投资是经济建设的主渠道甚至是唯一渠道。因而在改革初期，中央能够且真正放出的"权"，主要是财政上的管理权，中央能够且真正让出的"利"，主要是财政在国民收入分配格局中所占的份额。由此，中央决定自1980年起实行财政包干制度，由"吃大锅饭"改为"分灶吃饭"，"在中央统一领导和计划下，各过各的日子"①。但是，这种放权让利是以财政上特别是中央财政上的减收增支为代价的。在1983年3月国家计委、国家经委党组向政治局常委会和书记处汇报当前经济问题时，中央领导人指出，改革给了企业动力，却没有给压力，企业管理没有什么改善，奖金发得很多。企业富起来了，国家却穷了。中央掌握的财力小，已经妨碍了中央统一政策的贯彻，发生了调度不灵的现象。②

对于这种情况，中央有着比较透彻的认识和长远的考虑。这年8月的国务院常务会议提出："解决国家和企业的关系，是解决企业内部关系的前提。没有这个前提，企业就会想方设法把负担转嫁到国家或者消费者身上来"；而解决国家同企业的关系问题，"要在完善税制的基础上，重新划分中央收入和地方收入"，"走了这一着棋，就必然会在经济生活中进一步引起一系列的变化，有些是很大的变化，对此要有足够的估计。税制问题不解决，国家和企业的关系问题，企业内部的按劳分配问题，条块矛盾问题，重复建设问题，企业组织结构问题，技术进步问题，节约挖潜问题，都不好办"③。这番话事实上提出了尽快实施宏观经济改革，以与微观改革措施相协调、相配合的思

---

① 王丙乾：《中国财政60年回顾与思考》，中国财政经济出版社2009年版，第244、245页。
② 参见房维中：《在风浪中前进：中国发展与改革编年纪事（1977—1989）》（1983年卷），2004年，第61—66页。
③ 房维中：《在风浪中前进：中国发展与改革编年纪事（1977—1989）》（1983年卷），第112、113页。

想。为此，十二届三中全会在部署利改税的同时，提出"进一步完善税收制度，改革财政体制"①的任务。

然而，自1984年第四季度开始实行的第二步利改税，由于基本思路是进一步放权让利特别是向企业放权，在更大范围内软化了企业的预算约束，很快就出现了企业运用种种手段逃避完成税收任务、滥发薪酬奖金等现象，造成宏观经济失控。国家财政不仅没有改善，反而更加困难。十二届三中全会作出的改革和发展部署，"被迫进行重新调整"②。

在只是下放财权而不从制度架构上触动财政体制的前提下，计划经济体制中公共财政和企业财务不分、财政预算和企业预算不分的问题仍未改变。财政不仅负责生产领域外的分配关系，而且负责生产领域内的分配关系，形成了一个包括国家预算、银行信贷和企业财务在内的统一的国家财政系统。因此，企业的经营命运与整个国家的宏观经济运行状况紧密联系在一起，微观经济层面的任何"风吹草动"，都会使宏观经济"感冒"甚至剧烈波动，而宏观经济的不稳定又会阻滞微观改革。1984年第四季度以来的宏观经济波动生动地诠释了这一点。

在这种背景下，中央领导人开始意识到宏观经济改革的问题。1985年2月召开第一次全国省长会议，会议强调，"省长、市长、自治区主席，都是主管经济工作的，应当在党委的领导下，从全局出发，在微观搞活的同时，多研究一些宏观方面的问题"③。9月，由中国体制改革研究会、中国社会科学院和世界银行共同举办的中国宏观经济管理国际讨论会议（"巴山轮会议"），以国际通行的宏观经济

①《十二大以来重要文献选编》中，第59页。
② 房维中：《在风浪中前进：中国发展与改革编年纪事（1977—1989）》（1984年卷），2004年，第261页。
③ 房维中：《在风浪中前进：中国发展与改革编年纪事（1977—1989）》（1985年卷），2004年，第31页。

学说分析中国经济形势，突出强调宏观经济间接管理的作用。[①] 会上"很多讨论围绕着财政、货币和收入政策等工具对总需求的管理实现市场经济间接控制的议题"，并创造出"宏观调控"这一专有名词取代此前惯用的"宏观控制"和"宏观调节"，[②] 进一步突出宏观经济改革的重要性和可行性。与会的外国经济学家还一致认为中国应该采取紧缩措施应对经济过热的问题，并对中国正在推行的国有企业工资增长同利润挂钩的办法明确提出异议，认为这会导致通货膨胀。[③] 这又在事实上对搞活国有企业的微观改革路径表示了否定意见。

在改革从思想认识上转向宏观经济层面的浓厚氛围中，一场关于"价税财联动改革"的探索开始了。1985 年七八月间，郭树清、楼继伟等国家体改委人员草拟出综合配套改革方案，指出现行宏观经济制度的弊端，建议以价格为中心，财政、税收、工资等配套联动，一举实行体制突破，[④] 同时将"削弱和取消地方政府对生产的干预和对盈利项目的投资"，作为"进一步改革的方向"[⑤]。这一定名为《关于体制改革总体规划研究的汇报提纲》的方案，着眼宏观经济领域，具有整体规划、配套改革等较强说服力的理论色彩，很快引起中央重视。

沿着方案确定的思路，中共中央在制订"七五"计划的建议中提出，"过去几年，在放开放活方面做了许多工作，取得了很大的成效。在这种情况下，我们面临的任务，是在进一步完善微观经济活动和机制的同时，从宏观上加强对经济活动的间接控制，也就是说，要

---

① 参见彭森、陈立等：《中国经济体制改革重大事件》上，中国人民大学出版社 2008 年版，第 224—227 页。

② 林重庚：《中国改革开放过程中的对外思想开放》，载《中国经济 50 人看三十年：回顾与分析》，序第 39 页。

③ 参见《国家体改委重要文件资料汇编》下，改革出版社 1999 年版，第 2380—2382 页。

④ 王丙乾：《中国财政 60 年回顾与思考》，第 250—251 页。

⑤ 郭树清：《改革战略及其选择》，《经济社会体制比较》1986 年第 4 期。

发挥各种经济杠杆的调节作用，完善经济立法和经济监督"；进而强调必须认识到，"从宏观上加强间接控制，也是改革的主要内容，它比之微观搞活、比之直接控制，更为复杂，更为困难，我们也更缺少经验。只有解决好这个问题，才能与现在已采取的改革措施配起套来，并为进一步搞活企业创造条件，使企业能够对市场变化作出积极反应"[①]。建议还提出开拓和建立资金市场、促进劳动力的合理流动，在理论和观念上作了进一步突破。

"七五"计划建议出台后的一段时间里，中央领导人在多个场合连续指出：宏观上管住管好，微观上放开放活，是互相联系、互相配套的，既是中央和国务院的事，也是地方政府和各部门的事；[②]要在加强宏观控制的条件下改善宏观管理，在抑制需求的条件下改善供应，同时做好准备，在1987年迈出决定性改革步伐。[③]经济专家也密集发声，提出要正确认识和处理宏观改革和微观改革的关系，为宏观经济改革作呼吁。[④]1986年3月国务院常务会议再次明确，当前这种新旧体制胶着对峙、相互摩擦、冲突较多的局面不宜拖得太长，为使企业进一步搞活，1987年和1988年需要采取比较重大的步骤，要在宏观经济管理由直接控制为主转向间接控制为主的改革上迈出大步子，具体说来，就是价格、税收、财政配套改革。[⑤]

随后，国务院成立以副总理田纪云为首的经济体制改革方案研究领导小组，拟定出《1987年经济体制改革实施方案》。[⑥]这个以价格、税收、财政、金融、贸易为重点的配套改革方案，抓住此前改革

---

① 《十二大以来重要文献选编》中，第247页。
② 房维中：《在风浪中前进：中国发展与改革编年纪事（1977—1989）》（1985年卷），第233页。
③ 王丙乾：《中国财政60年回顾与思考》，第251页。
④ 参见《人民日报》1985年11月4日。
⑤ 参见房维中：《在风浪中前进：中国发展与改革编年纪事（1977—1989）》（1986年卷），2004年，第34—37页。
⑥ 《国家经济体制改革委员会大事记（1982—1998）》，1999年，第55页。

的根本性缺陷，着眼于宏观体制，提出实施分税制改革的设想，将财税体制改革与政府和企业的关系联系起来，要求重新划分中央和地方的事权，营利性企业不再受地方干预，同时改变地方政府职能，把更多的自主权下放给企业，真正实现企业的自主经营。[①] 方案在 8 月份经由中央财经领导小组批准。因为事关重大，中央书记处讨论决定，由中央财经领导小组负责人向邓小平作专题汇报。[②] 9 月 13 日，邓小平在听取汇报时，对改革方案表示赞成，[③] 但也 "未多置评"[④]。邓小平此时的改革思路仍然是给企业和地方放权，强调要给企业和地方自主权，要搞厂长负责制和权力下放，解决中央和地方的关系。[⑤] 这与方案所体现的宏观改革思路有着明显不同。邓小平的 "保留态度"[⑥] 势必影响改革的部署。这次汇报会后，不仅方案没有再作进一步设计和完善，方案确定的 1987 年改革重点也被 "抓紧制定好进一步搞活企业的规定"[⑦] 所取代。

更严重的问题在于方案与相关部委、地方的协调中遇到了此前放权让利改革从未遇到的阻力。由于方案动作大、涉及面广，不确定性也大，从根本上触动了部门和地方的利益，使已经习惯于在确定的条件和环境中运转的企业、部门和地方普遍提出反对意见。更重要的是，此时宏观经济环境再度趋紧，以放松直接控制为基调的综合改革出台极有可能导致通胀失控。"这些问题从一开始就预料到了，所以要求实施总量紧缩政策本身就是改革方案的一个组成部分，但是这个

---

① 房维中：《在风浪中前进：中国发展与改革编年纪事（1977—1989）》（1986 年卷），第 98—99 页。

② 王丙乾：《中国财政 60 年回顾与思考》，第 251 页。

③ 中国经济体制改革研究会编写组：《中国改革开放大事记（1978—2008）》，中国财政经济出版社 2008 年版，第 147 页。

④ 王丙乾：《中国财政 60 年回顾与思考》，第 251 页。

⑤ 参见《邓小平年谱（1975—1997）》下卷，第 1137 页。

⑥ 王丙乾：《中国财政 60 年回顾与思考》，第 252 页。

⑦ 房维中：《在风浪中前进：中国发展与改革编年纪事（1977—1989）》（1986 年卷），第 141 页。

决心看起来很难下。"① 最终这个方案在协调和纠结中大大缩水，在 9 月 28 日召开的十二届六中全会上，只有一个钢材调价的小方案获得通过。②

价税财联动改革思路的放弃固然有客观现实的考虑，但从经济思想史的角度来看，中国共产党对于农村改革经验的依赖，显然是内在的决定因素。虽然没有实行全面联动的改革方案，但在 1985 年明确将双轨制作为价格改革的过渡性策略，同时取消实行 30 多年的统购派购制度，这当然是一个重大举动。只是这种做法显然也是依赖农村改革的路径："生产资料的两种价格，经过一段时间，逐步调整，逐步接近，就像粮食价格一样，最后搞一个统一的比例价"，"农村走的这条路子，生产资料也可以走……既解决了问题，社会又不致发生大的波动"③。

但是，也不能说中国共产党此时就没有摆脱路径依赖的尝试。事实上，党在此时取得的更重要的进展或许还是在思想认识领域。"巴山轮会议"富有建设性的讨论以及中共中央关于"七五"计划的建议，都开拓了视野和思路。"七五"计划建议提出的建立"微观充满活力和宏观有效调控相结合的新经济模式"，使"有计划的商品经济"体制更加清晰和具有操作性，为之后中共十三大在理论上再进一步打下了基础。

尽管如此，总需求膨胀即投资基金和消费基金双重膨胀造成的国民收入超分配问题，在这时还是牢牢限制了对新的改革路径的探索。在通货膨胀的局面下，一方面是农业生产引起警觉。陈云在党的

---

① 郭树清：《〈改革战略及其选择〉的回顾与检讨》，《中国经济 50 人看三十年：回顾与分析》，第 124—125 页。
② 参见房维中：《在风浪中前进：中国发展与改革编年纪事（1977—1989）》（1986 年卷），第 112—113 页。
③ 房维中：《在风浪中前进：中国发展与改革编年纪事（1977—1989）》（1986 年卷），第 36 页。

全国代表会议上提醒说："现在有些农民对种粮食不感兴趣，这个问题要注意。""农民做工、经商收入多，种粮收入少，就是养猪、种菜，也看不上眼。因为'无工不富'。""发展乡镇企业是必要的。问题是'无工不富'的声音大大超过了'无农不稳'。""十亿人口吃饭穿衣，是我国一大经济问题，也是一大政治问题。'无粮则乱'，这件事不能小看就是了。"[①]邓小平在1986年6月听取汇报时也指出："农业上如果有一个曲折，三五年转不过来。"[②]这个问题很大程度上阻滞了宏观层面改革的推进。

另一方面，经济理论界对于采取什么改革路径的争论日趋白热化。争论的焦点，一则是先推进改革还是先治理通货膨胀；二则是先进行微观层面的企业改革还是先进行宏观层面的价税财改革。主张采取扩张性宏观经济政策的经济学家认为，人为控制需求和货币供应量不利于高速增长，而且会损害人们对改革的支持力度。[③]相应地，一些主张继续企业改革的经济学家提出股份制改革的主张。北京大学教授厉以宁认为："经济改革的失败可能是由于价格改革的失败，但经济改革的成功并不取决于价格改革，而取决于所有制的改革，也就是企业体制的改革。"他主张全民所有制企业和集体所有制企业都可以实行股份制，建立社会主义的公司财团（企业财团）。[④]厉以宁的这些观点和主张与中央此时推行的企业承包制改革思路，显然契合度更高，也更多地体现到了中央的决策部署上。

1986年10月至11月，中央领导人在听取西德、瑞士和国内一些经济学家的意见后，改变了价税财联动改革思路，转为推行承包经营责任制，并且提出将承包制与股份制结合的改革思路。[⑤]12月5日，

①《陈云文选》第3卷，第350页。
②《邓小平文选》第3卷，第159页。
③ 参见吴敬琏：《当代中国经济改革教程》，上海远东出版社2010年版，第341页。
④ 厉以宁：《中国经济改革的思路》，中国展望出版社1989年版，第3—5页。
⑤《国家经济体制改革委员会大事记（1982—1998）》，第62页。

《国务院关于深化企业改革增强企业活力的若干规定》发布，提出当前和今后的重点应放在改革企业的经营机制问题上，确认推行多种形式的经营承包责任制，给经营者以充分的经营自主权。[①] 1987 年 2 月，国务院经济体制改革方案研究领导小组撤销。[②] 3 月，六届全国人大五次会议通过的《政府工作报告》提出："改革的重点放到完善企业的经营机制上，根据所有权与经营权分开的原则，认真实行多种形式的承包经营责任制"；"一般来说，小型企业可以推行承包、租赁责任制"，"大中型企业可以根据企业的不同情况，实行多种形式的承包经营责任制，用签订合同的办法明确规定企业主管部门与企业经营者和职工集体之间的责、权、利关系"。[③] 这就明确肯定承包制是首选。4 月，国家经委受国务院委托召开全国承包经营责任制座谈会，决定从 6 月起，在全国范围普遍推行承包经营责任制。[④] 这一决定受到经济学界的赞誉，被称为中国经济体制改革的第二个里程碑。[⑤] 此后，承包制迅速推广开来，到 1988 年 5 月，全国预算内全民所有制工业企业实行各种经营责任制的已达 80% 以上。[⑥] 改革的思路从宏观制度创设戏剧性地转回以"包"字为中心的放权让利。

为更好地推行企业承包制，中央提出全民所有制工业企业实行厂长负责制的改革思想，强调从党委领导下的厂长负责制到厂长负责制的转变，是企业领导体制的重大改革，明确厂长（经理）是企业的中心，要求企业中党组织满腔热情地支持厂长（经理）行使职权。[⑦]

---

① 中共中央文献研究室编：《十二大以来重要文献选编》下，中央文献出版社 2011 年版，第 151 页。

②《国家经济体制改革委员会大事记（1982—1998）》，第 67 页。

③《十二大以来重要文献选编》下，第 257 页。

④《原国家经委（经贸委）大事记（1956 年 5 月—2003 年 3 月）》，2007 年，第 176 页。

⑤ 参见《世界经济导报》1987 年 6 月 25 日。

⑥《十年经济改革大事记（1978—1988）》，第 197 页。

⑦ 参见《十二大以来重要文献选编》下，第 84—86 页。

这被认为既是经济体制改革，又是政治体制改革。

与此同时，中央开展了其他企业改革试点，包括小型国有企业试行租赁经营和产权转让，特别是股份制试点。在此之前，1984年就已经成立了全国第一家商业股份公司北京天桥百货股份有限公司和第一家工业股份制有限公司上海飞乐音响公司。不过，中国共产党并不认为目前具备条件普遍推行股份制。因为股份制显然触及到公有制这个社会主义经济制度的支柱因素。党内有批评声音认为自由化在经济上的表现就是搞股份制，一些经济学家对于股份化可能造成国有资产流失也表示担忧。薛暮桥就提出，所谓所有制改革，就是要变国家公有为股东私有，"这是大规模地削弱社会主义公有制，动摇社会主义经济基础，这种主张是万万不能采纳的"。[1] 他特别不赞成企业内部职工持股，认为"股份归个人私有的股份制不是社会主义公有制，把企业的财产用股份的形式转移给企业内部职工个人甚至以外的认股份者，这有可能改变企业的社会主义性质"[2]。吴敬琏也批评一些地方"轻率进行所谓'所有制改革'，在推行'股份制''租赁制''经营责任制'的名义下，用低估国有资产价值、高抬股息红利等办法，化公为企、化公为私，低价拍卖乃至无偿瓜分全民财产"。[3] 然而，这并未阻滞股份制试点的快速增加。到1988年底，全国已有股份制企业6000多家，股份集资额60多亿元。[4]

为便于企业承包制的推行，财税体制改革也放弃分税制的创设，转而继续实行财政包干体制，并且将其作为宏观领域主要的改革措施，进一步强化承包的力度。1987年7月，中央财经领导小组会议讨论通过的国家计委《关于"七五"后三年改革计划体制的若

① 《薛暮桥文集》第12卷，中国金融出版社2011年版，第219页。
② 《薛暮桥文集》第12卷，第245页。
③ 吴敬琏：《关于改革战略选择的若干思考》，《经济研究》1987年第2期。
④ 《中国改革开放大事记（1978—2008）》，第200页。

干意见》，虽然没有放弃分税制的目标，但考虑到企业经营承包制推广后的情况以及地方的强烈意见，决定 1988 年暂不实行分税制改革，同时决定改企业税前还贷为税后还贷，实行税后承包经营责任制。[①]1988 年 7 月 28 日，国务院发布《关于地方实行财政包干办法的决定》，用"大包干"的做法对财税体制作进一步的放权让利调整，对企业则是由过去税利全部上缴财政和投资全部由财政划拨，改成不同形式的"留成"和"包干"的办法。[②]随着价格"闯关"的失利，宏观经济改革一度成为"禁区"，这种"大包干"式财税体制就此固定下来。

三、"计划与市场内在统一"：再进一步

企业承包制、财政包干制的全面推行，暂时了结了先进行微观层面改革还是先进行宏观层面的改革的争论；但先推进改革还是先治理通货膨胀的争论仍在继续，并且随着 1985 年至 1988 年中国经济的高速增长，这方面的认识分歧进一步加大。中央虽然没有形成统一意见，但对于改革的市场化取向是坚定不移的。由此，中国共产党对于怎样进行经济改革、经济改革要达到的目标，有了进一步的突破性认识。

针对党内关于经济形势的乐观判断，特别是一些自称"起飞派"的青年经济学家关于通货膨胀是经济转型和经济起飞时期的典型现象、不应当采取紧缩政策进行压制的认识，薛暮桥表达了担忧。他在 1987 年 2 月指出，"近几年物价上涨的根本原因是通货膨胀，货

---

① 房维中：《在风浪中前进：中国发展与改革编年纪事（1977—1989）》（1987 年卷），2004 年，第 303、304、328 页。
② 参见中共中央文献研究室编：《新时期经济体制改革重要文献选编（上）》，中央文献出版社 1998 年版，第 541—544 页。

币贬值"①。他认为："这三年的货币发行已经远超过社会对货币流通量的需要，已经出现了相当严重的通货膨胀"，"我国除 1961—1965 年和 1979—1981 年外，大多数年份都患'过热症'，现在已到 39 度高烧"。②他还引述抗日战争后期和解放战争时期山东根据地的货币斗争奇迹证明，弗里德曼总结德国艾哈德改革时提出的"管住货币、放开价格"是正确的思路。③而国务院经济体制改革研讨小组办公室在《经济体制改革的回顾和今后改革的基本思路》中认为："从理论上说，改革需要一个宽松的经济环境，但是旧体制本身就是一个必然造成短缺的体制。要等到宽松环境形成以后再改革，实际上就很难推进改革，因此，经济的宽松环境需要通过改革来创造。"④中央财经领导小组对此表示肯定，认为改革只能采取渐进式、分阶段、小配套的方法推进。⑤

显然，这种分歧已经不是十二大之前的是否改革、是调整还是改革的争论了。如果说十二大之前的争论是要解决"要不要改革"的问题，那么，到了十三大前夕的改革路径之辩就是解决"怎样改革"的问题。对于必须改革，全党已经是认同的；但对如何改革，党内还有着相当不同的理解和期待。随着改革的深化，私人企业、三资企业、雇工、资本收入、股票、债券、收入差距拉大等经济现象相继出现了。这不仅超越了中国共产党在"一五"计划时期形成、1962 年调整以来恢复的经济思想体系，而且触动了传统社会主义的计划经济、公有制、按劳分配这三大基本原则。争论也由此日趋激烈，一些人指责改革已经偏离了社会主义轨道，认为经济体制改革把经济搞乱

①《薛暮桥文集》第 12 卷，第 188 页。
②《薛暮桥文集》第 12 卷，第 191、192 页。
③《薛暮桥回忆录》，第 327 页。
④ 国家经济体制改革委员会编：《中国经济体制改革规划集》，中共中央党校出版社 1988 年版，第 208 页。
⑤《中国改革开放大事记（1978—2008）》，第 160 页。

了，企业承包租赁股份制是"搞私有制"，厂长负责制是"取消党的领导"，农村家庭联产承包是"破坏集体经济基础"，发展商品经济就是干资本主义，对外开放是自由化泛滥的根源。在理论上讲清楚有关改革的重大理论问题，回应这些批评声音，成为中共十三大的首要任务。

1987 年 2 月，邓小平同中央领导人谈十三大筹备问题，要求"十三大报告要在理论上阐述什么是社会主义，讲清楚我们的改革是不是社会主义。要申明'四个坚持'的必要，反对资产阶级自由化的必要，改革开放的必要，在理论上讲得更加明白"。他重提市场"方法"论："为什么一谈市场就说是资本主义，只有计划才是社会主义呢？计划和市场都是方法嘛。只要对发展生产力有好处，就可以利用。它为社会主义服务，就是社会主义的；为资本主义服务，就是资本主义的。好像一谈计划就是社会主义，这也是不对的，日本就有一个企划厅嘛，美国也有计划嘛。"① 在此之前的 1985 年 10 月，邓小平在会见美国高级企业家代表团时说："社会主义和市场经济之间不存在根本矛盾。问题是用什么方法才能更有力地发展社会生产力。我们过去一直搞计划经济，但多年的实践证明，在某种意义上说，只搞计划经济会束缚生产力的发展。把计划经济和市场经济结合起来，就更能解放生产力，加速经济发展"。② 这些论述为十三大作出新的判断作了重要准备。

当然，中国共产党不可能采用"退回到新民主主义"的说法，当年提出的新民主主义理论也不能完全解释此时的现实和改革的目标。而以"社会主义初级阶段论"立论，为改革提供理论支持，更易于被接受。况且，"社会主义初级阶段"这一提法对中国共产党而言并不陌生，在中央文件中已至少出现过四次。1981 年 6 月十一届六

---

① 《邓小平年谱（1975—1997）》下卷，第 1168 页。
② 《邓小平文选》第 3 卷，第 148—149 页。

中全会通过的《关于建国以来党的若干历史问题的决议》、1982 年 9
月十二大报告、1986 年 9 月十二届六中全会通过的《中共中央关于
社会主义精神文明建设指导方针的决议》、1987 年 5 月《中共中央关
于改进和加强高等学校思想政治工作的决定》，都讲到"我国还处于
社会主义的初级阶段"的问题。由此，中央很自然地形成了阐释思
路。1987 年 3 月，《关于草拟十三大报告大纲的设想》提交邓小平，
提出："全篇拟以社会主义初级阶段作为立论的根据"，"说明由此而
来的经济建设的发展战略，由此而来的发展社会主义商品经济的任务
和我国经济体制改革的方向"，"由此而来的在理论和思想指导上避免
'左'、右两种倾向的必要性"。邓小平批示："这个设计好。"[1]

10 月，中共十三大阐述了社会主义初级阶段理论，提出："我国
从五十年代生产资料私有制的社会主义改造基本完成，到社会主义
现代化的基本实现，至少需要上百年时间，都属于社会主义初级阶
段。这个阶段，既不同于社会主义经济基础尚未奠定的过渡时期，又
不同于已经实现社会主义现代化的阶段。我们在现阶段所面临的主
要矛盾，是人民日益增长的物质文化需要同落后的社会生产之间的矛
盾。""为了解决现阶段的主要矛盾，就必须大力发展商品经济，提高
劳动生产率，逐步实现工业、农业、国防和科学技术的现代化，并且
为此而改革生产关系和上层建筑中不适应生产力发展的部分。"[2]

在这个理论前提下，十三大报告概括了中国共产党在社会主义
初级阶段的基本路线是"以经济建设为中心，坚持改革开放，坚持四
项基本原则"[3]，即"一个中心两个基本点"。由此，报告为衡量改革
成败确立标准，即"是否有利于发展生产力，应当成为我们考虑一切

---

① 《邓小平年谱（1975—1997）》下卷，第 1173—1174 页。
② 中共中央文献研究室编：《十三大以来重要文献选编》上，中央文献出版社 2011
年版，第 11 页。
③ 《十三大以来重要文献选编》上，第 13 页。

问题的出发点和检验一切工作的根本标准"①。基于这一"根本标准"，报告解释了改革的社会主义性质，指出："我们已经进行的改革，包括以公有制为主体发展多种所有制经济，以至允许私营经济的存在和发展，都是由社会主义初级阶段生产力的实际状况所决定的。只有这样做，才能促进生产力的发展。改革中所采取的一些措施，例如发展生产资料市场、金融市场、技术市场和劳务市场，发行债券、股票，都是伴随社会化大生产和商品经济的发展必然出现的，并不是资本主义所特有的。社会主义可以而且应当利用它们为自己服务，并在实践中限制其消极作用。""总之，我们已经进行的一切改革，都有利于社会主义经济的发展。"②

这些阐述显然是对改革作的正名，以回应各方面的质疑；而下一步的改革目标是什么、怎样进行改革的问题，自然也是报告的阐述重点。报告要求全党，"抛弃前人囿于历史条件仍然带有空想因素的个别论断"，"破除对马克思主义的教条式理解和附加到马克思主义名义下的错误观点"③，这就宣示了中国共产党对于继续解放思想的正面态度。由此，十三大不再使用十二届三中全会"建立自觉运用价值规律的计划体制"的提法，而是提出"社会主义有计划商品经济的体制，应该是计划与市场内在统一的体制"，强调这一体制从总体上来说是"国家调节市场，市场引导企业"的机制。④ 这一论断，意味着计划与市场是有机的结合体，二者都是覆盖全社会的，意味着国家调控经济将从直接控制转向间接调控。"国家运用经济手段、法律手段和必要的行政手段，调节市场供求关系，创造适宜的经济和社会环境，以此引导企业正确地进行经营决策。"⑤ 十三大还提出，要"加快

---

① 《十三大以来重要文献选编》上，第 12 页。
② 《十三大以来重要文献选编》上，第 22—23 页。
③ 《十三大以来重要文献选编》上，第 47 页。
④ 《十三大以来重要文献选编》上，第 23 页。
⑤ 《十三大以来重要文献选编》上，第 23—24 页。

建立和培育社会主义市场体系",社会主义市场体系不仅包括消费品和生产资料等商品市场,而且应当包括资金、劳务、技术、信息和房地产等生产要素市场。建立社会主义市场体系,必须积极而稳步地推进价格改革,理顺商品价格和各种生产要素价格。[①] 虽然这一提法把市场视为计划调控的中介,没有从资源配置的角度明确市场的角色和作用,实质上还是有计划的商品经济的具体化,但是"计划与市场内在统一"的表述仍然把在计划体制内引入市场机制的改革思路提高到新的高度。从理论上看,这几乎已是计划与市场相结合的最高状态。

十三大以后,经济体制改革在市场取向的思路下继续前进。为适应计划与市场内在统一的需要,中国共产党一方面继续破除原有计划体制内的许多条条框框,给企业"松绑",促使企业转换经营机制,适应市场的要求,以便成为真正的自主经营、自负盈亏的商品生产者和经营者;另一方面,开始逐步缩小指令性计划,加大指导性计划,进一步放开价格,以发挥市场的调节作用。但在此时,通货膨胀的阴影越来越大,价格双轨制引发的问题也越来越尖锐。蓬勃开展的经济改革遇到了难题。

中央和地方财政实行"分灶吃饭"后,地方为扩大自身财政收入,普遍实行信贷扩张政策。这样一来,积累和消费同时扩大,"超高速"与"超分配"互相促进,使国家面临的通胀压力在新中国历史上前所未见。很多人将原因归结于正在进行的价格改革,有媒体甚至说,"用部分产品价格的上涨来完成整个经济结构的调整,使各种商品的比价趋于合理化,是一个必然的过程"[②]。这些说法很大程度上扰乱了人们对生活和对改革前景的信心。许多地方出现抢购风潮,直接导致钢材、汽车等生产资料和家用电器等耐用消费品价格大幅上涨;同时由于一些地方竞相进口这些商品及其生产线,外汇支出猛增,对

---

① 《十三大以来重要文献选编》上,第 25—26 页。

② 彭森、陈立等:《中国经济体制改革重大事件》上,第 227 页。

外贸易出现逆差，国家外汇结存急剧下降。这样又反过来刺激了投资需求和消费需求。虽然中央在1986年采取了"软着陆"方式来调整经济，但经济发展仍然处于过热状态，连续4年社会总需求超过社会总供给，供需差率由1983年的4.7%扩大到1987年的13.6%。为了适应不断膨胀的投资需求和消费需求，每年货币量的增长都高于经济增长。1987年底时的货币流通量达1454亿元，比1983年增长174%。全国商品零售价格年均上涨7.3%，其中食品类价格年均上涨17%左右。通货膨胀问题已经非常明显。

价格双轨制的弊端在此时也充分暴露出来。1985年1月，国务院决定取消对企业超产自销工业生产资料加价幅度限制，由供需双方协商成交，放开计划外工业生产资料价格。对统配煤矿实行承包制，包干任务内煤炭执行国家定价，增产部分加价50%～100%，提高石油、天然气价格，超产油品实行市场调节价。①计划内钢铁实行浮动价格、优质优价，计划外实行市场调节价。这样，便出现了"计划内"、"计划外"商品实行不同定价制度、执行不同价格水平的"双轨制"。与此同步，家用电器等较为紧俏的耐用消费品也出现了价格双轨制，即紧俏商品的一部分以国家指令计划内较低价格的方式出售，另一部分以计划外形式采取另一种较高价格出售。实行价格双轨制的积极作用非常明显。它把市场机制引入到国有大中型企业的生产与交换中，扩大了市场形成价格的范围，推动了生产资料价格形成机制的转换，使市场在价格形成上的作用进一步增强，既活跃了市场，也刺激了生产。但是，双轨制也滋生出大量腐败问题。"官倒""卖批文"等权力寻租现象迅速蔓延，在社会上产生恶劣影响，引发舆论的强烈不满。

通货膨胀和双轨制带来的问题，在1988年夏天的"价格闯关"

---

① 彭森主编：《中国价格改革三十年（1978—2008）》，中国市场出版社2010年版，第131页。

中集中爆发。此前，在物价上涨加速的势头下，人们的不满情绪日益强烈，"已经从一般的发牢骚、提意见，转向情绪愤懑、激动，大有一触即发之势，有些地方已出现了提取存款，抢购商品，储物代替储蓄"的现象。田纪云说："当前经济中的问题，集中到一点是物价问题"，"处理不好，不能保证不出点乱子"。他警告说："如果搞到两位数，叫不叫稳定经济，我们能不能稳坐在这里开会。"[1] 国务院批转体改委《1988年深化经济体制改革的总体方案》，仍旧提出1988年总的方针是"经济进一步稳定，改革进一步深入"，以完善承包制为重点，同时改革计划、投资、物资、外贸、金融、财政体制和住房制度。[2]

与一些领导人的看法相反，邓小平对价格改革的关注是一贯的，希望闯过价格制度和工资制度的综合改革这一关，"为下一个世纪中国的发展创造条件"[3]。邓小平还认为："现在我们是背着大包袱前进，每年几百亿元价格补贴，越背越重。这个问题总得有计划有步骤地妥善解决。"[4] 因此，他在这年5月两次会见外宾时，都对价格改革表示了支持："不解决这个问题就不能前进。"[5]"理顺物价，改革才能加快步伐。""中国不是有个'过五关斩六将'的关公的故事吗？我们可能要过更多的'关'，斩更多的'将'。""我总是告诉我的同志们不要怕冒风险，胆子还要再大些。如果前怕狼后怕虎，就走不了路。"[6]

在社会反响越来越强烈的氛围中，中央形成了"价格闯关"的改革设想。5月16日、19日召开的中央政治局常委会议提出，集中

① 房维中：《在风浪中前进：中国发展与改革编年纪事（1977—1989）》（1988年卷），2004年，第37、48、50页。
②《中国改革开放大事记（1978—2008）》，第176—177页。
③《邓小平年谱（1975—1997）》下卷，第1238页。
④《邓小平年谱（1975—1997）》下卷，第1121页。
⑤《邓小平年谱（1975—1997）》下卷，第1232页。
⑥《邓小平年谱（1975—1997）》下卷，第1232、1233页。

力量过好价格改革这一关，过好了可以为下一步发展打下基础。① 5
月 30 日至 6 月 1 日，中央政治局召开扩大会议，各省市区党委书记
列席，提出改革已到关键时刻，比较容易的改革做了不少，难度大的
而又不可能绕开的问题主要是劳动、物价问题摆在我们面前，现在的
形势有如逆水行舟，不进则退，退是没有出路的，前功尽弃，不可收
拾，必须冒点风险，迎着风浪前进，闯过难关。②

5 月 18 日，姚依林向陈云通报中央政治局常委会的意见。对此，
陈云指出：物价每年要上涨 10%，连涨五年，对此我打个很大的问
号。物价连续上涨 10% 影响面很大。不拿工资的农民怎么办？农民
从土地转出来拿工资，比当农民好得多，但做到这个事很不容易。我
们有生之年，农业过不了关。1984 年粮食丰收，有些人头脑发热。
我说万元户没有那么多，无粮则乱，当时有些人不相信。5 月 28 日，
陈云同李鹏谈话，明确表示反对拟议中的价格、工资改革办法，指
出：每年物价上涨 10%，办不到。我是算账派，脑子里有数目字。
理顺价格在你们有生之年理不顺，财政补贴取消不了。③

一些经济学家则继续坚持先治理通货膨胀再改革的观点，认为
价格改革可以闯关，但当前时机不对。在 3 月召开的中共十三届二中
全会上，刘国光发言提出要正视通货膨胀问题，指出当前物价上涨不
仅仅是个别产品（如食品）的供求问题，也不单纯是调整价格结构带
来的物价上涨，在相当大程度上是通货膨胀性的，对通货膨胀的后
果不能掉以轻心，要破除通货膨胀对经济增长有益论。④ 5 月，马洪

① 房维中：《在风浪中前进：中国发展与改革编年纪事（1977—1989）》（1988 年
卷），第 146 页。
② 房维中：《在风浪中前进：中国发展与改革编年纪事（1977—1989）》（1988 年
卷），第 153—154 页。
③《陈云年谱》下卷，第 466 页。
④ 房维中：《在风浪中前进：中国发展与改革编年纪事（1977—1989）》（1988 年
卷），第 107—114 页。

提出，价格改革有个时机问题，1982 年、1983 年改可能比现在更好一些。[①]6 月，薛暮桥在国家计委召集的专家座谈会上提出，用增加财政补贴来稳定物价那是"火上浇油"，用行政办法强行限价也只是"扬汤止沸"，唯一正确的办法是控制货币流通量，即制止通货膨胀。他主张压缩基建投资，降低经济增速，用三年时间来消化积存下来的"隐蔽性的通货膨胀"。[②]薛暮桥还反复提及，"管住货币，放开价格"是唯一可能获得成功的选择。

8 月，中央在北戴河召开政治局扩大会议，原则通过《关于价格、工资改革的初步方案》。消息一经在媒体上公布，进一步强化了人们业已存在的高通胀预期，从而引发全国性的挤提储蓄存款和抢购商品的风潮。价格改革已不单是经济问题，而是演变为严重的社会问题。"价格闯关"宣告受挫。面对强大阻力，中央不得不调整对策。8 月 30 日，国务院发出《关于做好当前物价工作和稳定市场的紧急通知》，实际上终止了 1985 年以来的第二轮价格改革。一个月后的中共十三届三中全会，作出两点方针改变：一是从加快改革步伐转向其后两年以治理经济环境和整顿经济秩序为重点；二是强调价格改革不能孤军突出，改革必须是全面的配套改革。[③]由全面价格改革带动的以市场化为取向的经济体制改革势头随之受到遏止。

作出这样的政策转变，中央在认识上是高度一致的。9 月 12 日，邓小平在听取国务院汇报时提出"赞成边改革，边治理环境整顿经济秩序"[④]。10 月 8 日，陈云指出，"学习西方市场经济的办法，看来困难不少"[⑤]，以此提醒不要照搬西方经济学理论。12 月 26 日，中央召

① 房维中：《在风浪中前进：中国发展与改革编年纪事（1977—1989）》（1988 年卷），第 143 页。
② 参见《薛暮桥回忆录》，第 325 页。
③《中国共产党的九十年》，第 750 页。
④《邓小平年谱（1975—1997）》下卷，第 1247 页。
⑤《陈云年谱》下卷，第 471 页。

开民主生活会认为，"看来价格合理化是一个长期的过程，消费过热还没有解决，是推动通胀的重要因素"。李鹏在会上发言提出，重大问题决策太快，事前没有充分酝酿就出台。他还说不能只听那些既没有实践经验，又不了解国情的"理论家"的意见。[①]自经济改革启动以来屡屡出现的争论，在价格闯关这一节点上似乎走到了一致的轨道上。

四、"治理整顿"：争论再起

经济转入治理整顿，事实上说明自 1985 年以来实现经济"软着陆"的努力没有成功。三年的治理整顿，成为继 1981 年经济调整之后的第二次经济"硬着陆"。与调整中的情况类似，改革在治理整顿中也出现了停顿、反复甚至倒退。然而，经过 10 年改革开放，中国经济的运行机制已经发生实质性变化，伴随着通货膨胀的抑制，改革仍然在价格并轨、扩大开放和建立证券市场等方面取得重要进展。这不能不说是与以往历次经济调整有本质不同之处。

实行严厉的限制措施，显然要触动地方的利益，党的领导人开始大力强调中央在经济上的权威地位。邓小平指出："我们要定一个方针，就是要在中央统一领导下深化改革。不仅是价格一个方面的改革，而且是多方面的、综合的改革。""中央要有权威。改革要成功，就必须有领导有秩序地进行。""宏观管理要体现在中央说话能够算数。"[②]陈云在同中央领导人谈话时也强调："中央的政治权威，要有中央的经济权威作基础。没有中央的经济权威，中央的政治权威是不巩固的。"[③]这些论述是开展治理整顿的指导性思想。不过，邓小平在强

[①]《市场与调控——李鹏经济日记》，新华出版社、中国电力出版社 2007 年版，第601 页。

[②]《邓小平文选》第 3 卷，第 277—278 页。

[③]《陈云文选》第 3 卷，第 366 页。

调治理整顿的同时，仍然对继续改革和保持经济增长提出要求："过去我们是穷管，现在不同了，是走向小康社会的宏观管理。不能再搬用过去困难时期那些方法了。""治理通货膨胀、价格上涨，无论如何不能损害我们的改革开放政策，不能使经济萎缩。要保持适当的发展速度。"①

客观地看，以理论价格计算为基础从而在全国建立合理价格体系的价格改革设想，从一开始就有理想化色彩，毕竟中国经济基础非常薄弱，商品短缺十分严重，也因此同时以计划和市场两种手段建立合理价格体系的努力，从一开始就陷入矛盾之中。改革开放初期，这种矛盾尚不明显，但随着市场形成价格的产品增多，冲突愈益激烈。改革的目的是解决价格扭曲、不合理问题，但双轨制反而形成新的扭曲、新的不合理。治理整顿将重心放在治理通胀、维护社会稳定上固然不错，但这些措施并没有解决经济中存在的问题，只是把问题冻结了起来。尤其是价格双轨制问题不仅没有缓解，反而更加强化，由此引发的社会矛盾没有得到纾解。1989年政治风波发生后，很多人因为政治风波和经济失策，把政治、经济生活中出现的问题统统归咎于经济体制改革。一些批判资产阶级自由化及其理论基础的文章，把计划和市场问题同基本社会制度相联系，重弹"计划经济"是社会主义本质特征的声调，重新强调政府定价在政治上的地位和作用，认为把改革的目标定位在"市场取向"上，将会改变社会主义经济的性质。一时间，对价格改革的纠偏演变成对市场取向的经济体制改革的诘难和否定。②改革再次到了一个重大关口。

经济问题并不因思想理论上的纠缠而改变自身的运行轨迹。为进一步抑制通胀，1989年11月中共十三届五中全会作出进一步治理

---

① 《邓小平文选》第3卷，第278、277页。
② 闫茂旭:《价格改革与社会主义市场经济体制目标的确立》,《中共党史研究》2017年第7期。

整顿的决定。严厉的治理整顿措施使价格总水平从 1989 年下半年开始大幅回落，1990 年以后，通货膨胀基本缓解，流通领域混乱现象得到整顿，经济秩序有所好转。但是，过于全面、严厉的紧缩措施，导致了经济在 1990 年硬着陆，经济环境虽然有所改善，但市场严重疲软，发展速度更是出现明显的减缓和滑坡。①

宏观经济的严峻态势引起中央高度重视。邓小平不无忧虑地说："现在特别要注意经济发展速度滑坡的问题。我担心滑坡。百分之四、百分之五的速度，一两年没问题，如果长期这样，在世界上特别是同东亚、东南亚国家和地区比，也叫滑坡了。""人民现在为什么拥护我们？就是这十年有发展，发展很明显。假设我们有五年不发展，或者是低速度发展，例如百分之四、百分之五，甚至百分之二、百分之三，会发生什么影响？这不只是经济问题，实际上是个政治问题。"②为了激发经济活力，中央决定在治理整顿的同时深化改革。由于市场疲软和生产回落是企业财政困难加剧、经济效益恶化的直接原因，而这两项又都与价格体系密切相关；走出困难的具体措施又回到以市场为取向、以放开为主线的价格改革老路子上来。价格改革顺势重启。

有了之前的经验和教训，这次价格改革格外注重放开的力度和速度。同时为避免刺激社会预期，中央在政策口径上不再使用"价格改革"这一术语，而是采取"只做不说"的策略，在通货膨胀受到明显抑制、市场趋于平稳的情况下，有计划、分步骤地调整 5 大类 20 多个系列的产品价格。③1990 年 12 月，深圳证券交易所和上海证券交易所先后开始试运营和运营，标志着市场价格体系中灵敏性和波动性最强的部分——资本价格和资本市场，被纳入中国经济体制和市场体系的范畴，市场因素大大加重。价格生成机制重新回到市场渠道，

---

① 参见彭森、陈立等：《中国经济体制改革重大事件》上，第 350 页。

②《邓小平文选》第 3 卷，第 354 页。

③ 彭森主编：《中国价格改革三十年（1978—2008）》，第 133 页。

市场定价制度的基本架构创制完成。

尽管历程一波三折，价格改革此时已像是市场经济的精灵一般，一旦放出就很难再放回瓶中。价格改革使发展市场经济成为不可逆的事实，无论使用什么词汇概念，实际运转的都是反映和体现市场配置资源的内容。一些学者不失时机地将价格与市场体系再次连接起来，指出所谓市场就是能形成竞争性均衡价格、能反映资源的相对稀缺程度的制度，在规范的市场上能够形成价格信号，从而引导资源配置。[①] 他们借助价格改革再次启动的契机，努力改变人们对于市场经济的认识，只是这免不了又要经历争论。这种争论伴随着国内政治风波和东欧各国剧变的发生而趋于尖锐。

不过，邓小平等中央领导人的态度是坚定的。邓小平、李先念、陈云都认为，"十三大政治报告是经过党的代表大会通过的，一个字都不能改"[②]。1989 年 6 月 9 日，邓小平在接见戒严部队军以上干部时讲话强调："改革开放这个基本点错了没有？没有错。没有改革开放，怎么会有今天？"他提出："我们要继续坚持计划经济与市场调节相结合，这个不能改。实际工作中，在调整时期，我们可以加强或者多一点计划性，而在另一个时候多一点市场调节，搞得更灵活一些。以后还是计划经济与市场调节相结合。重要的是，切不要把中国搞成一个关闭性的国家。实行关闭政策的做法对我们极为不利，连信息都不灵通。""再是绝不能重复回到过去那样，把经济搞得死死的。"[③] 随后，在与中央新领导集体谈话时，邓小平再次强调："现在国际上担心我们会收，我们就要做几件事情，表明我们改革开放的政策不变，而且要进一步地改革开放。"[④]

---

① 参见《经济参考报》2012 年 12 月 6 日。
②《邓小平文选》第 3 卷，第 296 页。
③《邓小平文选》第 3 卷，第 306—307 页。
④《邓小平文选》第 3 卷，第 313 页。

争论在经济理论界也进一步升级。1990 年 7 月，中共中央在中南海勤政殿邀请一些经济学家召开经济问题座谈会。主张"计划取向"的与会者与主张"市场取向"的与会者正面交锋。多数人认为1984 年以来的市场化改革导致了 1988 年通货膨胀和 1989 年政治风波，主张回到 1982 年十二大"计划经济为主，市场调节为辅"的思想上去。少数人则为坚持市场化改革据理力争。86 岁高龄的薛暮桥站在少数人一边，因情绪太过激动，连话也说不清楚了。[①] 因为觉得没有把自己的意见充分表达出来，9 月，薛暮桥致信中央政治局常委，提出："东欧挫折的主要原因，是因为未作彻底改革，老是跳不出乱物价、软财政、软信贷的圈子。"他认为，此时的经济困境"追根溯源"，"是由于改革在 1984 年以后停顿中断，宏观调节机制失效造成的"，"在全面推进改革的条件已经成熟的大好形势下，领导上却把注意力放在倡导追求无效率的速度和脱离我围经济发展水平的高消费上，中共十二届三中全会预定要进行的种种改革反倒一再推迟。这样，在削弱指令性计划以后，没能及时建立在市场作用的基础上用财政税收、银行信贷等经济手段进行宏观调节的指导性计划体制，留下一块空白"。他主张，"我们必须认清形势，当机立断"，"抓紧目前花了很大代价才取得的需求与供给比较接近的时机，推出建立在商品经济基础上的计划管理体制为目的的综合改革"，"才能摆脱困境，走向繁荣"。[②]

邓小平一直在关注这场争论。这年底他同中央领导人谈话说："我们必须从理论上搞懂，资本主义与社会主义的区分不在于是计划还是市场这样的问题。社会主义也有市场经济，资本主义也有计划控制。资本主义就没有控制，就那么自由？最惠国待遇也是控制嘛！不

---

① 参见吴敬琏、马国川：《重启改革议程——中国经济改革二十讲》，三联书店 2016年版，第 139—140 页。

② 《薛暮桥文集》第 14 卷，中国金融出版社 2011 年版，第 71—78 页。

要以为搞点市场经济就是资本主义道路，没有那么回事。计划和市场都得要。不搞市场，连世界上的信息都不知道，是自甘落后。"①1991年1月至2月，邓小平到上海过春节。与此前几次到上海过春节不同，这一次他频频外出视察工厂、参观企业，在新锦江饭店旋转餐厅听取有关浦东开发的汇报。期间邓小平强调说："不要以为，一说计划经济就是社会主义，一说市场经济就是资本主义，不是那么回事，两者都是手段，市场也可以为社会主义服务。""开放不坚决不行，现在还有好多障碍阻挡着我们。说'三资'企业不是民族经济，害怕它的发展，这不好嘛。发展经济，不开放是很难搞起来的。"他说："要克服一个怕字，要有勇气。什么事情总要有人试第一个，才能开拓新路。试第一个就要准备失败，失败也不要紧。希望上海人民思想更解放一点，胆子更大一点，步子更快一点。"②

这些谈话起初并未公开发表，争论仍在继续。上海《解放日报》连续发表署名"皇甫平"的文章《做改革开放的"带头羊"》《改革开放要有新思路》《扩大开放的意识要更强些》《改革开放需要大批德才兼备的干部》，把邓小平的谈话精神传达出去。文章引用邓小平的话提出"计划和市场只是资源配置的两种手段和形式，而不是划分社会主义和资本主义的标志，资本主义有计划，社会主义有市场"，批评"有些同志总是习惯于把计划经济等同于社会主义经济，把市场经济等同于资本主义，认为在市场调节背后必然隐藏着资本主义的幽灵"，提出"要防止陷入某种'新的思想僵滞'"，"如果我们仍然囿于'姓社还是姓资'的诘难，那就只能坐失良机"，"趑趄不前，难以办成大事"。③

"皇甫平"文章发表后，国内外反响强烈，也引来不少责难。一些报刊连续发表文章，批评皇甫平的提法"压抑群众对资本主义复辟

---

① 《邓小平文选》第 3 卷，第 364 页。
② 《邓小平文选》第 3 卷，第 367 页。
③ 参见《解放日报》1990 年 2 月 15 日、3 月 2 日、3 月 22 日。

的警惕性和爱国主义感情",认为说改革不要问姓社姓资"是精英们为了暗渡陈仓而释放的烟雾弹","在不问姓社姓资的掩护下,有人确实把改革开放引向了资本主义化的邪路"。

对党内存在的不同意见,邓小平原本的态度是等待。他在上海时就说"太着急也不行,要用事实来证明"[1]。然而,苏联"8·19"事件后,邓小平产生了一种紧迫感。8月20日,邓小平同中央领导人谈话讨论这一事件,提出"坚持改革开放是决定中国命运的一招",认为"强调稳是对的,但强调得过分就可能丧失时机","可能我们经济发展规律还是波浪式前进","过几年有一个飞跃,跳一个台阶,跳了以后,发现问题及时调整一下,再前进","稳这个字是需要的,但并不能解决一切问题","特别要注意,根本的一条是改革开放不能丢,坚持改革开放才能抓住时机上台阶"。[2]他指出"把什么叫社会主义搞清楚,把怎么样建设和发展社会主义搞清楚"[3]。

经过一段时间的思考和酝酿,江泽民于1991年10月和12月主持召开新一轮专家座谈会。座谈会的目的,是为次年召开中共十四大作思想准备,主要是"考虑十四大提出什么样的经济体制作为改革指导思想,特别是关于计划与市场的关系应该用什么样的提法"。显然,这是此前理论界争论的焦点所在。座谈会用了11个半天时间,讨论了三项议题:用马克思主义观点分析战后资本主义发展;关于苏联东欧剧变的原因和教训;怎样建设有中国特色的社会主义。[4]不难看出,这三项议题之间有着"非常清晰的逻辑路线":在讨论现代资本主义取得成就的原因和苏联东欧出现问题的原因之后,话题自然而然地转到中国的经济改革和经济建设应当怎样吸取现代资本主义和苏联东欧

---

① 《邓小平文选》第3卷,第367页。
② 《邓小平文选》第3卷,第368页。
③ 《邓小平文选》第3卷,第369页。
④ 陈君、洪南编:《江泽民与社会主义市场经济体制的提出——社会主义市场经济 20年回顾》,中央文献出版社2012年版,第72页。

的经验教训，讨论中国经济改革的目标和方向。

座谈会在"充满自由讨论的气氛"[①]下，得出"千万不能把刚刚打开的门关上"的结论性意见，并且引用智利中央银行行长的话提出"在封闭的环境下搞现代化只能建成'乌托邦'"。与会专家认为，经济是一切的基础，没能把经济搞上去，是苏联式社会主义失败的根本原因；而中国为什么能顶住，"因为十多年坚持'一个中心、两个基本点'，改革开放，经济发展，老百姓说：'左不满，右不满，回到家里还是满。'"在此基础上，与会专家的发言集中到最核心的问题也就是计划与市场的关系问题上。他们无一例外地赞成改革的市场取向，认为中国改革的两个突破是社会主义初级阶段理论和有计划商品经济理论，计划与市场不是谁为主、谁为辅的问题，希望中央恢复邓小平和陈云在改革开放初期将计划经济和市场经济并用的提法，并强调两者的结合。很多人在发言中还强调要增强竞争、鼓励创造、允许一部分人先富起来、让市场发挥更广泛的作用，同时也关心公平公正、共同富裕、壮大中等收入群体和做好公共服务。

虽然没有得出正式的结论，但会议的共识度是非常高的。江泽民总结说：总的感觉是，我们该放的必须放，该集中的必须集中。现在是应该放开市场调节的没有放开，应该用计划集中的没有集中。我们提计划经济与市场调节相结合，具体怎么做是关键。我们有些东西该计划管的没有管，不该政府办的事管得太多。[②]虽然没有直接诞生社会主义市场经济的提法，但这些讨论实际上酝酿了对社会主义市场经济的论证和解释。11 场座谈会形成了社会主义市场经济体制可以作为改革目标的共识，包括对这一新体制的两个要素——市场在资源

① 陈君、洪南编：《江泽民与社会主义市场经济体制的提出——社会主义市场经济20 年回顾》，第 101 页。
② 陈君、洪南编：《江泽民与社会主义市场经济体制的提出——社会主义市场经济20 年回顾》，第 114 页。

配置中起基础性作用和社会主义国家的宏观调控——形成了共识，从而建构起"社会主义市场经济体制"的概念框架。中国共产党的经济思想迎来新的跃升。

从十二大到治理整顿，中国共产党的经济思想经历了波澜起伏的发展过程。这其中既有思想和理论认识的"软约束"，也有实践和技术的"硬约束"。而改革的曲折历程表明，当思想理论层面未能提供解决实际问题的有效供给时，技术领域会衍生出解决问题的具体机制和手段；而技术的成功又将产生强大的路径依赖效应。思想理论领域的纠缠和反复在"像泉水般涌流出来"[①]的商品面前，在活跃、繁荣的市场面前，在经济加速发展、人民生活迅速改善面前，显得苍白无力。正如朱镕基后来在总结价格改革时所说的："经过十几年的价格改革，公众已经对市场机制由不熟悉到比较熟悉、由不适应到比较适应，无论从经济上，还是从心理上都对市场机制有了较强的承受能力和一定的认识能力。这种变化的意义是极其深远的。市场经济已不再是停留在经济学教科书上的概念，而是实实在在地已经成为中国公众生活的现实环境。""目前在中国，可以这样说，中国已经在最重要的方面摆脱了传统计划经济的模式，不可逆转地走上了崭新的发展道路。"[②] 也正是在这种"不可逆转"中，中国共产党的经济思想走过了一条"复线的"话语道路。

---

① 张卓元：《社会主义市场经济与价格改革》，《中国工业经济研究》1993 年第 7 期。
② 朱镕基：《社会主义市场经济以及价格改革问题》，《价格理论与实践》1993 年第 2 期。

第十章 建立社会主义市场经济体制时期的中国共产党经济思想：1992.1—2002.10

中国经济改革的历史进程以 1992 年为分节点，呈现出两个既有延续性又有明显区别的历史阶段。这种区别集中体现在两个阶段所呈现的不同改革思路上：前者自 1978 年中共十一届三中全会开始，基本思路是引入市场因素，通过微观经济层面的 "放权""让利""松绑""搞活" 等方式，强化经济激励，以此动员和调动经济资源，提高要素效率，促进经济快速增长；后者自 1992 年邓小平南方谈话和中共十四大开始，基本思路是创设社会主义市场经济体制框架，通过宏观层面的制度变革，改变经济运行的宏观环境，在稳定宏观经济中实现改革的突破，以此促进经济快速增长。相比而言，前者 "摸着石头过河" 式的改革自发性特征较为明显，后者则在改革的自觉性和力度、广度、深度上更为突出。不过历史本身是一个连续统一体，两个阶段虽然极富历史个性和 "冲突性"，但也不乏 "纠缠在一起的事实" 和 "事件之间的应和"[①]。也正是在改革措施和经济形势的 "纠缠" 和 "应和" 中，中国共产党的经济思想实现了从前一个思路向后一个思路的转换。

一、"社会主义市场经济"：目标确立

治理整顿中对于改革的回拉，即便面对陷入困境的经济现实，

[①] ［英］赫伯特·巴特菲尔德：《历史的辉格解释》，张岳明、刘北成译，商务印书馆 2012 年版，第 55 页。

也不见有明显的松动迹象。无论党内支持改革的声音如何焦灼，反对市场化取向的声音还是占据上风。显然，要维护中国人民的整体利益，非得突破思想的桎梏不可。

解开思想死扣的，是邓小平的南方谈话。1992 年 1 月 18 日至 2 月 21 日，邓小平到武昌、深圳、珠海、上海视察工作，沿途作了一系列重要谈话。邓小平清楚无休止的争论会贻误大好的发展机会，必须打破思想上的僵局。对于已经完全退休的 88 岁老人来说，这次行动本身非同寻常，将深圳、珠海、上海作为出行地区也是精心选择的。此前，邓小平曾于 1984 年到访深圳，他显然是要再看看 8 年之后特区到底发展的怎么样：这次来看，深圳发展得这么快，我没有想到。不搞改革开放，现代化不知要等到哪一年才实现。① 他正是要用发展的事实回应种种质疑。

在赴深圳途中，邓小平乘坐的专列先后在武昌站和长沙站停靠。他在与地方领导人谈话中，批评形式主义的问题，提出"要腾出时间来多办实事，多做少说"②。在深圳和珠海，邓小平进一步强调解放思想、加快发展。他说："改革开放胆子要大一些，敢于试验，不能像小脚女人一样。看准了的，就大胆地试，大胆地闯。深圳的重要经验就是敢闯。没有一点闯的精神，没有一点'冒'的精神，没有一股气呀、劲呀，就走不出一条好路，走不出一条新路，就干不出新的事业。不冒点风险，办什么事情都有百分之百的把握，万无一失，谁敢说这样的话？一开始就自以为是，认为百分之百正确，没那么回事，我就从来没有那么认为。"③

邓小平再度阐述了他一直以来所主张的改革理论："改革开放迈不开步子，不敢闯，说来说去就是怕资本主义的东西多了，走了资本

① 《邓小平年谱（1975—1997）》下卷，第 1334—1335 页。
② 《邓小平文选》第 3 卷，第 382 页。
③ 《邓小平文选》第 3 卷，第 372 页。

主义道路。要害是姓'资'还是姓'社'的问题。判断的标准，应该主要看是否有利于发展社会主义社会的生产力，是否有利于增强社会主义国家的综合国力，是否有利于提高人民的生活水平。"他回应对特区的质疑说："深圳的建设成就，明确回答了那些有这样那样担心的人。特区姓'社'不姓'资'。""有的人认为，多一分外资，就多一分资本主义，'三资'企业多了，就是资本主义的东西多了，就是发展了资本主义。这些人连基本常识都没有。"他提出："计划多一点还是市场多一点，不是社会主义与资本主义的区别。计划经济不等于社会主义，资本主义也有计划；市场经济不等于资本主义，社会主义也有市场。计划和市场都是经济手段。社会主义的本质，是解放生产力，发展生产力，消灭剥削，消除两极分化，最终达到共同富裕。"[1]

邓小平认为，社会主义与资本主义并不绝对对立，有许多相通的东西。有些东西如计划、市场、股票、债券等，资本主义可以用，社会主义也可以用。他说：股票市场有不少人担心是资本主义，所以让深圳和上海先搞试验。看来，试验是成功的，证明资本主义能用的一些东西，也可以为社会主义所用。许多东西要敢于试。不试，学不到经验，也培养不出人才。一个人要是不下水，就学不会游泳。要学本领，就要下水，要试验。[2]他提出："社会主义要赢得与资本主义相比较的优势，就必须大胆吸收和借鉴人类社会创造的一切文明成果，吸收和借鉴当今世界各国包括资本主义发达国家的一切反映现代社会化生产规律的先进经营方式、管理方法。"[3]这种利用资本主义来发展社会主义的思路，与中国共产党自根据地时期以来就有的利用资本主义方法发展社会主义的思维逻辑一以贯之。

邓小平对此前的争论表达了看法。他说："现在，有右的东西影

---

① 《邓小平文选》第 3 卷，第 372、373 页。
② 参见吴松营：《邓小平南方谈话真情实录》，人民出版社 2012 年版，第 34 页。
③ 《邓小平文选》第 3 卷，第 373 页。

响我们，也有'左'的东西影响我们，但根深蒂固的还是'左'的东西。有些理论家、政治家，拿大帽子吓唬人的，不是右，而是'左'。'左'带有革命的色彩，好像越'左'越革命。'左'的东西在我们党的历史上可怕呀！一个好好的东西，一下子被他搞掉了。右可以葬送社会主义，'左'也可以葬送社会主义。中国要警惕右，但主要是防止'左'。右的东西有，动乱就是右的！'左'的东西也有，把改革开放说成是引进和发展资本主义，认为和平演变的主要危险来自经济领域，这些就是'左'。"①

邓小平着重强调一定要警惕"左"的危害，这与中国共产党自建党以来所持的普遍观点和习惯性做法显然不同。虽然他的本意是要平息争论、促使全党把注意力转移到实干上来，正如他所讲的，"不搞争论，是我的一个发明。不争论，是为了争取时间干。一争论就复杂了，把时间都争掉了，什么也干不成"②；但他对"左"倾思潮的回应，恰恰打开了又一次思想解放的大门。这对党内经济思想重新活跃起来，具有巨大的推动作用。

由此，邓小平又一次强调了发展经济的重要性："不坚持社会主义，不改革开放，不发展经济，不改善人民生活，只能是死路一条"，"谁要改变三中全会以来的路线、方针、政策，老百姓不答应，谁就会被打倒"；"如果没有改革开放的成果，'六·四'这个关我们闯不过"，"为什么'六·四'以后我们的国家能够很稳定？就是因为我们搞了改革开放，促进了经济发展，人民生活得到了改善"。③他据此敦促地方领导人抓住机遇，加快发展："看起来我们的发展，总是要在某一个阶段，抓住时机，加速搞几年，发现问题及时加以治理，尔后继续前进。""对于我们这样发展中的大国来说，经济要发展得快一

---

①《邓小平文选》第3卷，第375页。
②《邓小平文选》第3卷，第374页。
③《邓小平文选》第3卷，第370—371页。

点，不可能总是那么平平静静、稳稳当当。要注意经济稳定、协调地发展，但稳定和协调也是相对的，不是绝对的。发展才是硬道理。"①

1月31日，邓小平到达上海。看到上海的发展明显落后于深圳，他表示上海完全有条件搞得更快一点，认为"搞四个经济特区时没有加上上海"是自己的"一个大失误"，"要不然，现在长江三角洲，整个长江流域，乃至全国改革开放的局面，都会不一样"。他说："我国的经济发展，总要力争隔几年上一个台阶。当然，不是鼓励不切实际的高速度，还是要扎扎实实，讲求效益，稳步协调地发展。比如广东，要上几个台阶，力争用二十年的时间赶上亚洲'四小龙'。比如江苏等发展比较好的地区，就应该比全国平均速度快。"②

从南方谈话的内容不难看出，邓小平对于加快改革、加快发展的态度是非常坚定、果断的。虽然他对于什么是社会主义仍然没有作出完整定义，只是提出社会主义的本质是什么，但他显然认为这并不妨碍中国的改革和发展。他这种自信源于实践经验、源于实事求是。他说："实事求是是马克思主义的精髓。要提倡这个，不要提倡本本。我们改革开放的成功，不是靠本本，而是靠实践，靠实事求是。农村搞家庭承包制，这个发明权是农民的，农村改革好多东西都基层创造出来的，我们把它拿来加工提高作为全国的指导。"他还表示："我们讲了一辈子马克思主义，其实马克思主义并不玄奥。""学马列要精，要管用的。"③这段话也是对陈云的名言"不唯上，不唯书，只唯实"的间接引用。可以说，在实事求是这一点上，党的主要领导人看法是一致的，也是一贯的。

邓小平南方之行此时是保密的，各主流媒体都未作报道。深圳

---

①《邓小平文选》第3卷，第377页。
②《邓小平文选》第3卷，第375—376页。
③《邓小平文选》第3卷，第382页。

的领导请示能否作报道，邓小平说"不破这个例"。[①] 为了尽快让人们知晓邓小平谈话精神，也为了防止出现此前上海"皇甫平"文章被打压的情况，深圳和珠海方面采取了灵活办法。珠海邀请港澳媒体前来，透过他们率先披露消息。《深圳特区报》则于2月22日至3月6日，在头版连续刊出"猴年新春系列评论文章"，"原汁原味"透露邓小平在深圳的谈话精神，随后被境外多家媒体转载。[②]3月26日，《深圳特区报》刊发长篇通讯《东方风来满眼春——邓小平同志在深圳纪实》，立即在党内外、国内外引起强烈反响和巨大震动，全国重要报纸纷纷转载。

中央对于南方谈话的关注和接纳很果断。在主要内容还未披露时，南方谈话的要点就于2月28日以中央文件的形式印发全党。3月9日至10日，中央政治局召开全体会议，全面接受邓小平南方谈话阐明的思想，提出要抓住当前的有利时机，加快改革开放的步伐，集中精力把经济建设搞上去。这表明中央由此摆脱了在经济建设与反和平演变之间的徘徊不定。[③] 此后三个月里，中央政治局常委多次召开会议，研究南方谈话的贯彻落实。5月16日，中央政治局通过《关于加快改革，扩大开放，力争经济更好更快地上一个新台阶的意见》，作出系统的贯彻部署。国务院也相继作出一系列加快改革开放和经济发展的决定。

尽管争论没有完全平息，但中央领导人和经济理论界此时已经行动起来。4月，国家体改委与广东、江苏、山东、辽宁、四川五省体改委主任召开座谈会，一致表示希望党的十四大在计划与市场关

---

① 吴松营：《邓小平南方谈话真情实录》，第121—122页。

② 参见吴松营：《邓小平南方谈话真情实录》，第143—144页。

③ 十四大报告就此评价说："以邓小平同志的谈话和今年三月中央政治局全体会议为标志，我国改革开放和现代化建设事业进入了一个新的阶段。"见中共中央文献研究室编：《十四大以来重要文献选编》上，中央文献出版社2011年版，第8页。

系上有所突破，应当明确提出"建立社会主义市场经济"。陈锦华在向中央的报告中附上了基辛格给他的信。基辛格认为，当今时代变革"中心是朝向市场经济"，"世界各地的领导人们不约而同地得出这样一个结论：总的来说，市场为持续经济发展提供了较好的基础"。[①]随后的一次讨论会上，有人提出："现在只差一层窗户纸了，为什么不捅破这层窗户纸，索性明确提社会主义市场经济？"[②]

　　显然，"社会主义市场经济"已是呼之欲出。4月30日，中央政治局常委会议提出，党的十四大在计划与市场的关系上要前进一步，这是关系改革开放和现代化建设全局的一个重大问题。[③]6月9日，江泽民在中央党校省部级干部班讲话，列举了关于对计划与市场关系和建立新经济体制问题上的三个提法：一是"建立计划与市场相结合的社会主义商品经济体制"；二是"建立社会主义有计划的市场经济体制"；三是"建立社会主义的市场经济体制"。他表示："我个人的看法，比较倾向于使用'社会主义市场经济'这个提法。""有计划的商品经济也就是有计划的市场经济。社会主义经济从一开始就是有计划的，这在人们的脑子里和认识上一直是清楚的，不会因为提法中不出现'有计划'三个字，就发生是不是取消了计划性的疑问。"他指出："这虽然是我个人的看法，但也和中央一些同志交换过意见，大家基本上是赞成的。当然这还不是定论。"他强调，"不管十四大报告中最后确定哪一种提法，都需要阐明我国社会主义的新经济体制的主要特征"。这些特征他认为有三点："一是在所有制结构上，坚持以公有制经济为主体，个体经济、私营经济和其他经济成分为补充，多种成分共同发展；二是在分配制度上，坚持以按劳分配为主体，其他分配方式为补充，允许和鼓励一部分地区、一部分人先富起来，逐步实

---

① 参见陈锦华：《国事忆述》，第207—211页。
② 龚育之：《党史札记·二集》，第9—10页。
③ 参见《江泽民文选》第2卷，人民出版社2006年版，第528页。

现共同富裕，防止两极分化；三是在经济运行机制上，把市场经济和计划经济的长处有机结合起来，充分发挥各自的优势作用，促进资源的优化配置，合理调节社会分配。"①

尽管前有理论界的思想铺垫，后有邓小平南方谈话的思想指导，"社会主义市场经济"毕竟是一个重大的理论创新，这个提法仍然非常敏感。6月12日，江泽民就此向邓小平作了汇报。邓小平表示赞成，并说实际上我们是在这样做，深圳就是社会主义市场经济。为避免争论，邓小平同时提出：在党校的讲话可以先发内部文件，反映好的话，就可以讲。②后来，全国30个省市自治区都同意这个提法，提交中央全会讨论的十四大报告草稿就写上了这个提法。③

7月21日，陈云在悼念李先念的文章中也表明态度："先念同志和我虽然都没有到过特区，但我们一直很注意特区建设，认为特区要办，必须不断总结经验，力求使特区办好。这几年，深圳特区经济已经初步从进口型转变成出口型，高层建筑拔地而起，发展确实很快。现在我们国家的经济建设规模比过去要大得多、复杂得多，过去行之有效的一些做法，在当前改革开放的新形势下很多已经不再适用。这就需要我们努力学习新的东西，不断探索和解决新的问题。"④

中国共产党在社会主义市场经济的问题上，至此取得了高度一致的共识。自改革开放伊始，甚至自社会主义改造完成之时，中国共产党就面对一个倍感束缚和困惑的意识形态困境——社会主义何以能与商品经济、市场经济共存的问题，现今终于将其解决。而解决的关键，就在于邓小平以深入浅出的方式把马克思主义的精髓归纳为"实事求是"四个字，将原本晦涩的思想理论转化成了浅显易懂且可操作

---

① 《十三大以来重要文献选编》下，第542—543页。
② 《邓小平年谱（1975—1997）》下卷，第1347—1348页。
③ 龚育之：《党史札记·二集》，第11页。
④ 《陈云文选》第3卷，第379页。

的真理。这不能不说是为陷入理论困境的中国共产党提供了一个脱身之道。

思想认识准备充分，理论突破就"瓜熟蒂落"了。10月召开的中共十四大正式提出"社会主义市场经济"思想。十四大报告指出："我国经济体制改革确定什么样的目标模式，是关系整个社会主义现代化建设全局的一个重大问题。这个问题的核心，是正确认识和处理计划与市场的关系。""实践的发展和认识的深化，要求我们明确提出，我国经济体制改革的目标是建立社会主义市场经济体制，以利于进一步解放和发展生产力。""我们要建立的社会主义市场经济体制，就是要使市场在社会主义国家宏观调控下对资源配置起基础性作用，使经济活动遵循价值规律的要求，适应供求关系的变化；通过价格杠杆和竞争机制的功能，把资源配置到效益较好的环节中去，并给企业以压力和动力，实现优胜劣汰；运用市场对各种经济信号反应比较灵敏的优点，促进生产和需求的及时协调。同时也要看到市场有其自身的弱点和消极方面，必须加强和改善国家对经济的宏观调控。我们要大力发展全国的统一市场，进一步扩大市场的作用，并依据客观规律的要求，运用好经济政策、经济法规、计划指导和必要的行政管理，引导市场健康发展。"①

十四大据此对社会主义市场经济体制作了阐释："社会主义市场经济体制是同社会主义基本制度结合在一起的。在所有制结构上，以公有制包括全民所有制和集体所有制经济为主体，个体经济、私营经济、外资经济为补充，多种经济成分长期共同发展，不同经济成分还可以自愿实行多种形式的联合经营。""在分配制度上，以按劳分配为主体，其他分配方式为补充，兼顾效率与公平。运用包括市场在内的各种调节手段，既鼓励先进，促进效率，合理拉开收入差距，又防止

---

① 《十四大以来重要文献选编》上，第15、16页。

两极分化，逐步实现共同富裕。"① 十四大同时要求，围绕社会主义市场经济体制的建立，要抓紧制定总体规划，有计划、有步骤地进行相应的体制改革和政策调整，确保在 90 年代"初步建立起新的经济体制"②。

十四大的这些论述，使中国经济体制改革的目标由十二届三中全会提出的公有制基础上的有计划商品经济理论，正式发展为社会主义市场经济理论。这是中国共产党经济思想上的一个巨大飞跃，对于马克思主义经济学说而言也是一项重大突破。把社会主义制度与市场经济结合起来，这是马克思主义经济学说和其他社会主义国家没有过的。虽然社会主义市场经济的若干因素或多或少已经在中国共产党此前的思想脉络里存在和发展着，但是直到十四大，中国共产党才明确了这个合适的概念。

十四大同时更加明确了加快经济发展的思想，提出抓住机遇，加快发展，集中精力把经济建设搞上去。大会认为：我国经济能不能加快发展，不仅是重大的经济问题，而且是重大的政治问题。90 年代我国经济的发展速度，原定为国民生产总值平均每年增长百分之六，现在从国际国内形势的发展情况来看，可以更快一些。根据初步测算，增长百分之八到九是可能的，我们应该向这个目标前进。③十四大据此对加快经济发展作出战略部署。

以邓小平南方谈话和中共十四大为标志，中国改革开放和经济建设进入新的发展阶段。反对改革的思想开始消退，党内思想氛围再一次被改变。1992 年也因此被称为"改革开放年"。④ 这年 3 月，李鹏宣布财政紧缩政策的任务已经完成，治理整顿阶段正式结束。这为

① 《十四大以来重要文献选编》上，第 17 页。
② 《十四大以来重要文献选编》上，第 40 页。
③ 《十四大以来重要文献选编》上，第 14 页。
④ 彭森、陈立等：《中国经济体制改革重大事件》下，中国人民大学出版社 2008 年版，第 403 页。

改革的进一步深入打开了大门。经过三年的收缩，一旦再次放手，经济思想的钟摆必定能摆得比以前更高。

二、"分税制"：路径转换

南方谈话后，从中央到地方迅速卷起一股改革与发展的热浪，"下海"大潮涌动，社会情绪激奋。不过，中央此时却面临着难题。如果依照 80 年代改革的思路，向下放权是必然的，但放活往往带来经济波动。这不仅在以前的改革实践中多次出现，即便在 1992 年，这个苗头也已经出现。中央一再提醒全党，要防止发生经济过热现象，把经济发展的好势头保持下去，"要在深化改革上狠下功夫，避免只在扩大投资规模上做文章，以防出现新的重复建设和产品积压"[①]。虽然在社会主义市场经济的理论视野内，中国共产党自信已经找到了走出"一放就乱"这个怪圈的方法，那就是用"社会主义"来规制"市场经济"，也就是用国家宏观调控这只"有形的手"来矫正市场这只"无形的手"。只是，这还仅仅停留在抽象的理论范畴，中央这时显然缺乏宏观调控的手段和能力。

1988 年财政包干制的实行，使放权让利改革的激励效应达到最大化，地区经济发展的制度性动力和能力空前强劲。然而，地区经济运行与全国范围的经济运行本身是"一枚硬币的两面"，各地在财政包干制下的经济增长很快对全国宏观经济秩序产生了冲击。财政收入占国内生产总值比重和中央财政收入占全国财政收入比重持续下降。前者由 1984 年的 26.7% 下降到 1992 年的 13.1%，后者由 1984 年的 56.1% 下降到 1992 年的 28.1%。[②]地方从增加财政收入的考虑出发，大量兴建本地所属企业和项目，不仅盲目投资和重复建设再度泛滥，

---

① 《江泽民文选》第 1 卷，人民出版社 2006 年版，第 196 页。
② 《中国财政年鉴 2011》，中国财政杂志社 2011 年版，第 446、459 页。

也使预算外资金急剧增加。经济过热和通货膨胀卷土重来。

宏观经济的紧张局面造成企业的承包经营困难重重。因为价格、计划、原材料供应都已"包不住"，在快速变动的环境下，以挂钩指标不动为基础的承包制已丧失严肃性。微观经济环境和宏观经济环境在此时陷入一个"死循环"：承包制等微观经济改革措施因为宏观经济改革不配套无法深入下去，造成企业效益无法根本好转，微观经济改革难以成功；而微观经济改革措施不成功，造成宏观经济不稳定，反过来又制约了宏观经济的综合配套改革。虽然中央已认识到"先调动地方组织收入的积极性，在地方财政收入增长以后，中央再从收入增量中多拿一些"①的思路，是过于理想化的，但此时中央财政"已山穷水尽"，陷入"凑凑合合过，今年过去，明年过不去"②的状态，连日常运转的开支需要都无法保证，更不要说担负宏观调控责任了。在这种僵局下，中央开始思考解开难题的突破口。

宏观经济遇到的种种困难，关节点就在财税体制上，解决困难必须依靠包括财税体制在内的宏观经济改革。鉴于此，分税制的思想重回中央视野。只是直到1992年，即便是试点工作也未实施。这固然与全面紧张的宏观经济环境有关，更深层次的原因则在于中央此时还只是从增加中央财力、从"吃饭财政"的角度看待分税制改革，没有将这一改革纳入宏观经济改革的更深层次视阈中。这种情况在1991年底随着微观经济环境愈发困难而发生改变。经过治理整顿，中央意识到，要解决国有企业的问题，必须改变企业所处的宏观经济环境，为此，"管理经济的办法必须适应客观形势的变化而有所改进"；改进的方向则是"通过政策倾斜，包括财政政策、税收政策、

---

① 刘克崮、贾康主编：《中国财税改革三十年：亲历与回顾》，经济科学出版社2008年版，第35页。

② 房维中：《在风浪中前进：中国发展与改革编年纪事（1977—1989）》（1989年卷），2004年，第124页。

金融政策、价格政策、外贸政策，等等，来影响地区、企业的投资方向"①。也就是说，财税体制改革不仅是为确保"吃饭"，还要使财政成为宏观调控的基础手段即"财政政策"。

这一认识的重要性在 1992 年之后显现出来。面对一些地方出现片面强调发展是硬道理的问题，朱镕基提出要全面正确理解邓小平南方谈话精神，特别是要从宏观上看待经济发展问题，"我们有些部门，对宏观不感兴趣，专管微观。管微观，权大得很，把企业管得死死的。对宏观该怎么管呢？要用政策、法令来管，不能靠人治。要依靠政策、法令，依靠经济杠杆、各种经济手段去管，不是靠政府下命令"②。在这种认识下，中央政治局 1992 年 5 月 16 日通过的《关于加快改革，扩大开放，力争经济更好更快地上一个台阶的意见》，"明确提出加快财政体制改革步伐，实行分税制"③。随后，分税制改革付诸试点。

与此同时，宏观经济再次过热的趋势越来越明晰，"经济已进入红灯区"④。鉴于此前剧烈经济波动带来的严重后果，中央对新的经济过热严阵以待，并结合形势思考如何从具有根本性的体制因素上解决类似问题。朱镕基继续从宏观制度的视角分析说："由于我国尚未建立起市场的宏观调控机制和企业的自我约束机制，由投资拉动的经济发展一旦加快，就会以加速状态前进，直至达到极限速度，产生'飞车'现象。"⑤而地方对于经济过热的否定态度，进一步证明朱镕基的判断正确。在 1992 年底召开的全国经济工作会议上，地方依旧如 80 年代那样认为"你热我不热"或者"全国热地方不热"，在谈到具体

①《十三大以来重要文献选编》下，第 317、318 页。
②《朱镕基讲话实录》第 1 卷，人民出版社 2011 年版，第 140 页。
③《市场与调控——李鹏经济日记》，第 924 页。
④《市场与调控——李鹏经济日记》，第 983 页。
⑤《朱镕基讲话实录》第 1 卷，第 234 页。

问题时就说"别人害病，不要让我也吃药"。① 对此，中央依然缺乏调控手段。

宏观经济的压力使分税制改革陡然紧迫起来，中央的态度更加坚定。江泽民在 6 月 9 日的中央党校讲话中，专门提到凯恩斯主义利用财政政策来调节总需求，从而加强了对经济的宏观控制，挽救了三十年代西方国家经济的大萧条的例子，② 明确把财政政策作为宏观调控的主要手段。10 月，十四大在确立社会主义市场经济体制目标模式的基础上，再次明确"逐步实行利税分流和分税制"，"进一步改革计划、投资、财政、金融和一些专业部门的管理体制"，"健全科学的宏观管理体制与方法"③。1993 年 3 月 17 日，江泽民在中央财经领导小组会议上进一步明确，要从根本上解决当前经济生活中的突出问题"还得依靠深化改革"，首当其冲的就是"财政、税收体制改革"，"要提高财政收入占国民收入的比重，提高中央财政占整个财政收入的比重"④。据此，中共十四届二中全会通过《中共中央关于调整"八五"计划若干指标的建议》，提出"'八五'后三年，要加快税利分流和分税制的试点"⑤。

由于形势紧急，也因为缺乏宏观调控的经济手段和能力，中央不得不再次采取行政手段开展强力调控。1993 年 6 月 24 日，《中共中央、国务院关于当前经济情况和加强宏观调控的意见》（"16 条"）颁布实施。朱镕基更是对银行和财税系统实施两个"约法三章"。这些措施迅速见到成效，但依然是治标不治本。虽然各地经济建设中的乱象尤其是金融领域的乱象受到遏止和清理，但经济过热的情况不仅没有消除，反而劲头更盛。这个时候，中央领导人"突出地感到宏观

① 参见《朱镕基讲话实录》第 1 卷，第 249 页。
② 参见《江泽民文选》第 1 卷，第 199 页。
③《十四大以来重要文献选编》上，第 19 页。
④《江泽民文选》第 1 卷，第 298 页。
⑤《十四大以来重要文献选编》上，第 101 页。

经济管理体制的改革已经显得滞后，对国民经济的稳定、地区之间的均衡发展带来一些不利影响"①。而解决这一问题只能通过经济手段，通过宏观经济领域的改革，首先就是财税体制改革，"要下决心理顺中央和地方的财政关系，明确各自的财权和事权，形成一种较强的约束机制"，并且"这个问题已经到了非解决不可的时候了"②。江泽民在中央财经领导小组会议上点名批评："现在这种包干体制是一种不适应市场经济的落后体制，没有哪一个国家是这样搞的，财税体制已经到了非改不可的地步。"③他还从政治的高度进一步指出，税制改革问题"如果解决不力，任其发展下去，经济问题就有可能酿成政治问题"④。对财税体制进行根本性改革，在中国共产党的经济思想中已提升到前所未有的重要地位。

在"16条"实施一个月后，宏观经济紧张局面得到缓解。中央决定抓住这一有利时机，尽快推进财税体制改革，改变"强地方、弱中央"和"强行政调控、弱经济调控"的制度安排，从根本上解决中国经济周期性过热的制度性、机制性问题。改革的关键即是突破此前放权让利的思路，"使中国的财政体制得以走出原来放权让利和包干制的怪圈"⑤。7月22日，国务院总理办公会议决定，加快实施财税体制改革的步伐，将原定分步实施的改革设想修正为一步到位。同时举行的全国财政工作会议和全国税务工作会议宣布，从1994年1月1日开始，在全国全面推行分税制改革，不搞试点，因为"财税体制改革在一个省搞试点是搞不下去的，要改革就全国推行"⑥。

有80年代的"前车之鉴"，中央清楚实施分税制改革的难度。

---

① 《朱镕基讲话实录》第1卷，第287—288页。
② 《朱镕基讲话实录》第1卷，第284页。
③ 参见刘克崮、贾康主编：《中国财税改革三十年亲历与回顾》，第337页。
④ 江泽民：《论社会主义市场经济》，中央文献出版社2006年版，第59页。
⑤ 姜永华口述：《亲历分税制改革》，《中共党史研究》2018年第8期。
⑥ 《朱镕基讲话实录》第1卷，第325页。

但宏观经济波动引发的改革紧迫性及其对于构建社会主义市场经济体制的至关重要性，都使中央在这一问题上没有让步的余地，"因为这场宏观经济体制改革如果进行不下去，社会主义市场经济就是一句空话，它是为社会主义市场经济奠基的"①。

就在 1993 年 7 月宣布全面推行分税制改革的全国财政工作会议和全国税务工作会议上，财政部拿出了《关于建立分税制分级财政体制的设想》，供会议讨论。不出所料，文件同与会代表一见面，就遭到"近乎炮轰"，"第一个提出异议的是上海市。接着福建、山东、江苏的代表都慷慨陈词，认为这个体制无法弄"②。中央不为所动，只是根据会议讨论中提出的一些具体意见对方案作了修改完善。朱镕基在会上强调说，财政、税收、金融这三个改革方案，"是一个长治久安的基础，是建立社会主义市场经济体制的基础。有了这个基础，目前存在的困难就可以得到缓解，甚至于基本解决，大好形势就可以继续发展，经济发展速度还可以保持在一个较高的水平上"③。

有了朱镕基等人的坚决态度，改革方案的制定十分迅速。仅仅十几天后的 8 月 12 日，国务院在北戴河召开专题会议，讨论通过财税、金融、投资、外资、外汇五大宏观改革方案。随后，8 月 30 日国务院常务会议讨论财政、税收、金融、国有资产管理体制和外贸改革总体方案。④ 李鹏在会上指出，在这项总体改革方案中，"核心是财税制度的改革，难度最大，必须做好艰苦细致的工作"⑤。9 月 2 日至 3 日，中共中央政治局常委会审议并原则同意了财税体制改革方

---

① 项怀诚：《改革是共和国财政六十年的主线》，马国川：《共和国部长访谈录》，三联书店 2009 年版，第 295 页。
② 翁礼华：《历史不能假设——我国分税制财政管理体制改革五年之回眸》，《浙江财税与会计》1998 年第 8 期。
③《朱镕基讲话实录》第 1 卷，第 329 页。
④《国家经济体制改革委员会大事记（1982—1998）》，第 181 页。
⑤《市场与调控——李鹏经济日记》，第 995 页。

案。① 分税制思想的具体内容得以确定下来。

与财政包干制不同，分税制将中央、地方和企业作为各自独立的利益主体纳入到经济体制之中，同时将地区经济增长纳入到全国宏观经济"一盘棋"中，是兼具总量调节和系统控制功能的制度设计。这是一项从根本上改变原有的经济运行机制的改革，既涉及中央与地方利益关系的重大调整，又涉及宏观经济运行逻辑由"地方推动"向"中央掌控"的改变，"绝不是几个起草文件的人能够做到的"②。这意味着，分税制改革注定是阻力重重。当然，有了 80 年代的经验和教训，中央实施这次改革有明显的策略性——首先从外围入手。从 1992 年 6 月到 12 月，中央连续发布《全民所有制工业企业转换经营机制条例》和《企业财务通则》《企业会计准则》，重新定义了预算外资金的范围和统计口径，其中最重要的是不再包括国有企业的利润留成，以此避免地方政府将预算内资金转移到预算外体系运转。这就断了地方的退路，将改革的"挤出效应"压到最小，使地方不得不在改革方案划定的框架内与中央对话。

分税制改革方案确定后，一些地方反映强烈，主要是"认为这个方案比较'紧'，并有一定的抵触情绪"。广东省还给中央写了报告，要求单独实行包干制。还有的省长私下说，以后我们要到朱镕基那里领工资。③ 朱镕基觉察到问题的复杂性，决定"立即行动起来，到地方上做解释"，不然，"推行分税制的阻力就会更大"④。受江泽民和李鹏之托，朱镕基带领由体改委、财政部、国家税务总局等有关部

① 刘仲藜口述，汪文庆、刘一丁整理：《1994 年财税体制改革回顾》，《百年潮》2009 年第 4 期。
② 王梦奎：《社会主义市场经济体制的第一个总体设计——参加起草十四届三中全会〈决定〉的回忆》，《百年潮》2008 年第 7 期。
③ 刘仲藜口述，汪文庆、刘一丁整理：《1994 年财税体制改革回顾》，《百年潮》2009 年第 4 期。
④ 刘克崮、贾康主编：《中国财税改革三十年亲历与回顾》，第 351 页。

门组成的队伍，在 1993 年 9 月 9 日到 11 月 21 日共 74 天的时间里，赶赴 17 个省、市、自治区（包括计划单列市），与这些省市进行"一对一谈判"。

在整个谈判过程中，广东是最为关键的一站。广东省在此前实行财政包干体制时财政留成比例较大，因而对实行分税制存在很大顾虑。对于可能遇到的阻力，中央已有所准备。对于广东省提出要单独实行包干制的要求，江泽民明确表态，"搞分税制是中央的决定，不能再讨论是不是实行分税制的问题"①，而且在收入上"中央要拿大头"②。同时，分税制改革也得到了邓小平和陈云的支持。③经过反复解疑释惑，尤其是朱镕基从产业发展的角度解释说，"越是第三产业发达的地方，中央从那里拿走的财政收入的比例就越低"，反而是工业比重大、增值税上缴多的省份如上海和辽宁，被中央拿走的财政收入比例更高，④广东省基本同意实行分税制，但是提出要以 1993 年为基数。事实上，广东方面清楚继续搞包干制度是不行的，不能长期实行下去，而分税制是大势所趋，"最关键的问题是基数怎么定，因为税收分享的比例并未有太多争论，而基数对广东的既得利益影响最大"⑤。关于这个问题争议较大。分税制改革方案中的基数，是分税制实施后中央财政对地方税收返还的数额依据。设立中央财政对地方税收返还这一缓冲办法，本身是为了保护富裕地区在财政包干制下获得的"既得利益"，减小分税制改革的阻力。这也是 1986 年"价税财联动改革"方案中设想过的办法。原来分税制的改革方案是以 1992 年

① 赵忆宁：《我国分税制决策背景历史回放》，《瞭望》2003 年第 37 期。
② 项怀诚：《中国财税体制改革回顾》，《上海财经大学学报》2007 年第 6 期。
③ 参见项怀诚：《改革是共和国财政六十年的主线》，《共和国部长访谈录》，第 293 页。
④ 参见《朱镕基讲话实录》第 1 卷，第 361—362 页。
⑤ 广东省财政厅科研所史鉴办：《分税制亲历者——原广东省财政厅厅长曾炳生访谈实录》，《新理财（政府理财）》2014 年第 5 期。

为基数，当时 1993 年还没有过完，还有 3 个月才作决算，以 1993 年为基数，就形成了动态基数，不仅不好算账，而且容易造成地方当年财政基数猛增。经过几番讨价还价，朱镕基为了最大限度地争取地方对改革的支持决定让步，同意"以 1993 年为基数"的"个人意见"。① 这样，广东省最终同意了实施分税制改革。

财政部对广东省提出以 1993 年为基数的意见一开始就拒绝接受。"财政部门比较务实，从技术操作层面考虑问题多一些。说白了，就是担心地方的数字弄虚作假，担心钱在 1993 年都收光了，都成了地方政府的基数了，以后年年要给它。担心今年收入上去了，明年又下来了无以为继怎么办？"② 然而，中央在这一问题上的让步态度发出一个明确信号：这次改革是着眼于创设新的宏观经济管理制度和运行机制，是要"不惜一切代价"来推行的。所以中央宁可损失一些眼前利益，也要实现机制的转换。③ 朱镕基明确讲到，分税制改革"只能成功，不能失败，如果失败了，我们整个改革就有失败的危险"④。这一点在此后与中西部省份谈判的过程中进一步彰显。与中西部省份的谈判相对比较顺利，但也出现了不同声音，主要是对分税制实施后如何确保地方财政收入有很大顾虑，因此要求修改税制分成方案，增加增值税和消费税的分成比例。对此，朱镕基明确表示："税制改革，全国必须统一"，"这些要求一概不能接受。税制必须统一，没有哪个地区可以搞特殊"。他解释说，待中央财力集中之后，对中西部地区的支持就会增加，"只有这样才行"。⑤ 几经讨论之后，在 9 月 29 日召开的中南、西南 10 省区经济工作座谈会上，江泽民代表中央正式

---

① 参见《朱镕基讲话实录》第 1 卷，第 363—364 页。
② 项怀诚：《改革是共和国财政六十年的主线》，《共和国部长访谈录》，第 294 页。
③ 参见翁礼华：《历史不能假设——我国分税制财政管理体制改革五年之回眸》，《浙江财税与会计》1998 年第 8 期。
④《朱镕基讲话实录》第 1 卷，第 417 页。
⑤《朱镕基讲话实录》第 1 卷，第 374 页。

宣布以 1993 年为基期年。① 具体做法是，以 1993 年地方税收收入数额为基数，按照分税制计算的地方上划收入超过这一基数的部分，由中央返还给地方。以后增值税和消费税每增长 1%，中央财政对地方的税收返还增长 0.3%。②

这一让步的代价是很大的。当时只是 1993 年 9 月，地方尚有 4 个月的征税时间。于是各地蜂拥而上，集中征税。许多地方将企业多年所欠税款一次性收上，更有甚者，出现了"寅吃卯粮"的现象，即提前征收未来若干年份的税收。直到 1993 年 12 月，还有地方不惜弄虚作假，把增值税基数压低。③ 这就直接造成 1994 年中央财政赤字大幅扩大。但这一让步换来的是各地接受分税制改革。换言之，中央以改革方案的技术操作层面的让步，换来整个改革的推行。"从邓小平同志提出建设有中国特色社会主义、领导我们实行改革开放以来，我们还没有进行过一次这么广泛、深刻的改革。尽管在制定方案过程中我们作了一些让步，但是框架已经树立起来了，机制已经建立起来了，现在就是一天一天地朝着预定目标前进的问题了。"④ 12 月 26 日，也就是仅剩 5 天就要正式施行分税制时，朱镕基还在提醒有关方面要从机制转换的高度看待这次改革："明年税制改革出台，包含很大风险，可能引发一些突发事件，……先抓大的机制转变，尽可能稳住既得利益，不要急于求成，因小失大。"⑤ 事实证明，"这一让步争取了民心，统一了思想，保证了分税制改革的顺利推行"，"这是必要的妥协，这个代价必须付出"⑥。况且随着时间推移，这种技术上的代

---

① 刘克崮、贾康主编：《中国财税改革三十年亲历与回顾》，第 354 页。

② 参见《十四大以来重要文献选编》上，第 513 页。

③ 参见《市场与调控——李鹏经济日记》，第 1017 页。

④《朱镕基讲话实录》第 1 卷，第 401 页。

⑤《国家经济体制改革委员会大事记（1982—1998）》，第 188 页。

⑥ 项怀诚：《改革是共和国财政六十年的主线》，载《共和国部长访谈录》，第 295 页。

价逐渐被化解。中央财政在实行分税制后从广东拿走的钱，相当于原体制下广东上交中央财政的两倍。朱镕基后来肯定说，"广东的同志最后顾全大局，牺牲自己的部分利益，也是为了发展中国经济、完成党中央交给的任务。"①

经过两个多月的谈判，分税制改革在全党范围内取得了共识。1993 年 11 月 14 日，中共十四届三中全会通过《中共中央关于建立社会主义市场经济体制若干问题的决定》，提出在中国建立市场经济制度的总体规划和若干重点方面的改革方案设计，指出："把现行地方财政包干制改为在合理划分中央与地方事权基础上的分税制，建立中央税收和地方税收体系"，"逐步提高财政收入在国民生产总值中的比重，合理确定中央财政收入和地方财政收入的比例。实行中央财政对地方的返还和转移支付的制度，以调节分配结构和地区结构"。②李鹏认为："《决定》把社会主义市场经济体制加以具体化和规范化，功不可没。其中最突出的功绩在于通过分税制，理顺了中央和地方的关系，有现实和深远的意义。"③经过十多年的探索，中国改革终于进入了一个"整体推进和重点突破相结合"、"微观改革与宏观改革相配套"④的新阶段。根据全会精神，12 月 15 日，国务院发布《关于实行分税制财政管理体制的决定》，从 1994 年 1 月 1 日开始，分税制在全国范围推开。

分税制的实施取得了良好的运行效果。后来分管财政工作的李岚清将其概括为两个突出表现：一是初步建立了适应社会主义市场经济体制要求的财政体制框架，为新体制下政府实施宏观调控奠定了制度基础，中央宏观调控能力得到增强；二是建立了财政增收机制，

---

① 彭森、陈立等：《中国经济体制改革重大事件》下，第 448 页。
②《十四大以来重要文献选编》上，第 462 页。
③《市场与调控——李鹏经济日记》，第 1011 页。
④《十四大以来重要文献选编》上，第 454、455 页。

"两个比重"逐年提高，基本实现了财政收入的规范化和制度化。[①]

相较于这两方面的显性成绩，分税制更深层次的作用，是使中央对宏观经济的驾驭趋于娴熟，也使宏观经济思想开始成为党的经济思想的重要内容。由此，中国共产党进行了改革开放后第一次成功的利用经济手段完成的宏观调控。到 1996 年，国民经济成功实现年度经济增长率只有一两个百分点波动幅度的"软着陆"。宏观经济不仅出现了"1979 年以来最好的"[②] 形势，更重要的是，这种形势是建立在宏观经济运行机制发生改变的基础上的，是制度性而非临时政策性的稳定。对此，朱镕基给予充分肯定："很多同志担心，当前经济的好形势是不是稳固，是不是会逆转。我认为，当前的好形势主要表现在通货膨胀得到了抑制。这不仅是靠行政措施，而是带有治本的性质，只要坚持下去，这个经济的好形势就能够得到巩固和发展。"[③] 这一判断在随后来临的亚洲金融危机中得到验证。中国经济不仅抵御住了危机的冲击，而且逆势而上，在危机中开启了新一轮的增长周期。事实证明，"中央所采取的深化改革、加强和改善宏观调控的决策与措施是成功的。"而这个成功，一是源于"坚持实行适度从紧的财政和货币政策，没有这一条，极有可能早就发生泰国现在的问题"，二是源于"对财政、税收、金融、外贸、外汇、价格体制等进行了重大改革"，"特别是税制改革"。[④]

20 世纪 80 年代放权让利思路的微观经济改革，释放了中国经济在高度集中的计划体制下积蓄已久的发展动力，带来经济的快速增长和人民生活的巨大改善，也为改革积累了巨大声望。因而，这一思路

---

① 李岚清:《建立与社会主义市场经济体制相适应的公共财政》,《学习时报》2000年 4 月 17 日。

② 《朱镕基讲话实录》编辑组编:《朱镕基讲话实录》第 2 卷，人民出版社 2011 年版，第 320 页。

③ 《朱镕基讲话实录》第 2 卷，第 347 页。

④ 参见《朱镕基讲话实录》第 2 卷，第 476—477 页。

的选择有其历史必然性和合理性。只是当 80 年代后期由于市场因素快速发育使得物价等问题显性化，进而造成宏观经济剧烈波动时，改革思路没有从放权让利及时转换到宏观层面的制度创设，也没有适时发挥财政政策对于宏观经济的稳定作用。放权让利的改革思路并不必然带来经济的剧烈波动；但如果没有宏观稳定机制，这种波动就变得不可避免。[①]陈云在计划经济时期和改革初期所力主的"综合平衡"，事实上执行着宏观稳定的任务，其中，财政平衡更是综合平衡之首（另有信贷平衡、物资供需平衡、外汇收支平衡）。历史经验和现实问题都要求进行宏观层面的财税体制改革，改革思路的转换随之水到渠成。经过分税制改革，"放开搞活"与"综合平衡"在新的更高层次上结合起来，为中国经济改革和发展开拓了新路。中国共产党的经济思想在这里走过一条"否定之否定"的螺旋式上升道路。

三、"公有制实现形式可以而且应当多样化"：打破柳锁

宏观改革的成功，为微观改革创造了必要条件。分税制改革将微观经济环境从宏观经济政策中分离了出来，使国有企业摆脱了地方政府直接而快速的影响，改变了微观经济与宏观经济"一荣俱荣、一损俱损"的运行组合，为国有企业产权制度改革奠定了制度基础。此后，"把国有企业改革作为经济体制改革的中心环节"[②]成为中共中央的新观点。经过以分税制为中心的宏观制度创设之后，中国经济改革重回以企业为中心的微观改革，并由此引导出产权改革和融入全球化

① 闫茂旭：《分税制改革与中国经济体制改革思路的转换》，《中共党史研究》2018 年第 12 期。
② 中共中央文献研究室编：《十四大以来重要文献选编》中，中央文献出版社 2011 年版，第 470 页。

两大趋势。

从扩大企业自主权到"以税代利",再到全面推行承包经营责任制,国有企业的改革虽未停顿,却难言成功。不仅承包制的弊端越来越突显,而且越来越多的企业陷入"三角债"的循环圈套。为此,1991年9月,中央召开搞活国有企业问题的工作会议,决定下一步必须以转换企业经营机制为重点,搞好国有企业自身改革,推动企业进入市场。[①]1992年6月,国务院发布《全民所有制工业企业转换经营机制条例》,明确了两权分离、企业自负盈亏的相关问题。[②] 只是,在经济体制和宏观经济环境没有转换的情况下,仅靠企业内部转换机制,难以达到改革的预期目标。

不过很快,随着分税制等宏观改革思想的迅速明确,中国共产党关于国企改革的思想有了新的突破。1993年7月,江泽民首次使用"现代企业制度"的概念[③]。8月,他又提出,"建立适应社会主义市场经济发展要求的现代企业制度,是深化企业改革的重要内容"[④]。11月,十四届三中全会明确将建立现代企业制度确立为"发展社会化大生产和市场经济的必然要求"和"我国国有企业改革的方向",并将现代企业制度概括为"产权清晰、权责明确、政企分开、管理科学"。[⑤]12月,《中华人民共和国公司法》颁布,为国有企业公司化改组、建立现代企业制度提供了法律依据。从1994年开始,建立现代企业制度的试点工作在2700多家国有企业进行。

在此基础上,1995年9月,中共十四届五中全会通过《中共中央关于制定国民经济和社会发展"九五"计划和二○一○年远景目标

---

① 中共中央文献研究室编:《十三大以来重要文献选编》下,第218—224页。
② 中共中央文献研究室编:《十三大以来重要文献选编》下,第564—582页。
③ 中共中央文献研究室编:《江泽民论有中国特色社会主义(专题摘编)》,中央文献出版社2002年版,第64页。
④《江泽民论有中国特色社会主义(专题摘编)》,第151页。
⑤《十四大以来重要文献选编》上,第455、453页。

的建议》，提出："以建立现代企业制度为目标，把国有企业的改革同改组、改造和加强管理结合起来，构造产业结构优化和经济高效运行的微观基础。"①《建议》强调："加大改革力度，使大多数国有大中型骨干企业在本世纪末初步建立现代企业制度，成为自主经营、自负盈亏、自我发展、自我约束的法人实体和市场竞争主体。"②《建议》据此提出，"要着眼于搞好整个国有经济，通过存量资产的流动和重组，对国有企业实施战略性改组"，"这种改组要以市场和产业政策为导向，搞好大的，放活小的，把优化国有资产分布结构、企业组织结构同优化投资结构有机地结合起来，择优扶强，优胜劣汰，形成兼并破产、减员增效机制"。③

按照这种"抓大放小"的思路，中央重点抓了 1000 户国有大中型重点企业和 120 家试点企业集团，开展建立现代企业制度和股份制改革试验。其中在 1000 户重点企业中，中央在 1996 年重点抓了 300 户大企业，1997 年扩大到 512 户。④ 由于当时全国 500 家最大的工业企业，资产占全部国有工业企业总资产的 37%，销售收入占 46%，实现利润占 63%，因此抓住它们就可以说抓住了国企中"关键的少数"，抓住了国民经济的命脉。⑤ 中央领导人认识到："一个国家经济的发展、工业化的实现、经济整体素质的提高，主要依靠大型企业和企业集团。"⑥ 江泽民比喻说，一场球赛的水平，同主力队员、明星队员的表现关系甚大，"在社会主义市场经济中，国有企业特别是国有大中型企业就处于'主力队员'、'明星队员'的地位，一定要使它们

---

①《十四大以来重要文献选编》中，第 480 页。

②《十四大以来重要文献选编》中，第 480 页。

③《十四大以来重要文献选编》中，第 481 页。

④ 参见国家贸易委员会、中共中央文献研究室编：《十四大以来党和国家领导人论国有企业改革和发展》，中央文献出版社 1999 年版，第 167—168 页。

⑤ 参见《人民日报》1995 年 4 月 7 日。

⑥《江泽民文选》第 1 卷，第 447 页。

充满生机和活力，发挥好主导作用"①。从此后中国产生了一批"航空母舰"式的大型企业和跨国公司来看，"抓大"无疑是成功的。

相较而言，"放小"遇到的责难要多一些。中国国有中小企业数量众多，布局分散，其抗风险能力较之大企业相差很多。在宏观政策调整与市场竞争的双重挤压下，国有中小企业的困难比之大型企业要严重得多。1994 年，全国国有中小企业亏损 2.8 亿元；1996 年亏损 158 亿元，1997 年亏损 204 亿元。② 这么大的亏损面和企业数量，完全依靠中央来推动改革显然不现实。为此，1996 年 6 月，国家体改委颁发了《关于加快国有小企业改革的若干意见》，7 月，国家经贸委发布《关于放开搞活国有小型企业的意见》，鼓励小企业改革要因地制宜、因行业制宜、因企业制宜，允许企业依据自身特点，选择适合生产力水平的改制形式，不拘一格，大胆实践。这年的中央经济工作会议明确"放小"的责任在地方，赋予各地灵活机动的改革空间。此后，各地采取改组、联合、兼并、租赁、承包经营和股份合作制、出售等形式，探索出一些"放小"改革的做法和经验。其中，山东诸城以股份制改制为主要形式的经验在全国引起广泛讨论，也因牵涉对国有资产的出售而招致质疑和非议，被认为是搞私有制。

虽然中央有关部门对诸城经验作了肯定，认为"是难能可贵的"③，但在"抓大放小"过程中出现的产权变革刺激下，一场关于姓"公"还是姓"私"的产权争论还是激化了。从 1995 年初到 1997 年 2 月间，理论界先后出现四份基本倾向一致、内容和侧重点有所不同的长篇文章（俗称"万言书"），对改革开放以来特别是中共十四大以来的方针政策提出强烈质疑。

---

① 《江泽民文选》第 1 卷，第 367 页。
② 邵宁:《国有企业改革实录（1998—2008）》，经济科学出版社 2014 年版，第 110 页。
③ 《文汇报》2003 年 12 月 28 日。

对"万言书"的观点作出回应,表明中央的态度和理论上的考虑,已刻不容缓。特别是在邓小平逝世和十五大即将召开的关键时刻,党内外、国内外,都在关注着中国共产党的思想走向。

经过充分准备,1997年5月29日,江泽民在中央党校省部级干部进修班毕业典礼上,发表重要讲话("五·二九"讲话)提出:"旗帜问题至关紧要。旗帜就是方向,旗帜就是形象。我们说坚持十一届三中全会以来的路线不动摇,就是高举邓小平同志建设有中国特色社会主义理论旗帜不动摇。在邓小平同志逝世之后,我们全党,特别是高级领导干部,在这个问题上尤其要有高度的自觉性和坚定性。"他意有所指地说:"马克思主义之所以是科学,就因为它始终严格地以事实作为自己的根据。而实际生活总是在不停地变动中,这种变动的剧烈和深刻程度在近一百多年来达到了前人所难以想象的程度。因此,马克思主义必定随着实际生活发展而不断发展,不可能一成不变。这里有个学风问题:究竟是单纯从马克思主义书本里的片言只语找答案还是真正坚持马克思主义的立场观点方法来研究当代中国和世界实际的问题。马克思列宁主义、毛泽东思想一定不能丢,丢了就丧失根本,就会走到邪路上去。同时一定要以当代中国社会主义改革开放和现代化建设实际问题为中心,以我们正在做的事情为中心,着眼于马克思主义理论的运用,着眼于提高对实际问题的理论思考,着眼于新的实践和新的发展,离开本国实际和时代发展来谈马克思主义,没有意义。孤立静止地研究马克思主义,把马克思主义同它在现实生活中的生动发展割裂开来、对立起来,没有出路。"[①]

江泽民对从本国实际出发建设社会主义和坚持党在社会主义初级阶段基本路线的强调,并不是全新的阐述。这些要求在此之前就已

---

① 《江泽民在中央党校省部级干部进修班毕业典礼上强调　高举邓小平建设有中国特色社会主义理论伟大旗帜　抓住机遇开拓进取把我们事业全面推向二十一世纪》,《求是》1997年第12期。

经成为全党的主流认识。这里如此强调，当然也是回应那些批判者们。但是，江泽民的目的显然不止于此。正如他所讲的，"经济体制改革要有新的突破"，突破在哪里？

江泽民指出："完善以公有制为主体、多种所有制经济共同发展的所有制结构，具有重大意义。要坚持生产关系一定要适应生产力发展水平的马克思主义基本观点，以是否有利于发展社会主义生产力、有利于增强社会主义国家的综合国力、有利于提高人民的生活水平为标准，努力寻找能够极大促进生产力发展的公有制实现形式，一切反映社会化生产规律的经营方式和组织形式都可以大胆利用。"[1] "一切反映社会化生产规律的经营方式和组织形式都可以大胆利用"，显然意味着不能再受姓"公"姓"私"的思想束缚。

事实上，在年初准备十五大文件起草时，江泽民就谈了自己关于股份制和公有制的看法。他提出，公有制经济要寻找能够极大促进生产力发展的实现形式。公有制的实现形式可以多样化，这是中央早已明确的。他认为，不能笼统地把股份制归结为私有或公有，指出马克思、恩格斯、列宁有三个理论观点值得重视：一是股份制是社会化大生产发展的需要；二是股份制是与私人资本相对立的，是对私人资本的扬弃，是一种社会资本；三是垄断资本的金融寡头可以通过金融手段，利用股份制控制比自身大几倍、几十倍的股份资本。他据此认为：股份制是一种现代经济发展的企业组织形式或资本组织形式，资本主义可以用，社会主义同样可以用；股份制形式有利于所有权和经营权的分离，有利于提高企业的或资本运作的效率和竞争水平；股份公司的所有制性质，关键看控股权掌握在谁手中。他得出结论：在社会主义条件下，在公有制为主体的基础上，国家可以通过金融等手段

---

[1]《江泽民在中央党校省部级干部进修班毕业典礼上强调　高举邓小平建设有中国特色社会主义理论伟大旗帜　抓住机遇开拓进取把我们事业全面推向二十一世纪》，《求是》1997年第12期。

以及公股掺入，控制股份公司。①

在此基础上，江泽民在"五·二九"讲话中对国企改革问题作了阐述，指出"现在的关键，是要进一步统一认识"，"集中力量搞好一批关系国民经济命脉、具有经济规模、处于行业排头兵地位的国有大型企业的改革和发展"，"切实解决'大而全、小而全'和不合理重复建设问题"，"继续采取改组、联合、兼并、租赁、承包经营和股份合作制、出售等形式，加快放开搞活国有小型企业的步伐"。这显然又在回应对于国企改革中"抓大放小"思路和做法的质疑。

虽然没有直接涉及关于姓"公"姓"私"的争论，但是，"五·二九"讲话对于全党"保持清醒头脑，排除各种干扰"的要求，无疑为下一步的思想和理论创新指明了方向。而"努力寻找能够极大促进生产力发展的公有制实现形式，一切反映社会化生产规律的经营方式和组织形式都可以大胆利用"，又明显指出了下一步思想和理论创新的突破点。

9月，中共十五大召开。江泽民在大会上所作的报告，将他在"五·二九"讲话中观点作了进一步阐述，对姓"公"姓"私"问题"一锤定音"。报告提出："社会主义的根本任务是发展社会生产力。在社会主义初级阶段，尤其要把集中力量发展社会生产力摆在首要地位。""发展是硬道理，中国解决所有问题的关键在于依靠自己的发展。""在社会主义初级阶段，围绕发展社会生产力这个根本任务，要把改革作为推进建设有中国特色社会主义事业各项工作的动力。改革是全面改革，是在坚持社会主义基本制度的前提下，自觉调整生产关系和上层建筑的各个方面和环节，来适应初级阶段生产力发展水平和实现现代化的历史要求。把社会主义同市场经济结合起来，是一个伟大创举。这就需要积极探索，大胆试验，尊重群众的首创精神；需要

---

① 参见《江泽民文选》第 1 卷，第 615—616 页。

深化改革，解决体制转变中的深层次矛盾和关键问题；需要扩大开放，吸收和借鉴世界各国包括资本主义发达国家的先进技术和管理经验。"①

十五大首次在党的全国代表大会报告中，明确赋予公有制为主体、多种所有制经济共同发展以"我国社会主义初级阶段的一项基本经济制度"②的定位，提出：建设有中国特色社会主义的经济，就是在社会主义条件下发展市场经济，不断解放和发展生产力。这就要坚持和完善社会主义公有制为主体、多种所有制经济共同发展的基本经济制度；坚持和完善社会主义市场经济体制，使市场在国家宏观调控下对资源配置起基础性作用。③报告认为：要全面认识公有制经济的含义。公有制经济不仅包括国有经济和集体经济，还包括混合所有制经济中的国有成分和集体成分。报告提出公有制的主体地位主要体现在：公有资产在社会总资产中占优势；国有经济控制国民经济命脉，对经济发展起主导作用。这是就全国而言，有的地方、有的产业可以有所差别。公有资产占优势，要有量的优势，更要注重质的提高。报告提出：国有经济起主导作用，主要体现在控制力上。要从战略上调整国有经济布局。对关系国民经济命脉的重要行业和关键领域，国有经济必须占支配地位。在其他领域，可以通过资产重组和结构调整，以加强重点，提高国有资产的整体质量。只要坚持公有制为主体，国家控制国民经济命脉，国有经济的控制力和竞争力得到增强，在这个前提下，国有经济比重减少一些，不会影响我国的社会主义性质。④

报告明确提出：公有制实现形式可以而且应当多样化。一切反映社会化生产规律的经营方式和组织形式都可以大胆利用。要努力寻

---

① 中共中央文献研究室编：《十五大以来重要文献选编》上，中央文献出版社 2011 年版，第 14—15 页。

② 《十五大以来重要文献选编》上，第 17 页。

③ 《十五大以来重要文献选编》上，第 16 页。

④ 《十五大以来重要文献选编》上，第 18 页。

找能够极大促进生产力发展的公有制实现形式。股份制是现代企业的一种资本组织形式，有利于所有权和经营权的分离，有利于提高企业和资本的运作效率，资本主义可以用，社会主义也可以用。不能笼统地说股份制是公有还是私有，关键看控股权掌握在谁手中。国家和集体控股，具有明显的公有性，有利于扩大公有资本的支配范围，增强公有制的主体作用。目前城乡大量出现的多种多样的股份合作制经济，是改革中的新事物，要支持和引导，不断总结经验，使之逐步完善。劳动者的劳动联合和劳动者的资本联合为主的集体经济，尤其要提倡和鼓励。[①]

据此，十五大报告指出了国企改革的具体方式：要着眼于搞好整个国有经济，抓好大的，放活小的，对国有企业实施战略性改组。以资本为纽带，通过市场形成具有较强竞争力的跨地区、跨行业、跨所有制和跨国经营的大企业集团。采取改组、联合、兼并、租赁、承包经营和股份合作制、出售等形式，加快放开搞活国有小型企业的步伐。要按照"产权清晰、权责明确、政企分开、管理科学"的要求，对国有大中型企业实行规范的公司制改革，使企业成为适应市场的法人实体和竞争主体。[②] 这与"五·二九"讲话完全一致。

中国共产党以"公有制实现形式"这一概念，把公有制实现形式从公有制中第一次剥离出来，把它同公有制的性质区别开来，无疑是重大的理论创新。而这种创新又符合马克思主义唯物辩证法关于内容和形式辩证关系原理，即便坚守马克思主义经典的人，也很难否定这样的阐释。中国共产党在经济改革中面临的既要坚持公有制又要改革公有制的两难课题，终于找到了破解之道。人们长期以来在公有制和公有制实现形式问题上存在的诸多认识，如一提到公有制可以探索多种实现形式，一提到产权制度创新，就认为是要搞"私有化"，是

---

① 《十五大以来重要文献选编》上，第18—19页。

② 参见《十五大以来重要文献选编》上，第19—20页。

要否定公有制、国有制，就是要走资本主义道路，这些禁锢在中国共产党和中国人民头上的思想枷锁被打破了。正是因为肯定了股份制，所以无论是在理论还是在实践上，公有制经济的内涵都扩大了。同时，过去一直所强调的份额比重，转为强调质的提高，国有经济的主导作用确立为主要体现在控制力上。这些思想突破为从战略上调整国有经济布局，走出国有企业"包打天下"的误区，引导国有资本向关系国民经济命脉的重要行业和关键领域集中提供了指导。

经过了十五大的"又一次思想解放"[①]，不仅国企改革开始大力度进行，非公经济也迎来了大发展。中央因势利导，推动产权交易和资产重组广泛化，在强调国有资本"有进有退""有所为有所不为"的同时，通过"抓大"，初步实现国有资本由散到聚、由弱到强，保证国有资本集中使用的有效性，打造一批大企业和企业集团；通过"放小"，让渡一部分经济发展空间，进一步增加市场活力。1999 年 9 月，中共十五届四中全会通过《中共中央关于国有企业改革和发展若干重大问题的决定》，提出从战略上调整国有经济布局和改组国有企业，着力转换企业经营机制，提高企业整体素质，协调推进各项配套改革，建立权责明确的国有资产管理、监督和营运体系，保证国有资产保值增值。[②] 从 1998 年到 2000 年，国有大中型企业改革脱困三年目标基本实现。

1999 年 3 月九届全国人大二次会议通过《中华人民共和国宪法修正案》，以宪法这一国家根本大法的形式肯定了"国家在社会主义初级阶段，坚持公有制为主体、多种所有制经济共同发展的基本经济制度"；规定"在法律规定范围内的个体经济、私营经济等非公有制经济，是社会主义市场经济的重要组成部分"，"国家保护个体经

---

① 《市场与调控——李鹏经济日记》，第 1390 页。
② 参见中共中央文献研究室编：《十五大以来重要文献选编》中，中央文献出版社 2011 年版，第 166—167 页。

济、私营经济的合法的权利和利益"。个体、私营经济的法律地位大为提升，取得了"尚方宝剑"。到 2002 年，中国个体工商户已发展到 2377.5 万户，从业人员 4743 万人，比 1992 年分别增长 59% 和 92%；私营经济发展到 243 万户，从业人员 3409 万人，比 1992 年分别增长 16.5 倍和 13.7 倍，平均每年增长 33% 和 31%。①

经过宏观和微观两个层面的制度变革，中国经济终于有了"脱胎换骨"的变化，中国共产党的经济思想也有了新气象。当然，实践的继续发展决定了思想理论也将随之继续发展。随着对外开放的继续深入，中国经济以势不可当之势融入全球化，中国共产党的经济思想也加入新的内容。

四、"必须勇于和善于参与经济全球化的竞争"：拆除藩篱

独立自主是中国共产党经济思想中的重要理念。因而，对于是否利用外资、扩大对外开放，党内一直存在争议。虽然中国对外开放由"点"到"线"到"面"逐步扩大，但这一过程也遭遇了"洋浦风波"②等种种障碍。这表明，在利用国际资源发展经济的问题上，党内国内还有不小的思想藩篱。

面对经济全球化带来的发展机遇，要不要融入全球化，利用国际资源加速发展，成为摆在中国共产党面前的一道选择题。对此，十四大报告作了回应：实行对外开放是改革和建设必不可少的，封闭只能导致落后。必须大胆吸收和借鉴世界各国包括资本主义发达国家的一切反映现代社会化生产和商品经济一般规律的先进经营方式和管

---

① 闫茂旭：《改革开放 40 年的中国经济》，中共党史出版社 2018 年版，第 151—152 页。

② 参见芦生：《震惊中外的海南"洋浦风波"》，《广东党史》1999 年第 4 期。

理方法。国外的资金、资源、技术、人才以及作为有益补充的私营经济，都应当而且能够为社会主义所利用。① 为此，十四大一方面决定进一步扩大开放，提出在继续办好经济特区、沿海开放城市和沿海经济开放区的同时，扩大开放沿边地区，加快内陆省、自治区对外开放的步伐；另一方面要求拓宽利用外资的领域，促进对外贸易多元化，发展外向型经济。② 在此基础上，1993年3月中共十四届二中全会决定调整"八五"计划，提出"实行国际市场多元化的战略，在继续巩固和扩大欧美、日本等市场的同时，努力开拓其他国际市场"③。继而，十四届三中全会提出"充分利用国际国内两个市场、两种资源"的概念，要求积极参与国际竞争与国际经济合作，发展开放型经济，建立适应国际经济通行规则的运行机制，"发展一批国际化、实业化、集团化的综合贸易公司"。④ 中国共产党经济思想中的对外开放内容，已不再局限于沿海地区，也不再局限于单纯的项目引进。

十四大之后，围绕对外开放的争论暂时平静下来。然而，新的思想碰撞又开始了。这次观点的交锋集中在中央级的几大报纸上。1996年6月20日，《经济日报》刊登述评《国产啤酒有必要搞那么多合资吗》，并配发评论员文章《大家来讨论这个重大课题——从啤酒合资引起的思考》。文章描述了国产啤酒在外资的进攻中节节败北的情形，认为外国企业和外国名牌是中国民族工业的威胁力量，据此提出如何才能既"提高开放水平，又振兴民族经济"的问题，并明确说目的"不在于引起争论"，"而在于促使人们思考和取得共识"⑤。

此后，《经济日报》在头版接连刊登文章，仍由啤酒入手，接续报道了国产品牌在外资冲击之下的劣势处境，包括《燕京为什么不合

---

① 《十四大以来重要文献选编》上，第10、15页。
② 参见《十四大以来重要文献选编》上，第19—20页。
③ 《十四大以来重要文献选编》上，第98—99页。
④ 《十四大以来重要文献选编》上，第469、470页。
⑤ 《经济日报》1996年6月20日。

资》《五星为什么要合资》《青啤道出的沉重话题》《9600 万扬子卖不卖》《中国名牌究竟卖了多少——一份挂一漏万的价目表》《看日美法政府如何保护本国工业》《让国产品牌更响》等。① 编辑部同时辅以一系列理论文章，来说明引进外资和保护民族工业的关系，还发表《一曲发展民族工业的进取之歌——杭州娃哈哈集团公司扫描》，从另一方面证明不依赖外资亦可成功发展，从而说明"引进资金和技术，都是为了要壮大民族工业"②。《经济日报》还在评论里亮明自己的观点："纵观世界各国，对外开放决不是没有一定原则和限度的。""如何在对外开放中振兴民族工业？这是人们非常关注而我们又无法回避的重大问题。"③

很快，中央其他一些报纸也参加进来。《光明日报》《工人日报》《中国经济时报》分别发表报道或文章，提醒关注外资蚕食乃至控制国内部分产业或产品的情况，要求重视对外开放的负面影响。舆论一时呈现出对扩大开放和外资经济不利的"一边倒"情势。

与几年前在争论姓"社"姓"资"问题上的态度倾向决然不同，《人民日报》在此问题上表达了相反观点。7 月 14 日，《人民日报》也在头版发表述评，题为《积极引资莫彷徨》。《人民日报》提出："用堵外国企业、堵外国牌子的方式保护自己，绝非上策。"④7 月 17日，《人民日报》再次发表述评《"国啤"会被"洋啤"吃掉吗？》，针对处于风口浪尖的啤酒行业指出，"啤酒行业利用外资总体上说还是利大于弊"⑤。

中央的两大报纸对同一个问题发出不同的声音，这种局面自南方谈话之后已有一段时间没出现了。显然，中国共产党在此问题上采

---

① 参见《经济日报》1996 年 7 月 2 日、5 日、6 日、8 日、17 日、18 日。
②《经济日报》1996 年 7 月 9 日。
③《经济日报》1996 年 6 月 20 日。
④《人民日报》1996 年 7 月 14 日。
⑤《人民日报》1996 年 7 月 17 日。

取的是"真理越辩越明"的态度。正如《中国经济时报》在7月23日发文提出的,"各大报对这一问题出现不同说法是件好事,许多人已经开始抛弃那种非黑即白的评价模式"①。

在争论的同时,社会氛围也有了些许变化。此前,当数百亿美元进入中国的时候,有人说"外资越多越反动";此时,外资已经进来了上千亿元美元,人们话题变成了"爱国不爱国"。②这实则还是"外资越多越反动"的翻版。争论俨然演化为"民族经济"与"外资经济"之争,已经变成"爱国"还是"不爱国"的问题了。正如《中华工商时报》在7月6日的一则评论里指出的,"几年前人们似乎对外债的偿还能力问题更为倾斜,但今天更多的人是把'引进外资'和'振兴民族工业'放在一个框架中加以审视的,有人甚至还把它们搞成了对立面"③。不难看出,这是对把利用外资这样一个经济问题提升到国家、民族的政治高度来审视表达不同意见。这对于扩大开放而言,不啻为再建了一道思想藩篱。

不过,与啤酒等行业因受外资冲击而陷入被动不同,中国经济因向市场经济转轨和亚洲金融危机带来的更大冲击,自1996年开始表现出明显的增长疲态。不仅通货紧缩、需求不足、出口空间受限,而且长期存在的经济结构不合理问题更加突出,不少行业和企业都因缺乏市场竞争力而亏损严重。相反,发达国家的经济结构发生重大调整,高技术产品在社会生产中的分量日趋吃重,市场竞争力更是大幅提升。显然,解决中国经济的突出问题除了需要扩大内需,还需要将眼光投向进一步开拓国际市场。江泽民于这年11月提醒全党:"这方面的问题已经到了非解决不可的时候了"。他强调:"这些问题的产生,其主要根源是思想认识和经济体制的问题","思想上,受长期封

---

①《中国经济时报》1996年7月23日。

② 参见马立诚、凌志军:《交锋——当代中国三次思想解放实录》,第283页。

③《中华工商时报》1996年7月6日。

建的自然经济和小生产意识影响，总是希望万事不求人，追求自给自足"，"在观念上习惯于外延扩张，靠扩大建设规模求得经济发展"。因此，他认为解决这些问题，首先"要真正转变思想观念"。①

这种情况下，虽然中央级的媒体在争论外资是否冲击到国内产业，但中共中央的关注点却没有被舆论牵制。这与几年前的姓"社"姓"资"争论以及此时正在进行的姓"公"姓"私"争论产生的影响确有很大不同。这也在某种程度上说明，中国共产党在扩大开放方面所遇到的思想阻碍，要比推进改革方面遇到的阻碍小很多。尽管如此，争议的问题还是需要认真对待的。只是这一次，中央的回应方式比较特别：不仅没有否定"引进来"，而且提出"走出去"。

还在争论正酣的 1996 年 7 月，刚刚访问非洲回来不久的江泽民，在河北唐山考察工作时，首次提出"走出去"的主张：广大发展中国家市场十分广阔，要加紧研究国有企业如何有重点有组织地走出去，做好利用国际市场和国外资源这篇大文章。② 在 11 月中央经济工作会议上，江泽民进一步提出要同积极拓展国内外市场结合起来，积极培育和扶持新的经济增长点，"要在继续保持和拓展西欧、北美、日本市场的同时，大力开拓非洲、拉美、东南亚等发展中国家以及东欧和独联体国家的市场"③。他认为，只有"走出去"，才能在更广阔的空间里进行经济结构调整和资源优化配置。

在这种思路主导下，中国共产党在扩大开放的问题上不仅没有退却，反而更进一步。中共十五大在打破姓"公"姓"私"枷锁的同时，对扩大开放作出了进一步阐述。十五大报告明确，对外开放是一项长期的基本国策，建设有中国特色社会主义的经济，就要坚持和完善对外开放，积极参与国际经济合作和竞争。报告据此提出努力提高

① 江泽民：《论社会主义市场经济》，第 332 页。
②《江泽民文选》第 2 卷，第 94 页。
③ 江泽民：《论社会主义市场经济》，第 331 页。

对外开放水平的任务，要求以更加积极的姿态走向世界，完善全方位、多层次、宽领域的对外开放格局，发展开放型经济，增强国际竞争力，积极合理有效利用外资，促进经济结构优化和国民经济素质提高。①

十五大的这些阐述和要求，可以说抓住了此前关于外资的争论的要害。虽然对外开放问题有一个国家感情、民族感情的因素在内，但是，这里面最核心的问题还是具体的经济利益。更进一步说，中国这样的后发国家虽然可以借融入全球化的机会加速发展，但本身也因经济落后而不得不在国际竞争中处于弱势和相对被动的地位。对这个问题，中国共产党的态度比较明确，那就是走出去，积极主动融入全球化。

与关于外资的争论几乎同时，中国共产党对经济全球化的关注越来越多，认识也越来越清晰。在 1996 年 8 月召开的中央财经领导小组会议上，江泽民首次谈到经济全球化问题："从国际上看，随着经济全球化和区域经济一体化趋势的发展，国际经济竞争愈来愈激烈，我国经济与世界经济的交往和联系越来越频繁，面临的风险可能加大。"②1998 年 8 月，在第九次驻外使节会议上，江泽民再度谈了经济全球化问题，认为"经济全球化作为世界经济发展的客观趋势，是不以人们的意志为转移的，任何国家也回避不了"③，并就经济全球化对中国的利弊及中国的对策作了论述。随后，他进一步指出："当今世界经济正在发生深刻变化，特别是经济全球化和知识经济发展的趋势，应该引起我们密切关注。"④他进而得出结论："当今世界经济的发展，要求我们必须勇于和善于参与经济全球化的竞争，充分利用好国

① 参见《十五大以来重要文献选编》上，第 16、24—25 页。
②《江泽民文选》第 1 卷，第 538 页。
③《江泽民文选》第 2 卷，第 201 页。
④《江泽民文选》第 2 卷，第 219 页。

外国内两种资源、两个市场。"①

对于中国这样一个急需扩大国际市场、利用国外资源的发展中国家来说，经济全球化无疑是带来了一次难得的发展机遇。对此，中国共产党的态度是积极的。而对于怎样去参与全球化背景下的国际经济竞争，分享世界经济发展的成果，中央的思路回到了"走出去"上："必须不失时机地'走出去'，让我们的企业到国际经济舞台上去施展身手。"② 十五大后不久，江泽民在接见全国外资工作会议代表时，把"走出去"提升为国家发展的一项重要战略。他特意说到："在此，我想再讲一个重要问题，就是我们不仅要积极吸引外国企业到中国投资办厂，也要积极引导和组织国内有实力的企业走出去，到国外去投资办厂，利用当地的市场和资源。""'引进来'和'走出去'，是我们对外开放基本国策两个紧密联系、相互促进的方面，缺一不可。这个指导思想一定要明确。"③ 至此，中央一边强调"走出去"，一边对此前关于引进外资的争论作了结论。

经过一番理论阐述和政策推动，全党对"走出去"参与经济全球化的认识已经有了高度共识。然而这时亚洲金融危机的爆发，又使中国共产党不得不再次评估经济全球化的风险。江泽民认为：经济全球化又是一把双刃剑，"对我国的发展有利也有弊"，我们既要积极参与，又要防范风险。据此，他提出"趋利避害，掌握主动权"④ 的对策："借鉴其他国家的经验教训，为我所用，努力做到趋利避害"⑤，"如能加以正确引导和驾驭，经济全球化有利于各国各地区加强经济

① 中共中央文献研究室编：《江泽民思想年编（1989—2008）》，中央文献出版社2010年版，第458页。
②《江泽民思想年编（1989—2008）》，第458页。
③《江泽民文选》第2卷，第92页。
④《江泽民文选》第2卷，第102页。
⑤《江泽民思想年编（1989—2008）》，第306页。

技术合作，也有利于世界经济的发展和国际社会的稳定"①，并将为世界经济带来新的发展机遇。显然，中央在全球化面前有着清醒的头脑和独立的思考。

在这样的认识指导下，中国共产党在积极主动扩大开放的同时，也慎重对待一些关键领域和敏感行业的开放进程，特别是谨慎部署金融领域的开放。1997 年 11 月，也就是亚洲金融危机正盛之时，李鹏在全国金融工作会议上提出："金融保险业对外开放的步伐不能太快，我们有几道防线，不能轻易放弃，像金融市场的开放，人民币的完全自由兑换，都是必须十分慎重的。"② 有了这样的风险防范意识，中国没有如其他亚洲那样迅速且充分地开放本国的金融市场，并明确资本账户的人民币不能自由兑换以及严格管理对外国资本的流入流出。后来的事实证明，这些措施构建了抵御国际游资冲击的一道屏障，"投机力量想进来动摇我们，但没有这个渠道"③。江泽民为此指出："我们要坚持一条，资本市场不能随便开放。总之，我们头脑要清醒、警惕性要高。现在，国外舆论普遍评论中国的做法比较稳妥，认为我们对开放的节奏和力度把握得比较恰当。"④

但是从另一个角度讲，构建抵御冲击的屏障也是构建阻滞开放进程的新藩篱。在金融危机逐渐平息之后，中国共产党仍然坚定推动扩大开放。只是，由于亚洲金融危机的波及面和破坏力实在太广、太强，党内和社会上免不了再生争议。一时间，对外部冲击特别是进口商品和吸收外资带来冲击的担心和忧虑再度盛行。而这一次，中央以"必须到国际市场的大海中去游泳"、"越是保护越没有竞争力"明确给予回应。江泽民说："我认为，从政治上看，从二十一世纪国际

①　江泽民:《论社会主义市场经济》，第 544 页。
②　中国人民银行、中共中央文献研究室编:《金融工作文献选编（1978—2005）》，中国金融出版社 2007 年版，第 279 页。
③《朱镕基讲话实录》第 2 卷，人民出版社 2011 年版，第 505 页。
④《江泽民文选》第 2 卷，第 93 页。

竞争日趋激烈的大环境看，我们搞现代化建设，必须到国际市场的大海中去游泳。虽然我们这方面的能力还不强，但要奋力地去游，并且要力争上游，不断提高我们搏风击浪的本领。这对我国提高国际竞争力、在国际综合国力的较量中掌握主动有利。"[①] 朱镕基更是疾呼："如果总怕竞争，老关起门来，怎么进入世界？它打入你的市场，你就不会打入它的市场啊！就那么自卑？"[②] 李鹏还指出了冲击产生的积极影响，尤其是推动国内企业加快技术进步、改善管理和增强竞争能力方面的作用："现在，国产彩电基本上占领了国内市场，什么原因？关键是利用了外国的资金、技术、管理以后，经过消化、吸收，形成了我们自己的东西，并能够与进口产品竞争。"[③]

不过，思想的藩篱一时并不好拆除。尤其是在经历 80 年代末到 90 年代初的西方"制裁"以及中美关系摩擦之后，国内更是有着不愿与西方交往的舆论氛围。这种情况下，中共中央"反其道而行之"，在 1999 年作出加快中国加入世界贸易组织谈判的战略决策。中央领导人不遗余力地阐述"入世"的重要意义。江泽民说："加入世界贸易组织后，中国将有步骤地扩大商品和服务贸易领域的对外开放，为国内外企业创造公开、统一、平等竞争的条件，建立和健全符合国际经济通行规则、符合中国国情的对外经济贸易体制"[④]，这将"有利于我们在更大范围、更广领域、更高层次上参与国际经济技术合作，改善我国的贸易投资环境，增加贸易机会，增强对外资的吸引力，更有效地利用国内国外两个市场、两种资源，发挥比较优势，把我国对外开放提高到一个新水平"[⑤]。他强调，"这是我国改革开放进程中具有历史意义的一件大事，也是进一步推进全方位、多层次、宽领域对外

---

① 《江泽民文选》第 3 卷，人民出版社 2006 年版，第 450 页。
② 《朱镕基讲话实录》第 2 卷，第 302 页。
③ 《十四大以来党和国家领导人论国有企业和发展》，第 170 页。
④ 《江泽民论有中国特色社会主义（专题摘编）》，第 194 页。
⑤ 《江泽民文选》第 3 卷，第 451 页。

开放的重要契机，对经济发展具有深远的影响"①。

显然，中央将加入世贸组织作为扩大开放的一个核心环节，借此推动改变全党全国对于对外开放和参与全球化的思想格局。对很多人来说，加入世贸组织无异于"狼来了"。特别是，当1999年11月美国总统克林顿在关于给予中国永久最惠国待遇问题致国会的声明中，说加入世贸组织"将加速中国国有企业的瓦解"，"使政府远离人们的生活，并催发中国的社会与政治变革"②之后，党内的忧虑更加强化了。

为了拆除这一道道思想藩篱，中央采取了灵活务实的处置方式。为平复争议，中央领导人反复强调在"入世"谈判中坚守原则不让步。江泽民提醒全党必须保持清醒的头脑，对于西方的政治图谋"一要警惕，二要准备针锋相对而又机动灵活地进行斗争"③，强调"我们绝不会为了加入世界贸易组织，拿国家的利益和安全做交易"④。在谈判过程中，中国确实始终坚持市场开放的速度和力度必须与国内经济发展水平相适应的原则。即便在中美达成协议后，中国对于中欧谈判仍然如是。朱镕基在会见欧盟贸易专员拉米时，强调自己在原则问题上"没有作任何让步"。他说："允许我开个玩笑，拉米先生，你再改五次机票、五次退掉房子，我也不会让步！"⑤

中国共产党坚持这一原则，目的是为赢得过渡期和市场开放的主导权，为国内产业争取宝贵的调整时间和必要的保护手段。这样做恰恰是为了此后更稳妥地扩大开放，而不是要拒绝开放。在强调坚守原则的同时，在一些具体领域也作出了让步。只是，这种让步的决策并不是轻松作出的，主要原因还是党内特别是中央各部门的认识并不

① 江泽民:《论社会主义市场经济》，第578页。
②《江泽民文选》第3卷，第450页。
③ 江泽民:《论社会主义市场经济》，第283页。
④《江泽民文选》第3卷，第446页。
⑤《朱镕基讲话实录》第3卷，人民出版社2011年版，第474页。

一致。亲历谈判的李岚清说，从"复关"到加入世贸组织，为什么谈了 15 年，一个主要原因就是谈判中各个部门的意见分歧很大，很难协调，经常吵架。① 由于意见分歧在多个领域都存在，中央在谈判过程中"涉及的所有问题，包括农业、电信、金融、汽车、服务业，以及市场准入的内容等等，都是事先向各个部门征求意见"，并且江泽民、朱镕基还亲自听取地方和企业的意见。

即便这样，谈判中出现的波折总能给支持加入世贸组织的领导人带来政治压力。当朱镕基于 1999 年 4 月访问美国的时候，由于克林顿的反悔，中美双方未能达成之前谈判中几乎达成一致的协议，这"致使朱镕基总理回国后面临了巨大的政治压力"。争论再起，很多人要求放弃谈判，"从谈判桌前走开，觉得确实也没有就任何事情达成什么协议"。② 这些反对声音并没有令中央动摇。在中央看来，守住底线是必要的，但要注意分寸的拿捏，"该说的硬话你得说，但还不能把人说跑，因为中央是要谈成的"。为此，江泽民提出，经过努力可以把弊端减到最小的程度，把有利的方面扩大到最大，甚至把坏事变好事。李鹏提出，我们加入世贸组织，像孙悟空进入铁扇公主的肚子里，进去了就可以大闹天宫，不进去你永远不行，先进了再说。朱镕基则要求参与谈判的人"一定要和美国人谈成，不要让美国人跑了"，并说"这不是我朱镕基的意见，这是江总书记的意见，是中央常委们的意见。"③

虽然质疑和争议不断，中国还是在 2001 年 12 月 11 日正式加入世界贸易组织。这就为中国在更大范围、更广领域、更高层次上参与

---

① 参见李岚清:《突围——国门初开的岁月》，中央文献出版社 2008 年版，第 338 页。
② 《专访前任美国贸易代表巴尔舍夫斯基:"那是我个人的决定，事先没有告诉朱镕基总理"》，《21 世纪经济报道》2011 年 11 月 21 日。
③ 《专访中国复关及入世谈判代表团团长龙永图:朱镕基总理决断中美谈判的故事》，《21 世纪经济报道》2011 年 11 月 21 日。

国际经济合作和竞争、融入全球化拆除了藩篱。中央举办省部级主要领导干部国际形势与世界贸易组织专题研究班，从"为我国的未来发展和中华民族的子孙后代考虑"[1] 的高度，宣讲加入世贸组织的效果和意义。在中央的带动下，各省和相关部门都举办学习班，熟悉世贸组织规则与承诺。一时间，社会上出现了"全民学习世贸组织知识"、"全民都在谈入世"的景象。

　　加入世贸组织成功，既拆除了中国经济融入全球化的藩篱，也使得恪守封闭、拒绝开放的思想没有了市场。世贸组织规则在中国的学习和普及，实际上也是市场经济理念和知识的学习和普及。在对外开放不可逆转地扩大之下，中国共产党经济思想中对于市场经济理念和方法的接纳与弘扬，也不可逆转地继续发展下去了。

　　经过从南方谈话和十四大以后 10 年的发展，中国共产党的经济思想注入了社会主义市场经济的丰富内容。党突破"姓社姓资"的思维模式，突破将计划经济当作社会主义本质特征的思想束缚，将市场经济当作有利于发展社会生产力的人类文明成果予以认可和接纳，社会主义与现代市场经济开始实质性融合。市场经济必然要求人们修改关于公有制的认识。经过一番思想斗争，中国共产党打破"姓公姓私"的思想枷锁，构建起新的社会主义经济制度理论。面对经济全球化的战略机遇，党在立足国内、扩大国内需求的同时，拆除思想藩篱，把开拓国内市场、利用国内资源同开拓国外市场、利用国外资源结合起来，把对内搞活同对外开放结合起来，确保中国开放的大门不再关闭。与此同时，中国共产党把发展作为党执政兴国的第一要务，将经济工作放在更加突出重要的位置，进一步提升了经济工作的地位。中国共产党的经济思想在这一时期获得大发展、大繁荣。

---

[1]《江泽民文选》第 3 卷，第 457 页。

第十一章　完善社会主义市场经济体制时期的中国共产党经济思想：2002.11—2012.10

　　进入 21 世纪，社会主义市场经济体制初步建立，改革和开放带来的巨大动能推动中国经济进入稳定持续的高速增长新阶段。新阶段意味着新特点和新要求。经济体制从传统的计划经济体制向社会主义市场经济体制转变虽然已经初步完成，但社会主义市场经济体制还需要进一步完善；经济增长方式从粗放型向集约型转变虽然已经大力推动，但效果并不如人意，经济结构还需要进行战略性调整。如何接续 90 年代以来改革、开放、发展的良好势头，如何更好地驾驭经济工作，特别是如何在保持经济快速增长的前提下，兼顾效率与公平，实现和维护好人民群众的切身利益，成为这一阶段中国共产党经济思想的主要关注点。中国共产党在抓住和用好发展的重要战略机遇期、推动经济持续快速发展的同时，围绕完善社会主义市场经济体制、树立科学发展观、转变经济发展方式、应对国际金融危机等问题，提出一系列重要观点和主张，进行了若干理论创新，进一步丰富和发展了党的经济思想。

一、"完善社会主义市场经济体制"：新尝试

　　经过 10 年的奋斗探索，中国初步建立起社会主义市场经济体制，极大地促进了社会生产力的发展，经济总量跃居世界第六位。2002 年 11 月召开的中共十六大，对此总结认为"坚持以经济建设为

中心，用发展的办法解决前进中的问题"，"坚定不移地推进各方面改革"①，是中国共产党领导中国经济取得靓丽成绩的宝贵经验。

但是，此时中国经济还明显存在着结构不合理、分配关系尚未理顺、农民收入增长缓慢、就业矛盾突出、资源环境压力加大、经济整体竞争力不强等问题。这些问题的症结还是在经济体制上，表明新建立的社会主义市场经济体制还需要进一步发展和完善。因此，党的十六大向全党提出"坚持社会主义市场经济的改革方向""不断完善社会主义市场经济体制"②的要求。而对于如何完善社会主义市场经济体制，党的十六大提出一系列重要观点。

在坚持和完善基本经济制度、深化国有资产管理体制改革方面，十六大报告提出：坚持和完善公有制为主体、多种所有制经济共同发展的基本经济制度，必须毫不动摇地巩固和发展公有制经济，必须毫不动摇地鼓励、支持和引导非公有制经济发展。报告特别强调了深化国有企业改革的重要性，提出进一步探索公有制特别是国有制的多种有效实现形式，积极推行股份制，发展混合所有制经济的任务。③

在健全现代市场体系、加强和完善宏观调控方面，报告提出：在更大程度上发挥市场在资源配置中的基础性作用，健全统一、开放、竞争、有序的现代市场体系。推进资本市场的改革开放和稳定发展，发展产权、土地、劳动力和技术等市场，创造各类市场主体平等使用生产要素的环境，促进商品和生产要素在全国市场自由流动。报告同时提出：要把促进经济增长、增加就业、稳定物价、保持国际收支平衡作为宏观调控的主要目标，把扩大内需作为经济发展长期的、基本的立足点，调整投资和消费关系，逐步提高消费在国内生产总值

---

① 中共中央文献研究室编：《十六大以来重要文献选编》上，中央文献出版社2011年版，第6页。

②《十六大以来重要文献选编》上，第6页。

③ 参见《十六大以来重要文献选编》上，第19—20页。

中的比重。①

在强调市场、政府两个方面的基础上，十六大把深化分配制度改革、健全社会保障体系单列一个方面，凸显在社会主义市场经济条件下，中国共产党对于公平的格外重视。十六大报告提出：要调整和规范国家、企业和个人的分配关系，确立劳动、资本、技术和管理等生产要素按贡献参与分配的原则，完善按劳分配为主体、多种分配方式并存的分配制度。坚持效率优先、兼顾公平，初次分配注重效率，再分配注重公平，既要提倡奉献精神，又要落实分配政策，既要反对平均主义，又要防止收入悬殊。报告还对健全同经济发展水平相适应的社会保障体系作出部署。②

十六大的这些论述和部署，无疑都是针对社会主义市场经济体制建立过程中的一些突出问题，这些问题也无疑都是中国经济进一步健康发展的体制性障碍。也就是在十六大之后，如何破解体制性障碍开始成为舆论的热点话语。

2003年10月，《瞭望》周刊在"围剿体制性障碍"的标题下，发表了一组讨论经济体制改革的文章，通过对数位学者的采访，从国有经济、金融体制、投融资体制、"三农"问题、行政体制、社保改革、市场体系、教育体制、科技体制、文化体制以及分配制度等方面，阐述此时存在的"体制性障碍"。文章称，中国经济目前的主要障碍是，计划经济时期遗留下来的深层体制问题还未得到根本性的解决，而这些体制性障碍的共性就是政府干预了市场。文章引用一些经济学家的比喻"政府的有形之脚踩住了市场的无形之手（价值规律）"，指出无论是在商品市场，还是在生产要素市场，一些部门和地方政府都存在着不恰当的插足现象，呼吁"政府收脚"，让市场作

---

① 参见《十六大以来重要文献选编》上，第20—21页。
② 参见《十六大以来重要文献选编》上，第21—22页。

主。[①]文章认为，不仅国企改革没有完全搞好是政府改革不到位问题，而且投融资体制改革、金融体制改革等"没有取得实质性的进展"，也是因为"政府的主导地位依然坚如磐石，各种零打碎敲的改革触动不了这一最大障碍，积弊难以消除"[②]。文章还认为，社会保障改革围绕着国企改革进行的观念是一大失误，因为它实质上并未将社会保障制度视为一个独立体系的整体，也未认识到社会保障制度建设中有着自身特有的发展规律，提出对社保改革的反思与调整，应从"突破政策性障碍"转变为"着力清除体制性障碍"。[③]

"围剿体制性障碍"系列文章发表后，当即被360多家海内外媒体所转载或摘编。[④]其所造成的舆论影响，是新世纪以来少见的。海外媒体评价说，这是中国共产党对于在社会主义制度下发展市场经济的新认识。正如胡锦涛后来指出的那样，要全面建设小康社会、加快推进社会主义现代化，要解决我国经济社会生活中的深层次矛盾和问题，就必须进一步深化经济体制改革，进一步克服影响我国社会生产力发展的体制性障碍，不断为经济发展和社会全面进步提供强大动力。

随后召开的中共十六届三中全会，通过《中共中央关于完善社会主义市场经济体制若干问题的决定》，围绕解决中国经济改革和发展的体制性障碍作出一系列理论和政策创新。《决定》提出完善社会主义市场经济体制的目标是：按照统筹城乡发展、统筹区域发展、统筹经济社会发展、统筹人与自然和谐发展、统筹国内发展和对外开放的要求，更大限度地发挥市场在资源配置中的基础性作用，增强企业活力和竞争力，健全国家宏观调控，完善政府社会管理和公共服务职

---

① 参见《市场体系 政府收脚让市场做主》，《瞭望》2003年第39期。
② 参见《投融资体制 零打碎敲难消积弊》，《瞭望》2003年第39期。
③ 参见《社保改革 多赢设想突围乏力》，《瞭望》2003年第39期。
④ 彭森、陈立等：《中国经济体制改革重大事件》下，第741页。

能，为全面建设小康社会提供强有力的体制保障。主要任务是：完善公有制为主体、多种所有制经济共同发展的基本经济制度；建立有利于逐步改变城乡二元经济结构的体制；形成促进区域经济协调发展的机制；建设统一开放竞争有序的现代市场体系；完善宏观调控体系、行政管理体制和经济法律制度；健全就业、收入分配和社会保障制度；建立促进经济社会可持续发展的机制。①

为实现这种"完善"，《决定》在社会主义市场经济的主体和客体两个方面的问题上，提出一系列思路与对策。对于社会主义市场经济的行为主体，《决定》提出，要"进一步巩固和发展公有制经济，鼓励、支持和引导非公有制经济发展"，"完善国有资产管理体制，深化国有企业改革"，"深化农村改革，完善农村经济体制"。《决定》为此提出突破性的对策，即大力发展国有资本、集体资本和非公有制资本参股的混合所有制经济，把股份制作为公有制经济的主要实现形式，使得经过规范的股份制改造的国有企业能够更好地进入市场。《决定》同时明确非公有制经济的"市场准入"和"同等待遇"问题，允许它们进入法律法规未禁入的那些重要领域。② 对于社会主义市场经济的行为客体，《决定》对整个市场经济的客体，对各个方面的市场如何完善，尤其是劳动力市场和资本市场如何完善，使整个生产要素在市场中能够按照经济规律合理地、自由地流动，让市场在资源的配置中发挥更大的作用，提出了一些统括性的意见和对策。特别是强调要"逐步统一城乡劳动力市场，加强引导和管理，形成城乡劳动者平等就业的制度"，要"大力推进市场对内对外开放，加快要素价格市场化，发展电子商务、连锁经营、物流配送等现代流通方式，促进商品和各种要素在全国范围自由流动和充分竞争"，要"积极推进资本市场的改革开放和稳定发展，扩大直接融资"等等，对于建设全国

①《十六大以来重要文献选编》上，第465页。
② 参见《十六大以来重要文献选编》上，第466页。

统一市场，具有重大意义。①

在全面建设小康社会的开局之年，在改革和开放都进入一个新阶段后，中国共产党如何推进经济改革，自然是人们关注的焦点。这个时机出台《中共中央关于完善社会主义市场经济体制若问题的决定》，正是对社会关注点的充分回应。而《决定》"充满亮点的"内容，又使人们有理由相信，中国共产党对推动经济改革即将开始新的努力："我们要认真贯彻党的十六大和十六届三中全会精神，按照建成完善的社会主义市场经济体制和更具活力、更加开放的经济体系的要求，打好深化改革的攻坚战，进一步消除经济发展和社会进步的体制性障碍。"②中国的改革将以《中共中央关于完善社会主义市场经济体制若干问题的决定》为标志，进入一个崭新的阶段。③

应当说，《决定》确实体现了经济改革新阶段的新特点，为中国共产党的经济思想注入了新内容。与此前的中央文件特别是致力于"体制建构"的十四届三中全会的《决定》相比，这份《决定》明显是致力于"体制完善"。在这方面，《决定》勾画出完善社会主义市场经济体制的四个基本层面：完善公有制为主体、多种所有制经济共同发展的社会主义的基本经济制度；完善社会主义市场经济体制的基本框架；充实和深化社会主义市场经济体制的基本内容；完善社会主义市场经济体制的运行环境。不仅如此，《决定》还从理论和政策上把经济改革从"表层"推进到"深层"。党的十四届三中全会以来的改革总体上是构建市场经济体制的基本框架，因此，改革主要是在表层推进。一方面，伴随改革进入完善体制的阶段，改革开始向深层次拓展。另一方面，体制中的诸多深层次矛盾凸显，成为深层次的体制

---

① 参见《十六大以来重要文献选编》上，第469—470页。
② 中共中央文献研究室编：《十六大以来重要文献选编》中，中央文献出版社2011年版，第66页。
③ 彭森、陈立等：《中国经济体制改革重大事件》下，第744页。

性障碍，改革必须向深层次拓展。《瞭望》周刊的"围剿体制性障碍"文章，反映的就是这类问题。而这些问题所在的领域，也就成为经济体制改革深层拓展的基本领域。

十六届三中全会后，中国共产党在这些领域推出一系列改革举措，在完善社会主义市场经济体制的道路上作出新的尝试。2004 年 3 月，十届全国人大二次会议通过的《中华人民共和国宪法修正案》规定，国家保护个体经济、私营经济等非公有制经济的合法的权利和利益。2005 年 2 月，国务院发布《关于鼓励支持和引导个体私营等非公有制经济发展的若干意见》（非公经济 36 条），连同其后出台的 40 多个部门配套文件，形成一整套改善非公有制经济发展环境、鼓励发展的政策法规体系。2007 年 3 月，十届全国人大五次会议通过《中华人民共和国物权法》，进一步完善对私有财产的保护。财政、金融体制改革进一步深化，国有商业银行的股份制改革加快实施，浮动汇率制度也于 2005 年 7 月开始实行。

不过，完善经济体制的努力很快遇到了挑战。历史的发展是波浪式前进和螺旋式上升的，在某些时态下经常展现出一些惊人的相似之处。就像 10 年前建立社会主义市场经济体制之际发生经济过热一样，10 年后完善社会主义市场经济体制之际，也发生了经济过热。在成功抵御亚洲金融危机和克服国内有效需求不足之后，从 2003 年起，中国经济增长逐渐回升。但是，也出现了固定资产投资增长过快、规模过大，特别是一些行业投资增长过猛的问题。2003 年全社会固定资产投资实际增长 26.7%，一些行业投资超高速增长。[①] 如果这个问题不能得到及时、有效、妥善的解决，就会助长信贷规模过度扩张，加剧煤电油运的紧张，拉动生产资料价格上涨，加大通货膨胀的压力，不仅大量生产能力过剩的局面将出现，经济结构不合理的矛

---

① 《中国共产党的九十年》，第 901 页。

盾也将更为尖锐，最终势必造成经济的大起大落。

针对这些问题，中央态度坚决，措施果断，反映出这时中国共产党对经济波动的认识水平与 80 年代相比已大幅提升。2002 年 12 月，中央经济工作会议对出现低水平重复建设问题提出预警。2004 年初，中央将适当控制固定资产投资规模、坚决遏制部分行业和地区盲目投资和低水平重复建设，作为宏观调控的重要任务。随后，中央紧紧把住信贷和土地两个闸门，及时加大宏观调控力度，同时采取措施加强农业特别是粮食生产，加强经济社会发展的薄弱环节。这些政策很快取得效果，经济从 2004 年第二季度起逐步降温。为巩固宏观调控的成果，2004 年 12 月，中央经济工作会议确定 2005 年实施"双稳健"的宏观经济政策，即稳健的财政政策和稳健的货币政策。由此，经济运行中的一些突出矛盾得到缓解，国民经济保持了增长较快的良好态势。

然而，由于宏观调控本身是政府对于市场的驾驭和干预，这轮宏观调控在带来良好政策效果的同时，也产生了巨大"惯性"。随着政府对市场施加作用影响的强化，十六届三中全会作出的诸多改革部署事实上没有完全推行下去。与此同时，党内很多人特别是地方领导人在如何理解这个"完善"上，也有了认识变化。显然，如果按照十六大和十六届三中全会的阐释，完善社会主义市场经济体制，意味着改革要继续深入，要攻坚克难；但是，在经济高速发展的现实面前，所谓"完善"就是收尾，就是在基本建立的基础上再行改进完备、锦上添花等观点也出现了。在这种情况下，一些改革停滞甚至发生倒退也就不可避免了。

十六届三中全会提出要大力发展混合所有制经济，实现投资主体多元化，强调"使股份制成为公有制的主要实现形式"①。这与以前

---

① 《十六大以来重要文献选编》上，第 466 页。

只提发展混合所有制、股份制资本主义可以用、社会主义也可以用相比，在认识上更进了一步，意味着今后将会有更多的国有企业特别是大型和特大型国有企业也要走股权多元化道路，更多的国有企业会引入非国有资本。2003 年 3 月，十届全国人大一次会议批准设立国务院国有资产监督管理委员会。国务院授权国资委代表国务院履行出资人职责，加强对企业国有资产的集中统一监管，从组织机构上实现政府社会公共管理职能与国有资产出资人职能的分离。[①] 同年 5 月，国务院发布《企业国有资产监督管理暂行条例》，对国有资产监督管理机构及其职责、企业负责人管理、企业重大事项管理、企业国有资产的管理、企业国有资产监督等都作出明确规定，构建起国有资产管理新框架。

就在国有企业股份化改革推进之际，经济理论界出现了关于国企产权改革的争论。在网络媒介的传导下，这场争论从经济学界迅速扩展到整个学界，由产权改革问题提升到关于整个经济改革的方向问题。

2004 年 8 月，香港中文大学经济学教授郎咸平就国企改革中的国有资产流失问题"炮轰"格林柯尔董事长顾雏军，拉开了这次改革争论的大幕。郎咸平声称"国企改革是一场瓜分国有资产的盛宴"，并对内地主流经济学家进行了高调批评。厉以宁、张维迎、吴敬琏等经济学家则公开支持顾雏军，批判郎咸平；而北京和上海等地 10 名学者发表"联合声明"，公开支持郎咸平的观点。[②] 郎咸平的刺激性言论拨动了公众敏感的神经，引起人们对多年来国企改革、腐败和贫富分化等经济社会问题的强烈共鸣。一时间，长期在聚光灯下、力主国企产权改革的经济学家被公众舆论推到了风口浪尖。在"郎顾之争"的引爆下，"反思改革"的主张开始在社会上流传。

---

① 彭森、陈立等：《中国经济体制改革重大事件》下，第 748 页。
② 参见关丁杰：《郎咸平真相》，华龄出版社 2006 年版，第 201—204 页。

事实上，被称为"主流经济学家"的国企改革支持者们，并不否认国有资产流失现象的存在，但他们不能同意郎咸平所开出的处方，即无条件地认定国有比民营更有效率、进而终止现行的国有企业产权改革的思路。他们认为，市场个案的表现并不能作为国家产权改革大方向这一全局性命题终极评判的标准，主张规范产权改革，而不是停止产权改革。

2005 年 7 月，经济学家刘国光的《谈经济学教学与研究中的一些问题》，在理论界掀起讨论热潮。刘国光认为，当前经济学教学与研究中西方经济学的影响上升，马克思主义经济学的指导地位削弱。他据此提出关于中国的经济改革与发展研究是以马克思主义经济学为指导还是以西方经济学为指导的问题，强调"有计划"是"社会主义市场经济的强板和应有内涵"。① 尽管刘国光讲的内容以"经济学教学研究中的一些问题"为主，但直接触及西方经济学理论是否会误导中国经济改革和发展的重大问题。

与国企改革之争涉及的问题易被社会公众直观感受和理解不同，刘国光提出的问题属于学术性范畴，理论色彩浓厚。这就决定了这场讨论仅限于经济学界，在社会上并未有广泛参与。此后，刘国光又于2006 年 5 月发表了《坚持正确的改革方向》一文，再度提出"两种改革观的较量"问题，并直接批判说中国经济发展与改革已被"新自由主义思潮"主导和渗透。② 他把自己的主张概括为"坚持在国家宏观计划导向下实行市场取向的改革"③。

尽管争论的激烈程度多年未见，但大多数参与讨论的人都认为，这是一次有益的争论，社会发展的前路逐渐清晰。

---

① 参见马国光:《大碰撞——2004—2006 中国改革纪实》，新华出版社 2006 年版，第 132—133 页。
② 参见王忍之主编:《刘国光旋风实录》，中国经济出版社 2006 年版，第 439 页。
③《中国社会科学报》2009 年 8 月 20 日。

二、"科学发展"：新思想

十六大提出全面建设小康社会、到 2020 年实现国内生产总值比 2000 年翻两番的奋斗目标。实现这一目标必须要有较快的发展速度，而在国际大环境向好的态势下，也应当有这样的高速度："在我们这样一个十三亿人口的发展中国家，要扩大城乡就业，增加居民收入，维护社会稳定，就必须保持一定的经济增长速度。"① 但是，中国经济改革和发展中长期存在的诸多问题，不仅没有随着经济增长速度的提高而得到解决，很多问题反而更加凸显。在保持高速度的同时，如何实现更好的发展，成为中国共产党不得不面对和思考的战略问题。

就在中国共产党领导全面建设小康社会开局之际，"非典"疫情突然袭来。在应对疫情过程中，中国共产党汲取经验和教训，开始探索新的发展思路。2003 年 4 月 15 日，胡锦涛在广东指导抗击"非典"工作时提出，在新世纪新阶段，要紧密结合新的实际和新的条件，努力增创新优势，开拓新局面，实现新发展。他要求：要积极探索加快发展的新路子，通过完善发展思路不断增创新优势；着力深化改革，通过制度创新不断增创新优势；进一步发展外向型经济，通过扩大对外开放不断增创新优势；大力实施科教兴国战略和人才战略，通过科技创新和发挥人才效应不断增创新优势；坚持全面的发展观，通过促进三个文明协调发展不断增创新优势。② 这段话使用了"协调发展"、"全面的发展观"等概念，提出了"积极探索加快发展的新路子"、"完善发展思路"的新要求。一种关于发展的新思路开始萌生。

7 月 1 日，在中央召开的"三个代表"重要思想理论研讨会上，

---

① 中共中央文献研究室编：《十七大以来重要文献选编》上，中央文献出版社 2009 年版，第 894 页。
② 参见《胡锦涛文选》第 2 卷，人民出版社 2016 年版，第 40—43 页。

胡锦涛结合抗击"非典"疫情发表讲话，提出："发展是以经济建设为中心、经济政治文化相协调的发展，是促进人与自然相和谐的可持续发展。中国共产党人要坚持以兴国为己任、以富民为目标，走适合中国国情的社会主义发展道路，经过长时期的努力，不断使经济更加发展、民主更加健全、科教更加进步、文化更加繁荣、社会更加和谐、人民生活更加殷实，不断促进人的全面发展，不断向党的最终目标前进。"[①] 这段话集中讲到了"经济政治文化协调发展"、"人与自然相和谐"、"可持续发展"、"人的全面发展"等概念，大幅拓展了"发展"的含义。在随后召开的全国防治"非典"工作会议上，胡锦涛又对发展与增长的区别作了阐释："我们讲发展是党执政兴国的第一要务，这里的发展绝不只是指经济增长，而是要坚持以经济建设为中心，在经济发展的基础上实现社会全面发展。我们要更好坚持全面发展、协调发展、可持续发展的发展观，更加自觉地坚持推动社会主义物质文明、政治文明、精神文明协调发展，坚持在经济社会发展的基础上促进人的全面发展，坚持促进人与自然的和谐。在促进发展的进程中，我们不仅要关注经济指标，而且要关注人文指标、资源指标、环境指标；不仅要增加促进经济增长的投入，而且要增加促进社会发展的投入，增加保护资源和环境的投入。"[②] 明确揭示发展概念与增长概念的异同，重新界定发展的内涵和外延，也就对中国共产党形成和提出新的发展思想作了"破题"。

随后，在筹备十六届三中全会的过程中，胡锦涛结合对完善社会主义市场经济体制问题的思考提出："各级领导干部一定要深刻认识发展是党执政兴国的第一要务这个重大命题"，"牢固树立协调发展、全面发展、可持续发展的科学发展观，积极探索符合实际的发展新路子，进一步完善社会主义市场经济体制，把加大结构调整力度同

---

① 《十六大以来重要文献选编》上，第 363 页。
② 《胡锦涛文选》第 2 卷，人民出版社 2016 年版，第 67 页。

培育新的经济增长点结合起来，把推进城市发展和推进农村发展结合起来，把发挥科学技术的作用和发挥人力资源的优势结合起来，把发展经济和保护资源环境结合起来，把对外开放和对内开放结合起来，努力走出一条生产发展、生活富裕、生态良好的文明发展道路"①。在这里，探索中的新发展思想被明确表述为"科学发展观"。9月30日，在庆祝新中国成立54周年招待会上，温家宝把坚持"全面、协调、可持续发展"的发展观与"非典"的教训联系起来阐述，认为："这段不平凡的经历，我们付出了代价，也学到了比平时多得多的东西。抗击非典斗争给我们最重要的启示，就是在全面建设小康社会和整个现代化进程中，必须坚持统筹兼顾，保持经济社会协调发展，城乡协调发展，区域协调发展；必须坚持以人为本，提高人民物质文化生活水平和健康水平；必须坚持人与自然和谐相处，实现可持续发展；必须坚持改革创新，推动社会主义物质文明、政治文明和精神文明共同进步。全面、协调、可持续发展应该成为我们长期坚持的重大指导方针。"②

　　10月，十六届三中全会明确提出"坚持以人为本，树立全面、协调、可持续发展观，促进经济社会和人的全面发展"③的思想，强调统筹城乡发展、区域发展、经济社会的协调发展、人与自然和谐发展、国内发展和对外开放。这是中国共产党在中央文件中第一次提出科学发展观。在全会第二次全体会议上的讲话中，胡锦涛从战略和全局的高度强调树立和落实科学发展观的重大意义："树立和落实全面发展、协调发展、可持续发展的科学发展观，对于我们更好坚持发展才是硬道理的战略思想具有重大意义。树立和落实科学发展观，这是二十多年改革开放实践的经验总结，是战胜非典疫情给我们的重要启

---

①《人民日报》2003年9月3日。
②《人民日报》2003年10月1日。
③《十六大以来重要文献选编》上，第465页。

示，也是推进全面建设小康社会的迫切要求。"① 他进一步阐释了发展与增长的区别，强调："树立和落实科学发展观，十分重要的一环就是要正确处理增长数量和质量、速度和效益的关系。增长是发展的基础，没有经济数量增长，没有物质财富积累，就谈不上发展。但是，增长并不简单等同于发展，如果单纯扩大数量，单纯追求速度，而不重视质量和效益，不重视经济、政治、文化协调发展，不重视人与自然的和谐，就会出现增长失调、从而最终制约发展的局面。"② 全会还针对中国发展在城乡、区域、经济与社会、人与自然、国内发展与对外开放等方面存在的突出矛盾，提出"五个统筹"的原则要求。"以人为本"、"全面协调可持续发展"、"五个统筹"等理念和思路的提出，意味着科学发展观作为解决中国发展问题的重大战略思想已经形成。

此后，中央领导人在不同场合进一步阐述了科学发展观的理论基础、实践来源、内涵及要求，形成完整的理论体系。11 月 21 日，温家宝在接受《华盛顿邮报》总编唐尼采访时，再次讲到"非典"对中国认识和转变发展思路的启示，认为："我们新一届领导通过抗击SARS 这场疾病，得到一个重要的启示，就是要注意协调发展。城乡发展不平衡，经济和社会发展不平衡，就如同一个人一条腿长一条腿短一样，一定会跌跤的。一个国家一条腿长一条腿短，也会跌跤的。"③ 11 月 29 日，胡锦涛在中央经济工作会议上提出："重要的是牢固树立和认真落实全面、协调、可持续的发展观。这既是经济工作必须长期坚持的重要指导思想，也是解决当前经济社会发展中诸多矛盾必须遵循的基本原则。"④

---

① 《胡锦涛文选》第 2 卷，第 104 页。
② 《胡锦涛文选》第 2 卷，第 105 页。
③ 《人民日报》2003 年 11 月 24 日。
④ 《人民日报》2003 年 11 月 30 日。

2004年3月10日，胡锦涛在中央人口资源环境工作座谈会上的讲话中，进一步阐述了科学发展观的理论地位及对实践的重大指导意义。他指出："经验表明，一个国家坚持什么样的发展观，对这个国家的发展会产生重大影响，不同的发展观往往会导致不同的发展结果。坚持以人为本，全面、协调、可持续的发展观，是我们以邓小平理论和'三个代表'重要思想为指导，从新世纪新阶段党和国家事业发展全局出发提出的重大战略思想。科学发展观总结了二十多年来我国改革开放和现代化建设的成功经验，吸取了世界上其他国家在发展进程中的经验教训，概括了战胜非典疫情给我们的重要启示，揭示了经济社会发展的客观规律，反映了我们党对发展问题的新认识。"[1]

至此，科学发展观得以全面系统阐述。从这一理论创新过程可见，科学发展观是中国共产党在处理经济社会发展问题的实践中产生的。它反映的是作为执政党的中国共产党对发展问题的新认识，反映了当代世界和中国的发展变化对执政党的新要求，是中国共产党经济思想的新内容。作为统领经济发展全局的思想，科学发展观需要在经济工作实践中获得检验和进一步发展。因此，胡锦涛要求全党"一定要增强贯彻落实科学发展观的自觉性和坚定性"，"把科学发展观贯穿于发展的整个过程和各个方面"。[2]

很快，在2004年的宏观调控中，中国共产党进一步充实和丰富了对于科学发展的认识。胡锦涛强调："这次加强和改善宏观调控是贯彻落实以人为本、全面协调可持续的科学发展观的重大实践。"[3] 9月，在中共十六届四中全会上，胡锦涛讲话指出，"加强和改善宏观调控，是当前贯彻落实科学发展观的重大举措，其实质就是要优化经济结构，加快转变经济增长方式，逐步消除可能导致经济大起大

---

① 《十六大以来重要文献选编》上，第849—850页。
② 《十六大以来重要文献选编》中，第61—62页。
③ 《十六大以来重要文献选编》中，第453页。

落的体制性、机制性障碍"①。不难看出，宏观调控的指向与科学发展观的内涵是一致的；换言之，科学发展观的要求事实上也是宏观调控要达到的目标。因而，随着宏观调控的成效显现，全党对科学发展观的认识也得以进一步明确。在此基础上，胡锦涛在2004年底的中央经济工作会议上非常明了地指出："实践充分证明，科学发展观是符合我国实际的，是全面建设小康社会和推进现代化建设始终要坚持的重要指导思想。"他并要求全党："在深化改革、促进发展、保持稳定的各项工作中，凡是符合科学发展观的事情我们就应当全力以赴地去做，凡是不符合的就应当毫不迟疑地去改。"②

进入2005年，"十五"计划确定的主要目标提前实现，中央提出：制定和实施"十一五"规划，必须认真贯彻落实科学发展观，切实推动我国经济社会发展转入以人为本、全面协调可持续发展的轨道。在这年10月召开的中共十六届五中全会上，胡锦涛分析了"十一五"时期中国发展面临的国内外环境和发展的阶段性特征，更加明确地指出："要抓住发展机遇、破解发展难题，把全面建设小康社会和社会主义现代化事业推向前进，关键是要坚持以科学发展观统领经济社会发展全局。"③他强调要增强贯彻落实科学发展观的自觉性和坚定性，全面把握贯彻落实科学发展观的目标要求，建立健全贯彻落实科学发展观的制度、体制和机制，切实把科学发展观贯穿于经济社会发展的全过程、落实到经济社会发展的各个环节。全会通过的《中共中央关于制定国民经济和社会发展第十一个五年规划的建议》，把科学发展的新思路体现到了党和国家全局工作的部署上。而后，在2006年底的中央经济工作会议上，胡锦涛进一步将十六届六中全会

---

① 《十六大以来重要文献选编》中，第309页。
② 《十六大以来重要文献选编》中，第454页。
③ 《十六大以来重要文献选编》中，第1090页。

提出的"又好又快发展"概括为全面落实科学发展观的本质要求。①

中国共产党在逐步丰富和完善关于科学发展的思想体系的同时，按照科学发展观的要求，在统筹城乡发展和区域发展等领域进行体制机制的改革创新。中央不仅自2006年1月1日起取消农业税，并且在继续推进西部大开发的同时，相继作出振兴东北地区等老工业基地、促进中部地区崛起、支持东部地区率先发展等重大决策。实践的成功显示了科学发展的生命力，也推动了理论认识的进一步深化。2007年6月25日，胡锦涛在中央党校发表重要讲话，对科学发展观作了全面概括和阐发。

在此基础上，2007年10月，中共十七大对科学发展观的科学内涵和精神实质作出新的理论概括，并把它作为中国经济社会的重要指导方针和发展中国特色社会主义的重大战略思想写入党章。十七大报告提出："科学发展观，第一要义是发展，核心是以人为本，基本要求是全面协调可持续，根本方法是统筹兼顾。"②深入贯彻落实科学发展观，就必须坚持把发展作为中国共产党执政兴国的第一要务，牢牢扭住经济建设这个中心，坚持聚精会神搞建设、一心一意谋发展，不断解放和发展社会生产力，更好实施科教兴国战略、人才强国战略、可持续发展战略，着力把握发展规律、创新发展理念、转变发展方式、破解发展难题、提高发展质量和效益，实现又好又快发展；坚持以人为本，始终把实现好、维护好、发展好最广大人民的根本利益作为党和国家一切工作的出发点与落脚点，尊重人民主体地位，发挥人民首创精神，保障人民各项权益，走共同富裕道路，促进人的全面发展，做到发展为了人民、发展依靠人民、发展成果由人民共享；坚持全面协调可持续发展，按照中国特色社会主义事业总体布局，全面推

---

① 参见中共中央文献研究室编：《十六大以来重要文献选编》下，中央文献出版社2011年版，第806页。

②《十七大以来重要文献选编》上，第11—12页。

进经济建设、政治建设、文化建设、社会建设，促进现代化建设各个环节、各个方面相协调，促进生产关系与生产力、上层建筑与经济基础相协调，建设资源节约型、环境友好型社会，使人民在良好生态环境中生产生活；坚持统筹兼顾，正确认识和妥善处理中国特色社会主义事业中的重大关系，统筹城乡发展、区域发展、经济社会发展、人与自然和谐发展、国内发展和对外开放，统筹中央和地方关系，统筹个人利益和集体利益、局部利益和整体利益、当前利益和长远利益，统筹国内国际两个大局，充分调动各方面积极性，营造良好国际环境。① 报告特别强调："全党同志要全面把握科学发展观的科学内涵和精神实质，增强贯彻落实科学发展观的自觉性和坚定性，着力转变不适应不符合科学发展观的思想观念，着力解决影响和制约科学发展的突出问题，把全社会的发展积极性引导到科学发展上来，把科学发展观贯彻落实到经济社会发展各个方面。"②

与之前阐述的定位不同，十七大不再将科学发展观仅仅作为指导经济社会发展的一项战略方针，而是提升到指导全党推进工作、实现行动自觉的重要思想。这固然反映了经济工作此时已在中国共产党的执政视阈中牢牢占据中心位置，指导经济发展的思想自然也要成为指导全党的思想；但更为重要的是，中央这时显然认为，科学发展观就是中国共产党找到的进一步发展中国特色社会主义的正确途径。由于科学发展观在中国共产党的思想理论发展史上乃至马克思主义发展史上都是一项重大创新，中央在十七大及其后的一系列会议上，反复强调继续解放思想的重要性，强调推动科学发展必然首先要求继续解放思想。胡锦涛提出：继续解放思想，就是要求"我们既不能把书本上的个别论断当作束缚自己思想和手脚的教条，也不能把实践中已见成效的东西看成完美无缺的模式"，要"坚决破除一切妨碍科学发展

---

① 参见《十七大以来重要文献选编》上，第12—13页。
②《十七大以来重要文献选编》上，第14页。

的思想观念和体制机制弊端"[①];"在发展理念、发展思路、发展方式、发展体制上都来一个深刻转变","确立起符合科学发展观要求的思想观念、方式方法、体制机制"[②]。

面对工业化、信息化的蓬勃发展势头,中国共产党不失时机地作出回应,反复强调经济发展的人文属性和人本取向。在2007年的中央经济工作会议上,胡锦涛提出:"现代化客观上是一个资本积累、技术进步的历史过程,也容易出现机器排挤劳动、资本所得挤占劳动所得的现象。一些国家进入工业化中期阶段和中等收入国家行列后,没有处理好经济增长和收入分配关系,结果社会矛盾激化、现代化进程受阻,这方面的深刻教训值得汲取。"[③] 而大工业兴起过程中机器与人、资本与劳动所得的矛盾运动,正是马克思、恩格斯在创立马克思主义经济学说时的重要关注点。在这里,中国共产党与马克思主义经典作家在经济思想上来了一次"隔空对话"。中国共产党人给出的解决这一矛盾的思路和对策是:"在生产和分配两个环节都要正确把握资本、技术、劳动之间相互替代和依存的特点,妥善处理发展资本密集型产业和劳动密集型产业的关系,实现技术进步和扩大就业的有机统一,提高劳动参与分配能力,促进创造财富和公平分配的协调,更加注重发展成果的普惠性,更加注重改善民生"[④]。

2007年底,胡锦涛在与新进中央委员会的委员、候补委员交流学习十七大精神的体会时,专门引用了马克思在《资本论》中描绘未来社会的一段话:"社会化的人,联合起来的生产者,将合理地调节他们和自然之间的物质变换,把它置于他们的共同控制之下,而不让它作为一种盲目的力量来统治自己;靠消耗最小的力量,在最无愧于

---

① 《胡锦涛文选》第3卷,人民出版社2016年版,第174页。
② 《胡锦涛文选》第3卷,第97—98页。
③ 《十七大以来重要文献选编》上,第79页。
④ 《十七大以来重要文献选编》上,第79—80页。

和最适合于他们的人类本性的条件下来进行这种物质变换。"[①] 胡锦涛引用马克思的这段话，显然是为了说明以人为本的科学发展才是真正的社会主义的发展。因为在根据马克思的论述，人类一切发展的基础是以生产活动为主要内容的经济活动，而这种活动的本质特征是人与自然之间的物质变换。所以，人类是经济活动及一切发展的主体，不能让自己所从事的发展活动成为异己的盲目力量统治自己。发展的形态无论简单还是复杂，人类作为主体，都应对其进行共同控制、合理调节。通过这种控制和调节，以作为主体的人和作为客体的自然界的最小消耗，最终达到全面充分地实现人的发展潜能的目的。胡锦涛认为，这"深刻体现了马克思主义关于发展的世界观和方法论"[②]。

应当说，对于以人为本的经济发展思想的强调，更加符合马克思主义经典作家对于社会主义的定义。根据马克思主义经济学说，在人类的发展进入资本主义阶段后，资本的自我增值冲动成为整个过程的主宰和终极目标，包括资本家和工人在内的所有人都变成资本的附属物，人类丧失了主导发展的能力，也无从使发展自觉按规律进行。而社会主义则把发展的参与者变成社会化的人和联合起来的生产者，为人类共同控制这一过程创造了基本社会条件。从这个意义上说，科学发展观是中国共产党人力图将马克思主义经济学原理与 21 世纪的中国经济发展实践相结合的产物。

在科学发展观的指导下，中国社会民生领域的建设逐步与经济增长紧密相连。随着民生问题进入到中国共产党的经济思想的视野中心，党对于中国特色社会主义经济的认识达到了新的高度和饱满度，中国共产党的经济思想出现了具有浓厚社会主义意味的民生转向。不过，要真正做到马克思所说的合理调节和共同控制，并不是一件容易的事。虽然经过几年实践科学发展观的努力，但中国经济固有的一些

---

① 《胡锦涛文选》第 3 卷，第 5 页。
② 《胡锦涛文选》第 3 卷，第 5 页。

结构性问题并没有明显缓解。在阐释和强调科学发展观的同时，中国共产党不得不对经济发展方式问题严阵以待。显然，落实科学发展观还须中国共产党作出持续努力。

三、"加快转变经济发展方式"：新决断

此时的中国经济，呈现出一系列阶段性也是矛盾性的新特征。一方面经济实力显著增强，另一方面自主创新能力不强、粗放型经济增长方式仍未改变；一方面社会主义市场经济体制初步建立，另一方面一些体制机制障碍仍然存在；一方面人民生活总体上达到小康水平，另一方面收入分配差距拉大趋势仍在延续；一方面对外开放日益扩大，另一方面经济的国际竞争力仍旧不强。这些特征所揭示的问题，归结到一点，就是早在1995年9月中共十四届五中全会提出的实现经济体制和经济增长方式两个根本性转变的战略任务尚未实现。

事实上，实现经济体制和经济增长方式根本性转变这两大任务，改革开放以来一直被中国共产党所关注。在经济体制改革取得重大突破的基础上，十四届五中全会制订"九五"计划建议，要求实现经济增长方式从粗放型向集约型转变。"十五"计划又提出经济结构战略性调整要取得明显成效、经济增长的质量和效益要显著提高。但显然，这些目标并未达成。因此，转变经济增长方式成为贯彻落实科学发展观的重要内容。在2004年3月中央人口资源环境工作座谈会上，胡锦涛在阐述科学发展观的基本内涵时，就要求各级党委、政府和领导干部要"彻底改变以牺牲环境、破坏资源为代价的粗放型增长方式"①。随后，他在江苏考察时进一步提出，"切实改变高投入、高消耗、高污染、低效率的增长方式，努力走出一条科技含量高、经济效

---

① 《胡锦涛文选》第2卷，第171页。

益好、资源消耗低、环境污染少、人力资源优势得到充分发挥的新路子"①。从他阐述的这些因素看，这条新路子也意味着经济增长方式的转变。

此后发生的经济波动，主因还是部分行业、地区盲目投资和低水平重复建设。这是一个中国共产党自社会主义改造完成以来反反复复面对的"痼疾"。胡锦涛在总结调控这次波动的经验时指出，"其实质就是要优化经济结构，加快转变经济增长方式，逐步消除可能导致经济大起大落的体制性、机制性障碍，以充分利用好重要战略机遇期，实现又快又好发展"②。他提出，"必须坚定不移地把经济发展的着力点放在调整结构、深化改革、转变增长方式上"③。

随后，十六届四中全会将经济发展中的突出问题概括为两点：一是过度消耗能源资源；二是严重污染生态环境。年底的中央经济工作会议指出："这些年来，我们实现了较快增长，但也不可避免地付出了消耗资源和增加污染的较大代价，在某些方面已经超出我们的承受能力。"④为此，胡锦涛在讲话中把转变经济增长方式放在四个刻不容缓的问题之首。他提醒全党，这种状况不改变，"经济社会发展是难以为继的"⑤。在2005年2月省部级主要领导干部提高构建社会主义和谐社会能力专题研讨班上的讲话中，胡锦涛又将"推进经济结构调整，转变经济增长方式，切实解决经济社会发展中的突出矛盾和问题，确保经济持续快速协调健康发展"⑥，作为促进社会主义和谐社会建设的重点工作。10月，十六届五中全会明确"十一五"期间要坚持的"六个必须"之一，就是必须坚持转变经济增长方式。胡锦涛为

①《胡锦涛文选》第2卷，第177页。
②《十六大以来重要文献选编》中，第309页。
③《十六大以来重要文献选编》中，第310页。
④《十六大以来重要文献选编》中，第455页。
⑤《十六大以来重要文献选编》中，第70页。
⑥《胡锦涛文选》第2卷，第287页。

此强调："转变经济增长方式，是经济工作的一项重点任务，也是调整经济结构、促进经济持续快速协调健康发展的关键。"①

随着实践的发展，中国共产党对转变经济增长方式的认识愈发深刻。2006年2月，胡锦涛在主持中央政治局集体学习时强调："只有加快转变经济增长方式，才能应对激烈的国际经济、科技竞争，切实提高我国经济的国际竞争力和抗风险能力，确保在国际分工中取得有利地位"。②10月，十六届六中全会在研究构建社会主义和谐社会问题时，提出"扎实促进经济又好又快发展"③的新方针。这与此前沿用14年的"又快又好"的提法有很大不同，"好"字当头替代了"快"字当头。这不是简单的文字变动，而是理念和思想认识的重要调整。正如胡锦涛在十七大召开期间参加江苏代表团审议时所指出的，"这个重要调整，强调的是更加注重发展质量和效益，走生产发展、生活富裕、生态良好的文明发展道路"④，又好又快发展要求保持经济平稳较快增长，但已不单指经济增长，是包括总量均衡、结构优化、协调发展、资源节约、生态良好、民生改善等内容在内的全面协调可持续发展。显然，这个调整与转变经济增长方式的思想完全契合。

由此，在年底的中央经济工作会议上，胡锦涛将二者联系起来阐述，提出"我国已具备支撑经济又好又快发展的诸多条件，关键要在转变增长方式上狠下功夫"⑤。他指出，"我们必须清醒地认识到调整经济结构和转变经济增长方式对缓解人口资源环境压力、实现全面协调可持续发展的极端重要性，真正把做好工作的着力点放到调整经

---

① 《胡锦涛文选》第2卷，第368页。
② 《人民日报》2006年2月23日。
③ 《十六大以来重要文献选编》下，第679页。
④ 中共中央文献研究室：《科学发展观重要论述摘编》，中央文献出版社、党建读物出版社2008年版，第21—22页。
⑤ 《胡锦涛文选》第2卷，第545页。

济结构和转变经济增长方式上来"①。不难看出，在强调转变经济增长方式是实现又好又快发展的关键的时候，转变经济增长方式的内涵已经悄然向着科学发展观对于"发展"的界定发生转化。

2007年6月，胡锦涛在中央党校的讲话第一次将"转变经济增长方式"的提法改变为"转变经济发展方式"："实现国民经济又好又快发展，关键要在转变经济发展方式、完善社会主义市场经济体制方面取得重大新进展。"②9月，胡锦涛在《推进全面合作 实现持续发展》的演讲中，再次提到转变经济发展方式的概念。随后，十七大将加快转变经济发展方式确立为"关系国民经济全局紧迫而重大的战略任务"③，强调要加快转变经济发展方式，实现又好又快发展。

理论上讲，经济增长方式是指通过生产要素结构的变化包括生产要素数量增加和质量改善来实现经济增长的方法和模式。根据增长动力的不同，经济增长方式通常表现为粗放型增长和集约型增长两种方式。前者主要依靠增加生产要素投入、追求产品数量扩张实现增长；后者则主要依靠科技进步和提高经济效益实现增长。而中国共产党话语体系中的"经济增长"，主要的是一个"量"的范畴，关注的是经济总量的增长以及人均产量的增加；"经济发展"则主要的是一个"质"的范畴，侧重关注的是经济质量的提高，不仅包括国内生产总值和人均 GDP 的增加，而且还包括社会生产率、技术创新水平是否足够高，以及整个社会经济结构和制度结构是否完善等，是一个立体化的发展概念。④因此，"经济发展"实际上就是集约型增长，至少核心内容是实现集约型增长。之所以改用"转变经济发展方式"的概念，恐怕是要从用词上彰显与过去以粗放型增长为主要内容的"经

---

① 《十六大以来重要文献选编》中，第 817 页。
② 《胡锦涛文选》第 2 卷，第 546 页。
③ 《十七大以来重要文献选编》上，第 17 页。
④ 闫茂旭：《从五次宏观调控看转变经济发展方式的复杂性》，《中共四川省委党校学报》2012 年第 1 期。

济增长方式"的不同，以便更容易区分两种方式、更透彻理解两种方式的转变。只是，实践中转变的复杂性就不是如概念之间的更新这么简单了。胡锦涛对此特别强调："由转变经济增长方式到转变经济发展方式，虽然只是两个字的改动，但却有着十分深刻的内涵。转变经济发展方式，除了涵盖转变经济增长方式的全部内容外，还对经济发展的理念、目的、战略、途径等提出了新的更高的要求。"[1]他认为这种提法的变化深刻反映了中国共产党对发展规律认识的深化。

基于以转变经济发展方式取代转变经济增长方式的认识提升，十七大提出了加快转变经济发展方式的总要求，即推动"三个转变"：促进经济增长要由主要依靠投资、出口拉动向依靠消费、投资、出口协调拉动转变；由主要依靠第二产业带动向依靠第一、第二、第三产业协同带动转变；由主要依靠增加物质资源消耗向主要依靠科技进步、劳动者素质提高、管理创新转变。[2]在科学发展观确立为中国共产党的经济工作指导思想的情况下，转变经济发展方式成为党的经济思想的又一次重要创新。

十七大之后，按照科学发展观的要求，中国共产党在经济工作中进一步深化对转变经济发展方式的认识。2007 年 12 月，中央经济工作会议提出加快转变经济发展方式"五个必须坚持"的基本要求：必须坚持创新驱动；必须坚持城乡统筹；必须坚持节约资源、保护环境；必须坚持内外协调；必须坚持以人为本。[3]2008 年 2 月的中共十七届二中全会，要求在转变经济发展方式过程中，要努力做到"速度质量效益相协调、消费投资出口相协调、人口资源环境相协调、改革发展稳定相协调"[4]，把四个相协调放在一起突出强调，进一步凸显

---

① 《胡锦涛文选》第 3 卷，第 4 页。
② 《十七大以来重要文献选编》上，第 17—18 页。
③ 《人民日报》2007 年 12 月 6 日。
④ 《人民日报》2008 年 2 月 28 日。

转变经济发展方式的更高要求。

面对加快转变经济发展方式的重大任务，中央政治局于 2008 年 4 月专门就这一问题进行集体学习。胡锦涛在主持学习时强调，要深刻认识转变经济发展方式的重大意义，"大力推动经济增长由粗放型向集约型转变、由片面追求经济增长向全面协调可持续发展转变，不断赢得发展新优势、开创发展新局面"①。如果说十七大提出"三个转变"主要针对经济增长而言，那么，这里提出的"两个转变"，不仅讲经济增长，而且强调经济社会全面协调可持续发展，和"四个协调"一起，使转变经济发展方式的要求和目标更为全面和具体。

与此同时，中国共产党对转变经济发展方式重要性、紧迫性的认识进一步强化。胡锦涛多次强调，面对日益激烈的国际经济竞争，面对中国经济发展中存在的种种矛盾和问题，只有做好转变经济发展方式这篇大文章，才能提高中国经济的国际竞争力和抗风险能力，顺利实现各项发展目标。他指出："能不能适应国际环境的新变化，适应我国发展的新要求，在转变经济发展方式上取得重大突破，关系到我们能不能牢牢把握发展的主动权，在较长时期内继续保持经济平稳较快发展。"②他明确要求："当前，尤其要科学分析我国全面参与经济全球化的新机遇新挑战，全面认识工业化、信息化、城镇化、市场化、国际化深入发展的新形势新任务，深刻把握我国发展面临的新课题新矛盾，大力推进经济发展方式转变，大力推进经济结构战略性调整，从根本上改变我国人均劳动生产率低、产品附加值低以及经济增长物耗高、能耗高、生态环境代价高的状况。"③

中央如此强调转变经济发展方式的紧迫性，显然与这时国际金融危机对中国经济造成的重大冲击密切相关。在应对危机的过程中，

---

① 《人民日报》2008 年 4 月 30 日。

② 《人民日报》2008 年 4 月 30 日。

③ 《十七大以来重要文献选编》上，第 504 页。

中国共产党更进一步加深了对后危机时代加快转变经济发展方式的认识。事实上，中央在危机一开始就有很强的机遇意识。早在危机初现端倪的时候，胡锦涛就指出："当前国内外经济环境出现的各种变化，既带来诸多挑战，也为加快转变经济发展方式提供了机遇。"①一方面，"这场国际金融危机与中国发展方式转变、经济结构调整的关键时期不期而遇，新的挑战与既有矛盾相互交织，加大了我们解决问题的难度"②；但从另一方面看，"历史经验表明，每次重大经济危机都会伴生重大科技突破和产业调整，强力推动经济发展方式转变"③。

不过，应对国际金融危机冲击的一揽子计划和政策措施，明显具有保增长的导向。虽然中央在推出积极的财政政策和适度宽松的货币政策之时就强调，"越是在加大力度保增长的时候，越要重视质量和效益，加快发展方式转变，把实现保增长的目标建立在提高质量、优化结构、增加效益、降低消耗、保护环境的基础之上，实现既保持增长又提高质量的双重目标"④；然而，这种强调显然不能抵挡政策的巨大惯性。面对这种情况，中央领导人只能在全力保增长的同时，呼吁全党不要忘记转变经济发展方式的任务。胡锦涛在2008年11月中央政治局集体学习时指出："在一个时期内，我们将突出面临国际金融危机影响持续加深、全球经济增长明显放缓的压力，突出面临外部需求显著减少、我国传统竞争优势逐步减弱的压力，突出面临国际竞争日趋激烈、投资和贸易保护主义上升的压力，突出面临人口资源环境约束不断增强、转变经济发展方式要求更为迫切的压力。"⑤在2009年9月的中共十七届四中全会上，他再度强调，要坚定推进经济发展

---

①《十七大以来重要文献选编》上，第485页。
② 中共中央文献研究室编：《十七大以来重要文献选编》中，中央文献出版社2011年版，第26页。
③《人民日报》2009年11月14日。
④《十七大以来重要文献选编》上，第761页。
⑤《人民日报》2008年11月30日。

方式转变，努力使应对国际金融危机冲击、保持经济平稳较快发展的过程成为增强发展可持续性的过程。但是在保持经济平稳快速增长的压力下，这些呼吁对实践的影响不能不受到限制。

到了 2009 年底，形势进一步明朗。这年的中央经济工作会议认为，"这场国际金融危机使我国转变经济发展方式问题更加凸显出来"，"综合国际国内经济形势看"，"转变经济发展方式已刻不容缓"。① 显然，中央在保增长的同时，对危机中暴露出来的经济发展方式存在的突出矛盾和问题有了更为深刻的认识。这次会议还对"十一五"特别是十七大以来推动经济发展方式转变成效作了评估，认为："我们在经济发展方式转变方面取得的成效还是初步的，离科学发展要求还有很大差距，在重点领域和关键环节上仍然相当滞后。"② 因此，转变经济发展方式关键是要在"加快"上下功夫、见实效。

为了对转变经济发展方式产生事实上的推动，这次会议阐明加快转变经济发展方式三个方面的政策导向：从制度安排入手，完善加快经济发展方式转变的体制机制和政策导向、利益导向；以优化经济结构、提高自主创新能力为重点，实现经济发展方式转变新突破，把淘汰落后生产能力与抢占新兴产业制高点结合起来，提升经济整体素质和国际竞争能力；以完善政绩考核评价机制为抓手，既要看发展速度和规模，更要看是否真正做到好字当头、又好又快，增强加快经济发展方式转变的自觉性和主动性。胡锦涛认为，"只有这样，才能突破资源环境对经济发展的瓶颈制约，才能满足人民新期待新要求，才能在后国际金融危机时代的国际竞争中赢得主动，我国发展空间才会越来越大、发展质量才会越来越高、发展道路才会越走越宽广"③。

---

① 参见《人民日报》2009 年 12 月 8 日。
②《十七大以来重要文献选编》中，第 284 页。
③《十七大以来重要文献选编》中，第 284 页。

为总结应对国际金融危机的经验，完善加快经济发展方式转变的思路和举措，2010 年 2 月，中央举办省部级主要领导干部深入贯彻落实科学发展观转变经济发展方式专题研讨班。胡锦涛在开班式的讲话中说，"国际金融危机对我国经济的冲击表面上是对经济增长速度的冲击，实质上是对经济发展方式的冲击"；"加快经济发展方式转变是我国经济领域的一场深刻变革，关系改革开放和社会主义现代化建设全局"；"转变经济发展方式关键是要在'加快'上下功夫、见实效"[①]。他认为：转变的速度慢了，效果还不够好，功夫还没有下够，"突出问题是转变步伐还跟不上国际国内经济形势发展，与抓紧解决经济运行中突出矛盾的要求不相适应，与积极参与国际经济合作和竞争、有效应对国际经济风险挑战的要求不相适应，与实现科学发展的要求不相适应。"[②]

依据这些要求，中央提出并部署了转变经济发展方式的重点工作：加快推进经济结构调整，加快推进产业结构调整，加快推进自主创新，加快推进农业发展方式转变，加快推进生态文明建设，加快推进经济社会协调发展，加快发展文化产业，加快推进对外经济发展方式转变。[③]这"八个加快"各有侧重、相互依存、互为补充，是十七大提出的"三个转变"在后危机时期要求的具体化、明确化，并呈现出一些新的特点。最突出的是，把调整经济结构放在加快经济发展方式转变更加重要的位置。这八项重点工作中，至少有四个方面都是结构调整问题或与结构调整相关。除了单独论述的加快推进经济结构调整和产业结构调整外，农业结构和外贸结构调整分别是加快推进农业发展方式转变和加快推进对外经济发展方式转变的主要内容，充分显示出经济结构调整对经济发展方式转变的重要性。为此，胡锦涛提

---

① 《胡锦涛文选》第 3 卷，第 329、342 页。
② 《胡锦涛文选》第 3 卷，第 342 页。
③ 参见《十七大以来重要文献选编》中，第 455—568 页。

出，"我们必须把调整经济结构作为转变经济发展方式的战略重点"，"调整经济结构，对加快经济发展方式转变具有决定性意义，也是提升国民经济整体素质、在后国际金融危机时期赢得国际经济竞争主动权的根本途径"①。

随后，中央在把这些重点任务部署到实际工作中去的同时，再度提升对加快转变经济发展方式的认识定调。2010 年 10 月，中共十七届五中全会在规划"十二五"时期发展时，进一步明确加快转变经济发展方式的基本要求：坚持把经济结构战略性调整作为加快转变经济发展方式的主攻方向；坚持把科技进步和创新作为转变经济发展方式的重要支撑；坚持把保障和改善民生作为加快转变经济发展方式的根本出发点和落脚点；坚持把建设资源节约型、环境友好型社会作为加快转变经济发展方式的重要着力点；坚持把改革开放作为加快转变经济发展方式的强大动力。② 全会再次强调，"以加快转变经济发展方式为主线，是推动科学发展的必由之路"，认为"加快转变经济发展方式是我国经济社会领域的一场深刻变革"，③ 因而把加快转变经济发展方式确定为"十二五"时期发展的主线。

从十七届五中全会对加快转变经济发展方式的定位来看，实现经济发展方式的转变，无疑是要实现继 30 多年前实行改革开放推动经济体制转型之后的又一次历史性大转型。因此，加快经济发展方式转变确实是中国经济领域的一场深刻变革，关系改革开放和现代化建设全局。中国共产党此时把加快转变经济发展方式作为自己经济思想中的关键内容，应当说是及时且到位的。

但是，转变经济发展方式是一个复杂的系统工程，不仅需要在经济体制上进一步推进改革和扩大开放，而且需要相应地推进其他各

---

①《胡锦涛文选》第 3 卷，第 344、343 页。
② 参见《十七大以来重要文献选编》中，第 975—976 页。
③《十七大以来重要文献选编》中，第 975 页。

方面体制特别是政治体制改革；不仅是一个经济问题，更是一个经济性与政治性、社会性并存的问题。①转变经济发展方式的基础，是从根本上调整经济结构，调整产业结构，改变世界加工厂的国际经济角色；而调整经济结构，则是一个更为复杂、更加艰巨的问题。中国共产党自改革开放以来的历次经济调整和宏观调控，都把调整产业结构作为重要内容，但是产业结构调整不但远远没有完成，并且愈发呈现出"脱实向虚"的趋势。这显然与转变经济发展方式的决断背道而驰。

可以说，对于转变经济发展方式，中央是有着壮士扼腕的气概的。这正如在国企改革攻坚期间，中央能够"抓大放小"，解决矛盾的主要方面，确保国有企业的整体效益和对国民经济的主导力。然而，具体到部门和地方，一旦涉及具体利益，态度就没有如此坚定了。特别是地方的财政收入必然更多依赖于本地区的经济增长，"经营城市"形成风潮，土地财政现象愈发严重。这就不能不使得地方在转变经济发展方面并不如中央那样积极主动。

在这些因素制约下，中国共产党对于加快转变经济发展方式的努力，虽然取得不少进展，但显然没有达到预期，制约经济发展方式转变的深层次问题还没有得到根本解决。如果不能加快经济发展方式转变，中国今后发展代价就会越来越大、空间就会越来越小、道路就会越走越艰难。面对这种局面，中央领导人的心态是很焦急的。胡锦涛于 2012 年 7 月又一次强调指出，"以科学发展为主题、以加快转变经济发展方式为主线，是关系我国发展全局的战略抉择。全党同志一定要统一思想、提高认识，坚决执行中央加快转变经济发展方式的重大决策部署"②。然而只能说，转变经济发展方式任重道远。

---

① 闫茂旭:《从五次宏观调控看转变经济发展方式的复杂性》,《中共四川省委党校学报》2012 年第 1 期。
②《人民日报》2012 年 7 月 24 日。

四、"保持经济平稳较快发展"：新任务

国际金融危机的爆发，使中国共产党更加深切地感受到加快转变经济发展方式的迫切性。但也正是因为应对国际金融危机的需要而推出的一系列确保经济平稳快速增长的政策，客观上造成了加快转变经济发展方式受阻。固然，"两害相权取其轻"是无可指摘的，但是，这些政策毕竟对改革和发展的路径、方法产生了倾向性影响。党的经济思想中的一些固有元素在某种程度上复苏了。

从 2007 年开始的美国次贷危机，到 2008 年演化成一场全球性的金融危机，并且迅速由金融领域扩散到实体经济领域，由美国扩散到世界主要经济体。中国经济在严重冲击下，增速迅速下滑，就业压力骤然加大，面临严重困难。这种局面与之前的情况相比可谓是"大反转"。此前，投资增长过快、信贷投放过多、贸易顺差过大、物价涨幅过大是中国经济发展面临的主要问题。为此，中央采取趋紧的宏观调控举措，实行稳健的财政政策和货币政策，着力转变经济发展方式。即便如此，到 2007 年，物价上涨压力依然很大，解决过热和通胀趋势的任务依然很重。因此，2007 年 12 月中央经济工作会议和 2008 年 3 月十一届全国人大一次会议，对 2008 年经济工作的部署，依然是要求"好字优先"，重点防止经济增长由偏快转为过热、防止价格由结构性上涨演变为明显通胀，同时继续实施稳健的财政政策，并将货币政策由"稳健"转变为"从紧"。

然而，这一切随着国际金融危机的蔓延而改变了。当然，这个改变有一个过程。还在美国次贷危机爆发之初，中央就一再强调要准备应对危机。2007 年 8 月，胡锦涛在主持中央政治局集体学习时提出，在经济全球化、我国对外开放不断扩大的形势下，必须增强国家经济安全监测和预警、危机反应和应对能力，增强金融业抗风险能

力，以确保经济安全和金融安全。① 十七大报告提出要加强战略思维，善于从国际形势发展变化中把握机遇、应对挑战。② 12月，胡锦涛在中央经济工作会议上强调，要密切关注国际局势的发展变化，做到未雨绸缪，对各种可能发生的情况要及早制定预案，妥善应对，趋利避害。③ 紧接着，他在新进中央委员会的委员、候补委员学习贯彻党的十七大精神研讨班上，提出"宁可把风险和困难估计得足一些，也千万不要因为估计不足而在风险一旦发生时手足无措，陷于被动"④。

进入2008年，危机对中国经济的不利影响开始显现。由于国外需求的萎缩，中国沿海地区经济增速下滑，纺织、钢铁等传统制造业产品出口下降；国际企高不下的能源、粮食等初级产品价格，进一步推高了国内物价。面对这种形势，中央对宏观调控着重点的认识发生变化。从7月开始，胡锦涛、温家宝等中央领导到长三角、珠三角、华北等地考察、了解经济运行情况。7月8日至11日，国务院连续3次召开经济形势座谈会、常务会议，听取意见和建议，讨论下半年的经济工作。⑤ 7月中下旬，胡锦涛在赴青岛调研、党外人士座谈会等场合提出，我们的战略判断仍然是机遇前所未有，挑战前所未有，机遇大于挑战；但他同时强调要稳定政策、适时微调，区别对待、有保有压，灵活而准确地解决问题。⑥

依据对国内外经济形势的综合分析判断，7月25日，中央政治局召开会议，将宏观调控的首要任务从年初的"防止经济增长由偏快转为过热、防止价格由结构性上涨演变为明显通货膨胀"，调整为"保持经济平稳较快发展、控制物价过快上涨"⑦。虽然提出保增长的

---

① 《人民日报》2007年8月30日。
② 参见《十七大以来重要文献选编》上，第13页。
③ 《人民日报》2007年12月6日。
④ 《胡锦涛文选》第3卷，第19页。
⑤ 参见《人民日报》2008年7月28日。
⑥ 参见《人民日报》2008年7月21日、26日。
⑦ 《人民日报》2008年7月26日。

任务，但这次会议还是把抑制通货膨胀放在突出位置。为此，中央制定和实施了一系列措施，包括：采取有针对性的金融政策，有节奏地上调利率、存款准备金率，控制货币的流动性和合理流向，同时进一步加强金融监管，防止国际投机资本的大幅流入流出，防范金融系统性风险；采取结构性减税等财税政策，有保有压；密切同其他国家宏观经济政策的协调与配合等。由此，中国宏观经济政策由年初的"两防"调整为"一保一控"。而这成为 2008 年中央对宏观经济政策所作的第一次调整。这次调整显示，中国共产党在经济思想上的关注点由控制经济过热向应对危机严重冲击转变。不过，从这时的认识和出台的政策看，中央还在谨慎地掌控宏观调控的方向，只是在调控的节奏和力度上作了灵活调整。

这种应对姿态很快遇到冲击。9 月，随着美国第四大投资银行雷曼兄弟公司破产，次贷危机已经发展为国际金融危机，国际经济形势随之急转直下。身处全球化之中的中国经济受到空前压力。在此情况下，中央再次对宏观经济政策进行调整，决定把宏观调控的着力点转到防止经济增速过快下滑上来，实施积极的财政政策和适度宽松的货币政策，要求采取一系列进一步扩大内需、促进经济平稳较快发展的重大举措。中共十七届三中全会提出，我们必须积极应对挑战，最重要的是把我国自己的事情办好，尽快扭转经济增速下滑的势头。要采取灵活审慎的宏观经济政策，着力扩大国内需求特别是消费需求，保持经济稳定、金融稳定、资本市场稳定、社会大局稳定。[1]10 月 17 日，国务院常务会议决定，采取灵活审慎的宏观经济政策，尽快出台有针对性的财税、信贷、外贸等政策措施，并就做好经济工作作出 10 项部署。[2]

这是 2008 年中国共产党对宏观经济政策所作的第二次调整。与

---

[1]《人民日报》2008 年 10 月 13 日。

[2]《人民日报》2008 年 10 月 20 日。

前一次相比，第一次调整是宏观调控的节奏和力度上的调整，着力点在于解决几年来中国经济运行中的突出问题；第二次调整则是宏观调控的方向和政策重点上的调整，着力点转为应对危机的严重冲击。这次调整显示，中国共产党在经济思想上的关注点由控制经济过热转向保持经济平稳快速增长。这意味着，不仅宏观调控的方向完全改变了，而且十六届三中全会规定的完善社会主义市场经济体制的任务也将不可避免地受到影响。

为尽快扭转经济下行态势，中央明确要求：出手要快、出拳要重、措施要准、工作要实。9月中下旬，中国人民银行分别下调人民币贷款基准利率和存款准备金率，旨在增加市场流动性。11月5日，国务院常务会议决定采取进一步扩大内需、促进经济平稳较快增长的10项措施，包括加快建设保障性安居工程、农村基础设施、铁路公路和机场等重大基础设施等。11月6日，中央政治局常委会议决定把促进经济平稳较快增长作为经济工作的首要任务，果断实施积极的财政政策和适度宽松的货币政策，大规模增加政府投资，启动总额达4万亿元的两年投资计划。①

这些措施从酝酿到出台，只用了一周时间，发出了"保增长"的强力信号。为尽快取得实效，中央决定，在第四季度新增1000亿元中央投资，用于加快民生工程、灾后重建等；2009年灾后重建基金提前安排200亿元，带动地方和社会投资，总规模达到4000亿元。11月10日，国务院召开各省区市政府和国务院部门主要负责人会议，就落实中央应对危机的重大决策进行全面部署。②虽然10项措施中至少有5项与民生直接相关，如首次把提高城乡居民收入和税制转型改革列入扩大内需的举措之中，同时还将扩大投资规模与调整优化结构紧密结合起来、将扩大投资与拉动消费紧密结合起来；但是在

① 闫茂旭：《改革开放40年的中国经济》，第180—181页。
② 《人民日报》2008年11月11日。

仍然是政府主导的经济结构下，主要从这些措施中受益的，只能是国有部门和个别利益群体。中央所期望的既有利于现阶段扩内需、促增长，又有利于增强经济发展后劲的体现了长远目标，注定很难实现。

危机的影响还在继续。2008 年底、2009 年初的主要经济数据跌入这一轮放缓的谷底。面对越来越大的压力，中央对于确保经济增长的认识更加清醒，政策力度也进一步加大。基于国际金融危机尚未见底的判断，11 月的中央政治局会议提出，把保持经济平稳较快发展作为 2009 年经济工作的首要任务。[1]12 月，中央经济工作会议进一步明确"保增长"的目标，要求 2009 年经济工作以保增长、扩内需、调结构为主要任务，经济增长预期目标确定为 8% 左右。会议指出，在世界经济增长明显减速的背景下，实现这样的经济增长目标，有利于增强信心、稳定预期，有利于扩大城乡就业、增加居民收入、保持社会稳定。会议据此提出应对危机的基本思路：把保持经济平稳较快发展作为明年经济工作的首要任务，着力在保增长上下功夫，把扩大内需作为保增长的根本途径，把加快发展方式转变和结构调整作为保增长的主攻方向，把深化重点领域和关键环节改革、提高对外开放水平作为保增长的强大动力，把改善民生作为保增长的出发点和落脚点。坚持扩大内需为主和稳定外需相结合，进一步增强抵御外部经济风险能力；坚持保持增长速度和提高质量效益相统一，进一步提高经济发展质量和水平；坚持推进结构升级和扶持就业创业相协调，进一步增强经济竞争优势和吸纳就业能力；坚持推进金融创新和提高金融监管能力相适应，进一步发挥金融对促进经济发展的积极作用；坚持加强政府调控和发挥市场机制作用相促进，进一步增强经济发展内在活力。[2]

---

[1] 王丛标：《树立世界眼光，积极应对挑战——以胡锦涛为总书记的党中央应对国际金融危机的决策过程》，《党的文献》2009 年第 5 期。
[2]《人民日报》2008 年 12 月 11 日。

　　2009 年的前几个月，按照中央的决策和布署，党和国家在宏观经济层面上继续实施积极的财政政策和适度宽松的货币政策，并对应对举措进行配套和完善，逐步形成应对金融危机、保持经济平稳较快增长的一个比较系统完整的应对方案即"一揽子计划"。这个方案主要包括大规模增加政府投资，实行结构性减税，大范围实施汽车、钢铁等 10 个关系国计民生的重点产业调整和振兴规划，在两年内投入 1000 亿元大力度推进科技进步和自主创新，提高企业退休人员基本养老金、提高失业保险金、提高城乡低保，大幅度提高社会保障水平等。

　　"一揽子计划"最直接、最重要的目标，是扭转经济增速下滑趋势、保持经济平稳较快增长，同时力求解决制约中国经济发展的结构性问题，加快转变发展方式，全面提升各种生产要素的质量和水平，为中国经济长远发展打下更加牢固的基础。显然，这一计划是希望标本兼治、远近结合的，确实体现了中央始终坚持把应对危机与推动中国经济转型、长远发展相结合的一贯思想。事实上，在政策执行初期，这方面的效果还是比较显著的。

　　从 2009 年 1 月中旬到 2 月下旬，汽车、钢铁、纺织等十大产业调整振兴规划密集推出。规划涉及的十大产业中，有八个是工业，包括重工业和轻工业，在国民经济中处于重要的位置，并对其它相关行业影响较大，同时也是受金融危机冲击较大的行业。在规划中，中央着重强调解决长期以来困扰中国产业发展的几大瓶颈：在财税方面，通过调整税费为产业"减压"；在金融方面，通过扩大融资渠道和信贷规模为产业"松绑"；鼓励自主创新；进行产业结构调整和升级，鼓励兼并重组。"调整"和"振兴"并重，是此规划最为人瞩目的特点。"调整"，即通过宏观经济政策引导，将落后的产能和产品压下来，遏制"两高一资"的落后产能；"振兴"，则是保护和发展重点产业、重要生产能力和重要的市场份额，增强经济发展后劲。这体现了中央关于运用市场倒逼机制促进经济结构调整和发展方式转变的要求。在短短 40 天左右的时间里紧锣密鼓地推出如此宏大的规划，显示出中国共产党保持经济平稳较快发展的决心和执行力。

尤为难得的是，即便在如此困难的局面下，中国共产党将"增富于民"作为纾解困局的重要方法。越是困难的时候，越要关注民生，这是一揽子计划的鲜明特点，也是中央在应对危机中贯穿始终的重要思想。2 月 23 日，中央政治局会议在讨论政府工作报告稿时指出，必须把握好扩内需、保增长，调结构、上水平，抓改革、增活力，重民生、促和谐的原则。① 同日，胡锦涛在主持中央政治局集体学习时强调，要坚持把改善民生作为保增长的出发点和落脚点，坚持问政于民、问需于民、问计于民，使保增长、保民生、保稳定的政策措施和工作部署更加符合实际，更加符合群众要求。②3 月，十一届全国人大二次会议批准了应对危机的"一揽子计划"，并综合考虑发展的需要和可能，将保持国内生产总值增长 8% 左右作为 2009 年经济工作的主要目标。

此后，"一揽子计划"在实施过程中，根据形势的变化不断充实和完善。4 月下旬至 6 月下旬，国务院先后就开展跨境贸易人民币结算试点、调整固定资产投资项目资本金比例、以专项资金支持企业技术改造、加快科技重大专项实施工作、鼓励汽车家电"以旧换新"、进一步稳定外需、进一步加强就业工作、开展新型农村社会养老保险试点等，制定具体实施方案。在对重大产业进行调整振兴的同时，中央着手对区域经济、特别是东部沿海经济带的发展作出全面部署，进一步完善全国经济战略布局。继 2008 年 12 月就珠江三角洲地区改革发展规划、推进重庆市统筹城乡改革和发展等作出安排之后，2009 年上半年中央又先后推出若干举措：推进上海加快国际金融中心、国

---

① 《人民日报》2009 年 2 月 24 日。
② 《人民日报》2009 年 2 月 25 日。

际航运中心建设；支持福建省加快建设海峡西岸经济区；要求将江苏沿海地区建成我国东部地区重要的经济增长极；决定将横琴岛逐步建成"一国两制"下促进珠江口西岸地区产业升级的新平台；加快辽宁沿海经济带建设等。

到 2009 年年中，"一揽子计划"的政策效应逐步显现，中国经济运行中的积极因素增多，企稳向好的势头日趋明显。从 2009 年第二季度起，中国经济止跌回升，增长 7.9%，比第一季度加快 1.7 个百分点，结束连续 7 个季度的下行，出现上升拐点。随后经济增速一季快于一季，2009 年经济增长 9.2%。[①]事实证明，中国应对国际金融危机冲击的方针政策是有效的，对于"保增长"功不可没。

在出现有利变化的情况下，6 月，胡锦涛在出席"金砖四国"领导人首次会晤时，提出四国应"争取率先从国际金融危机中复苏"[②]的主张。根据"率先"这一新要求，7 月召开的中央政治局会议进一步研判国内外经济形势，明确下半年应对危机的思路和预案：我国经济正处于企稳回升的关键时期，但经济回升的基础还不稳固，国际国内不稳定、不确定因素仍然较多，对此必须保持清醒的认识。要继续把促进经济平稳较快发展作为经济工作的首要任务，保持宏观经济政策的连续性和稳定性，继续实施积极的财政政策和适度宽松的货币政策，全面落实和充实完善刺激经济的"一揽子计划"和相关政策措施。会议强调，宏观政策取向不能改变，调控工作不能放松，调控重点更加突出；在保增长中更加注重推进结构调整，更加注重加快自主创新，更加注重加强节能环保，更加注重城乡统筹和区域协调发展，更加注重深化改革开放，更加注重保障和改善民生。[③]在继续致力于"保增长"的同时，中国共产党再度将关注点向"促改革"转移。只

---

① 国家统计局编：《中国统计年鉴 2010》，中国统计出版社 2010 年版，第 5 页。
②《胡锦涛文选》第 3 卷，第 218 页。
③《人民日报》2009 年 7 月 24 日。

是，在前期刺激政策的"漫灌"之下，突破性的改革举措似乎已越来越难以推出，已有的改革部署也不得不放缓。不仅如此，改革在应对危机中是否出现倒退，成为舆论热议的问题。

还在 2008 年 11 月，中共中央、国务院转发国家发改委《关于当前进一步扩大内需促进经济增长的十项措施》后，社会上随即出现关于"国进民退"现象的大争论。因为，此时中央约 4 万亿元投资的大部分项目，都落在大型国企的盘子里。由于大型国企职工高薪、高福利以及高管贪腐案件屡禁不止的问题，国企一度成为众矢之的。此时再将如此巨大的投资项目给予国有企业特别是中央所属的国有企业，对于本就被危机冲击得七零八落的非公有制经济来说，显然是失望的。"国进民退"是不是就意味着改革出现倒退了呢？

事实上，金融危机发生以后，为了"扩内需、保增长"，数以万亿元的财政资金和银行贷款注入了中央企业和地方政府的"融资平台"，其中央企拥有的资源更多。因此，"傍央企"成为各地推动经济增长的重要做法。众多央企也以雄厚的财力为后盾，大举向地方进军。有统计显示，央企向地方投资协议金额从 2008 年的 0.26 万亿元增加到 2011 年的 11.38 万亿元，3 年增加了 42 倍，几乎遍及国民经济的所有部门。[1] 可以看出，国有资本布局调整的停顿乃至反复，使中共十六届三中全会"建立统一开放竞争有序的现代市场经济体系"的要求难以落到实处。

但与此同时，中国共产党也在应对危机的过程中努力推进改革、扩大开放。中央虽然认为应对危机中"政府维护市场正常运行的职责会有所强化"，但也强调"市场在资源配置中的基础性作用不会改变"。[2] 而实践也在一定程度上证明了这一点。农业农村改革在十七届三中全会通过《关于推进农村改革发展若干重大问题的决定》后加

---

① 参见吴敬琏、马国川：《重启改革议程——中国经济改革二十讲》，第 239 页。
②《胡锦涛文选》第 3 卷，第 280 页。

快推进。国有经济战略性调整和国有大型企业改革取得实质性进展，国资委监管的中央企业不仅数量减少，而且超过 80% 的资产集中在石油石化、电力、国防和通信等关键领域以及运输、矿业、冶金等支柱行业。国有大型商业银行股份制改革基本完成，创业板市场也于2009 年 10 月正式推出。2009 年之前，中国跨境贸易不能使用人民币结算，使得进出口企业面临着很大的汇率风险。2009 年 4 月，国务院决定在上海等地开展跨境贸易人民币结算试点，受到企业的普遍欢迎。2011 年 8 月，国务院决定将跨境贸易人民币结算地区扩大至全国。增值税向消费型增值税转型的改革自 2009 年 1 月 1 日起实施。中国共产党对于经济工作的领导方式也在改革和完善。2009 年 12 月的中央经济工作会议要求，要完善促进科学发展的干部考核评价机制，既要看发展速度和规模，更要看经济结构是否优化、自主创新水平是否提高、就业规模是否扩大、收入分配是否合理、人民生活是否改善、社会是否和谐稳定、生态环境是否得到保护、可持续发展能力是否增强，总之要看是否真正做到好字当头、又好又快，从而使加快发展方式转变成为各级党委和政府的自觉行动。①

特别是在 2010 年 5 月，国务院印发《关于鼓励和引导民间投资健康发展的若干意见》，进一步明确民营资本可以进入能源、军工、电信、航空等传统垄断行业，非公有制经济发展的体制环境继续得到改善。② 此前，国务院还于 2004 年作出关于投资体制改革的决定，提出改革项目审批制度，落实企业投资自主权。对于企业不使用政府投资建设的项目，一律不再实行审批制，区别不同情况实行核准制和备案制。这无疑是为非公资本的自由流动打开了门路。所有这些都显示，改革思想仍然是中国共产党经济思想的重要内容。

---

① 《人民日报》2009 年 12 月 8 日。
② 参见《十七大以来重要文献选编》中，第 659—668 页。

本编结语

在改革开放和社会主义现代化建设新时期，中国共产党的经济思想迎来大丰富、大阐述、大发展。在改革开放和中国特色社会主义的指引下，中国共产党努力使党的经济思想适应不断变化了的发展实际，正确判断国际国内形势，抓住重大历史机遇加快发展。在领导经济改革和发展的实践过程中，什么是社会主义的经济、怎样建设社会主义的经济，始终是中国共产党思想认识的核心问题。

囿于马克思主义经济学说的经典文本和具体论断，即便身处改革大潮中的中国共产党，在经济思想发展上的逻辑基础依然只能是公有制、计划经济、按劳分配等概念和理论。只是，随着改革和开放的不断发展和深入，既有的经典理论不断被突破、被发展。及至社会主义市场经济这一极具创新性的概念和理论产生，人们对社会主义经济的固有认识终被打破，共产党人对于社会主义经济的理论光谱也终得改写。

不过，即便在对立统一的范畴内，对立双方也只能处于相对均衡、总体均衡的状态。在特定的维度下，总有一方处于主导或偏重的地位。中国共产党历来认为绝对均衡是不存在的，这是唯物辩证法的基本观点。因而，当社会主义市场经济思想产生时，"社会主义"与"市场经济"之间的思想比重有所不同，在中国共产党的意识里，或许并不是一件奇怪的事情。同样，既然改革是在社会主义条件下、基于社会主义基本经济制度进行的，主要着眼点是找到更好地建设社会主义的经济发展方法，那么突出、侧重强调作为方法的"市场经济"，也当属思想演化的必然了。在这样的思想氛围下，再加上融入全球化之后面对着技术要求更高、更复杂精细的经济运转体系，中国共产党展现出对于各种先进的经济管理理念、经验和技术的积极吸纳、兼收并蓄，并形成自己独特的经济工作制度和政策体系。

某种程度上，"去经典化"的"方法至上"描述了这一时期的经济思想特征。它当然是对社会主义革命和建设时期"主义挂帅"的回拉。经济思想的钟摆效应由此产生。当然，思想本身是活跃的，经济思想的钟摆也很难完全停留在一个平衡点上。市场因素逐渐走强的同时，政府的经济控制力走过了一幅"高→削弱→进一步削弱→依靠现代经济手段重新增强"的路线图。随着中国经济发展进入新常态，中国共产党的经济思想开始了新的探索和发展。

第四编

中国特色社会主义新时代的中国共产党经济思想

　　党的十八大之后，中国特色社会主义进入新时代。以习近平同志为核心的党中央提出适应和引领经济发展新常态，使市场在资源配置中起决定性作用和更好发挥政府作用，贯彻落实新发展理念，防范和化解经济领域的各种风险，促进经济持续健康发展，形成和发展了习近平新时代中国特色社会主义经济思想。在习近平新时代中国特色社会主义经济思想的指引下，中国共产党迎难而上，砥砺前行，取得经济发展新的辉煌成就，夺取全面建成小康社会新的重大胜利，实现了第一个"一百年"奋斗目标，展现了中国特色社会主义伟大事业新的壮丽前景，为实现中华民族伟大复兴中国梦打下了坚实基础。

　　习近平新时代中国特色社会主义经济思想，不仅在实践中获得巨大成功，而且在思想上形成完整体系，深化和拓展了中国共产党对中国经济发展规律的认识，丰富和发展了中国特色社会主义经济理论，催生了新时代的中国特色社会主义政治经济学。这是中国共产党经济思想的重大创新和最新发展。这一系列经济思想包括了关于中国经济形势怎么看、经济工作怎么干的所有重大问题，立意高远，洞察深刻，内涵丰富，并且呈现出鲜明的内在逻辑性，即突显理念在经济发展中的引领地位、突出和强化马克思主义政治经济学在经济思想和经济政策中的理论指导地位。

第十二章　全面建成小康社会时期的中国共产党经济思想：2012.11—至今

中国特色社会主义新时代开启之际，中国共产党提出了全面建成小康社会的新要求和全面深化改革开放的新任务。但此时，党面临的国内外经济形势又是极其错综复杂的。中国经济发展遇到很多自改革开放以来从未遇过的新情况，堪称"百年未有之大变局"。在风云变幻的时代浪潮中，中共中央冷静分析、科学决策，准确判断中国经济发展的阶段性特征，提出并推动落实新的发展理念，坚持改革，扩大开放，催生了中国共产党经济思想的新内涵，带动一个新的发展局面有序展开。

一、习近平新时代中国特色社会主义经济思想

十八大召开前后，中国经济总体上平稳较快发展，但发展面临的环境更加复杂、不确定性更大、风险挑战更多。2012 年 11 月，中共十八大确定到 2020 年 "实现国内生产总值和城乡居民人均收入比二〇一〇年翻一番"[①] 的全面建成小康社会总体目标。根据这一目标，中共中央对中国经济发展的重大问题展开了新的探索和深入思考。

十八大后，中共中央把加强党对经济工作的领导提升到一个新的高度。2013 年 4 月，十八届中央财经领导小组召开第一次会议。

---

① 中共中央文献研究室编：《十八大以来重要文献选编》上，中央文献出版社 2014 年版，第 13 页。

与往届中央财经领导小组仅作为议事机构的定位不同的是，新一届领导小组是受中央政治局及其常务委员会委托进行经济社会发展重大战略政策决策的机构。此后，每一次小组会议都由中共中央总书记习近平确定议题、主持会议，领导研究了数十项重大议题，提出数百项任务和措施。十九届三中全会后，中央财经领导小组改革为中央财经委员会，开展对经济领域重大工作的顶层设计、总体布局、统筹协调、整体推进、督促落实。随着中共中央领导经济工作的体制机制不断完善，中国共产党对经济工作的集中统一领导不断增强，对发展大局大势的分析把握也不断增强。

在科学分析中国经济发展阶段性特征的基础上，习近平总书记和中共中央对中国经济发展形势的新概括、新判断酝酿形成。2013年12月，中央经济工作会议作出中国经济发展正处于增长速度换挡期、结构调整阵痛期、前期刺激政策消化期"三期叠加"阶段的判断，[①] 要求"理性对待高速增长转向中高速增长的新常态"[②]。2014年，习近平在国内国际不同场合多次提到"新常态"概念，总结出新常态下中国经济发展速度变化、结构优化、动力转换三个主要特点，并强调经济工作要适应经济发展新常态。[③] 2014年12月的中央经济工作会议首次对经济发展新常态的成因和表现作系统分析，[④] 明确把新常态作为中国一个时期里推动经济发展的逻辑基点，在事实上成为习近平新时代中国特色社会主义经济思想初步形成的标志。

在进一步分析经济发展新常态、思考有效应对新常态的办法时，中共中央逐渐认识到，进入新时代后，制约中国经济发展的因素，供

---

① 中共中央文献研究室编：《习近平关于社会主义经济建设论述摘编》，中央文献出版社2017年版，第73页。

②《习近平关于社会主义经济建设论述摘编》，第319页。

③ 参见《习近平关于社会主义经济建设论述摘编》，第74页。

④ 参见中共中央文献研究室编：《十八大以来重要文献选编》中，中央文献出版社2016年版，第241—246页。

给和需求两侧都有，但矛盾的主要方面在供给侧；中国经济运行面临的突出矛盾和问题，虽然有周期性、总量性因素，但根源是重大结构性失衡，供给结构很不适应需求新变化是一个主要表现。[①]为进一步摆脱"速度情结"和"换挡焦虑"、推动经济工作着力点转移到最突出的现实矛盾问题上来，经过一系列调研论证，中央认为需采用改革的办法打通供给侧经济结构的症结。

2015 年 11 月，习近平在中央财经领导小组会议上首次公开提出推进供给侧结构性改革的思想，指出"要在适度扩大总需求的同时，着力加强供给侧结构性改革，着力提高供给体系质量和效率"。为此，他进一步强调，宏观政策要稳、产业政策要准、微观政策要活、改革政策要实、社会政策要托底。[②]一个月后的中央经济工作会议进一步强调推进供给侧结构性改革是适应我国经济发展新常态的必然要求，[③]提出去产能、去库存、去杠杆、降成本、补短板五大任务。2016 年 5 月，习近平在中央财经领导小组会议上对供给侧结构性改革的几个关键问题作进一步明确概括，加速了供给侧结构性改革理论的成熟。他指出：供给侧结构性改革的根本目的是提高供给质量满足需要，使供给能力更好满足人民日益增长的物质文化需要；主攻方向是减少无效供给，扩大有效供给，提高供给结构对需求结构的适应性，当前重点是推进"三去一降一补"五大任务；本质属性是深化改革，推进国有企业改革，加快政府职能转变，深化价格、财税、金融、社保等领域基础性改革。[④]这一年，中共中央进一步明确了供给侧结构性改革在中国宏观经济政策体系中的重要地位，强调要坚持把供给侧结构性改革作为经济发展和经济工作的主线[⑤]。

---

① 参见《习近平关于社会主义经济建设论述摘编》，第 95、113—114 页。

② 参见《习近平关于社会主义经济建设论述摘编》，第 87—88 页。

③《习近平关于社会主义经济建设论述摘编》，第 94 页。

④《人民日报》2016 年 5 月 17 日。

⑤《习近平关于社会主义经济建设论述摘编》，第 13 页。

这段时间里，围绕供给侧结构性改革这条主线，中央逐步确立起一整套引领中国经济持续健康发展的政策框架。这个框架先后涵盖了"一带一路"战略、以疏解北京非首都功能为重点的京津冀协同发展战略、以生态优先绿色发展为指针的长江经济带发展战略，创新驱动发展、资源能源有效利用、农业现代化、粮食安全、以人为核心的新型城镇化、生态文明建设，加快发展社会事业、加快改善民生、加快脱贫攻坚、逐步实现共同富裕等。[①] 由此，一个围绕供给侧结构性改革的经济思想体系形成了。

在认识和适应新常态的同时，中共中央也在抓紧谋划如何加快健全社会主义市场经济体制，完善引领经济持续健康发展的体制机制。结合现实发展需求和各方面意见，经过反复讨论研究，到2013年中共十八届三中全会召开时，中央认为对有关重大问题从理论上作出新表述的条件已经成熟。这次会议期间，习近平分析经济发展的本质和市场经济本质，明确指出"经济发展就是要提高资源尤其是稀缺资源的配置效率"，"市场配置资源是最有效率的形式"；"市场决定资源配置是市场经济的一般规律，市场经济本质上就是市场决定资源配置的经济"。[②] 会议抓住经济体制改革的核心问题，对政府和市场的关系作重新定位，将市场在资源配置中的"基础性作用"修改为"决定性作用"，提出"使市场在资源配置中起决定性作用和更好发挥政府作用"[③] 的重大理论观点。会议同时强调，"市场在资源配置中起决定性作用，并不是起全部作用"，"仍然要坚持发挥我国社会主义制度的优越性、发挥党和政府的积极作用"。[④] 政府和市场关系问题的新定位，是中国共产党对中国特色社会主义建设规律认识的一个新突

---

① 参见《习近平关于社会主义经济建设论述摘编》，第112页。
②《习近平关于社会主义经济建设论述摘编》，第52页。
③《十八大以来重要文献选编》上，第513页。
④《习近平关于社会主义经济建设论述摘编》，第53页。

破，成为习近平新时代中国特色社会主义经济思想的一项重大创新。

此后，为进一步阐明政府与市场的关系问题，习近平多次论证强调要讲辩证法、两点论，"看不见的手"和"看得见的手"都要用好，努力形成市场作用和政府作用有机统一、相互补充、相互协调、相互促进的格局。①这对推动相关理论发展完善和在全党全社会树立关于政府与市场关系的正确观念发挥了重要指导作用。

新时代中国发展的新形势新要求，亟须中国共产党提出治本之策和战略指引。在"十二五"规划即将完成之际，中共中央着手谋划"十三五"时期经济社会发展。面对经济社会领域存在的发展动力、发展平衡、人与自然关系、内外联动、社会公平正义等方面的突出矛盾和问题，中央在指导制定"十三五"规划时明确要求"首先要把应该树立什么样的发展理念搞清楚"②。经过充分酝酿，2015年10月，中共十八届五中全会强调坚持以人民为中心的发展思想，明确提出树立和坚持创新、协调、绿色、开放、共享的发展理念，要求用新的发展理念规划"十三五"、引领发展行动。

十八届五中全会对新发展理念的内涵作了深刻阐述，指出：创新是引领发展的第一动力，必须摆在国家发展全局的核心位置，要不断推进理论创新、制度创新、科技创新、文化创新等各方面创新，让创新贯穿党和国家一切工作，让创新在全社会蔚然成风；协调是持续健康发展的内在要求，必须牢牢把握中国特色社会主义事业总体布局，正确处理发展中的重大关系，不断增强发展整体性；绿色是永续发展的必要条件和人民对美好生活追求的重要体现，必须坚持节约资源和保护环境的基本国策，坚持可持续发展，坚定走生产发展、生活富裕、生态良好的文明发展道路；开放是国家繁荣发展的必由之路，必须顺应我国经济深度融入世界经济的趋势，奉行互利共赢的开放战

---

① 参见《习近平关于社会主义经济建设论述摘编》，第58、68页。
②《习近平关于社会主义经济建设论述摘编》，第21页。

略，构建广泛的利益共同体；共享是中国特色社会主义的本质要求，必须坚持发展为了人民、发展依靠人民、发展成果由人民共享，使全体人民在共建共享发展中有更多获得感，增强发展动力，增进人民团结，朝着共同富裕方向稳步前进。①

在贯彻落实新发展理念上，中央的态度是笃定和迫切的。全会结束后不久，为推动新发展理念的学习贯彻，2016 年 1 月，在省部级主要领导干部学习贯彻党的十八届五中全会精神专题研讨班上，习近平结合历史、现实以及一些重大问题，从理论和宏观上对新发展理念作了系统深入的阐释，②使全党高级干部对新发展理念在思想认识上达成高度共识。4 月，习近平继续强调新发展理念的重大意义，指出"按照新发展理念推动我国经济社会发展，是当前和今后一个时期我国发展的总要求和大趋势"。③此外，他还从抓工作的角度强调"五大发展理念是不可分割的整体，相互联系、相互贯通、相互促进，要一体坚持、一体贯彻，不能顾此失彼，也不能相互替代"，要求全党"把思想和行动统一到新的发展理念上来，崇尚创新、注重协调、倡导绿色、厚植开放、推进共享，努力提高统筹贯彻新的发展理念能力和水平"。④

创新、协调、绿色、开放、共享的新发展理念，是中央对中国共产党经济思想特别是经济发展思想的传承和发展，在新时代进一步科学回答了实现什么样的发展、怎样实现发展的问题，深刻揭示了实现更高质量、更有效率、更加公平、更可持续发展的必由之路。十八届五中全会召开和新发展理念提出后，习近平新时代中国特色社会主义经济思想的主要内容基本成型。

---

① 参见《十八大以来重要文献选编》中，第 792—793 页。
② 参见习近平：《深入理解新发展理念》，《求是》2019 年第 10 期。
③《习近平关于社会主义经济建设论述摘编》，第 45 页。
④《习近平关于社会主义经济建设论述摘编》，第 32—33 页。

经过十八大以后五年的实践，中共中央对新时代中国经济发展规律的认识和把握达到新的高度。2017 年 10 月，习近平在中共十九大报告中提出，我国经济已由高速增长阶段转向高质量发展阶段，要贯彻新发展理念，建设现代化经济体系，以供给侧结构性改革为主线，推动经济发展质量变革、效率变革、动力变革。十九大围绕新时代经济建设作出深化供给侧结构性改革、加快建设创新型国家、实施乡村振兴战略、实施区域协调发展战略、加快完善社会主义市场经济体制、推动形成全面开放新格局等重大部署。① 由于中共十九大将习近平新时代中国特色社会主义思想确立为全党必须长期坚持的指导思想写进党章，正式概括和提出习近平新时代中国特色社会主义经济思想的条件至此也已成熟。

两个月后的中央经济工作会议对十八大后五年里中国经济发展的成就与变革作了回顾总结，指出十八大后中共中央成功驾驭了中国经济发展大局，形成了以新发展理念为主要内容的习近平新时代中国特色社会主义经济思想。对这一经济思想的内涵，会议概括为"七个坚持"：坚持加强党对经济工作的集中统一领导，完善党中央领导经济工作的体制机制，保证中国经济沿着正确方向发展；坚持以人民为中心的发展思想，贯穿到"五位一体"总体布局和"四个全面"战略布局之中；坚持适应把握引领经济发展新常态，引导全党全社会对经济形势保持清醒判断；坚持使市场在资源配置中起决定性作用，更好发挥政府作用，把处理好政府和市场关系作为经济体制改革的关键，为经济发展注入强大动力；坚持适应中国经济发展主要矛盾变化完善宏观调控，把推进供给侧结构性改革作为经济工作的主线，为保持中国经济持续健康发展开出治本良药；坚持问题导向部署经济发展新战略，推进京津冀协同发展战略、长江经济带发展战略、"一带一路"

---

① 参见中共中央党史和文献研究院编：《十九大以来重要文献选编》上，中央文献出版社 2019 年版，第 21—24 页。

建设等；坚持正确工作策略和方法，坚持稳中求进工作总基调，把握宏观调控的度，坚持底线思维，坚决防范各种风险特别是系统性风险。[①] 这"七个坚持"紧密联系、自成体系。其中，"坚持加强党对经济工作的集中统一领导"居于首位，具有总领性；"坚持以人民为中心的发展思想"指明经济发展的根本目的；后五个"坚持"明确了实现高质量发展的主要途径。会议还围绕高质量发展作出一系列理论阐述和政策部署。以这次会议为标志，习近平新时代中国特色社会主义经济思想科学概念正式提出，并得到比较系统的概括和阐述。

提出习近平新时代中国特色社会主义经济思想具有极为重大的历史意义。这一思想对新时代中国特色社会主义经济建设的时代背景、根本立场、政治保障、制度基础、主题主线、发展理念、发展路径、内外关系和工作方法等一系列重大问题作了系统回答。习近平新时代中国特色社会主义经济思想是对发展中国特色社会主义政治经济学作出的重大原创性贡献。这一思想的形成和发展，成为新时代推进中国经济建设的根本遵循，指引中国经济发展迈向更加广泛而深刻的历史性变革。

此后不久，中国经济运行呈现稳中有变、变中有忧的新态势。2018年开始的中美经贸摩擦在短时间内持续升级，导致中国外部环境趋于复杂严峻，国内外风险挑战持续上升。这一年，中央以结构性去杠杆为基本思路防范化解重大风险，使宏观杠杆率趋于稳定，金融运行总体平稳，牢牢守住了不发生系统性风险的底线。中国共产党在稳妥应对复杂局势的实践中继续深化对新时代经济工作规律的认识，推动习近平新时代中国特色社会主义经济思想不断丰富发展。

2019年11月，中共十九届四中全会对坚持和完善社会主义基本经济制度作出新的重要概括。全会在中国共产党多年来将公有制为主

---

① 参见《十九大以来重要文献选编》上，第134—137页。

体、多种所有制经济共同发展作为社会主义基本经济制度的基础上，把按劳分配为主体、多种分配方式并存，社会主义市场经济体制上升为基本经济制度。[①] 这一新概括，是对社会主义基本经济制度内涵的重要发展深化，是中国改革开放理论和实践创新的重大成果，成为新时代中国共产党构建更加有效管用、逻辑贯通、衔接匹配的经济制度体系和推动经济高质量发展的根本遵循，也进一步丰富了习近平新时代中国特色社会主义经济思想的内涵。

2020 年年初，突如其来的新冠肺炎疫情使中国在决胜全面建成小康社会目标实现之际，经济社会发展遭遇严重挑战。面对危情，中国共产党在坚决守护好人民群众生命安全和身体健康的前提下，密切监测经济运行状况，持续抓改革发展稳定各项工作。2 月上旬，全国除湖北以外的地区疫情趋于稳定。为尽可能降低疫情对经济发展的影响，中央统筹疫情防控与经济社会发展工作，积极支持和组织推动湖北以外地区有序复工复产，出台一系列政策举措畅通经济社会循环，[②] 使人流、物流、资金流短时间内恢复有序运转。在应对疫情冲击的大考面前，中央坚定不移贯彻新发展理念，及时采取精准有效措施，发挥各方面积极性、主动性、创造性，在为疫情防控提供更好保障的同时切实保证了经济社会发展目标的如期实现。这是对习近平新时代中国特色社会主义经济思想的又一次成功运用和发展。

二、从新常态到高质量发展

在习近平新时代中国特色社会主义经济思想形成过程中，如何认识经济形势，是中国共产党在中国特色社会主义进入新时代后面临的一个基础性问题。十八大之后，中共中央认识和把握新时代中国

[①] 参见《人民日报》2019 年 11 月 6 日。
[②] 参见《人民日报》2020 年 2 月 22 日。

经济发展形势的重要表现就是对新时代中国经济发展阶段性特征的判断及其随着实践发展而发生的演化。这个过程经历了从"适应把握引领经济发展新常态"到"由高速增长阶段转向高质量发展阶段"的调整。

"新常态"作为一个经济理论概念，与之前人们经常使用的经济发展"新阶段""新时期""新秩序"等概念相比，含义不完全一致。在国际上，"新常态"最初是与经济衰退联系在一起的。早在2002年，"新常态"一词就已在西方媒体中出现，其经济含义主要是指无就业增长的经济复苏。在国际金融危机爆发之后，"新常态"旋即转变为刻画后危机时代全球经济新特征的专用名词，成为西方经济思想史上的一个重要创新。

在经济全球化的大背景下，中国经济不可避免地呈现出"新常态"这一概念所蕴含的普遍特征，同时又带有中国经济转型升级的阶段特色。自2012年起，中国经济增速明显回落。国内生产总值增长速度从2010年的10.4%下降到2011年的9.3%、2012年的7.7%、2014年的7.4%、2015年的6.9%。[1] 经济下行压力加大时，发展不平衡、不协调、不可持续的问题更加突出，环境资源人口约束加强，传统比较优势弱化，部分产业供过于求矛盾日益凸显，中国经济有了新的变化。如何认识这个变化，将决定采取什么样的经济发展方略，关乎经济能否持续健康发展。

对此，中共中央的洞察堪称敏锐。十八大之后的第一次中央经济工作会议，在全面分析国际国内经济形势的基础上指出"世界经济已由危机前的快速发展期进入深度转型调整期"。[2] 几个月后，习近平在参加十二届全国人大一次会议上海代表团审议时提到："我国经

---

① 闫茂旭：《新时期的"一体两翼"：十八大以来中共经济思想新发展》，《北京党史》2017年第5期。

② 《人民日报》2012年12月17日。

济已由较长时期的两位数增长进入个位数增长阶段"。①2013 年 10 月的亚太经合组织工商领导人峰会上，习近平强调"中国经济已经进入新的发展阶段"。②用划分时期阶段的方式对经济形势的变化作宏观描述表明，中央认为世界经济下行和中国经济增速的回落不是短暂的调整，也不是周期性波动，而是一种趋势性变化，意味着中国经济发展正迈向一个重大关口。这无疑是一个具有历史意义的重要认识。

面对经济发展的趋势性变化和国内外对中国经济发展前景的忧虑，中共中央保持定力，对新形势下中国经济发展的环境和条件作出冷静客观的分析，一方面强调"中国经济基本面是好的，经济增长及其他主要经济指标保持在预期目标之内，一切都在预料之中，没有什么意外发生"；③另一方面清醒指出"我国发展仍面临不少风险和挑战"。④中央调整了对发展重要战略机遇期的阐述，指出："我国发展仍处于重要战略机遇期的基本判断没有变。同时，我国发展的重要战略机遇期在国际环境方面的内涵和条件发生很大变化。我们面临的机遇，不再是简单纳入全球分工体系、扩大出口、加快投资的传统机遇，而是倒逼我们扩大内需、提高创新能力、促进经济发展方式转变的新机遇。"⑤

对于新形势下中国经济能否持续健康发展，中央始终保持坚定信心，要求既要切实增强忧患意识，充分做好应对各种复杂困难局面的准备，又要牢牢把握重大调整机遇，积极有为，创新求进，把转方式、调结构放在更加重要的位置。在综合权衡后，中央主动调控，将 2013 年经济增长目标下调 0.3 个百分点，设定为 7.5% 左右。对此，中央反复作出明确阐释，指出"中国经济增速处在合理区间和预期目

---

① 《人民日报》2013 年 3 月 6 日。
② 《十八大以来重要文献选编》上，第 437 页。
③ 《十八大以来重要文献选编》上，第 435 页。
④ 《习近平关于社会主义经济建设论述摘编》，第 3 页。
⑤ 《人民日报》2012 年 12 月 17 日。

标内"①，强调不一味追求经济增长速度、更加注重经济增长质量和效益。②9月，习近平在接受外媒采访时指出："如果我们继续以往的发展方式，我们会有更高的增长率。但是，在宏观经济政策选择上，我们坚定不移推进经济结构调整，推进经济转型升级，宁可主动将增长速度降下来一些，也要从根本上解决经济长远发展问题。"③11月，习近平在湖南考察时强调："转方式、调结构是我们发展历程必须迈过的坎，要转要调就要把速度控制在合理范围内，否则资源、资金、市场等各种关系都绷得很紧，就转不过来、调不过来。"④

针对2013年上半年中国出口大幅波动、经济持续下行、中央财政收入一度出现多年少有的负增长、银行间同业拆放利率一度异常升高、国际上出现中国经济可能"硬着陆"的声音等复杂情况，中央综合分析形势，认为外部需求仍有新的亮点、内部需求还有广阔空间，面对调整的阵痛和成长的烦恼，必须拿出历史耐心。7月，国务院召开部分省区经济形势座谈会，明确提出区间调控思路，强调经济运行要保持在合理区间，指出只要经济增长率、就业水平等不滑出"下限"，物价涨幅等不超出"上限"，经济运行就处在合理区间。⑤为此，国家坚持实施积极的财政政策和稳健的货币政策，不采取短期刺激措施，不扩大赤字，不超发货币，而是增加有效供给，释放潜在需求，沉着应对市场短期波动。

在认识随着实践不断深入的基础上，2013年底，中共中央作出"三期叠加"阶段和"新常态"重大判断。经过充分的理论准备，2014年12月中央经济工作会议详细分析了新常态给中国经济发展带来的9个方面趋势性变化，进一步从速度、发展方式、结构、动力4

①《十八大以来重要文献选编》上，第435页。
② 参见《人民日报》2013年6月1日。
③《人民日报》2013年9月4日。
④《人民日报》2013年11月6日。
⑤ 参见《人民日报》2013年7月10日。

个方面总结新常态的特点。习近平在会上强调，"在'三期叠加'这个阶段，经济发展速度必然会下降，但也不会无限下滑；经济结构调整是痛苦的，却是不得不过的关口；前期政策消化是必需的，但可以通过有效引导减缓消化过程中各类风险的影响"。①他指出，"我国经济发展进入新常态，是我国经济发展阶段性特征的必然反映，是不以人的意志为转移的。认识新常态，适应新常态，引领新常态，是当前和今后一个时期我国经济发展的大逻辑"②。这次会议对一段时间以来中国经济发展的趋势性变化作了系统归纳，对中国经济发展不平衡、不协调、不可持续问题的突出原因作了深入解析，表明中央对经济形势的认识达到一个新的高度。

为使党内外对经济发展新常态这个重大问题的认识与时俱进、摆脱旧的路径依赖，2015年5月至7月间，习近平在浙江、贵州、吉林调研时又多次谈到经济发展新常态问题。他指出，"我国经济发展已经进入新常态，如何适应和引领新常态，我们的认识和实践刚刚起步，有的方面还没有破题，需要广泛探索"；③要"适应和把握我国经济发展进入新常态的趋势性特征，保持战略定力，增强发展自信，坚持变中求新、变中求进、变中突破"。④

在"十二五"规划收官、"十三五"规划研究制定之际，中共中央认识到，"十三五"时期中国发展面临许多新情况新问题，最主要的就是经济发展进入新常态；⑤作为进入新常态后的第一个五年规划，"十三五"规划必须适应新常态、把握新常态、引领新常态。⑥为此，2015年10月十八届五中全会通过的"十三五"规划建议提出坚持以

---

① 《习近平关于社会主义经济建设论述摘编》，第79页。
② 《习近平关于社会主义经济建设论述摘编》，第79—80页。
③ 《习近平关于社会主义经济建设论述摘编》，第84页。
④ 《人民日报》2015年7月19日。
⑤ 《人民日报》2015年10月31日。
⑥ 《十八大以来重要文献选编》中，第774页。

人民为中心的发展思想，牢固树立创新、协调、绿色、开放、共享的新发展理念，为"十三五"时期如何进一步认识、适应、引领经济发展新常态提供思想指南。"十三五"规划建议将 2016 年至 2020 年经济年均增长的底线设定为 6.5%，要求既看速度，也看增量，更看质量，着力实现有质量、有效益、没水分、可持续的增长。[①]

经过一段时间的阐释和运用，2015 年，中国经济发展进入新常态已逐渐得到国内外普遍认同。在此基础上，2015 年 12 月，中央经济工作会议对"新常态怎么看"提出进一步要求，又进一步对"新常态怎么干"作出系统部署。关于"怎么看"，会议强调，要加深对"三期叠加"和经济发展新常态的认识和理解，彻底抛弃用旧的思维逻辑和方式方法再现高增长的想法，切实把思想和行动统一到党中央重大判断和决策部署上来；目前的问题主要不是周期性的，不可能通过短期刺激实现 V 形反弹，我国经济可能会经历一个 L 形增长阶段，要做打持久战的准备，敢于经历痛苦的磨难，适当提高换挡降速容忍度，先筑底、后回升。[②]关于"怎么干"，会议提出稳定经济增长、实施宏观调控、推进城镇化等 10 个方面的工作重点转变。

为使全党更加全面深入理解新常态，特别是针对党内关于新常态的一些错误认识倾向，2016 年 1 月，习近平总书记在省部级主要领导干部学习贯彻党的十八届五中全会精神专题研讨班上，批判了对新常态近乎"庸俗化"的认识。他强调：新常态是一个客观状态，是我国经济发展到今天这个阶段必然会出现的一种状态，是一种内在必然性，并没有好坏之分；新常态主要表现在经济领域，不要滥用新常态概念，甚至把一些不好的现象都归入新常态；新常态不是一个避风港，不要把不好做或难做好的工作都归结于新常态。习近平告诫全党

---

① 参见《十八大以来重要文献选编》中，第 777—778 页。
② 参见中共中央党史和文献研究院编：《十八大以来重要文献选编》下，中央文献出版社 2018 年版，第 73—74 页。

高级干部们："新常态不是不干事，不是不要发展，不是不要国内生产总值增长，而是要更好发挥主观能动性、更有创造精神地推动发展。"[①]

从 2013 年底提出"三期叠加"和"新常态"，到 2016 年初对新常态作出深刻剖析和辨析，在长达两年多的时间里，中共中央冷静观察，审慎思考，吃透情况，不懈探索，使新常态这一描述中国经济发展阶段性特征的重要概念从产生发展到日臻成熟。特别是，新常态概念在国内和国外基本上是相对独立形成的。作出中国经济发展进入新常态的判断，并不断深化有关认识，是中共中央综合分析世界经济长周期和中国发展阶段性特征及其相互作用的结果。中国的新常态更应该看作是以习近平为核心的中共中央特别是习近平本人的创造性转化。如果说全球新常态是对未来世界经济趋势的一种悲观认识，那么，中国新常态则蕴含着经济朝向更高、更先进阶段演化的积极内容。对中国共产党来说，经济发展新常态既是挑战，也是机遇。只有主动作为，使经济增长速度平稳度过回落期，真正实现经济发展方式的转型升级，提高经济发展的质量和效益，才能化挑战为机遇，引领中国经济成功向形态更高级、分工更复杂、结构更合理的阶段演化；如果把握不好，处理不当，新常态则很可能成为中国经济发展进程中一个渡不过的关口，使问题积重难返，经济不进而退，落入"中等收入陷阱"，也将使中国共产党在经济领域的伟大理想落空。从这个意义上来说，中国共产党对这一时期中国生产力发展水平和条件变化的把握是敏锐而准确的，体现出对经济发展重大问题的精准眼光和驾驭能力。

在适应把握引领经济发展新常态的带动下，尽管世界经济依然低迷和不稳定，中国经济却不断发生积极有利的变化。经过几年统筹稳增长、促改革、调结构、惠民生、防风险，中国经济发展的规模、

[①] 参见《习近平关于社会主义经济建设论述摘编》，第 96—97 页。

质量、效益同 2013 年中央作出"三期叠加"和"新常态"的判断时相比，已不可同日而语。尤其是中国经济增长实现由主要依靠投资、出口拉动转向依靠消费、投资、出口协同拉动，由主要依靠第二产业带动转向依靠三次产业共同带动，实现了多年想实现而没有实现的重大结构性变革。这种情况下，中国共产党对经济形势的判断有了新的酝酿。

2017 年 7 月，习近平在中央召开的党外人士座谈会上，提出中国"经济供求关系正在发生实质性变化"①。几天后，中央政治局会议指出"新发展理念和供给侧结构性改革决策部署日益深入人心，政府和企业行为正在发生积极变化，促进供求关系发生变化"，强调"要站在经济长周期和结构优化升级的角度，把握经济发展阶段性特征"。②这些判断预示着，经过十八大以后的实践发展，中央对中国经济发展阶段进行再认识、作出再判断的时机已经到来。

10 月，十九大在总结此前五年中国经济发展成就的基础上提出："我国经济已由高速增长阶段转向高质量发展阶段，正处在转变发展方式、优化经济结构、转换增长动力的攻关期"。③这是中央首次正式提出中国经济"由高速增长阶段转向高质量发展阶段"，是对中国经济发展阶段的又一重大判断。12 月，中央经济工作会议把十九大作出的重大判断进一步提升为新时代中国经济发展的基本特征。习近平在会上指出："中国特色社会主义进入了新时代，我国经济发展也进入了新时代"，新时代我国经济发展的特征"就是我国经济已由高速增长阶段转向高质量发展阶段"。这次会议分析了推动中国经济高质量发展的必然性，指出推动高质量发展"是保持经济持续健康发展的必然要求"，"是适应我国社会主要矛盾变化和全面建成小康社会、

---

① 《人民日报》2017 年 7 月 25 日。
② 《人民日报》2017 年 7 月 25 日。
③ 《十九大以来重要文献选编》上，第 21 页。

全面建设社会主义现代化国家的必然要求"，"是遵循经济规律发展的必然要求"，强调推动高质量发展是"当前和今后一个时期确定发展思路、制定经济政策、实施宏观调控的根本要求"。会议对推动高质量发展作出部署，提出"必须加快形成推动高质量发展的指标体系、政策体系、标准体系、统计体系、绩效评价、政绩考核，创建和完善制度环境，推动我国经济在实现高质量发展上不断取得新进展"。[①]这次会议对推动高质量发展作的系统阐释，相当于全面吹响了推动中国经济高质量发展的号角。由此，高质量发展逐渐取代新常态，成为中国共产党在这一时期经济思想的引领性内容。

中国共产党定义的高质量发展，是能够很好满足人民日益增长的美好生活需要的发展，是体现新发展理念的发展，是创新成为第一动力、协调成为内生特点、绿色成为普遍形态、开放成为必由之路、共享成为根本目的的发展。[②]推动新时代中国经济由高速增长转向高质量发展，就是从量的扩张转向质的提升，实现从"有没有"到"好不好"的转变。相比于"三期叠加"和"新常态"主要描述经济发展新的客观状态和趋势、侧重于引导全党全社会认识并接纳经济发展转型升级的新需求，"转向高质量发展阶段"直接强调"质量"和"发展"，对在新的历史时期推动中国经济发展总的目标要求的指向更加清晰明确，带有更加鲜明的行动导向色彩。换言之，高质量发展是一个比新常态更具普适性、前瞻性的概念。因此可以说，中国共产党在十九大后突出高质量发展的主题，是其经济思想在实践基础上不断发展的必然。

从经济发展阶段演变的逻辑线索来看，"新常态"和"转向高质量发展阶段"的关系既一脉相承又不是简单的前后衔接：一方面，在经济发展新常态下，要实现经济社会持续健康发展，必须着力转方

---

① 参见《十九大以来重要文献选编》上，第138—140页。
②《十九大以来重要文献选编》上，第139页。

式、调结构，提高经济发展质量和发展效益，所以，提高发展的质量和效益是适应把握引领经济发展新常态的内在要求，为"转向高质量发展阶段"奠定了实践和现实基础；另一方面，从"新常态"到"转向高质量发展阶段"的判断，虽然是先后出现，但并不是一个自然过渡的过程，它是在实践和现实发展已经积累了一定基础的前提下由决策层根据经济发展规律作出的主动选择。

当然，强调"转向"高质量发展阶段而不是"处在"高质量发展阶段意味着，中国经济尚处于迈进高质量发展阶段的关口，有迈进的可能，就有迈不进的风险。只有持续推动高质量发展，妥善防范化解各种风险挑战，才能跨越关口、顺利进入高质量发展轨道。2018年，受中美经贸摩擦等因素影响，中国内外形势继续发生新的变化，经济运行稳中有变、变中有忧。在外部环境的深刻变化面前，针对经济下行压力有所加大、部分企业经营困难较多、长期积累的风险隐患有所暴露等问题，中央继续保持战略定力，反复强调要切实办好自己的事情，坚定不移推动高质量发展。

进入 2020 年，"十三五"规划圆满收官，决胜全面建成小康社会取得决定性成就，中国共产党第一个百年奋斗目标成功在即，全面建设社会主义现代化国家新征程也开启在即。10 月 26 日至 29 日，中共十九届五中全会审议通过《中共中央关于制定国民经济和社会发展第十四个五年规划和二〇三五年远景目标的建议》，提出了"十四五"时期中国经济社会发展和改革开放的重点任务和工作部署，阐述了到 2035 年中国基本实现社会主义现代化的远景目标。

十九届五中全会及其通过的规划建议，无疑是今后一个时期中国经济发展的基本遵循，当然也是中国共产党经济思想的最新发展。规划建议内涵丰富、外延广阔，其中贯穿的一个主题依然是推动高质量发展。规划建议提出："十四五"时期经济社会发展要以推动高质量发展为主题，这是根据我国发展阶段、发展环境、发展条件变化作出的科学判断。对此，习近平在关于《中共中央关于制定国民经济和社会发展第十四个五年规划和二〇三五年远景目标的建议》的说明中提出，我国仍处于并将长期处于社会主义初级阶段，我国仍然是世界上最大的发展中国家，发展仍然是我们党执政兴国的第一要务。必须强调的是，新时代新阶段的发展必须贯彻新发展理念，必须是高质量发展。当前，我国社会主要矛盾已经转化为人民日益增长的美好生活需要和不平衡不充分的发展之间的矛盾，发展中的矛盾和问题集中体现在发展质量上。这就要求我们必须把发展质量问题摆在更为突出的位置，着力提升发展质量和效益。

习近平认为，当今世界正经历百年未有之大变局，我国发展的外部环境日趋复杂。防范化解各类风险隐患，积极应对外部环境变化带来的冲击挑战，关键在于办好自己的事，提高发展质量，提高国际竞争力，增强国家综合实力和抵御风险能力，有效维护国家安全，实现经济行稳致远、社会和谐安定。经济、社会、文化、生态等各领域都要体现高质量发展的要求。

而要以推动高质量发展为主题，就必须坚定不移贯彻新发展理念，以深化供给侧结构性改革为主线，坚持质量第一、效益优先，切实转变发展方式，推动质量变革、效率变革、动力变革，使发展成果更好惠及全体人民，不断实现人民对美好生活的向往。

同时，规划建议提出了构建以国内大循环为主体、国内国际双循环相互促进的新发展格局，认为这是与时俱进提升我国经济发展水平的战略抉择，也是塑造我国国际经济合作和竞争新优势的战略抉择。全会据此提出：要坚持扩大内需这个战略基点，使生产、分配、流通、消费更多依托国内市场，形成国民经济良性循环。要坚持供给侧结构性改革的战略方向，提升供给体系对国内需求的适配性，打通经济循环堵点，提升产业链、供应链的完整性，使国内市场成为最终需求的主要来源，形成需求牵引供给、供给创造需求的更高水平动态平衡。新发展格局决不是封闭的国内循环，而是开放的国内国际双循环。推动形成宏大顺畅的国内经济循环，就能更好吸引全球资源要素，既满足国内需求，又提升我国产业技术发展水平，形成参与国际经济合作和竞争新优势。

十九届五中全会对于"十四五"时期经济社会发展要以推动高质量发展为主题的明确，与十九大关于中国经济转向高质量发展阶段的判断一脉相承。党中央在十九届五中全会及会后提出以进入新发展阶段、贯彻新发展理念、构建新发展格局为内容的、内在有机联系的"三新"理论，进一步发展了习近平新时代中国特色社会主义经济思想，标志着中国共产党对经济社会发展规律的认识和运用均达到新高度。一个新的发展局面就此展开。

三、使市场在资源配置中起决定性作用和更好发挥政府作用

新常态和高质量发展固然带来新挑战，但更蕴含着新动力。发现、挖掘并运用好这些动力，需要对习以为常的发展方式进行革命性调整，必须对扭曲的经济结构进行壮士断腕式改革。这意味着，改革成为新常态下的经常性任务。鉴于新常态事实上是一个全球性现象，可以合乎逻辑地认为，国际金融危机之后全球进入一个"改革竞争期"。这也意味着，对改革的思想最明确、认识最深刻的国家，将会抢占先机。这一次，中国再次走在世界前沿。2013年10月中共十八届三中全会对全面深化改革作了总部署、总动员。全会通过的《中共中央关于全面深化改革若干重大问题的决定》，明确提出全面深化改革的重点是经济体制改革，核心问题是处理好政府和市场的关系，使市场在资源配置中起决定性作用和更好发挥政府作用。这就为中国经济在新常态下的持续健康发展这"一体"，指明了发展的路径，也就

是发挥市场作用和政府作用，实现"两翼齐飞"。①

使市场在资源配置中起决定性作用和更好发挥政府作用，是中国共产党在理论和实践上的又一重大推进。从历史脉络看，中国经济体制改革始终是围绕着如何处理好政府和市场关系展开的。自中共十四大明确经济体制改革的目标是建立社会主义市场经济体制之后，中国共产党的历届全国代表大会都对市场作用作出逐步升级的强调：十五大提出"使市场在国家宏观调控下对资源配置起基础性作用"，十六大提出"在更大程度上发挥市场在资源配置中的基础性作用"，十七大提出"从制度上更好发挥市场在资源配置中的基础性作用"，十八大提出"更大程度更广范围发挥市场在资源配置中的基础性作用"。正是在认识不断深化的基础上，十八届三中全会把市场在资源配置中的"基础性作用"修改为"决定性作用"。两字之差，反映出中国共产党对市场经济的认识产生了一个质的飞跃。

同样地，如何拿捏政府对资源配置的作用，对于中国共产党来说也是一个难题。从经济自身的发展规律来说，任何社会形态或者经济体的经济运行都不是经济本身的自运行，它必然同人类社会的其他因素尤其是政治因素相联系。随着经济运行技术和方式愈发复杂，这种联系愈发紧密。在现代经济体系中，我们已经看不到没有政府这只"看得见的手"施加影响的经济。换言之，现代市场经济必然是政府发挥作用的经济，完全自由放任或"无政府主义"的经济发展模式注定是"乌托邦"。计划经济体制下政府包办一切经济事务的思路固然不可取，但完全向市场放手的取向亦决然不能被中国共产党所接受。中国在社会主义市场经济体制下、在国家主导经济发展的道路上所取得的比西方发达国家都要高的经济增速，更是增强了中国共产党对于坚持发挥政府作用的自信。

---

① 闫茂旭:《新时期的"一体两翼"：十八大以来中共经济思想新发展》,《北京党史》2017 年第 5 期。

在这种情况下，中国共产党的经济思想在市场和政府两个维度上均进行了突破。一方面，市场被提升到前所未有的决定性作用高度；另一方面，中国共产党明确提出，让市场在资源配置中起决定性作用，并非完全排除政府作用，相反是要更好地发挥政府作用。习近平指出："我国实行的是社会主义市场经济体制，我们仍然要坚持发挥我国社会主义制度的优越性、发挥党和政府的积极作用。市场在资源配置中起决定性作用，并不是起全部作用"，①"科学的宏观调控，有效的政府治理，是发挥社会主义市场经济体制优势的内在要求"。②与此前只是强调政府的宏观调控职能相比，"更好发挥政府作用"这一提法能被赋予更广阔的理论阐释和政策发挥空间。

基于十八届三中全会在社会主义市场经济体制理论上的重大创新，中国共产党围绕处理好政府和市场关系这一核心问题，一方面放开市场这只"看不见的手"，一方面用好政府这只"看得见的手"，出台实施一大批标志性、关键性重大改革方案。从转变政府职能、简政放权，到国企国资、财税金融等，2013年至2016年，主要领域"四梁八柱"性质的改革框架基本建构起来。2018年改革开放40周年之际，中央提出在经济体制改革上步子再快一些，强调要以完善产权制度和要素市场化配置为重点推进基础性关键领域改革取得新突破。③2019年到2020年，改革以增强微观主体活力为重点继续走深走实。

面对千头万绪的改革任务，中国共产党把着眼点和突破口首先放在了"放管服"（简政放权、放管结合、优化服务）方面。根据十八大的部署，2013年，新一届政府开局就把以建设服务型政府为导向，加快转变职能、简政放权作为第一件大事。两年后，中央又明确提出将推行"简政放权、放管结合、优化服务"改革作为对政府工

---

① 《习近平关于社会主义经济建设论述摘编》，第53页。
② 《习近平关于社会主义经济建设论述摘编》，第60—61页。
③ 《人民日报》2017年12月21日。

作的核心要求。① 在此基础上，"放管服"改革的思路愈发清晰。为进一步降低市场准入门槛，给市场主体"松绑"，国务院彻底终结非行政许可审批，大幅减少行政审批事项和中央层面核准的投资项目数量。2014 年 2 月，注册资本登记制度改革拉开全国工商登记制度改革的序幕，将企业注册登记所需时间大为缩短。2015 年，中央开始部署市场监管领域各部门推行随机抽查新模式。2016 年，中央提出创新对投资项目的服务管理方式，要求投资主管部门或审批协调机构提供"一站式"受理、"全流程"服务，一家负责到底。② 同年，中央要求加快推进"互联网＋政务服务"工作，并且适时推广一些地方和部门形成的"只进一扇门""最多跑一次""不见面审批"等改革经验。2020 年 1 月正式施行的《优化营商环境条例》，将"放管服"改革中行之有效的经验做法上升为法规。"放管服"改革思想在实践中连续证明了自身的正确性，各类市场主体获得诸多便利，国内营商环境得以优化。

国有企业改革思想这时虽不似此前那么令人瞩目，却也目标清晰、重点突出，核心问题就是着眼于做强做优做大国有企业。2015年 8 月，中央印发《关于深化国有企业改革的指导意见》，提出分类推进国有企业改革、完善现代企业制度、完善国有资产管理体制、发展混合所有制经济等多项改革任务。③ 在后续的一年里，以该指导意见为统领、若干文件为配套的"1+N"政策体系逐渐形成。④ 国企公司制改革向最后一公里进发，并于 2017 年底基本完成。为解决国有资产监管中越位、缺位问题，中央提出以管资本为主加强国有资产监管，改革国有资本授权经营体制。⑤ 2019 年 4 月，国有资本授权经

---

① 参见《十八大以来重要文献选编》中，第 525 页。

② 参见《人民日报》2016 年 7 月 19 日。

③ 参见《十八大以来重要文献选编》中，第 648—663 页。

④ 参见《经济日报》2016 年 8 月 4 日。

⑤ 参见《十八大以来重要文献选编》上，第 515 页。

营体制改革正式实施，推动国资监管机构进一步向企业授权放权、实现由"管企业"向"管资本"的转变。

十八大后，随着营商环境的持续改善，非公有制经济迈上新台阶，在稳定增长、促进创新、增加就业、改善民生等方面发挥了重要作用。然而在2018年下半年，社会上一度出现质疑非公有制经济发展的言论，认为私营经济已完成使命，要退出历史舞台，或者把混合所有制改革曲解为新一轮"公私合营"。对此，习近平于11月主持召开民营企业座谈会，明确回应这些言论，并研究解决民营企业在经营发展中遇到的市场、融资、转型等方面困难和问题。会议高度评价改革开放40年里民营经济为中国发展作出的重大贡献，充分肯定民营经济的重要地位和作用，提出大力支持民营企业发展壮大的政策举措，引起与会代表强烈共鸣。会议要求不断为民营经济营造更好发展环境，提出抓好减轻企业税费负担、解决民营企业融资难融资贵问题、营造公平竞争环境、构建亲清新型政商关系、保护企业家人身和财产安全等六方面政策举措。①

宏观经济层面的改革思想有了新内容。为加快形成现代财税体制机制，中共十八届三中全会提出深化财税体制改革，部署改进预算管理制度、完善税收制度、建立事权和支出责任相适应的制度三大任务。2014年6月，中央政治局会议审议通过《深化财税体制改革总体方案》，②启动新一轮财税体制改革。9月，预算管理制度改革先行推进。此后，实施20年后经历首次大修的新预算法施行，现代预算制度的主体框架在十九大召开前基本确立。2016年5月，营改增试点全面推开，实现增值税对货物和服务的全覆盖，使开征66年的营业税成为历史，从制度上消除了重复征税问题。同时，中央开始从财政事权入手推进事权和支出责任划分改革，适度加强中央的财政事

① 参见《十九大以来重要文献选编》上，第678—680页。
②《人民日报》2014年7月1日。

权、保障和督促地方履行财政事权、减少并规范中央与地方共同的财政事权。① 为进一步理顺中央与地方收入划分，国务院规定中央与地方对增值税收入采用"五五分享"，此后又于 2019 年在分享比例不变的基础上提出建立更加均衡合理的分担机制，② 以此支持地方政府落实减税降费政策、缓解财政困难。

为加快推进利率市场化，中央于 2013 年全面放开贷款利率管制，随后又逐步扩大存款利率上浮空间。2015 年 10 月，央行宣布取消存款利率浮动上限，标志着中国存贷款利率管制基本放开，利率市场化改革迈出关键一步。根据中央关于完善人民币汇率市场化形成机制的要求，2014 年 3 月，央行在扩大外汇市场人民币兑美元汇率浮动幅度后，又取消银行对客户美元挂牌买卖价差的管理，改由银行根据市场供求自主定价。一年后，央行完善人民币兑美元汇率中间价报价，推动形成人民币汇率中间价主要参考市场均衡汇率的机制。在这场汇率市场化改革中，市场供求对于汇率形成的作用更加凸显，人民币汇率的弹性增强。作为资本市场开放的重要举措，2014 年和 2016 年，"沪港通"、"深港通"相继推出，为实现 A 股市场与港股市场无缝对接，推动人民币国际化以及中国资本市场全面开放打下坚实基础。

作为完善社会主义市场经济体制的重要一环，中国共产党对于价格改革的重视是一贯的。为加快完善主要由市场决定价格的机制，2015 年 10 月，中央部署在农产品、能源、环境服务、医疗服务等重点领域深化价格改革。③ 十八届五中全会进一步提出要"减少政府对价格形成的干预，全面放开竞争性领域商品和服务价格，放开电力、石油、天然气、交通运输、电信等领域竞争性环节价格"，④ 形成了中

---

① 参见《人民日报》2016 年 8 月 25 日。
② 参见《人民日报》2016 年 5 月 1 日、2019 年 10 月 10 日。
③ 参见《十八大以来重要文献选编》中，第 708—710 页。
④《十八大以来重要文献选编》中，第 800 页。

国共产党在价格改革这个"老大难"问题上的最新思路。在此指导下，2015年，国家发展改革委公布的新修订《中央定价目录》将政府定价项目减少80%，2019年新版目录在此基础上又缩减近30%。到2019年，由市场决定的商品和服务价格已占总数的97%以上。

进入2020年，在统筹推进新冠肺炎疫情防控和经济社会发展中，中国共产党直面压力，抓住战略空窗期，接连推出重大改革举措。3月3日，中共中央、国务院印发《关于构建更加完善的要素市场化配置体制机制的意见》，[①]针对中国经济改革中生产要素配置改革落后、要素市场存在许多扭曲和错配这一"痼疾"，就构建更加完善的要素市场化配置体制机制提出一系列重要指导意见和改革举措。与近几年单项推进的改革不同，这一次的改革意见涵盖土地、劳动力、资金、技术和数据多个生产要素，涉及面之广前所未有。由于各生产要素的市场化配置之间存在密切互动关系，如城乡土地制度的改革会带来劳动力城乡之间的双向流动，建设用地、补充耕地指标跨地区交易会带来资金、技术和劳动力在空间上的重新集聚，科技成果的产权界定和转化需要金融支持，这份意见具有统筹设计、多点突破、分类施策、协同推进的特征。中国共产党经济体制改革思路愈发显出系统性、整体性和协同性。

随后，改革进一步发力。5月11日，《中共中央国务院关于新时代加快完善社会主义市场经济体制的意见》出台，提出："我国市场体系还不健全、市场发育还不充分，政府和市场的关系没有完全理顺，还存在市场激励不足、要素流动不畅、资源配置效率不高、微观经济活力不强等问题，推动高质量发展仍存在不少体制机制障碍，必须进一步解放思想，坚定不移深化市场化改革，扩大高水平开放，不断在经济体制关键性基础性重大改革上突破创新。"[②]为此，《意见》

①《人民日报》2020年4月10日。
②《人民日报》2020年5月19日。

着眼于为在更高起点、更高层次、更高目标上推进经济体制改革提供行动指南，对新时代加快完善社会主义市场经济体制的目标、方向、任务和举措进行系统设计，提出七个关键领域的改革举措：坚持公有制为主体、多种所有制经济共同发展，增强微观主体活力；夯实市场经济基础性制度，保障市场公平竞争；构建更加完善的要素市场化配置体制机制，进一步激发全社会创造力和市场活力；创新政府管理和服务方式，完善宏观经济治理体制；坚持和完善民生保障制度，促进社会公平正义；建设更高水平开放型经济新体制，以开放促改革促发展；完善社会主义市场经济法律制度，强化法治保障。

这些举措连同要素市场化配置，形成了一场新的联动改革。从长远来看，这将有助于形成合力，产生一揽子改革的交互作用和叠加效果，因而势必对中国经济的方方面面产生深刻和持久的影响。更为重要的是，这两份明确显示社会主义市场经济改革方向的意见，有助于消除人们的思想疑虑。它表明，中国共产党对于推进市场化改革的态度是坚定的。联系一段时间以来理论和舆论环境的变化，这可以视为是一次经济思想的再平衡。只是，在疫情引起的紧张氛围下，舆论对这两份意见的宣传并不热烈，特别是主流媒体的反响较为平淡。

十八大之后中国共产党出台的经济改革举措之密集、改革力度之大、改革成果之多，是改革开放以来少见的。大刀阔斧的改革之下，社会主义市场经济体制不断完善，"看不见的手"作用不断凸显，"看得见的手"作用持续优化，市场在资源配置中起决定性作用和更好发挥政府作用的思想得到切实落实，使中国共产党的经济思想在新时代得以极大的充实和发展。

四、把推进供给侧结构性改革作为主线

自 2015 年 11 月习近平首次公开提出供给侧结构性改革思想后，

中国共产党对供给侧结构性改革的探索和认识不断深化。到 2016 年 12 月的中央经济工作会议上，习近平用"作出经济发展进入新常态的重大判断""形成以新发展理念为指导、以供给侧结构性改革为主线的政策框架""贯彻稳中求进工作总基调"这"三件大事"[①] 来回答十八大以来中央对经济发展是怎么看、怎么干的问题。供给侧结构性改革的重要性更加凸显，成为新时代中国共产党经济思想的一大亮点。

理论上看，供给和需求是市场经济内在关系的两个基本方面，供给侧管理和需求侧管理是调控宏观经济的两个基本手段。需求侧管理，重在解决总量性问题；供给侧管理，则重在解决结构性问题。实际上，结构性失衡是中国经济自 20 世纪 50 年代中期以来就挥之不去的老问题。改革开放之后特别是 20 世纪 90 年代之后，这个问题又在经济高速增长中得到某种固化和强化。进入新时代，中国经济面临的问题，供给和需求两侧都有，但矛盾的主要方面在供给侧：国内一些行业和产业产能严重过剩，同时，大量关键装备、核心技术、高端产品还依赖进口；农业发展形势很好，但一些农产品供给没有很好适应需求变化；一些有大量购买力支撑的消费需求，在国内得不到有效供给，只得"需求外溢"、消费外流。事实证明，中国经济不是需求不足，或没有需求，而是需求变了，供给的产品却没有变，质量、服务跟不上。解决这些结构性问题，都必须在供给侧上面做文章。同时，世界经济结构正在发生深刻调整，中国也需要从供给侧发力，找准在世界供给市场上的定位。

中国共产党认为，供给侧结构性改革，重点是解放和发展社会生产力，用改革的办法推进结构调整，减少无效和低端供给，扩大有效和中高端供给，增强供给结构对需求变化的适应性和灵活性，提高

[①]《习近平关于社会主义经济建设论述摘编》，第 110—112 页。

全要素生产率。[1] 习近平对此强调指出，这是"对我国经济发展思路和工作着力点的重大调整，是化解我国经济发展面临困难和矛盾的重大举措，也是培育增长新动力、形成先发新优势、实现创新引领发展的必然要求和选择。要把推进供给侧结构性改革作为当前和今后一个时期经济发展和经济工作的主线，转变发展方式，培育创新动力，为经济持续健康发展打造新引擎、构建新支撑"。[2]

经过不断强调和阐释，供给侧结构性改革的思想不仅被党内和社会舆论普遍接受，也受到国际社会的认可。2016 年的二十国集团领导人杭州峰会将"结构性改革"写入成果文件，列入全球经济治理行动指南。国际社会普遍认为，中国已经成为全球结构性改革的引领者。[3] 不过，对于理论界出现的将供给侧结构性改革思想视为西方供给学派的应用和发展的观点，中共中央及时予以否定，提出不能把供给侧结构性改革看成是西方供给学派的翻版，更要防止有些人用他们的解释来宣扬"新自由主义"。[4] 也就是说，中国共产党提出供给侧结构性改革的思想，主要还是基于对中国经济实际的认识和判断。

在供给侧结构性改革思想的指导下，针对一些传统行业产能严重过剩、部分城市房地产库存积压、企业杠杆率高、实体经济成本高、部分领域短板凸显等供给侧存在的突出问题，中央于 2015 年底提出去产能、去库存、去杠杆、降成本、补短板即"三去一降一补"政策。中央希望通过深入推进"三去一降一补"，优化存量资源配置，扩大优质增量供给，实现更高水平和更高质量的供需动态平衡，显著增强中国经济质量优势。

去产能的当务之急是积极稳妥处置已停产半停产、连年亏损、

---

① 《习近平关于社会主义经济建设论述摘编》，第 98 页。

② 《习近平关于社会主义经济建设论述摘编》，第 107—108 页。

③ 中共中央宣传部编：《习近平新时代中国特色社会主义思想三十讲》，学习出版社2018 年版，第 141 页。

④ 《十八大以来重要文献选编》下，第 172 页。

资不抵债、靠政府补贴和银行续贷存在的"僵尸企业",以退为进,提高资源配置效率。2016 年,中央以关系经济发展和社会稳定大局的钢铁、煤炭等行业为重点加大去产能力度,要求从当年起用 5 年时间再压减粗钢产能 1 亿至 1.5 亿吨,用 3 至 5 年时间再退出煤炭产能 5 亿吨左右、减量重组 5 亿吨左右。[①] 12 月,国务院对各地钢铁、煤炭、水泥、玻璃行业落后产能机进行专项督查和清理整顿,要求各地梳理排查工作全覆盖、无死角,形成"零容忍"震慑态势,确保落后产能淘汰出清、"僵尸企业"应退尽退。到 2017 年底,中国已退出钢铁产能 1.7 亿吨以上、煤炭产能 8 亿吨。[②]

去库存的重点是解决三四线城市房地产库存过多所带来的房地产市场不稳定问题。结合城镇中 2 亿多非户籍人口的住房需要,中央采用把去库存和促进人口城镇化结合起来的工作思路,提出通过农民工市民化的办法扩大有效需求,打通供需通道,消化库存。[③] 根据中央部署,2016 年起,各地因城施策,探索通过落实享受基本公共服务的政策、出台农民工购房优惠政策、落实就业政策、支持银行贷款等方式增强对农业转移人口的吸引力、鼓励引导农民工进城购房。三四线城市商品住宅去库存成效明显,热点城市房价涨势也得到控制。

去杠杆是要在控制总杠杆率的前提下,重点降低企业杠杆率。2016 年的中国宏观杠杆率高达 247%,与 2008 年相比上升 104 个百分点,而企业部门债务和国内生产总值的比例为 165%,在世界主要经济体中居于最高。[④] 杠杆聚集加重了企业的债务负担,更带来潜在系统性金融风险。对此,中央要求坚持积极的财政政策和稳健的货币

① 《人民日报》2016 年 2 月 5 日、6 日。
② 参见《十九大以来重要文献选编》上,第 306 页。
③ 参见中共中央文献研究室编:《习近平总书记重要讲话文章选编》,中央文献出版社、党建读物出版社 2016 年版,第 316—317 页。
④ 参见《十八大以来重要文献选编》下,第 797—798 页。

政策取向，以市场化、法治化方式，一手抓控制债务增量，一手抓化解债务存量，通过推进兼并重组、完善现代企业制度强化自我约束、盘活存量资产、优化债务结构、有序开展市场化银行债权转股权、依法破产、发展股权融资等方式，积极稳妥降低企业杠杆率。[①] 由于国有企业杠杆率依然较高，2018 年，中央对国有企业负债率作出硬约束，明确要求推动国有企业平均资产负债率到 2020 年年末比 2017 年年末降低 2 个百分点左右，回归合理水平。[②] 此外，中央还要求各级地方党委和政府严控地方政府债务增量，采取强硬措施，对有关问题实施终身问责。[③] 在这些有力举措的共同作用下，中国工业企业资产负债率实现连续下降，宏观杠杆率涨幅明显收窄、总体趋于稳定，2017 年宏观杠杆率增幅比 2012 至 2016 年年均增幅低 10.9 个百分点，[④] 2018 年则实现 2011 年后的首次净下降。[⑤]

降成本的目的是帮助实体经济企业有效应对经济下行压力、缓解经营困难。2016 年 8 月，国务院印发《降低实体经济企业成本工作方案》明确 3 年左右实现实体经济企业综合成本合理下降、盈利能力较为明显增强、产业竞争力进一步提升的工作目标。[⑥] 为降低企业的制度性交易成本，党和政府持续加大减税降费力度，取消或降低大量类目的行政事业性收费，实施营业税改增值税改革消除重复征税，对小微企业采取税收优惠。自 2016 年起，各地根据中央要求，结合实际，通过降低企业社保缴费比例、完善住房公积金制度，推动企业人工成本合理下降；通过实施煤电价格联动、输配电价改革、铁路货运体制改革和开展物流业降本增效专项行动，实现企业用能及物流成

---

① 参见《人民日报》2016 年 10 月 11 日。
② 参见《人民日报》2018 年 9 月 14 日。
③ 参见《十八大以来重要文献选编》下，第 799 页。
④《人民日报》2018 年 7 月 23 日。
⑤《经济参考报》2019 年 3 月 20 日。
⑥《人民日报》2016 年 8 月 23 日。

本的合理下降。到 2017 年底，中央政府层面设立的涉企收费项目已削减 60% 以上，累计减税数额超过 2 万亿元，共减轻市场主体负担 3 万多亿元。①

补短板针对的是整体投资增速放缓，特别是基础设施投资回落较多、出现较大投资缺口的情况。中央积极增加投入，扩大有效供给，聚焦脱贫攻坚、铁路、公路及水运、机场、水利、社会民生等重点领域突出短板，提高投资的有效性和精准性，同时进一步促进这些领域内需扩大和结构调整，提升中长期供给能力。补短板方针下，国内基础设施建设再现高峰，高速铁路运营里程、高速公路里程、新建民航机场、开工重大水利工程、移动宽带网和农村公路、农村电网等，都有大的增长。加大力度补短板的措施，使中国投资实现平稳增长，为经济稳中向好提供了有力支撑。

在"三去一降一补"取得初步成果的基础上，中国共产党关于供给侧结构性改革的思想进一步发展，增加了新的重要内容。从 2017 年底开始，为巩固"三去一降一补"成果，中央提出以"破"、"立"、"降"为重点，将供给侧结构性改革继续推向深化。②

"破"是在以往去产能成果的基础上继续大力破除无效供给。中央强调，处置"僵尸企业"，该"断奶"的就"断奶"，该断贷的就断贷，坚决拔掉"输液管"、"呼吸机"。③ 为此，国务院要求原则上在 2020 年底前完成对"僵尸企业"和去产能企业的多种债务处置工作。2019 年 6 月，中央加快完善市场主体退出制度改革，进一步畅通市场主体退出渠道、降低市场主体退出成本。为坚决防止已经退出的项目死灰复燃，同年 5 月，国家发展改革委开展巩固钢铁煤炭去产能成

---

① 《十九大以来重要文献选编》上，第 305、306 页。
② 《人民日报》2017 年 12 月 21 日。
③ 《习近平新时代中国特色社会主义思想三十讲》，第 141 页。

果专项督查抽查，对 2016 年至 2018 年去产能项目实施"回头看"。①随着各项工作的扎实推进，2019 年开始，中国去产能工作全面转入结构性去产能、系统性优产能的新阶段。

"立"是大力培育新动能，强化科技创新，推动传统产业优化升级，培育一批具有创新能力的排头兵企业。在中央政策支持下，中国社会创业创新发展迅速，新技术研发布局加快，关键核心技术攻关有序推进，新业态新模式加速成长。2018 年，战略性新兴产业和高技术制造业增加值同比分别增长 8.9% 和 11.7%，比规模以上工业分别快 2.7 个和 5.5 个百分点。高技术产业投资增长 14.9%，比全部投资快 9 个百分点。②中国经济发展的新动力、先发新优势逐步确立起来。

"降"是继续大力降低实体经济成本。通过清理涉企收费和深化增值税改革，规模以上工业企业主营业务成本进一步降低，制造业等行业的适用税率由 16% 降至 13%，交通运输、建筑等行业适用税率由 10% 降至 9%。③中央还采取进一步清理规范涉企收费、延长阶段性降低失业和工伤保险费率、再降低一般工商业平均电价 10% 等一系列降成本政策，对推动实体经济"轻装上阵"产生积极效果。④在这个过程里，中国共产党关于减税降费的政策思路越来越明确，不断强调"强化放水养鱼意识，加大现有减税降费力度"，"降低各类交易成本特别是制度性交易成本"。⑤特别是面对新冠疫情的冲击，习近平和党中央多次强调要"出台阶段性、有针对性的减税降费政策，加大对一些行业复工复产的支持力度，帮助中小微企业渡过难关"⑥，减税降费的重要性更加凸显。

---

① 《人民日报》2019 年 7 月 3 日。

② 参见《人民日报》2019 年 3 月 1 日。

③ 《人民日报》2019 年 4 月 8 日。

④ 《经济日报》2019 年 8 月 10 日。

⑤ 习近平：《论坚持全面深化改革》，中央文献出版社 2018 年版，第 302 页。

⑥ 《人民日报》2020 年 2 月 24 日。

"三去一降一补"和"破、立、降",抓住了中国经济供给侧结构性矛盾的要害,取得了比较显著的成效。在改革的持续推进下,重点行业供求关系发生明显变化,经济结构优化、经济效益改善,系统性风险发生概率趋降。

2018年底,在坚持以供给侧结构性改革为主线不动摇的基础上,中央提出"巩固、增强、提升、畅通"新八字方针,为推动供给侧结构性改革再出发、推动经济高质量发展确立总要求。中央提出,要巩固"三去一降一补"成果,推动更多产能过剩行业加快出清,降低全社会各类营商成本,加大基础设施等领域补短板力度;增强微观主体活力,发挥企业和企业家主观能动性,建立公平开放透明的市场规则和法治化营商环境,促进正向激励和优胜劣汰,发展更多优质企业;提升产业链水平,注重利用技术创新和规模效应形成新的竞争优势,培育和发展新的产业集群;畅通国民经济循环,加快建设统一开放、竞争有序的现代市场体系,提高金融体系服务实体经济能力,形成国内市场和生产主体、经济增长和就业扩大、金融和实体经济良性循环。①

这些政策的良好效果,证明了中共中央推进供给侧结构性改革思路决策的正确性,供给侧结构性改革是改善供给结构、提高经济发展质量和效益的治本之策②。把推进供给侧结构性改革作为主线,这在中国共产党经济思想的发展历程中是前所未有的。事实上,自改革开放以来,中国共产党对于改革的认知长期定位在搞活、放开、激励生产等方面,这些显然都是基于社会生产力不发达、经济动能和产能不足的客观情况衍生的思想认识。虽然20世纪90年代中期之后,中国共产党意识到转变经济增长方式、转变经济发展方式的重要性,事实上也就涉及供给侧结构性的问题,但并未产生供给侧结构性改革思

---

① 参见《人民日报》2018年12月22日。
②《人民日报》2019年2月14日。

想。这一方面当然是因为当时中国经济尽管有很多问题但发展空间依然很大、发展后劲依然很足；但另一方面，社会主义经济也会出现类似资本主义"经济危机"中才有的产能过剩问题。以此来看，供给侧结构性改革思想的提出，某种程度上带有了思想解放意义。

五、建设现代化经济体系

在推进经济体制改革和供给侧结构性改革的同时，中国共产党对经济建设中主要领域的工作，结合新的时代特征作了思考和部署。十八大后，中央提出工业化、信息化、城镇化、农业现代化同步发展的思想，提出实施创新驱动发展战略和区域协调发展战略，并在十九大上正式提出了建设现代化经济体系的思想。这是对改革开放以来中国共产党领导现代化建设的重大思想创新，为新时代中国共产党的经济工作在理论上确立了了新目标。

在新的时代条件下继续探索经济现代化的道路，必然与此前有所不同。十八大提出，要坚持走中国特色新型工业化、信息化、城镇化、农业现代化道路，推动信息化和工业化深度融合、工业化和城镇化良性互动、城镇化和农业现代化相互协调，促进工业化、信息化、城镇化、农业现代化同步发展。[①]"四化同步"思想的提出，表明中国共产党试图走出一条"并联式"叠加发展的经济现代化道路，这与西方发达国家"串联式"发展路径明显不同。

2014年以后，随着对经济发展新常态的认识走向深入，中央开始着力将"四化同步"与转方式、调结构结合起来部署，把"四化同步"作为推动中国经济产业转型升级的重要途径，作为激发潜在需求、拉动供给的新增长点，加快了推进"四化同步"的步伐。中央抓

---

① 《十八大以来重要文献选编》上，第16页。

住全球范围内新一轮科技革命和产业变革与我国加快转变经济发展方式形成历史性交汇的机遇，提出工业转型升级和制造强国建设思想。2015年5月，国务院印发《中国制造2025》，提出实现制造业由大变强的历史跨越。[①]为缩小中国信息化水平与世界先进水平的差距，统筹协调各个领域的网络安全和信息化重大问题，中央成立网络安全和信息化领导小组，提出努力把中国建设成为网络强国的战略设想，强调要向着网络基础设施基本普及、自主创新能力显著增强、信息经济全面发展、网络安全保障有力的目标不断前进[②]。2018年4月，中央首次召开全国网络安全和信息化工作会议，明确一系列方向性、全局性、根本性、战略性问题，提出必须敏锐抓住信息化发展的历史机遇，维护网络安全，推动信息领域核心技术突破，发挥信息化对经济社会发展的引领作用，系统阐述了网络强国战略思想。[③]2013年12月，中央召开改革开放后第一次城镇化工作会议，提出"以人为本"，"推进以人为核心的城镇化"，要求推进农业转移人口市民化、提高城镇建设用地利用效率、建立多元可持续的资金保障机制、优化城镇化布局和形态、提高城镇建设水平、加强对城镇化管理。[④]随后，中共中央、国务院印发《国家新型城镇化规划（2014—2020年）》，对中国城镇化发展由速度型向质量型转型的各项工作作出全面安排。

农业现代化多年是"四化同步"的短腿，为此，中央坚持把解决好"三农"问题作为全党工作的重中之重，在稳定粮食和重要农产品产量、保障国家粮食安全和重要农产品有效供给的同时，部署加快转变农业发展方式，加快农业技术创新步伐。中央对保障国家粮食安全问题有着一贯的清醒认识，在积极推进城镇化时更加绷紧了粮食安

---

① 《人民日报》2015年5月20日。
② 《习近平谈治国理政》第1卷，外文出版社2018年版，第197、198页。
③ 《人民日报》2018年4月22日。
④ 参见《十八大以来重要文献选编》上，第592—606页。

全这根弦。2013 年 12 月，中央农村工作会议提出"确保谷物基本自给、口粮绝对安全"的新粮食安全观和"以我为主、立足国内、确保产能、适度进口、科技支撑"的新形势下国家粮食安全战略。[①] 针对农业生产领域的种种困难和问题，2014 年 12 月，习近平总书记在中央经济工作会议上强调"出路只有一个，就是坚定不移加快转变农业发展方式"，要求"走产出高效、产品安全、资源节约、环境友好的现代农业发展道路"。[②] 2015 年 12 月，中央农村工作会议提出着力加强农业供给侧结构性改革，提高农业供给体系质量和效率，真正形成结构合理、保障有力的农产品有效供给。[③] 2016 年 10 月，国务院发布《全国农业现代化规划（2016—2020 年）》，对农业现代化建设的战略方向和实施路径作出系统安排。

面对承包经营权流转的农民家庭越来越多、土地承包权主体同经营权主体发生分离的新趋势，中央提出了新的农村土地制度改革思想。2013 年 12 月，中央提出顺应农民保留土地承包权、流转土地经营权的意愿，把农民土地承包经营权分为承包权和经营权，实现分置并行，[④] 成为继家庭联产承包责任制后，农村改革又一重大制度创新。2014 年 11 月，中共中央办公厅、国务院办公厅印发《关于引导农村土地经营权有序流转发展农业适度规模经营的意见》，要求稳定完善农村土地承包关系、规范引导农村土地经营权有序流转、加快培育新型农业经营主体、建立健全农业社会化服务体系。[⑤] 2018 年，中央决定农村土地第二轮承包到期后再延长 30 年，使承包关系从农村改革之初算起稳定长达 75 年。

"四化同步"是对经济现代化建设的探索，必然涉及经济发展战

---

① 《十八大以来重要文献选编》上，第 662、660 页。

② 《习近平关于社会主义经济建设论述摘编》，第 185—186 页。

③ 《人民日报》2015 年 12 月 26 日。

④ 《十八大以来重要文献选编》上，第 670 页。

⑤ 参见《人民日报》2014 年 11 月 21 日。

略问题。在中国经济转变发展方式、转换发展动力的重要关口，中央提出实施创新驱动发展战略，强调将科技创新摆在国家发展全局的核心位置、坚持走中国特色自主创新道路。[1]2013 年 9 月，中央政治局在北京中关村举行以实施创新驱动发展战略为题的集体学习，习近平总书记主持学习时强调把创新驱动发展作为面向未来的一项重大战略常抓不懈。[2]2014 年，中央明确了实施创新驱动发展战略的两个关键点，强调最根本的是要增强自主创新能力，最紧迫的是要破除体制机制障碍。[3]同年，为释放全社会创新潜能和创业活力，中央提出"双创"思想，即以大众创业、万众创新形成发展的新动力。2015 年 6 月，国务院出台《关于大力推进大众创业万众创新若干政策措施的意见》，提出形成有利于创业创新的良好氛围[4]在此基础上，十八届五中全会把创新作为新发展理念之首，强调创新是引领发展的第一动力，要求让创新贯穿党和国家一切工作、让创新在全社会蔚然成风。[5]2016 年 1 月，中央制定《国家创新驱动发展战略纲要》，对创新驱动发展战略作出系统谋划。中央的目标非常明确，就是要使创新成为国家意志和全社会的共同行动，使中国走出一条从人才强、科技强到产业强、经济强、国家强的发展新路径，创造出此后十几年乃至更长时间的新增长周期。[6]

面对区域差异大、发展不平衡的基本国情，中国共产党继续把实施区域发展总体战略作为新时代党的经济思想的重要内容。从2016 年开始，中央在部署推动区域协调发展时，要求以区域发展总体战略为基础，以"一带一路"建设、京津冀协同发展、长江经济带

① 参见《十八大以来重要文献选编》上，第 17 页。
② 参见《习近平关于社会主义经济建设论述摘编》，第 128 页。
③《习近平关于社会主义经济建设论述摘编》，第 133 页。
④《十八大以来重要文献选编》中，第 565 页。
⑤ 参见《十八大以来重要文献选编》中，第 792 页。
⑥ 参见《人民日报》2016 年 5 月 20 日。

发展为引领，形成沿海沿江沿线经济带为主的纵向横向经济轴带。①
这样一来，"一带一路"建设、京津冀协同发展、长江经济带三大战略与东、中、西、北地区"四大板块"建设实现有机对接，中国区域发展战略体系得到进一步丰富和完善。其中，中央对京津冀地区的协同发展给予特别关注。2015年2月，习近平在中央财经领导小组会议上明确提出"多点一城、老城重组"的思路。2016年5月，中央政治局研究部署在通州区规划建设北京城市副中心，同时原则通过《关于研究设立河北雄安新区的实施方案》，启动雄安新区的规划编制工作。2017年4月，中共中央、国务院决定设立河北雄安新区的消息向全社会公布。2018年4月，《河北雄安新区规划纲要》出台，成为指导雄安新区规划建设的基本依据。中央将雄安新区视作继深圳经济特区、上海浦东新区之后又一个具有全国意义的新区，将其定位为"推动高质量发展的全国样板"②。某种意义上看，雄安新区承托着中国共产党对于经济现代化的理想，也代表了市场经济条件下建设经济现代化的新尝试。

在经历新一轮大发展大变革大调整的外部世界面前，中国共产党继续坚持对外开放的基本国策，着眼于共建开放型世界经济，谋划全方位对外开放大战略，以更加积极主动的姿态走向世界。中央抓紧对经济全球化新趋势和中国对外开放新特点的研究判断，指出中国经济已经由过去扩大出口换取外汇向市场、资源能源、投资对外深度融合转变。③为统筹开放型经济的顶层设计，2015年5月，中共中央、国务院印发《关于构建开放型经济新体制的若干意见》，明确构建开放型经济新体制的原则、目标和重点任务，成为对外开放领域新的纲

---

① 参见《中华人民共和国经济和社会发展第十三个五年规划纲要》，人民出版社2016年版，第90页。
②《人民日报》2018年4月21日。
③ 参见《习近平关于社会主义经济建设论述摘编》，第295页。

领性文件。据此，中央相继提出培育新的开放高地、优化开放布局，坚持出口和进口并重、推动对外贸易平衡发展，统筹引进来和走出去、提高国际投资合作水平，加快实施自由贸易区战略，主动参与全球经济治理等一系列思想和战略。

为带动新一轮扩大开放、营造有利的周边环境，2013 年，习近平先后提出共建"丝绸之路经济带"和二十一世纪"海上丝绸之路"。"一带一路"重大倡议以政策沟通、设施联通、贸易畅通、资金融通、民心相通为主要内容，为深化中国与沿线国家多层次经贸合作，带动中国沿边、内陆地区发展提供了新的机遇。在推进落实这一倡议的过程中，中央提出以共商、共建、共享为原则，积极推进沿线国家发展战略的相互对接。[①]2015 年，中央进一步明确"一带一路"建设是中国扩大开放的重大战略举措和经济外交的顶层设计。[②] 中国共产党经济思想由此注入了系统的国际经济战略要素。

在十八大后的认识探索和实践进展基础上，中国共产党正式提出"建设现代化经济体系"思想。2017 年 10 月十九大提出：我国经济已由高速增长阶段转向高质量发展阶段，正处在转变发展方式、优化经济结构、转换增长动力的攻关期，建设现代化经济体系是跨越关口的迫切要求和我国发展的战略目标。必须坚持质量第一、效益优先，以供给侧结构性改革为主线，推动经济发展质量变革、效率变革、动力变革，提高全要素生产率，着力加快建设实体经济、科技创新、现代金融、人力资源协同发展的产业体系，着力构建市场机制有效、微观主体有活力、宏观调控有度的经济体制，不断增强我国经济创新力和竞争力。[③] 这相当于对此前一系列推进经济现代化建设的政策、战略作了提炼和总结，赋予中国共产党经济思想新的重要内容。

---

① 《十八大以来重要文献选编》中，第 443 页。
② 《十八大以来重要文献选编》中，第 826 页。
③ 《十九大以来重要文献选编》上，第 21 页。

中国共产党认为，国家强，经济体系必须强。建设现代化经济体系，是从党和国家事业全局出发，着眼于实现"两个一百年"奋斗目标、顺应中国特色社会主义进入新时代的新要求作出的重大决策部署。因此，要深刻认识建设现代化经济体系的重要性和艰巨性，科学把握建设现代化经济体系的目标和重点，推动中国经济发展焕发新活力、迈上新台阶。[①] 据此，中央在十九大及之后对建设现代化经济体系的政策和战略重点作了部署，包括：大力发展实体经济，筑牢现代化经济体系的坚实基础，全面提高金融为实体经济服务的效率和水平；加快实施创新驱动发展战略，强化现代化经济体系的战略支撑；积极推动城乡区域协调发展，优化现代化经济体系的空间布局；着力发展开放型经济，提高现代化经济体系的国际竞争力；深化经济体制改革，完善现代化经济体系的制度保障等。

在十九大后的经济工作实践中，建设现代化经济体系的思想和政策内涵得到进一步充实。中央提出实施乡村振兴战略，强调按照产业兴旺、生态宜居、乡风文明、治理有效、生活富裕的总要求，建立健全城乡融合发展体制机制和政策体系，加快推进农业农村现代化。[②] 实施乡村振兴战略的提出及写入党章，在中国"三农"工作发展进程中具有划时代的里程碑意义。此后，乡村振兴战略成为中国共产党在新时代做好"三农"工作的新旗帜和总抓手。2017 年 12 月，中央农村工作会议阐述了实施乡村振兴战略、走中国特色社会主义乡村振兴道路的一系列重大的理论和实践问题，为实施乡村振兴战略谋篇布局。随后出台的《关于实施乡村振兴战略的意见》对统筹推进农村经济建设、政治建设、文化建设、社会建设、生态文明建设和党的建设作出全面部署，确立起乡村振兴战略的"四梁八柱"。2018 年 9 月，中共中央、国务院作出《乡村振兴战略规划（2018—

---

① 参见《论坚持全面深化改革》，第 420 页。
② 参见《十九大以来重要文献选编》上，第 22—23 页。

2022 年)》，提出坚持乡村振兴和新型城镇化双轮驱动，构建乡村振兴新格局①。

区域协调发展战略的内容进一步拓展。在前期粤港澳大湾区建设的基础上，中央于 2019 年 2 月发布《粤港澳大湾区发展规划纲要》，明确将大湾区打造成为充满活力的世界级城市群、具有全球影响力的国际科技创新中心、"一带一路"建设的重要支撑、内地与港澳深度合作示范区、宜居宜业宜游的优质生活圈的战略定位。②同年 8 月，中央印发《关于支持深圳建设中国特色社会主义先行示范区的意见》，作出支持深圳建设中国特色社会主义先行示范区的重大决策。③2018 年 11 月，中央提出支持长江三角洲区域一体化发展并上升为国家战略，④意味着这块中国经济发展最活跃、开放程度最高、创新能力最强的区域，在全国改革发展大局中将发挥更大的拉动和示范作用。随后，黄河流域的发展也于 2019 年 9 月列为重大国家战略。⑤中国共产党对中国改革开放和经济发展空间布局的思考及安排日趋优化和完善。

对外开放和自由贸易思想有了新内容。在上海等 10 余个自由贸易试验区"大胆闯、大胆试、自主改"的实践基础上，自由贸易区战略内涵进一步丰富。2018 年 4 月，中央宣布赋予海南经济特区改革开放新使命，在海南全岛建设自由贸易试验区，探索建设中国特色自由贸易港。⑥2019 年 3 月，《外商投资法》正式通过，旨在推动中国外商投资环境更加法治化、国际化、便利化。11 月，中共中央、国务院出台《关于推进贸易高质量发展的指导意见》，强调加快培育贸

①《人民日报》2018 年 9 月 27 日。
② 参见《人民日报》2019 年 2 月 19 日。
③《人民日报》2019 年 8 月 19 日。
④《人民日报》2018 年 11 月 6 日。
⑤ 参见《人民日报》2019 年 9 月 20 日。
⑥ 参见《人民日报》2018 年 4 月 15 日。

易竞争新优势、推进贸易高质量发展。[①] 建设现代化经济体系所必需的国际竞争力因素，在中国共产党的经济思想中愈发占有重要地位。

六、防范化解经济风险

中国共产党领导经济建设面临的内外环境，自改革开放以来总体上较为稳定和宽松。因此，党的经济思想中对于抓好战略机遇期加快发展的内容非常突出。随着经济发展进入新常态，"三期叠加"效应愈发明显，中国共产党领导经济建设面临的环境与此前大不一样，发生经济风险的可能性大为增加。这种情况下，中国共产党逐渐形成了防范化解经济风险的思想。

对于中国经济发展内外环境的变化及其带来的风险，中共中央一直有着清醒的认识。还在习近平首次当选中共中央总书记的十八届一中全会上，他就提醒全党："面对复杂多变的国际形势和艰巨繁重的国内改革发展稳定任务，我们一定要居安思危，增强忧患意识、风险意识、责任意识"，"着力解决经济社会发展中的突出矛盾和问题，有效防范各种潜在风险"[②]。

此后，习近平对于经济风险的强调越来越明确，对于经济风险的表现也阐述得越来越具体。他在 2013 年 12 月中央经济工作会议上强调"我国正处于跨越'中等收入陷阱'并向高收入国家迈进的历史阶段，矛盾和风险比从低收入国家迈向中等收入国家时更多更复杂"，并且第一次指出了经济风险点所在："既高度关注产能过剩、地方债务、房地产市场、影子银行、群体性事件等风险点，又采取有效措施化解区域性和系统性金融风险，防范局部性问题演变为全局性

---

① 《人民日报》2019 年 11 月 29 日。

② 中央党的群众路线教育实践活动领导小组办公室编：《党的群众路线教育实践活动学习文件选编》，党建读物出版社 2013 年版，第 15 页。

风险"。^① 一年之后，他进一步分析了这些风险点形成的原因、主要特征以及解决的原则："过去，经济高速发展掩盖了一些矛盾和风险。现在，伴随着经济增速下调，各类隐性风险逐步显性化，地方政府性债务、影子银行、房地产等领域风险正在显露，就业也存在结构性风险。这些风险，有的来自经济结构调整中政府行为越位，有的来自市场主体在经济繁荣时的盲目投资，有的来自缺乏长远考虑而过度承诺，有的则与国际金融危机冲击有直接关系。""我们必须标本兼治、对症下药，建立健全化解各类风险的体制机制，通过延长处理时间减少一次性风险冲击力度，如果有发生系统性风险的威胁，就要果断采取外科手术式的方法进行处理。"^②

习近平的分析被 2015 年中国资本市场的剧烈波动验证了。2015年 6 月至 8 月，A 股市场中止了上涨走势，掉头陷入多轮暴跌行情，舆论称之为"股灾"。设想中的经济风险此时变成了活生生的现实。虽然这场"股灾"很快平息，没有演变成全局性风险，但足以使党更加警惕。这种局面下，中央对于经济风险的认识进一步深化。在十八届五中全会通过的"十三五"规划建议中，"防控风险"明确纳入国家宏观调控的目标体系之中。习近平在全会上特别强调了防范金融风险的重要性："近来频繁显露的局部风险特别是近期资本市场的剧烈波动说明，现行监管框架存在着不适应我国金融业发展的体制性矛盾，也再次提醒我们必须通过改革保障金融安全，有效防范系统性风险。要坚持市场化改革方向，加快建立符合现代金融特点、统筹协调监管、有力有效的现代金融监管框架，坚守住不发生系统性风险的底线。"^③ 他判断，"今后五年，可能是我国发展面临的各方面风险不断积累甚至集中显露的时期"，"如果发生重大风险又扛不住，国家安

①《习近平关于社会主义经济建设论述摘编》，第 318—319 页。
②《十八大以来重要文献选编》中，第 244 页。
③《十八大以来重要文献选编》中，第 781—782 页。

全就可能面临重大威胁，全面建成小康社会进程就可能被迫中断"。①
他提醒全党，"机遇不会等着我们，问题也不会等待我们"②。

两个月后的中央经济工作会议上，中共中央对于防范经济风险
的认识向防范金融风险进一步聚焦，认识更加清醒，分析也更加深
刻、更富理论性。习近平在会上指出："现在，技术变革加快、消费
结构升级、国际市场增长放缓同时发生，相当部分生产能力达到峰
值，许多生产能力无法在市场实现，加上社会生产成本上升，导致实
体经济边际利润率和平均利润率下滑。""正是由于这个原因，大量资
金流向虚拟经济，使资产泡沫膨胀，金融风险逐步显现，社会再生产
中的生产、流通、分配、消费整体循环不畅。这是一个绕不过去的历
史关口。"③

在向全党阐明防范化解经济风险的长期性、艰巨性的同时，中
央也提出解决之道，那就是贯彻落实新发展理念，推进供给侧结构
性改革。习近平指出："我们面临的困难和问题，确实同国际金融危
机这一外因的影响有直接关系，但内因是起决定性作用的，内因就
是我们正面对着深刻的供给侧、结构性、体制性矛盾"，要"按照创
新、协调、绿色、开放、共享的发展理念，在理论上作出创新性概
括，在政策上作出前瞻性安排，加大结构性改革力度，矫正要素配置
扭曲，扩大有效供给，提高供给结构适应性和灵活性，提高全要素生
产率"。④他强调，"这是唯一正确的选择"⑤。

随着新发展理念的贯彻落实和供给侧结构性改革的大力推进，
去产能、去杠杆、化解金融风险的实践难度也在加大，这也正是改革
进入深水区的表现。对此，中共中央既坚定不移推进改革，又对经济

①《十八大以来重要文献选编》中，第 833 页。
②《十八大以来重要文献选编》中，第 828 页。
③《十八大以来重要文献选编》下，73—74 页。
④《习近平关于社会主义经济建设论述摘编》，第 91 页。
⑤《十八大以来重要文献选编》中，第 828 页。

风险特别是金融风险进行进一步集中阐述。在 2016 年底到 2017 年中共十九大召开之前这一段时间内，中央对于金融风险的讨论前所未有的丰富，在思想认识上达到一个新高度。习近平先是对金融风险的后果作了阐述，指出"金融风险有的是长期潜伏的病灶，隐藏得很深，但可能爆发在一瞬之间。美国次贷危机爆发就是一夜之间的事情"，告诫全党"如果我们将来出大问题，很可能就会在这个领域出问题，这一点要高度警惕"；^① 而后，他指出化解金融风险的具体对策："防控金融风险，要加快建立监管协调机制，加强宏观审慎监管，强化统筹协调能力，防范和化解系统性风险。要及时弥补监管短板，做好制度监管漏洞排查工作，参照国际标准，提出明确要求。要坚决治理市场乱象，坚决打击违法行为。要通过体制机制改革创新，提高金融服务实体经济的能力和水平"^②。这期间，中央政治局还首次以维护国家金融安全为主题进行集体学习。习近平在主持学习时强调金融是现代经济的核心，要维护金融安全，坚决守住不发生系统性金融风险底线。^③

2017 年 7 月，中央召开全国金融工作会议，防范化解金融风险成为这次会议要解决的关键问题。习近平在会上明确提出"防范化解金融风险，特别是防止发生系统性金融风险，是金融工作的根本性任务，也是金融工作的永恒主题"，强调"要把主动防范化解金融风险放在更加重要的位置，等出了事就来不及了"。他还针对金融领域风险点多面广的情况指出："要积极稳妥防范处置突出风险点，严密防范化解流动性风险、信用风险、影子银行业务风险、资本市场异常波动风险、保险市场风险、房地产泡沫引发金融风险，切实防范金融网络技术和信息安全风险，有效防范跨境资金流动风险，不忽视一个风

---

① 《习近平关于社会主义经济建设论述摘编》，第 332 页。
② 《人民日报》2017 年 3 月 1 日。
③ 参见《人民日报》2017 年 4 月 27 日。

险，不放过一个隐患，防患于未然，确保金融安全高效稳健运行。"[①]

在此基础上，习近平提出防范化解金融风险要重点抓的三件大事，即推动经济去杠杆、整治金融乱象、促进房地产市场平稳健康发展。习近平认为金融风险的源头在高杠杆。他说，"高杠杆和杠杆结构不合理容易带来宏观经济不稳定性和脆弱性，助长投机行为，扩大资不抵债的规模和压力，干扰社会预期，加大政策调控和市场调节难度"，因而"这是防范系统性金融风险的关键所在"。他强调："去杠杆，千招万招，管不住货币都是无用之招"，因此要"坚定执行稳健的货币政策，保持中性"，坚决管住货币信贷和宏观杠杆率这个"总闸门"，"防止货币供应过于宽松而加大系统性金融风险"。[②]

习近平认为金融市场乱象丛生是引发系统性风险的重大隐患。他要求："要重点整治乱办金融、非法集资、乱搞同业、乱加杠杆、乱做表外业务、违法违规套利等严重干扰金融市场秩序的行为，加强互联网金融监管，严格规范金融市场交易行为，严格规范金融综合经营和产融结合。"他特别强调，"要依法严厉打击一些打着"高大上"旗号、花样百出的庞氏骗局。对违法犯罪金融活动要敢于亮剑，对涉嫌利益输送和权钱交易的内鬼、操纵市场和幕后交易的"金融大鳄"、顶风作案的非法集资和地下钱庄要加大惩处力度，形成震慑"。[③]

习近平认为金融风险往往同经济过度房地产化密不可分。他指出："房地产市场充当了过量流动性的蓄水池。房地产企业和金融机构相互渗透，使经济增长、财政收入、银行资产及利润等对房地产业形成高度依赖，房价不断高涨也使要素配置日益扭曲。"他强调，要坚持"房子是用来住的、不是用来炒的"这个定位，建立房地产健康发展的长效机制。他提出要采用近期"重视对需求侧的管理"、中期

[①]《十八大以来重要文献选编》下，第797页。
[②]《十八大以来重要文献选编》下，第798页。
[③]《十八大以来重要文献选编》下，第800页。

"完善住房供给体系，有效调整供给结构"的对策，"在发展中解决前进中的问题"。①

这三件大事紧紧抓住了防范化解经济风险的要害，代表了中国共产党防范化解经济风险思想在十九大之前的最高认识水平。正是有了这些思想积淀，中共十九大将防范化解重大风险确立为决胜全面建成小康社会要坚决打好的三大攻坚战的首要战役。中央特别强调，金融风险是当前最突出的重大风险之一，防范化解金融风险，事关国家安全、发展全局、人民群众财产安全，是一场输不起的战役，要求从政治大局出发，抓紧制定战略规划，坚决打好这场攻坚战。

由于中央对防范化解经济风险高度重视，金融体制改革和打击违法金融活动都取得很大进展。到十九大前后，银行业资金脱实向虚势头得到初步遏制，金融市场总体平稳，市场约束逐步增强，金融监管制度进一步完善，金融乱象整治取得阶段性成效。同时，宏观杠杆率总体趋稳，地方债务风险也在很大程度上得到化解。

就在局面趋于好转之际，国际环境再度发生不利于中国的变化。2018年上半年，美国政府单方面发起并持续升级经贸摩擦。面对内外形势的新变化。7月召开的中央政治局会议指出："当前经济运行稳中有变，面临一些新问题新挑战，外部环境发生明显变化。"②同年12月的中央经济工作会议进一步作出中国"经济运行稳中有变、变中有忧"的判断。复杂多变的局势在继续考验中国共产党驾驭经济工作的能力，中央也在稳妥应对复杂局势的实践中进一步深化对新时代经济工作规律的认识，继续丰富和发展中国共产党的经济思想。

面对经贸摩擦的压力，中央坚持通过对话协商解决争议的基本原则，以求同存异的态度妥善处理分歧。经过多轮对话磋商，2020年1月15日，中美正式签署第一阶段经贸协议，承诺深化贸易领域

---

① 《十八大以来重要文献选编》下，第801页。
② 《人民日报》2018年8月1日。

双向合作、进一步放宽市场准入、持续优化营商环境，在相当程度上解决了双方关切。① 虽然中美协议的签署很大程度上缓和了贸易摩擦的紧张局面、减少了市场不确定性、稳定了市场预期，但是中国共产党对于防范化解经济风险的重视不仅没有丝毫松懈，反而进一步深化了认识。

还在美国方面消极动向初显时，习近平就在学习贯彻党的十九大精神研讨班开班式上讲话强调，"增强忧患意识、防范风险挑战要一以贯之"。他援引"木桶原理"和《诗经》名言指出："见兔顾犬、亡羊补牢，是为下策；积谷防饥、曲突徙薪，方为上策。"② 4月2日，习近平在机构改革中成立的中央财经委员会第一次会议上指出，"防范化解金融风险，事关国家安全、发展全局、人民财产安全，是实现高质量发展必须跨越的重大关口"③。随后，他在一次调研讲话中首次公开采用了"黑天鹅"和"灰犀牛"事件的说法，指出"如果不能积极稳妥化解这些旧动能，变革创新传统发展模式和路径，不仅会挤压和阻滞新动能培育壮大，而且处理不好还会引发'黑天鹅'事件、'灰犀牛'事件"④。在2019年初省部级主要领导干部坚持底线思维着力防范化解重大风险专题研讨班开班式上，习近平再度提醒全党注意"黑天鹅"和"灰犀牛"："面对波谲云诡的国际形势、复杂敏感的周边环境、艰巨繁重的改革发展稳定任务，我们必须始终保持高度警惕，既要高度警惕'黑天鹅'事件，也要防范'灰犀牛'事件；既要有防范风险的先手，也要有应对和化解风险挑战的高招；既要打好防范和抵御风险的有准备之战，也要打好化险为夷、转危为机的战略主

---

① 参见《人民日报》2020年1月16日。
② 中共中央党史和文献研究院、中央"不忘初心、牢记使命"主题教育领导小组办公室：《习近平关于"不忘初心、牢记使命"重要论述选编》，中央文献出版社、党建读物出版社2019年版，第318—319页。
③《人民日报》2018年4月3日。
④《十九大以来重要文献选编》上，第409页。

动战。"①

在接连两年年初召开、均由省部级领导干部参加的高规格会议上，习近平连续强调防范化解风险，其分量不言而喻。特别是在2019年初的这次会议上，习近平再度分析和阐述了防范化解经济风险的问题。他要求："各地区各部门要平衡好稳增长和防风险的关系，把握好节奏和力度。要稳妥实施房地产市场平稳健康发展长效机制方案。要加强市场心理分析，做好政策出台对金融市场影响的评估，善于引导预期。要加强市场监测，加强监管协调，及时消除隐患。要切实解决中小微企业融资难融资贵问题，加大援企稳岗力度，落实好就业优先政策。要加大力度妥善处理'僵尸企业'处置中启动难、实施难、人员安置难等问题，加快推动市场出清，释放大量沉淀资源。"他还强调了"六稳"要求："各地区各部门要采取有效措施，做好稳就业、稳金融、稳外贸、稳外资、稳投资、稳预期工作，保持经济运行在合理区间。"②

不久，中央政治局以完善金融服务、防范金融风险为主题进行集体学习。习近平在主持学习时指出："金融是国家重要的核心竞争力，金融安全是国家安全的重要组成部分，金融制度是经济社会发展中重要的基础性制度。""金融活，经济活；金融稳，经济稳。经济兴，金融兴；经济强，金融强。经济是肌体，金融是血脉，两者共生共荣。"为此，他强调要"坚决打好防范化解包括金融风险在内的重大风险攻坚战，推动我国金融业健康发展"，"立足中国实际，走出中国特色金融发展之路"。尤为重要的是，习近平提出了以实体经济发展化解金融风险的新思路："实体经济健康发展是防范化解风险的基础"，"金融要为实体经济服务"，"要注重在稳增长的基础上防风险，强化财政政策、货币政策的逆周期调节作用，确保经济运行在合理区

①《人民日报》2019年1月22日。
②《人民日报》2019年1月22日。

间，坚持在推动高质量发展中防范化解风险"。[①]显然，防范化解金融风险在中国共产党防范化解经济风险思想中，依然占据首要位置。

多少有些出人意料的是，风险并未在金融领域发生，而是发生在了公共卫生领域。2020年初遭遇的新冠肺炎疫情这只"黑天鹅"，虽然是公共卫生事件，但对经济发展产生了巨大的负面影响。对此，中央要求全党坚持一手抓疫情防控这件大事、一手抓经济社会发展这个大局不动摇，统筹推进疫情防控和经济社会发展。习近平提出：统筹做好疫情防控和经济社会发展，既是一次大战，也是一次大考，"只要我们变压力为动力、善于化危为机，有序恢复生产生活秩序，强化'六稳'举措，加大政策调节力度，把我国发展的巨大潜力和强大动能充分释放出来，就能够实现今年经济社会发展目标任务"[②]。他又一次强调了底线思维："面对严峻复杂的国际疫情和世界经济形势，我们要坚持底线思维，做好较长时间应对外部环境变化的思想准备和工作准备。"[③]

正如习近平所言，"备豫不虞，为国常道"。中国共产党形成防范化解经济风险的思想，正是在对经济形势保持清醒认识的基础上，作出的思想预案。不同于顺风顺水的态势，在"逆风球"的局势下，中国共产党驾驭复杂经济局面的能力受到空前挑战。正因为如此，中央不断强化全党的风险防范意识，反复要求"党领导经济工作的观念、体制、方式方法也要与时俱进"[④]，"要摆脱旧的路径依赖"，掌握"认识发展趋势和准确分析经济形势、营造良好市场环境"[⑤]等新本领，"精准分析和深入判断经济发展趋向、基本特征和各方面影响，提高政策质量和可操作性，扎扎实实把事情办好"[⑥]，"要适应党和国

---

①《人民日报》2019年2月24日。
②《人民日报》2020年2月24日。
③《人民日报》2020年4月9日。
④《人民日报》2014年12月12日。
⑤《人民日报》2015年5月1日。
⑥《人民日报》2015年7月31日。

家工作的新进展，努力增强各方面本领，包括学习本领、政治领导本领、改革创新本领、科学发展本领、依法执政本领、群众工作本领、狠抓落实本领、驾驭风险本领"①，"要有草摇叶响知鹿过、松风一起知虎来、一叶易色而知天下秋的见微知著能力，对潜在的风险有科学预判，知道风险在哪里，表现形式是什么，发展趋势会怎样，该斗争的就要斗争"②。防范化解经济风险思想是中国共产党经济思想在新时代的一个重要补充和发展，它的形成使中国共产党经济思想的内涵更加多维、更加丰富了。

本编结语

中共十八大以来，面对复杂的国内外形势和中国经济发展进入新常态的新机遇新挑战新要求，中国共产党坚持马克思主义政治经济学基本原理，总结国内外发展经验教训，对马克思主义政治经济学作出重大原创性贡献，从理论和实践的结合上深入回答了在新的时代条件下如何完善社会主义生产关系、如何解放和发展社会主义生产力、如何让人民共享改革发展成果并逐步实现共同富裕等重大课题，全面丰富和系统发展了马克思主义政治经济学的研究体系与研究内容，构成了一个逻辑严密、系统完备的科学理论体系，形成了习近平新时代中国特色社会主义经济思想。中国共产党的经济思想发展到新的历史高度。

恩格斯指出，无产阶级政党的"全部理论来自对政治经济学的研究"③；列宁也认为，政治经济学是马克思主义理论"最深刻、最全面、最详尽的证明和运用"④。作为当代中国马克思主义政治经济学，习近

---

① 习近平：《在党的十九届一中全会上的讲话》，《求是》2018年第1期。
②《人民日报》2019年9月4日。
③《马克思恩格斯选集》第2卷，第8页。
④《列宁选集》第2卷，人民出版社2012年版，第428页。

平新时代中国特色社会主义经济思想的形成和发展，重塑和强化了中国共产党经济思想的马克思主义灵魂。从思想史的维度透视这种重塑，一个重要涵义便是承认在现代经济中，市场与国家、经济与政治、基础与上层建筑之间的区别，不是两种类型的制度的区别，而是制度在其功能上的区别。在习近平早年的文章里，他就对此有深刻的认识，认为社会主义市场经济的特点，是"经济的政治化"和"政治的经济化"①。在新时代，他再度阐释这个道理："一个国家的政治制度决定于这个国家的经济社会基础，同时又反作用于这个国家的经济社会基础，乃至于起到决定性作用。在一个国家的各种制度中，政治制度处于关键环节。"② 这个政治制度，当然包括马克思主义意识形态的涵义在内。

在习近平新时代中国特色社会主义经济思想的范畴内，无论是对加强党对经济工作集中统一领导的强调，还是对以人民为中心的价值立场的突出，抑或是对坚持和完善社会主义基本经济制度和分配制度的重申，都体现了中国共产党对社会主义本质要求和发展方向的理解和把握、对马克思主义经济学说的理解和把握。习近平新时代中国特色社会主义思想显然具备原典意义上的马克思主义经济学说所具备的"政治经济学"本色。习近平明确提出了当代中国马克思主义政治经济学、中国特色社会主义政治经济学的概念和范畴，这不能不说是有着某种历史的针对性的。而习近平新时代中国特色社会主义经济思想在理论上拓展的新视野、作出的新概括，提出的创新性理论观点，也无疑堪称当代中国马克思主义政治经济学、中国特色社会主义政治经济学。中国共产党经济思想的继续丰富和发展，也由此具备了更加广阔的道路。我们相信，在习近平新时代中国特色社会主义思想指导下，中国共产党完全可以带领国家实现由经济大国向经济强国的历史性转变，完成中华民族伟大复兴的历史使命。

---

① 习近平：《对社会主义市场经济的再认识》，《东南学术》2001 年第 4 期。
②《十八大以来重要文献选编》中，第 62 页。

结　语

　　中国共产党人在各个历史时期对于经济的认识，以及在经济发展上的一切努力，都是"为中国人民谋幸福，为中华民族谋复兴"，直至为实现共产主义而奋斗。这作为中国共产党人的终极目标，当然是毋庸置疑的；只是在不同的历史时期，它的具体表现又不尽相同。因此，我们不能不分阶段各自考察。"利用社会科学方法进行研究的历史学家常常将他们的研究题目分成许多小的专题，这易于深入地、专门地进行考察。"① 这种方法尽管符合历史逻辑，然而资料的分离不利于综合分析，并且如果再出现考察视点的不兼容，那么研究者便会陷入困境。因此，有必要再从历史和逻辑两个层面重新梳理全书的脉络。

一、历史的轨迹

　　自诞生时起，中国共产党的经济思想在"主义"与"方法"、变革生产关系与发展生产力等一系列对立统一的范畴之间摆荡。当然，这种摆荡是以党在不同历史时期面对的不同任务为准星的。

　　中国共产党在建党初期将马克思列宁主义经济学说的所有概念和结论奉为圭臬，这自然是由中国共产党的阶级属性和政党性质决定的，同时也显示中国共产党对于中国社会经济情况的认识尚不完善。面对半殖民地半封建的旧中国，中国共产党从经济上进行国情和

---

① 黄仁宇:《十六世纪明代中国之财政与税收》，三联书店 2007 年版，第 449 页。

阶级分析，明确中国革命要分民主革命和社会主义革命两步走，明确新民主主义革命的性质、对象、任务和前途，明确革命的领导力量、依靠力量和同盟军，明确革命只反对官僚资本主义，不反对民族资本主义，相应地要消灭帝国主义在华的掠夺性经济、封建地主经济和官僚资本主义经济。随着党对于中国国情的把握和对革命道路的探索越来越成熟和成功，中国共产党的经济思想也越来越符合中国实际、带有中国色彩，终于形成一套完整的新民主主义经济理论以及财经政策体系。

可以说，这一时期中国共产党经济思想的发展历程，就是马克思主义经济学说与中国实际相结合的过程，是马克思主义经济思想中国化的过程。这一时期的中国共产党经济思想的基本理念是：中国经济发展只能走社会主义的道路，社会主义经济发展道路的核心是实现生产资料的公有制和计划经济；社会主义经济发展道路必须通过新民主主义经济革命来实现。中国共产党人依据马克思主义的政治经济学体系，探讨中国特定经济制度与经济发展的演变规律，阐释新民主主义经济形态的内部矛盾，尝试着为革命胜利后的新民主主义社会经济形态确立基本的经济结构。显然，中国共产党针对的是作为旧社会物质基础的半殖民地半封建的经济。只是在革命战争的环境下，改变这种经济形态更多地要依靠生产力的保护和发展，而不是经济革命和改造。以中国经济思想发展脉络观之，中国共产党此时的思想指向并不是颠覆性的。

中华人民共和国成立以后，中国共产党的经济思想越来越向理想中的"主义"维度倾斜。从发展特征看，这一阶段的经济思想大体上有两条发展线索。一条线索是承袭了五四运动以来马克思主义经济学在中国的传播和研究，表现为对马克思主义经济学经典著作进行广泛深入的研究，并运用其原理来分析社会主义经济问题；另一条线索是引入了具有浓厚斯大林色彩的苏联社会主义政治经济学，表现为对斯大林的社会主义理论和苏联科学院经济研究所编的《政治经济学教科书》的系统介绍以及对中国经济理论与实践的覆盖。这两条发展线索并非各自独立，而是相互交织、相互作用。这一时期中国共产党对于一些重要问题的论争以及在论争中所产生的一些卓越的思想观点，基本上都是从这两条发展线索的不同角度出发考察和研究问题而引起的。不仅毛泽东等领导人发表的一些思想观点是借鉴苏联社会主义经济建设理论和实践而产生的，党内对一些重要经济理论问题的论争如政治经济学的对象、生产力和生产关系、政治和经济的关系、社会主义基本经济规律、社会主义制度下的价值规律和商品生产、按劳分配等，也都是以这两条发展线索为框架展开的。

在这一时期，尤其是从 1949 年到 1957 年，中国共产党的经济思想还是相当活跃的，各种理论和观点的争论此起彼伏。但从 20 世纪 50 年代末 60 年代初起，随着社会政治生活中"以阶级斗争为纲"这一指导思想的确立，经济思想的活跃局面逐渐消失。持续不断的经济革命和改造中，以马克思主义经济理论为指导，科学、客观地研究社会主义经济问题的学术思想受到压抑和打击；而以苏联理论为模式，片面、教条、僵化地理解和运用社会主义理论的学术思想占主导地位，并日益向极端化方向发展。在批判"唯生产力论"、批判"资产阶级法权"、批判"按劳分配"、批判商品经济和价值规律等的"思想理论界的斗争"中，被神圣化、庸俗化了的"主义"站到了中国共产党经济思想的"前台"。

进入改革开放的历史新时期，中国共产党的经济思想与经济体制改革实践互相促进，共同发展。在这个过程中，"方法"提升至前所未有的高度。这个转化也是沿着两条线索发展的。一条线索是对马克思主义经济学的阐释和运用，并与中国的经济改革实践相结合进行理论创新，在基本理论的建设上进一步丰富马克思主义经济学；另一条线索是以苏联范式为核心的经典社会主义政治经济学的强势地位，被现代西方经济学概念、理论和方法的引进、研究、应用所取代。后一条发展线索虽从 20 世纪 80 年代初开始呈现，却表现出强劲的发展势头，到 90 年代已与前一条发展线索互相交会、互相融合，显示出马克思主义经济学与现代西方经济学交融会通的思想趋势。

这一时期中国共产党明确"以经济建设为中心"，在"发展是硬道理"、"发展是党执政兴国的第一要务"的理念主导下，不断解放思想、打破枷锁，对经济思想进行了极大充实、丰富和发展。从提出"以计划经济为主、市场调节为辅"，到确认社会主义经济是公有制基础上有计划的商品经济，再到确定社会主义市场经济体制的改革目标，中国共产党最终解决了中国现代化建设和改革开放全局的目标模式这一大局问题。党不仅认识和接纳了市场经济的一般知识和普遍规律，认识和接纳了现代经济发展的共同方法，如邓小平所说，社会主义的市场经济在"方法上基本上和资本主义社会的相似"，社会主义是"利用"市场经济这种方法"来发展社会生产力"[1]；而且形成了一些将市场经济与社会主义基本制度结合在一起运行的特点，从而"既可以发挥市场经济的优势，又可以发挥社会主义制度的优越性，在处理市场机制和宏观调控、当前发展和长远发展、效率和公平等关系方面，应该比西方国家做得更好、更有成效"[2]。这种两种优势均沾的理论信心，使得这一时期中国共产党对于各种经济发展方法的运用显得极有气度，虽然这一过程中经济思想"反叛"与"守成"之间或明或暗的博弈与竞争也未绝断。

任何事情都有两面性，这是唯物辩证法的基本原理。对于偏向"方法至上"带来"去经典化"的负面影响，中国共产党有着清醒的认识。党不仅多次强调"我们要搞的市场经济是社会主义市场经济，'社会主义'这几个字不能去掉"，而且在政策和实践中都不遗余力地

---

[1]《邓小平文选》第 2 卷，第 236 页。
[2]《江泽民文选》第 1 卷，第 467 页。

发展壮大公有制经济特别是国有经济。即便如此，市场经济带来的冲击仍然是广泛而巨大的，不完善的制度安排、市场割据、不完全竞争等问题始终没有得到解决。市场经济的种种"乱象"也在告诉人们，历史上的"一放就乱"似乎还在以另外的表现形式上演着。

进入中国特色社会主义新时代，以习近平同志为核心的党中央，统筹推进"五位一体"总体布局，协调推进"四个全面"战略布局，实现包括经济建设在内的各项事业的历史性突破，决胜全面建成小康社会，并开启向着全面建设社会主义现代化强国迈进的历史征程。这其中对于经济思想中"主义"的强调功不可没。中国共产党大力强调"不忘初心、牢记使命"，强调发展要以人民为中心，强调加强党对经济工作的领导，强调在发挥市场的决定性作用的同时更好发挥政府作用，等等。这些无疑是对"方法至上"带来的"一放就乱"的重要矫正。

二、逻辑的结论

梳理历史的轨迹，我们可以大致看到有一个思想趋向贯穿中国共产党经济思想的始终，这就是改造和取代中国经济的"旧道统"，建构社会主义、共产主义的"新道统"，在一种既不同于资本主义和苏式社会主义、也不完全等同于中国古代的、前所未有的新型经济发展道路上实现民族复兴。

本杰明·史华慈认为，早在19世纪末20世纪初，中国知识分子就主张集体主义的经济价值观，希望由一个强有力的政府来领导经济发展实现国家富强，某种程度上带有"重商主义"和"社会主义"的思想成分。[①] 与把经济活动看作维护政治秩序的手段的传统经

---

① 参见［美］本杰明·史华慈：《寻求富强：严复与西方》，叶凤美译，中信出版社2016年版，第109—125页。

济观相适应，中国古代的经济学，研究的是治理国家的经济对策。中国经济思想史上历代经济思想家们集中讨论的，主要是土地、货币、财政三大问题。而讨论这三大问题的出发点及其内容，则都围绕着实现治国平天下这一目标。《管子》在论述货币作为流通手段的职能时就明言，这样只是为了让统治者"操谷币金衡而天下可定也"[①]。后人关于货币问题的讨论基本上亦未超出这个范围。历代王朝关于货币发行权、货币价值的轻重乃至货币形式等种种问题的讨论，也几乎无一不是为解决国家的财政经济危机，使社会商品经济的发展既适应当时政治秩序所允许的繁荣，又不危及这种秩序，从而达到治国平天下的目的。

中国共产党的经济思想就是在这样的土壤之中，通过马克思主义经济学说的植入而生成的。只是，这种生成是戴着"镣铐"来的——先有共产国际的束缚，后有苏联政治经济学的影响。在接受了马克思主义以后，中国共产党在中国传统经济观的基础上，把生产关系纳入经济思想之中。按照苏联的观点，政治经济学只研究经济过程中人们的生产关系，不研究人们的经济行为，也不研究人与自然的关系。这就把马克思主义关于经济学是研究"人类社会中支配物质生活资料的生产和交换的规律的科学"[②]这个研究范围大大缩小了，以致中国共产党的经济思想长期以来都是侧重于生产关系，甚至排斥生产关系以外所有内容。在对生产关系的关注中，又只限于分析阶级关系及社会主义与资本主义的根本区别上，把经济活动主要看作是巩固无产阶级专政和社会主义制度的手段。这样，在新的条件和形式下，经济服从于政治秩序成为一种普遍的观念。按照这种观念，经济思想主要不是为了提高经济效益，满足人民需要，而是为了判断某种经济活动是否符合政治原则、政治需要。这是中国经济长期发展不好甚至

---

① 《管子·卷第二十二·山至数第七十六》，上海古籍出版社 2015 年版，第 440 页。
② 《马克思恩格斯选集》第 3 卷，第 525 页。

遭受重大挫折的重要原因，也成为中国共产党进行经济改革的重要原因。

同样地，理解改革、理解未来，也需要从中国共产党经济思想的本来即"初心"去探寻。虽然在经济改革方面取得举世瞩目的成就，但是改革毫无疑问仍须全面深化。现实来看，政府对微观经济活动的管控和干预还广泛存在，同时国有经济对非公有制经济的竞争优势还在不断强化，列宁所说的"制高点"控制还在不断加强，经济运行和发展的困难和风险也愈发显现。虽然中国共产党对这些问题都有清醒认识，也已出台诸多对策，只是执行效果很多时候并不理想。有人说，这是政策不稳定、没有"定心丸"所致。其实，政策"定心丸"本身就取决于思想和理论"定心丸"；没有思想和理论"定心丸"，政策"定心丸"是无法真正"定心"的。问题的根源还在中国共产党的经济思想之中。

无论是"主义"还是"方法"，无论是理想还是现实，中国共产党对于经济的驾驭和管理观念、对于设计经济制度和发展方式的追求可以说是与生俱来的。如前所述，这一方面是中国传统经济思想的精髓，另一方面是马克思主义经济学说的内核。但是，党在历史上遭遇过的经济试验失败的教训，已经表明对于经济过度的驾驭和设计是不可靠的。这一点，也为中国经济改革的历程所证明：在改革伊始，由于长期与外界隔绝，除社会主义之外，中国共产党对任何别的发展方式几乎一无所知。别无选择之下，党只能从实际出发，修补或改进现行的经济体制。这显然不是人为设计的过程，而是不断尝试、不断前进的过程。正如科斯所言，中国的故事恰恰体现了"人类行动的后果而非人类精心计划的结晶"的精髓，也是中国谚语"有心栽花花不开，无心插柳柳成荫"的真实写照。①

---

① 参见［英］罗纳德·哈里·科斯、王宁:《变革中国——市场经济的中国之路》，第206页。

三、未完的思考

中国共产党经济思想史的研究，是一座"学术富矿"。更何况，随着时代的发展，中国共产党的经济思想必然也会丰富和发展。

思想史研究的重要性是毋庸置疑的，毕竟国家之兴衰"其表在政，其里在学"，更不用说对作为执政党的中国共产党的思想史的研究了。也因此，如何开展中共思想史的研究，是中共党史学界的热门话题。不论持何种学术观点都不能改变的一个事实是，中共党史研究已经形成"三足鼎立"格局，亦即三个层面的中共党史研究：意识形态层面的宏大叙事和理论阐发研究；微观层面的个案化、史料化研究；以及介于二者之间的，长时段、宏观的和理论性、思想性强的研究即思想史研究。由此，研究中共思想史的着力点在哪里，也就不难发现了。

不过，在中共思想史的大家族中，中共经济思想史有着不一样的压力。这一方面因为这个领域已经有经济思想史这门学术传统悠久深厚的学科；另一方面，更是与经济思想的发展规律有关。以经济学说史的视角来看，经济思想的发展似乎是螺旋式上升运动的。经济理论和政策确实经常和早先时期的类似，但是它们发展水平不同，面临的条件也不同。这些差异和相似是一样重要的，都值得仔细检验。这其中，产生思想的社会环境起着决定作用，"思想本身都是保守的。它们不会屈服于其他思想的攻击，却会屈从于它们难以应付的环境的巨大冲击"[1]。换言之，只有实践使原来的旧理论显然不充分时，新思想才会取代已被广泛接受的经济理论。然而，经济的发展与变化又是活跃的，关于经济史的研究已经告诉了我们紧随潮流的

---

[1]［美］斯坦利·L.布鲁、兰迪·R.格兰特:《经济思想史》，第3页。

重要性。这必然要求研究者要保持开放的、有辨识能力的头脑，但同时又不能"沦为某个已故经济学家思想的奴隶"。其难度是可想而知的。

破解这种悖论，恐怕仍要回到历史的空间去。理论终不免其浅薄性，历史却褪不掉深重的颜色。熊彼特曾说科学的经济学包括历史、统计和理论三种工具，而放弃理论和统计，也要保住历史的方法。因为历史充满了自然实验，足以成为探索未知的源泉。如果说经济史是经济理论的源泉，经济思想史就是经济理论创新的源泉。我们要的是回归历史，秉持的是历史主义。经济思想史研究的目的也是在于提出一般性的框架，以便更进一步地将历史上某个经济领域——比如中国共产党对于经济的理解和认识——的各个细节联系起来，而不是去提供另一个更宏大的经济解释模型。经济思想史上每一次智慧的总结和应用，带来的都是经济思想的解放和进步，这正是历史主义优势的体现——"历史的探索，对于立志为人类服务的人来说，从来都是服务于改革当前现实和规划未来方向的。"[①]

我们需要分析历史，却也不能切割历史，更不应驻足于历史。历史为现实提供的应该是智慧，而不应仅仅是知识。确实，"历史不会重复"，但历史背后的逻辑有可能重复。要避免这样的重复，按照科斯的说法，就是要有一个很好的"思想市场"。科斯说得很恳切：中国经济的进一步发展和市场制度的完善，遇到的最大的阻力和障碍，就在于"从经济到教育，从法律到政治，中国社会的每个角落都缺乏充满活力的思想市场"[②]。事实上，思想市场本身就是要素市场的一种，"我们每个人的生活经历也许只是沧海一粟，但借助开放的思想市场，我们独特的个性和丰富的多样性却使人类社会变得丰富多彩

---

① 《顾准文集》，第 206 页。
② ［英］罗纳德·哈里·科斯、王宁：《变革中国——市场经济的中国之路》，第 253 页。

而活力无限"。当商品市场和思想市场羽翼丰满之时，两者便能相互支撑、相辅相成，社会需求的满足度和社会创造力都将达到前所未有的高度。中国共产党经济思想史和中共党史的研究，毫无疑问也将迎来前所未有的繁荣。

主要参考文献

1. 中央档案馆编:《中共中央文件选集》,中共中央党校出版社1989—1992年版。

2. 中共中央文献研究室、中央档案馆编:《建党以来重要文献选编(1921—1949)》,中央文献出版社2011年版。

3. 中共中央文献研究室编:《建国以来重要文献选编》,中央文献出版社1992—1997年版。

4. 中共中央文献研究室编:《三中全会以来重要文献选编》,中央文献出版社2011年版。

5. 中共中央文献研究室编:《十二大以来重要文献选编》,中央文献出版社2011年版。

6. 中共中央文献研究室编:《十三大以来重要文献选编》,中央文献出版社2011年版。

7. 中共中央文献研究室编:《十四大以来重要文献选编》,中央文献出版社2011年版。

8. 中共中央文献研究室编:《十五大以来重要文献选编》,中央文献出版社2011年版。

9. 中共中央文献研究室编:《十六大以来重要文献选编》,中央文献出版社2011年版。

10. 中共中央文献研究室编:《十七大以来重要文献选编》,中央文献出版社2009、2011、2013年版。

11. 中共中央文献研究室编:《十八大以来重要文献选编》,中央文献出版社 2014、2016、2018 年版。

12. 中共中央党史和文献研究院编:《十九大以来重要文献选编》上，中央文献出版社 2019 年版。

13.《马克思恩格斯选集》，人民出版社 2012 年版。

14.《列宁选集》，人民出版社 2012 年版。

15.《李大钊文集》，人民出版社 1984 年版。

16.《陈独秀文章选编》，三联书店 1984 年版。

17.《毛泽东选集》，人民出版社 1991 年版。

18. 中共中央文献研究室编:《毛泽东文集》，人民出版社 1993—1999 年版。

19.《建国以来毛泽东文稿》，中央文献出版社 1987—1998 年版。

20. 中共中央文献研究室编:《毛泽东年谱（1893—1949）》，中央文献出版社 2013 年版。

21. 中共中央文献研究室编:《毛泽东年谱（1949—1976）》，中央文献出版社 2013 年版。

22. 中共中央文献研究室编:《毛泽东传》，中央文献出版社 2013 年版。

23.《周恩来选集》，人民出版社 1980、1984 年版。

24. 中共中央文献研究室编:《周恩来年谱（1949—1976）》，中央文献出版社 1997 年版。

25. 中共中央文献研究室编:《周恩来传》，中央文献出版社 2018 年版。

26.《刘少奇选集》，人民出版社 1981、1985 年版。

27. 中共中央文献研究室编:《刘少奇年谱（1898—1969）》，中央文献出版社 1996 年版。

28.《张闻天选集》，人民出版社 1985 年版。

29.《邓小平文选》，人民出版社 1993、1994 年版。

30. 中共中央文献研究室编:《邓小平年谱（1975—1997）》，中央文献出版社 2004 年版。

31.《陈云文选》，人民出版社 1995 年版。

32. 中共中央文献研究室编:《陈云文集》，中央文献出版社 2005 年版。

33. 中共中央文献研究室编:《陈云年谱》，中央文献出版社 2015 年版。

34. 中共中央文献研究室编:《陈云传》，中央文献出版社 2015 年版。

35.《李先念文选》，人民出版社 1989 年版。

36.《江泽民文选》，人民出版社 2006 年版。

37. 江泽民:《论社会主义市场经济》，中央文献出版社 2006 年版。

38.《市场与调控——李鹏经济日记》，新华出版社、中国电力出版社 2007 年版。

39.《朱镕基讲话实录》，人民出版社 2011 年版。

40.《胡锦涛文选》，人民出版社 2016 年版。

41. 中共中央文献研究室编:《习近平关于社会主义经济建设论述摘编》，中央文献出版社 2017 年版。

42. 中共中央宣传部编:《习近平新时代中国特色社会主义思想三十讲》，学习出版社 2018 年版。

43. 中共中央宣传部编:《习近平新时代中国特色社会主义思想学习纲要》，学习出版社、人民出版社 2019 年版。

44. 中共中央党史研究室:《中国共产党历史》(第一、二卷)，中共党史出版社 2011 年版。

45. 中共中央党史研究室:《中国共产党的九十年》，中共党史出版社、党建读物出版社 2016 年版。

46.薄一波:《若干重大决策与事件的回顾》，人民出版社1997年版。

47.杜润生主编:《中国农村改革决策纪事》，中央文献出版社1999年版。

48.《薛暮桥回忆录》，天津人民出版社2006年版。

49.《薛暮桥文集》，中国金融出版社2011年版。

50.《孙冶方文集》，知识产权出版社2018年版。

51.房维中:《在风浪中前进：中国发展与改革编年纪事（1977—1989）》，2004年。

52.彭森、陈立等:《中国经济体制改革重大事件》，中国人民大学出版社2008年版。

53.《经济研究》《经济学动态》编辑部编:《建国以来政治经济学重要问题争论（1949—1980）》，中国财政经济出版社1981年版。

54.《经济研究》编辑部编:《中国社会主义经济理论问题争鸣（1985—1989）》，中国财政经济出版社1991年版。

55.《经济研究》编辑部编:《中国社会主义经济理论问题争鸣（1990—1999）》，中国财政经济出版社2002年版。

《人民日报》。

《经济日报》。

后 记

本书是为庆祝中国共产党成立 100 周年而作。在中国共产党领导下，中国经济取得了历史性成就，发生了历史性变革，创造了伟大的"中国奇迹"，为我们迈向民族复兴的伟大征程打下了坚实基础，为发展中国家探索实现现代化提供了诸多借鉴，也为人类发展昭示了一个新的未来。身处如此"百年未有"之大历史中，实为中共党史研究者之幸事。

作为中国人民大学组织的"中国共产党思想史丛书"之一，本书在写作过程中得到杨凤城教授等多位老师的指导与帮助，同时得到中共中央党史和文献研究院张树军研究员、黄一兵研究员等领导和专家的指导与支持，得到董莹助理研究员在资料收集和文稿核校方面的大力帮助，在此表示诚挚敬意和衷心感谢。本书所表达的理念还浸透着中共党史和经济思想史领域诸多前辈学人的思想和智慧。正如经济史学家道格拉斯·诺思所说："对一个学者所作出的贡献的真正检验，不在于他的名声，而在于他的思想所具有的力量，要看它是否能鼓舞他人，是否能促进新的研究。"本书正是站在众多"巨人肩膀"上的成果，在此一并致以诚挚敬意和衷心感谢。

当然，因主题和篇幅所限，更囿于作者水平和经验，本书不周不当和错误之处在所难免，恳请读者批评指正。

最后，特别感谢中共党史出版社的大力支持，感谢责任编辑为本书编辑出版付出的辛勤劳作。

中共中央党史和文献研究院　闫茂旭

2020 年 10 月

闫茂旭

中共中央党史和文献研究院第一研究部副研究员，中国人民大学中共党史党建研究院特约研究员。毕业于中国人民大学中共党史系，法学博士，曾于清华大学社科学院经济学研究所从事理论经济学博士后工作，主要研究方向为中国共产党经济思想和经济工作史、中国改革开放史。先后主持"中国共产党关于改革与经济增长关系的探索历程和基本经验研究"等国家社科基金项目、马克思主义理论研究和建设工程项目、国家高端智库项目多项，著有《改革开放40年的中国经济》《大国飞跃——从站起来、富起来到强起来》《新时代中国共产党的历史使命》等，在《中共党史研究》《经济社会体制比较》等核心期刊发表学术论文数十篇。